É preciso entender que amar não significa algemar, nem é preciso dependência, que não é incompatível com liberdade, e que amar com liberdade é bem mais do que não ser possessivo.

© 2017 por Ana Cristina Vargas
© iStock.com/mammuth

Coordenadora editorial: Tânia Lins
Coordenador de comunicação: Marcio Lipari
Capa e projeto gráfico: Jaqueline Kir
Diagramação: Rafael Rojas
Preparação e revisão: Equipe Vida & Consciência

1ª edição — 1ª impressão
5.000 exemplares — abril 2017
Tiragem total: 5.000 exemplares

**CIP-BRASIL — CATALOGAÇÃO NA PUBLICAÇÃO
(SINDICATO NACIONAL DOS EDITORES DE LIVROS, RJ)**

A64i
2. ed.

    Antônio, José (Espírito)
    Ídolos de barro / ditado por José Antônio ; [psicografado
por] Ana Cristina Vargas. - 2. ed. - São Paulo : Vida e Consciência,
2017.

    432 p. ; 23 cm.

    ISBN 978-85-7722-529-3

    1. Obras psicografadas. 2. Ficção espírita I. Vargas, Ana
Cristina. II. Título.

17-39809   CDD: 133.93
                                  CDU: 133.9

Todos os direitos reservados. Nenhuma parte desta edição pode
ser utilizada ou reproduzida, por qualquer forma ou meio, seja ele
mecânico ou eletrônico, fotocópia, gravação etc., tampouco apro-
priada ou estocada em sistema de banco de dados, sem a expressa
autorização da editora (Lei nº 5.988, de 14/12/1973).

Este livro adota as regras do novo acordo ortográfico (2009).

Vida & Consciência Editora e Distribuidora Ltda.
Rua Agostinho Gomes, 2.312 — São Paulo — SP — Brasil
CEP 04206-001
editora@vidaeconsciencia.com.br
www.vidaeconsciencia.com.br

ÍDOLOS DE BARRO

ANA CRISTINA VARGAS

Romance ditado pelo espírito José Antônio

NOVA EDIÇÃO

SUMÁRIO

APRESENTAÇÃO 5

1 - Tempos difíceis 7

2 - Descobrindo o próprio poder 16

3 - Vivendo conforme suas crenças 34

4 - O brilho da fama 54

5 - Entre a paixão e a fama 79

6 - Dividida 113

7 - Uma luz nas sombras 143

8 - Um adeus...170

9 - Dois anos e... toda uma vida......................194

10 - Tempo de passagem 212

11 - Partidas e encontros 227

12 - A bancarrota 255

13 - Livres para escolher...............................279

14 - Começar de novo 298

15 - A ascensão 310

16 - Cheiro de morte 332

17 - Graves comprometimentos 357

18 - Outras existências..................................388

19 - Atitudes e reações 401

EPÍLOGO 418

APRESENTAÇÃO

Há lugares e experiências que marcam nossos espíritos. A Casa de Maria[1] foi um deles. Em seus jardins vivenciei e presenciei lutas nobres.

Há quem prefira contar histórias de "eleitos"; prefiro contar histórias sobre vidas humanas com suas alegrias e tristezas. O ser humano é fascinante, belo e rico, ainda que esteja vivendo em meio ao lodo moral e que a sociedade o considere um desclassificado. Todos nós, incluídos e excluídos, somos humanos, criados do barro da terra, como alegoricamente ensina o *Gênesis*.

Somos essencialmente iguais, dotados de razão, instintos e sentimentos. Eis o barro da terra. Cada um que o sopro divino anima diferencia-se dos outros por meio das diversas experiências nas múltiplas reencarnações, ampliando no seu tempo e à própria custa os potenciais com que a natureza o dotou.

Nessas jornadas terrenas, os embates para conhecer, dominar e ampliar essa estrutura inicial são sempre ricos, por mais frívolos, banais e decadentes que possam parecer.

Nossa vista abarca a superfície das coisas e dos seres. Para aprofundar a visão, é preciso deter o olhar e desenvolver "olhos de ver e ouvidos de ouvir", como dizia Jesus. Libertar-se dos preconceitos e deixar que cada coisa e cada ser nos conte sua história profunda, nem sempre visível na superfície.

Foi assim que conheci Irina: buscando enxergar além da superfície, dando a ela a palavra e a mim o direito de ouvi-la, sem interrupções. Encontrei-a na Casa de Maria muitos anos depois dos

---

1 - Casa de Maria: Instituição de socorro no plano espiritual descrita no romance *Dramas da Paixão*.

fatos que passo a narrar nas páginas seguintes, quando ela não era mais um ídolo e quando toda a sociedade de ídolos, da qual ela fez parte, havia passado sobre a Terra, deixando atrás de si apenas as pegadas que hão de ficar para sempre, lembrando-nos de que todos os ídolos são de barro.

CAPÍTULO1
Tempos difíceis

*Só a fé na vida futura e na Justiça de Deus,
que não deixa jamais o mal impune, pode dar a
força de suportar pacientemente os golpes dirigidos
contra os nossos interesses e o nosso amor-próprio.*[2]

Cadeiras caíam e copos de vidro se estilhaçavam no piso frio da sala de jantar dos Verschinin. O som dos passos de Vladimir Verschinin, em meio ao ruído de móveis derrubados e copos quebrados, se misturava de maneira apavorante ao choro desesperado de sua esposa.

Nika Verschininevna estava encolhida atrás da mesa redonda, cuja toalha fora arrancada com um puxão, jogando no chão os copos que ela secava e depositava sobre o tampo. Ela olhava assustada para o marido. Conhecia aquele rosto fechado, os olhos incendiados pela ira, os gestos nervosos e, mais do que tudo, temia quando ele chegava em casa naquele estado de alma e com o hálito recendendo à vodca.

Desatinada, ela levou as mãos ao rosto. Vladimir não dissera uma só palavra desde que entrara na sala. Parecia cego, dominado pela raiva, literalmente transpirando descontentamento. Nada o agradava, nada o fazia feliz, nada estava bem.

A esposa, que muito cedo desperdiçara a juventude e a graça da vida para unir-se a ele, era alguém a quem ele pouco apreço dava. Nika o servia, assim pensava. Se suas roupas estivessem em ordem quando ele precisasse, se ela lhe preparava comida nos

---

2 - KARDEC, Allan. *O Evangelho Segundo o Espiritismo*. Cap. XII, item 8, IDE.

7

horários certos, se a casa estivesse em condições de receber seus muitos "companheiros" e amigos, estava tudo como deveria ser. Cada qual desempenhando seu papel.

Ele trabalhava lecionando em todos os turnos na escola frequentada pelos filhos das famílias abastadas da cidade. Ganhava o suficiente para viverem com dignidade, dando aos filhos o necessário.

Vladimir Verschinin, no entanto, achava que isso não bastava. Queria mais, muito mais! Não somente para si, é bom que se diga, mas para a grande massa humana que povoava a velha São Petersburgo e toda a Rússia e que mal possuía o suficiente para não morrer de fome.

A massa humana que vivia de subempregos, de subsalários e, consequentemente, habitando, comendo e vestindo em condições subumanas. Ele ansiava pela salvação e por salvar o povo. Amargurava-o a miséria de muitos e o fausto de alguns. Ruminava ideias a respeito da injustiça da vida e da necessidade de transformar a sociedade.

Quando pensava em transformação era no sentido de mudança radical das formas de vida de cada habitante do seu país. Cansava-se com o fato de lecionar ciências e matemática para os jovens ricos, enquanto via milhares de outros jovens padecendo de total ignorância, tendo fome, trabalhando durante horas incontáveis nas fábricas, que lhes sugavam todas as forças, impedindo que saíssem daquele submundo no qual, segundo seu pensamento, vegetavam.

Todas as terças-feiras, Vladimir se reunia com seus pares de ideal após a última aula da tarde, em uma taberna próxima à escola. Na verdade, o estabelecimento era um porão úmido, escuro, enfumaçado e cheirando a álcool, onde se reuniam alguns "pensadores" adeptos às ideias de Marx e Engels, dispostos a fazer qualquer sacrifício ou a tomar qualquer atitude para salvar a sociedade em que viviam e dar-lhe existência justa e digna, compartilhando todos da mesma coisa sem discriminações. Ver implantado sobre a Terra o ideal da igualdade era seu sonho máximo.

No entanto, enquanto o sonho da plena igualdade não se realizava, as reuniões das terças-feiras, que insuflavam e destilavam a insatisfação e a amargura entre seus participantes, prosseguiam.

Com as mentes em absoluto desalinho, as emoções tumultuadas e sem compreender nada da vida fora dos estreitos limites do hoje e da matéria, eles afligiam-se, tornavam-se ansiosos e nervosos. A raiva contaminava a todos e, na mesma proporção da soma dos contagiados, crescia também individualmente. Não mais tolerando os pensamentos e os sentimentos conturbados alimentados nessas reuniões, bom número deles acabava desaguando as emoções em tumulto em copos e mais copos de vodca de péssima qualidade.

Embriagados, irados e vítimas do desespero e da incompreensão que inoculavam em si mesmos, eles se dispersavam a altas horas da noite, reiterando promessas ao líder de reunirem-se na semana seguinte para dar prosseguimento aos estudos e aos planos de transformação. Entre eles, Vladimir Verschinin. Depois, cambaleavam pelas ruas largas e frias da cidade até seus lares, onde suas mulheres e filhos eram os últimos e infelizes destinatários daqueles sentimentos tão malconduzidos.

Isso acontecia todas as terças-feiras, e aquela não fora exceção. Ao ver as primeiras estrelas despontarem no firmamento na noite gelada, Nika começava a tremer intimamente, pois tinha consciência de que logo mais o marido estaria em casa.

Em seus braços e nas costas das mãos eram visíveis os hematomas que atestavam a violência de que fora vítima na semana anterior. Agora, que novamente o via retornar transtornado, enfurecido e sem controle ao lar, recordava-se dos machucados ainda doloridos de seu corpo. Em seus grandes olhos azuis se estampavam o medo e o pavor e, por entre seus dedos, que encobriam o rosto prematuramente envelhecido, se enxergava a dor, revolta e o medo que o casamento lhe trouxera nos últimos anos.

A beleza de Nika murchara tal qual uma flor frágil exposta aos raios de um sol inclemente. Sua personalidade vivaz fora se apagando, se apagando, até transformá-la em uma sombra de mulher que perambulava pelos cantos da casa.

Quase nada lhe despertava o interesse. Odiava o marido com mais frequência do que lhe endereçava sentimentos de carinho ou amizade. Nem sequer a lembrança dos primeiros anos de felicidade conjugal lhe vinha à memória. A união com ele transformara-se em sinônimo de dor, vergonha e humilhação. Porém, fiel à educação recebida, ela mantinha-se ao lado do marido, suportando calada o inferno ardente em que se transformara sua vida de casada.

Tivera três filhos: os gêmeos Andrei e Nikolai, que ela agradecia a Deus por estarem adultos e não precisarem de seus cuidados, e Irina, a filha menor, com treze anos. A menina chegara dez anos depois do nascimento dos gêmeos, no início do século 20.

Mais do que o pai, os jovens atolavam-se nos movimentos políticos clandestinos daqueles tempos e pouquíssima atenção davam à mãe. Engajados nas lutas para esclarecer e organizar o proletariado, os dois estavam fora do lar havia alguns anos, divulgando os ideais revolucionários pelo interior do país, em uma atividade clandestina altamente perigosa. A mãe, por sua vez, carregava o coração oprimido de aflição pelo destino deles.

Naquela noite, como nos últimos anos, somente a jovem Irina ouvia os tímidos e amedrontados clamores da mãe a dizer:

— Nãaa... não me t... toque! Ti... tire as mãos de mim, p... por favor.

Objetos lançados no chão e palavras desconexas de um discurso raivoso chegavam aos ouvidos da jovem. Assustada, ela espiava rapidamente por um vão da porta, observando o comportamento agressivo do pai, que, xingando os governantes, despejava sua raiva nos utensílios domésticos, enquanto a mãe se encolhia cada vez mais, repetindo, como louca, o pedido de que não a agredisse. Enquanto isso, tomado pela fúria e não medindo as consequências do seu descontrole, ele ultrapassava todos os limites da irritação e direcionava as forças em descontrole sobre a mulher, espancando-a ferozmente.

Assustada com o sangue que jorrava do nariz de sua mãe e que se espalhava rapidamente pelo rosto, Irina olhou à sua volta e deparou-se com uma antiga e pesada banqueta em frente à penteadeira do quarto onde estava escondida. Decidida, a menina tomou-a e foi à sala disposta a fazer cessar a selvageria doméstica. Havia mais de seis anos que assistia regularmente às brigas do casal, que nos últimos tempos degeneravam em violentas agressões à mãe.

Aproveitando a descontrolada fúria do pai, que não notou sua chegada, Irina ergueu a banqueta e, aproveitando a posição em que ele se encontrava, o acertou na cabeça com um golpe.

O pesado corpo de Vladimir Verschinin caiu desacordado no chão com um baque surdo, e o seu silêncio encheu a sala. De espanto, Nika calou o pranto. Jamais imaginara possível que a filha pudesse atacar o pai.

"Como minha filha foi capaz desse gesto?", pensava ela, recriminando-se imediatamente, julgando deficiente a educação dada à filha. — Ela é quase uma moça. Não é possível que pense que uma mulher possa enfrentar um homem, ainda mais seu pai. É o fim! O que será de nós quando Verschinin acordar? Deus nos proteja!".

Enquanto a mãe se lançava ao mundo das recriminações e da submissão incondicional, Irina olhava extasiada o corpo do pai desmaiado a seus pés e pensava: "Nunca mais eu o verei agredir mamãe. Nunca mais deixarei que encoste um dedo em mim. Agora sei que posso enfrentá-lo. Sei derrubá-lo! Acabou. Essa foi a última noite em que você bateu em uma de nós".

Reparando no ar de realização da filha e no brilho em seus olhos, cuja cor e forma lembravam tanto os seus, mas espelhavam uma alma tão distinta da sua, Nika custava a crer que a bela menina fosse mesmo carne e sangue de seu próprio corpo. Lutando para recuperar-se das emoções que tão rapidamente haviam se alternado em seu ser, ela afastou as mãos do rosto e, notando-as manchadas de sangue, rapidamente desfez o nó do avental que trazia à cintura e levou a peça ao rosto, tentando limpar as marcas da violência.

Em sua mente a dúvida causava séria divisão de forças: deveria socorrer o marido ou repreender a filha? Não sabia qual era a situação mais urgente. Por fim, venceu o medo da reação do marido quando recobrasse os sentidos e se dirigiu a Irina.

— Irinuchka[3]! — começou expondo seu espanto. — Você não podia ter feito isso. Como teve coragem de agredir seu pai? Eu sempre lhe ensinei a não retrucar e a não levantar a voz para ele. Sempre lhe disse que devia respeitá-lo e que não deveria enfrentá-lo nem mesmo com um olhar. É assim, minha filha, que uma mulher deve se comportar! Eu lhe ensinei o certo, o correto. Por que você agrediu seu pai? Não se lembrou do que sempre lhe disse? E agora? O que vamos fazer quando ele acordar? Ele ficará ainda mais

---

3 - Forma diminutiva e familiar de Irina.

enfurecido, pois foi humilhado pela filha! Por uma adolescente. Foi derrubado e espichou-se no chão... Que horror, minha filha!

— O quê? — indagou Irina tomada de indignação, enquanto olhava para a mãe. Toda a sensação de alívio e regozijo por haver nocauteado o agressor se esvaíra e, em seu lugar, crescia um sentimento de raiva em relação à mãe. — A senhora ainda me pergunta por que fiz isso? Será que não consegue ver a razão sozinha? Eu me lembro de seus ensinamentos, mãe. Sei tudo o que a senhora me ensinou sobre o que deve ou não fazer uma mulher. Como deve se vestir, como deve usar os cabelos, como deve se comportar diante dos outros, principalmente como deve agir diante dos homens. Eu sei tudo, mas não consigo acreditar que agir da forma como a senhora me ensinou seja algo bom. A senhora faz tudo o que me ensinou e apanha toda semana. Amanhã, vai acordar com o rosto inchado e cheio de marcas roxas. Vai ficar escondida em casa por dias, para que ninguém a veja. Meu pai me bateu muitas vezes, mas hoje foi a última vez. Nunca mais vou apanhar sem reagir. Não quero mais vê-la chorar, enquanto trata suas feridas com unguentos e compressas à beira do fogão da cozinha.

— Irinuchka, mesmo que você não goste, é preciso aceitar que essa é a vida de todas as mulheres. Todos os dias, peço a Deus que você se case com um homem bom, que não a maltrate — insistiu Nika. — Obedecer e respeitar o marido são grandes virtudes na mulher. Seu pai é um bom homem, você sabe. Ele apenas está muito revoltado com tudo o que está acontecendo ao nosso povo, com a miséria...

— Não, mamãe, não para mim. Meu pai não presta. Eu nunca me casarei. Suportar um homem me agredindo, brigando comigo e ainda ter que trabalhar para ele... jamais. Ele se importa mais com os mendigos da rua do que com a mulher e a filha. Se os homens são todos iguais, não quero nenhum para mim.

— É a vida, filha. Quer queira, quer não, esta também será sua vida. Você tem treze anos. Talvez em mais três, no máximo quatro anos, estará casada. Você encontrará algum jovem, se encantará e esquecerá tudo o que disse agora. Isso aconteceu comigo e acontecerá com você também. Aos dezoito anos, tornei-me mãe dos seus irmãos e pensava que não havia ventura maior do que ser casada, ter minha família, meu lar e meu marido.

12

— Não! Nunca! — bramiu enfaticamente a adolescente. Seu rosto delicado, de pele clara, com lábios bem desenhados, nariz levemente arrebitado, olhos grandes delineados por longas pestanas e sobrancelhas perfeitamente definidas era, ao mesmo tempo, um exemplo de harmoniosa beleza juvenil e determinação férrea. Os longos cabelos ruivos alcançavam a altura da cintura em grandes cachos. Irina era a moldura ideal da beleza feminina. Na adolescente se vislumbrava a extraordinária beleza da mulher em dias futuros.

Ignorando o assombro da mãe ante sua conduta, Irina lançou um olhar de desprezo ao pai ainda desmaiado ou, quem sabe, adormecido pelo efeito do álcool. Ela saiu da sala e dirigiu-se para um recanto do pequeno jardim nos fundos da casa, onde gostava de ficar.

Irina não presenciou sua mãe arrastar o pai até a grande cama do casal, tirar-lhe as roupas e sapatos e ajeitá-lo confortavelmente, para cobri-lo depois com grossos cobertores que fizera com a ajuda dela. Também não viu o alívio da mãe ao constatar que o marido dormia, balbuciando palavras desconexas, e a expressão conformada com que ela fechou a porta do quarto do casal e pôs-se a recolher os cacos de vidro, levantando em seguida as cadeiras derrubadas do chão.

O recanto de Irina era uma pequena dependência, que servia de depósito onde a família guardava as ferramentas de jardinagem, lenha e coisas antigas e que servia também de lavanderia. Lá havia grandes tanques de cimento, tinas e cestos usados nas tarefas de limpeza das roupas. Um cantinho, próximo dos tanques, abrigava pequenos móveis de madeira: uma mesinha, quatro cadeiras, um pequeno armário e um berço, onde repousava uma antiga boneca de louça trajada com uma camisola e touca branca enfeitada de rendas. Eram as lembranças de sua infância e das tardes em que, quando pequena, a mãe a deixava brincando enquanto esfregava as roupas da família.

O lugar costumava lhe devolver a paz após as brigas constantes dos pais, mas isso, estranhamente, não aconteceu naquela noite. Ao contrário, a visão da boneca deitada no berço lhe trouxe à mente as incontáveis tardes em que vira a mãe trabalhando pesado, enquanto conversava com Irina explicando-lhe como cuidar da sua "filhinha", da sua casinha, e o que devia ou não fazer uma "mocinha". Irina irritou-se ainda mais.

Ela avançou até o berço e, com o rosto estampando uma fria deliberação e o olhar iluminado pela raiva, arrancou com firmeza e sem nenhum carinho a boneca do berço, arrojando-a em seguida com toda força contra a parede de tijolos distante alguns metros de si e observando com satisfação os cacos do corpo despedaçado da boneca caírem no chão. Não satisfeita, Irina andou até os restos do brinquedo e os pisoteou até vê-los reduzidos a minúsculos pedacinhos e a camisola ficar irreconhecível. De tudo somente alguns fios de cabelo da boneca permaneceram inteiros voando sobre os destroços.

— Não quero mais você! — repetia Irina, enquanto pisoteava a boneca e atirava furiosamente os pequenos móveis sobre uma pilha de lenha. — Não quero nenhuma filhinha, não quero uma casa, não quero nada disso!

O esforço despendido para extravasar a violenta raiva que sentira acabou por trazer a Irina certo alívio, e, cansada, ela deixou os braços caírem ao longo do corpo. A menina, então, observou à sua volta. Destruíra suas lembranças da infância, e seu recanto de paz agora expressava o vazio e a desolação que lhe invadiam a alma.

Naquele ambiente não existiam mais os sinais de uma criança. Ele agora representava a vida adulta e falava das coisas que integravam o dia a dia de uma mulher. Irina olhou as pilhas de lenha, os tachos pendurados nas paredes, as tinas, os cestos com roupas sujas, as barras de sabão, as tábuas nos tanques, as vassouras e os cacos de sua infância.

Grossas e salgadas lágrimas correram por seu rosto. Os olhos congestionados pela raiva extravasada ardiam como brasas, e o cabelo em desalinho simbolizavam o estado de sua mente e da rebeldia que despontava em sua alma.

— Não quero nada disso! Nada! Nenhum caco da boneca! Não quero lavar, não quero casa, não quero que nenhum homem mande em mim! Eu não seguirei o caminho de Nika Verschininevna! Eu sou Irina e só.

Rejeitando o ambiente em que estava, Irina o olhou com desprezo e nojo. Abandonava a criança e chamava para si a responsabilidade pelos passos que queria dar na vida. Acabava o período da infância, e, infelizmente, levava dela marcas que recrudesciam características marcantes de sua personalidade imortal: a determinação, a preocupação única consigo — grande porta de manifestação do egoísmo —, o desprezo a muitos sentimentos típicos da condição feminina e o desdém aos homens.

No início de uma turbulenta adolescência despontava no espírito de Irina sua real natureza, e, doravante, ela se mostraria tal qual era.

CAPÍTULO 2
Descobrindo o próprio poder

[...] o homem não é fatalmente conduzido ao mal;
os atos que ele realiza não estão antecipadamente escritos;
os crimes que ele comete não resultam
de uma sentença do destino.[4]

A beleza de Irina patenteava-se como a luz do sol. Nada podia escondê-la. Nem a simplicidade de seus trajes, as mãos maltratadas ou os cabelos despenteados. O rosto delicado da jovem atraía naturalmente a atenção dos transeuntes numa movimentada via de Paris. Os traços perfeitos encantavam as pessoas, que, como era costumeiro, se detinham no primeiro aspecto.

Naquela manhã, entre todas as cabeças que se haviam voltado para acompanhar os passos determinados da bela jovem, nenhuma fitara a profundidade dos olhos de Irina. Se o tivessem feito, teriam visto não apenas uma bela jovem, mas, acima de tudo, uma pessoa determinada, que não prestava a menor atenção aos olhares que atraía.

Irina caminhava altiva, como se seus trajes pobres fossem feitos do melhor veludo e como se não voassem rebeldes fios da volumosa cabeleira ruiva sobre sua cabeça, dando-lhe um ar absolutamente desfeito e encantadoramente infantil, mas como se assentasse um daqueles magníficos chapéus envoltos em tule e véus que mulheres abastadas usavam.

Em suas mãos a pequena e incômoda mala, gasta e absolutamente fora do espírito das ruas da capital da França. O pequeno

---

4 - KARDEC, Allan, *O Livro dos Espíritos*. Cap. X, item 872, IDE.

volume maltratado falava de um povo distante e sofrido. Era simbólico, apenas um resto, fora de qualquer contemporaneidade. Sem beleza, sem luxo, apenas útil e usado. Ela não a carregava como se arrastasse um peso.

Não, Irina Verschininevna não necessitava premeditar seus atos. Ela era naturalmente graciosa e andava altiva, de cabeça erguida, com os olhos fixos no horizonte, carregando nas mãos as poucas e necessárias lembranças do passado: algumas roupas, seus documentos pessoais e um endereço em Paris. Era tudo o que tinha para iniciar a vida no país estrangeiro, que conhecia apenas pelas memórias das visitas da mãe.

Apesar de tudo ser novo a seu redor, Irina não se entretinha em observações. As belas construções, o colorido das roupas, o som alegre das pessoas era ignorado. Em seu pensamento havia um único objetivo: não esquecer as orientações dadas pelo homem que a ajudara a fugir e a instruíra como encontrar o endereço de uma parenta.

Ela dominava relativamente bem o idioma francês, entretanto, por pronunciar muito pouco as palavras, pois seu fascínio era ler autores franceses, sentia-se profundamente insegura de seu domínio, evitando falar. A jovem, então, buscava as informações julgadas estritamente necessárias.

Pode parecer estranho que a jovem Irina — estrangeira, fugindo das convulsões sociais de sua pátria — caminhasse por Paris, olhos fixos no horizonte, destemida, ousadamente indiferente aos outros. Sua mente ocupava-se exclusivamente com o propósito a ser alcançado. O resto... o que era o resto? Algo sem importância, com que absolutamente não gastava dois segundos.

O vento frio de outono, que batia impiedosamente em seu rosto e pescoço, deixando marcas avermelhadas em sua pele clara, ou as árvores semidespidas das ruas, que se pareciam tanto com seus braços desabrigados, cobertos apenas por um velho xale negro, não lhe atraíam a atenção. Irina nem sequer parecia dar-se conta do desconforto.

Acostumada ao conturbado e violento ambiente de São Petersburgo, a jovem mantinha a expressão inalterada quando deixou as ruas movimentadas e bem frequentadas de Paris e, avançando na perseguição ao endereço de seu destino, se embrenhou pelos bairros pobres e mal frequentados da cidade.

Cafés sujos, antigos e escuros infestavam as ruas, muito distintos do *glamour* de outros estabelecimentos. Em suas mesas, mulheres exibiam, apesar do frio e do impróprio da estação, generosos decotes de onde os seios iriam saltar a qualquer momento ou ao mais leve movimento de suas donas. Braços roliços e brancos expunham-se despudorados. Lábios vermelhos de carmim, e olhos muito maquiados combinavam bem com o alarido que faziam. Despudoradamente, as mulheres bebiam e fumavam com alguns homens, que se entretinham em sua companhia e olhavam de forma interessadíssima a moça estranha. Alguns cavalheiros olhavam-se.

Por certo deviam ser conhecidos, pois se comunicavam com aquela troca de olhares sugestiva de quem compartilha uma mesma paixão a dizerem: "Vejam que deusa! É nova na área. Onde irá trabalhar?". E seus olhos famintos e lânguidos seguiam Irina.

Em outras casas, o som de vozes masculinas discutindo, alteradas pelo efeito do álcool e dos interesses, dava a conhecer em alto e bom som as discordâncias, desconfianças e suspeitas dos inveterados jogadores de pôquer.

Algumas crianças maltrapilhas perambulavam por entre as mesas vazias nas calçadas à cata de algum resto de comida ou bebida para saciar a própria fome.

Com a mesma fria e inconsciente elegância com que desfilara por lugares bem melhores e distintos, Irina prosseguia naquele meio, que alguns chamariam de sórdido, mas que prefiro dizê-lo expressivo das carências e condições pessoais de seus habitantes, em que seus trajes continuavam a contrastar. Era a simplicidade, o recato e a sensualidade natural em oposição ao exagero e à vulgaridade. Eu diria que Irina representava bem a rainha daquela população marginalizada.

A jovem avançou mais algumas quadras, e o ambiente foi se tornando mais silencioso. Os cafés desapareceram. No lugar, enfileiravam-se, lado a lado, casas antigas, algumas não muito bem conservadas, cujas altas janelas eram veladas por cortinas. As portas duplas mostravam, em geral, apenas um dos lados abertos com uma mulher jovem postada ao lado, sorridente, em poses convidativas e em trajes muito coloridos. Atrás se percebia um cenário de penumbra, e ouviam-se risos e música.

O rosto de Irina mostrava-se agora mais concentrado, e seu olhar acompanhava atento o número dos prédios: 12, 14, 16, 18... Estava próxima. Mais uma quadra e, enfim, chegou a uma casa semelhante às demais, muito antiga, cujas aberturas envelhecidas apresentavam uma cor indefinida, em que predominava um tom de marrom escuro. A porta fechada era o diferencial das outras. A maçaneta simples e também gasta parecia oferecer uma proteção muito frágil, e não havia nenhum tipo de campainha lá.

Irina depositou a pequena mala a seus pés na calçada e levou as mãos aos cabelos, tentando melhorar a aparência que imaginava não ser das melhores, considerando seu passado recente. Lutando contra o vento que se intensificara, ela ajeitou as mechas rebeldes como pôde, arrumou a cintura e a gola de seu vestido e rapidamente deslizou as mãos pela saia. Erguendo decididamente o rosto, a jovem deu um passo em direção à porta e bateu suficientemente forte na madeira, para ouvir o eco que se produziu no interior da construção.

— Há de ter alguém em casa... — repetia para si mesma, observando a demora em atenderem ao chamado.

Entretanto, em que pesasse a confiança da recém-chegada, a porta não se abriu e nenhum movimento se fez sentir vindo do interior da casa, que parecia mesmo vazia. Irina insistiu e insistiu ainda outras vezes, mas nada aconteceu. Recusando-se à desilusão, e por que não ao desespero, ela forçou a maçaneta. Fechada.

Apesar de bastante velha, a fechadura ainda era eficiente. A moça deu alguns passos para trás, como sempre alheia à atenção que sua presença despertava nas pessoas, e pôs-se a andar. Deu alguns passos, acompanhando o alinhamento da calçada, e observou as janelas da residência com vidraças protegidas por um cortinado de renda vermelho desbotado pelo sol, que mais parecia um tom de rosa antigo.

Compenetrada em sua busca por indícios de moradores no lugar, Irina não percebeu a aproximação de um homem de estatura média, calvo, rosto simpático, que usava um avental branco úmido, com manchas escuras de vinho e gordura, em que ele vinha enxugando as mãos.

— Perdão, senhorita — disse o homem após cumprimentar Irina educadamente. — É fácil notar que não é da cidade. Posso ajudá-la? Procura trabalho?

Esforçando-se para manter a calma e prestando a máxima atenção às palavras do estranho para bem lhe responder, Irina acompanhava atenta cada gesto do cavalheiro. Seus olhos, apesar da determinação, estampavam um ar de dúvida de si mesma para fazer frente à situação inusitada em que se encontrava. Aliviada, deu-se conta de que compreendera todas as frases e palavras do desconhecido, então, reunindo suas forças debilitadas, respondeu em francês com um forte sotaque russo:

— Obrigada. É verdade. Venho de São Petersburgo. Conhece?

— Não. Imagine! É muito longe, não tenho condições. Além do mais, dizem que está em guerra. Meus clientes mais ilustres só sabem falar da Revolução Bolchevique. Deus me livre! — encantado com as feições de Irina, o estranho sorriu apreciativamente e indagou:

— O que faz você tão distante de sua casa?

Irina devolveu o sorriso, dando a conhecer as covinhas que surgiam em seu rosto, reforçando o ar de menina ao responder:

— Abandonei meu país. A revolução é um horror. Quero a máxima distância dela. Estou procurando uma parenta, e disseram-me que ela morava aqui.

— Uma parenta? Como ela se chama?

— Lídia. Há muitos anos não a vejo. A última vez em que visitou minha mãe, eu ainda era menina, e isso deve fazer mais de doze anos. O senhor a conhece? — Irina falava pausadamente, buscando na memória as expressões em francês.

Encantado com a beleza da jovem, o homem nem ao menos se dava conta da preocupação e dificuldade da estrangeira com o idioma. Ele só tinha olhos para contemplar-lhe os traços do rosto e a cabeleira ruiva, que inevitavelmente lhe atraía a atenção.

"Que maravilha de mulher! Uma novidade dessas é de fazer aumentar a clientela em mais que o dobro!", pensava o mercenário francês, desligado das explicações de Irina.

Como o homem demorasse a lhe responder e tivesse estampado no rosto um ar aparvalhado, Irina julgou que não se fizera entender e principiou a repetir com mais vagar cada palavra, insistindo:

— Procuro a senhora Lídia. Ela viveu em meu país durante muitos anos e depois regressou a Paris. Depois disso, só raras vezes nos visitou.

Voltando à Terra e abandonando seus devaneios pessoais, o francês sorriu e fixou o olhar na jovem, dando claros sinais de que a comprendera. Ele balançava a cabeça afirmativamente a cada palavra e, tão logo Irina completou seu pensamento, respondeu:

— Deve ser Lilly a pessoa quem você está procurando. Se não me falha a memória, certa vez ela me confiou que seu nome era Lídia. Ela realmente reside nesta casa, mas deve regressar mais tarde. Lilly costuma chegar à noite.

No rosto de Irina uma expressão de cansaço estampou-se e o brilho de seu olhar se velou. O corpo doía após a longa viagem de trem, numa cabine desconfortável, apertada e cheia. A jovem dormira muito pouco e a longa caminhada da estação até aquele endereço esgotara o resto de suas forças. Irina baixou o olhar contemplando a mala e resignadamente a tomou outra vez nas mãos. Decidida, ela encarou seu informante.

— Só me resta esperar — declarou Irina. — Obrigada por sua atenção. Agora sei que estou no lugar certo.

— Que é isso? Fiz tão pouco! Por que me agradece? — retrucou o francês, que, querendo ser simpático, ofereceu: — Olha, tenho um café logo ali na esquina. Não quer aguardar lá até sua parenta chegar? Vejo que está cansada. Lá, você ao menos poderá se sentar, e a casa lhe oferecerá, como cortesia, uma xícara de café com creme e um *croissant*. Aceita?

Irina sorriu ao ouvir referência à comida nova e quente e sua boca encheu-se de saliva. Cansada como estava, nada lhe parecia melhor do que se sentar e se alimentar. A refeição ofertada parecia-lhe um banquete.

— O senhor é muito gentil. Sendo uma cortesia, eu aceito. No momento, não tenho dinheiro para lhe pagar.

— Por favor, nem pense nisso! Eu a convidei e fui muito claro de que é uma cortesia do meu estabelecimento. Venha, senhorita... Como é mesmo seu nome?

— Ah! Perdão, senhor! — pediu Irina, inclinando levemente a cabeça para a direita com um sorriso constrangido a pairar-lhe no rosto, iluminando o azul de seus olhos. A jovem depositou novamente a mala no piso da calçada e estendeu a mão ao francês. — Nem ao menos me apresentei! Sou Irina Verschininevna.

— Encantado — respondeu o francês, tomando a mão da jovem enquanto também dizia seu nome — Arthur Graville, a seu dispor, senhorita.

— Obrigado, senhor Arthur.

Apressado em conduzi-la a seu café, o francês rapidamente apanhou a mala e apontou em direção à esquina onde ficava seu estabelecimento. Andaram a meia quadra que distava do número 20 ao café e logo estavam em frente ao toldo branco, que se estendia sobre a calçada onde se lia em letras vermelhas garrafais: Café Graville.

Arthur rapidamente conduziu Irina ao interior do prédio e a acomodou em um dos salões mais reservados. Apesar de antigo, o prédio era espaçoso, tinha vários salões, e as mesas cobertas por toalhas tinham a aparência de limpeza. Só se notariam as manchas no tecido olhando-as de perto. E o piso, apesar de muito varrido, era encardido.

Atrás de um balcão de madeira escura via-se uma grande quantidade de bebidas alcoólicas expostas em prateleiras e copos de vidro emborcados ao lado de uma pia com tampo de pedra. Em algumas mesas, Irina reconheceu o mesmo tipo de mulher barulhenta e um tanto escandalosa que ela vira rapidamente ao passar pelos demais cafés daquela zona. Não se enganava. Apesar de jovem, sabia exatamente onde se encontrava.

Irina deixou-se ficar e ser atendida pelo proprietário, usufruindo prazerosamente da cadeira. Estava exausta. A jovem correu o olhar pelo ambiente, sem que seus olhos demonstrassem um só dos pensamentos que lhe acorriam à mente. A expressão ingênua de seu rosto era quase inalterável.

Assim que entrou no café, ela notou o olhar interessado de alguns cavalheiros sentados às mesas sob o toldo na calçada e agora se divertia intimamente ao vê-los espichar o pescoço e vasculhar o interior do estabelecimento à sua procura. Um reclinava perigosamente a cadeira para trás, deixando-a apoiada apenas nos pés traseiros, e balançava-se enquanto a encarava. Fingindo ignorar a todos, ela aguardava a refeição que lhe fora prometida.

A cabeça levemente abaixada escondia a atenção com que seus olhos acompanhavam os movimentos do senhor Graville, a cada passo interrompido para responder a questões que lhe eram sussurradas pelos cavalheiros frequentadores do café. Irina podia facilmente adivinhá-las, por certo que mudava de endereço, de cidade e mesmo de país, mas havia algumas coisas sem pátria, tão humanas que eram. Sem ouvi-los, sabia o que questionavam do proprietário, seus olhos brilhantes que a todo instante se cravavam nela contavam tudo o que diziam, pensavam e sentiam.

"Tolos. São sempre iguais, tão fáceis de ser entendidos, tão sem graça, sem encanto. Vivem tão só e simplesmente para preencher suas próprias satisfações. Julgam-se melhor que as mulheres, dizem mesmo que somos devassas, mas em suas conversas querem ser uns melhores que os outros e o diferencial somos justamente nós, ou seja, quantas mulheres conquistaram na vida, valendo até as conquistas a peso de dinheiro. Tolos. Estão alvoroçados querendo disputar entre si qual será o primeiro a se aproximar de mim e sei muito bem que maior satisfação ele terá em contar aos seus companheiros e gabar-se do que é realmente estar com uma mulher. Idiotas. Querem ser sempre os melhores, parecem meninos que não crescem, jamais deixam os jogos de criança para trás, só trocam os objetos. São tolos e como tal devem ser tratados." — pensava Irina em sua cândida pose de jovem necessitada de proteção.

Graville liberou-se de seus fregueses e empunhando uma bandeja com a refeição, finalmente aproximou-se da mesa onde o aguardava sua convidada.

— Há dias mais movimentados do que outros — justificou-se o francês. — Hoje parece ser um deles, todos querem explicações, têm algo a dizer, sugestões a dar... É a vida do comerciante. Mas aqui está seu café.

Ele depositou a bandeja com a xícara e um prato no qual estava o *croissant*, levemente murcho, que por certo fora assado muito cedo pela manhã e agora se distanciava de uma boa aparência, mas era ainda comível.

Olhando, avaliativamente, Irina considerou o lanche satisfatório, já comera coisas bem piores em São Petersburgo. Retirou os alimentos da bandeja colocando-os mais próximos de si. Ergueu a cabeça e sorriu docemente, agradecida; piscando as longas pestanas, comentou:

— Sempre ouvi dizer que toda profissão tem seus incovenientes.

Interessado em conhecer a recém-chegada, investigar suas origens, Graville, com toda liberdade que o título de proprietário lhe conferia, sentou-se deselegantemente em frente à Irina, pondo-se a observá-la com atenção.

"Uma beleza! As roupas são feias e velhas. Muito escuras e fechadas demais. Ainda assim essa menina não me engana, será uma ótima aquisição. Parece muito tímida, tem gestos muito delicados, fala baixo, tem um ar reservado, é ingênua, por certo não sabe onde está pisando. Mas é só questão de tempo, de se acostumar e de descobrir quanto custa viver em Paris — pensava ele. — De onde será que ela conhece Lilly? Preciso descobrir algumas coisinhas."

— É verdade — concordou Graville. — Mas não posso reclamar, tenho uma clientela muito boa. São todas pessoas de boas condições, alguns vêm do outro lado da cidade, são pessoas muito finas e cultas que frequentam meu café, me dizem que é o melhor, eu acredito, senão por que viriam, não é mesmo?

"Estúpido! — Estou comendo isso porque não tenho outra coisa, mas esse café é horrível e o *croissant* pior. Só ele deve estar acreditando no que diz", pensava Irina.

Porém, nada em seu rosto denunciava-lhe os pensamentos, tinha a mesma ingênua candura, um olhar brilhante, mas vazio de expressividade, e com voz gentil respondeu:

— É claro.

— Perdoe minha indiscrição, mas o que veio fazer em nossa cidade? Está a passeio ou veio tentar a vida?

— Na verdade ainda não sei, senhor Graville. Sempre desejei visitar a senhora Lídia. É uma amiga generosa de minha mãe. Em verdade nos dissemos parentas, mas não somos realmente. A situação em meu país está muito ruim. Antes do início da revolução já era bastante difícil, mas agora está lamentável. Talvez, quem sabe, depois que esse novo regime de governo se estabelecer definitivamente, as condições de vida melhorem, mas até lá...

— Ouvi horrores sobre os bolcheviques.

— É. Acontecem mesmo alguns horrores — concordou Irina, concentrando-se na refeição e apenas ouvindo os questionamentos do seu anfitrião, meneando a cabeça em concordância a tudo que ele dizia.

— Não é partidária do comunismo?

— Deus me livre, sou católica ortodoxa, senhor.

— É bom saber disto. Todos têm medo dessas ideias. Nestes tempos há arruaceiros insatisfeitos com a vida por toda parte. Não gosto de problemas e quem trabalha no comércio não pode ter religião, tampouco partido político, aliás, o bom mesmo é não falar das suas ideias. Não convém.

— Eu o entendo. Imagino como seja difícil ter de agradar a todos.

— Lilly chega sempre muito tarde, pode ficar esperando aqui, aviso-a assim que a vir passar.

— Novamente obrigada, o senhor é muito gentil.

— Lilly trabalha no outro extremo da cidade, faz diariamente uma longa viagem.

— Eu não sabia.

Graville insistiu um pouco mais na conversa, entretanto não obteve as informações que desejava e, temeroso de pôr a correr a jovem, assustando-a, decidiu calar-se. Afinal, pensava que ela não tinha ideia de onde Lilly estava e queria muito "empregá-la", pois olhava as mesas notando que o nível de ocupação aumentara e que seus clientes estavam bastante interessados na estrangeira ruiva.

Irina permaneceu sentada, solitária, no seu canto do Café Graville até as primeiras horas da noite quando chegou Lilly, arrastando consigo pesadas bolsas e reclamando de dor nas costas.

— Desgraça de vida! — dizia ela com ares de repugnância falando consigo mesma. — Está cada vez mais difícil andar nesta cidade. Maldito teatro! Pobre! Miserável! Não tem um único franco com que pagar em dia meu serviço, ou sequer para pagar um carro de praça que me trouxesse com essas sacolas. Ai, que dor!

Cansada e irritada, Lilly literalmente desabou sobre uma cadeira largando a seu lado as sacolas transbordantes de tecidos coloridos, visivelmente usados; alguns pedaços de pano pendurados nas bordas da sacola pareciam saias de cetim e tule. Olhou-os rapidamente cheia de desdém, enquanto massageava as costas à altura dos rins, depois gritou:

— Graville, me traga uma vodca das boas. Hoje eu preciso.

— E quando você não precisa? — devolveu Graville, abaixando-se atrás do balcão para servir a bebida.

— Não me incomode. Eu lhe pago, não venho aqui beber a crédito como uns e outros que você atende, que eu sei muito bem. Trate de me servir direito e veja se não é sovina na dose, nem misture água. Sou Lilly, está lembrado? Conheço uma boa vodca, pura, só pelo cheiro.

— Calma, mulher! — exclamou Graville aproximando-se com o copo na mão e uma garrafa na outra que logo entregou à cliente, observando-a sorver grandes goles. Não resistiu e comentou:

— Ei, isso não é água da torneira. Vá devagar, aproveite.

— Vá pro inferno! Será que não tenho direito a alguns minutos de sossego, depois de ter aguentado um dia danado de ruim e ainda por cima ter trazido essas coisas horrorosas? — indignou-se Lilly, lançando um olhar revoltado às sacolas. — Aquelas meninas julgam-se muito importantes só porque são novas, bonitinhas, têm o corpo para exibir... Não sabem o que as espera... Não perdem por esperar... A vida dá a todos o mesmo destino, só os imbecis não percebem.

— Ih! O dia foi ruim mesmo, hein.

— Muito.

Graville lançou um olhar ao salão mais afastado onde deixara Irina, algumas vezes a espiara durante o fim da tarde e a surpreendera cochilando. Como ele julgava que ela estivesse naquele momento.

"Melhor assim. Poderei tratar com Lilly antes de chamá-la", pensava o dono do estabelecimento. Puxando a cadeira em frente à Lilly, sentou-se e a encarou.

Lilly não era mais uma jovem, ao contrário, era uma mulher com mais de cinquenta anos. Seu rosto perdera o frescor da juventude, as linhas se acentuavam e várias rugas lhe marcavam o canto dos olhos e da boca. Sob o queixo, uma pequena papada flácida em nada contribuía para embelezar o conjunto.

Os anos haviam acrescentado peso ao corpo, destruindo muitas curvas e impondo outras pouco atraentes que ela procurava disfarçar com um corpete assassino de tão apertado. Era de duvidar que respirasse normalmente metida naquela roupa. O colo exposto no amplo decote do vestido verde-esmeralda que usava tinha a pele flácida e manchada, era novamente o assassino corpete que lhe empinava os fartos seios, deixando visível o vale entre eles e o fato de que já haviam tido aparência melhor.

Conservava intactos os cabelos castanhos, que enchia de cachos com muito trabalho. Adorava prendê-los no alto da cabeça, deixando os cachos caírem ao redor do rosto. A pobre Lilly parecia não notar que o penteado sentava melhor a uma mulher mais jovem. Nela, vista de costas, causava uma ilusão — parecia mais jovem — contudo, vista de frente, era apenas ridículo.

Considerações sobre a aparência de Lilly à parte, havia em seu olhar algo de cativante, apesar dos modos despachados, despudorados, mesmo deselegantes, era o que se chama alguém simpática, de aparência no mínimo excêntrica, bem de acordo com a mentalidade e o meio em que vivia.

— Bom, ainda não terminou — falou Graville.

— O que quer dizer com isso? — indagou Lilly com um leve sorriso malicioso no canto dos lábios. — Pretende me visitar mais tarde? É sempre bem-vindo, por pior que tenha sido o meu dia.

Graville devolveu o sorriso e tomando a garrafa serviu novamente o copo da mulher.

— Hoje não. Meu dia também não foi dos melhores. Amanhã ou depois, pode ser. Estou muito cansado e com poucos francos na gaveta, precisarei trabalhar enquanto houver uma única alma perambulando neste bairro.

— A situação está muito difícil — queixou-se Lilly, endossando a opinião de Graville. — Não sei o que aconteceu, mas o dinheiro, sempre tão escasso para os pobres, desapareceu por completo. Até as "queridinhas" do teatro estão reclamando do faturamento. Acredita?! Pois é verdade. Noite após noite há menos público e os que vão gastam pouco. Já não se fazem mais amantes como antigamente. Bons tempos, aqueles! Qualquer um nos enchia as meias de francos. Hoje... só querem mesmo é encher os olhos e passar a mão. Será ainda resquício da guerra?

— É, pode ser. Mas elas não têm o mesmo talento que as mulheres da nossa geração. Não têm charme, não sabem tratar os clientes.

Tenho visto isto aqui no café, por mais que se fale parece que elas não aprendem. Não sabem agradar um homem como você fazia.

— Fazia? — perguntou em tom de provocante incredulidade, sorrindo sem esconder o prazer que o elogio lhe causava.

— É, ainda faz muito bem — concedeu Graville tocando rapidamente a mão de Lilly sobre a mesa. — Mas muitos homens não sabem apreciar a experiência de uma mulher, preferem um corpo jovem. Você me entende?

— Tolos — acusou Lilly, depois encarando Graville amenizou o tom: — Não são todos, apenas a maioria. A bebida é por conta da casa? Só hoje.

Graville sustentou o olhar de Lilly e sorriu. Gostava dela, eram amigos e um pouco mais, há muitos anos. Haviam enfrentado altos e baixos, compartilhando a mesma vizinhança. Eram muito unidos, tinham uma relação de verdadeira cumplicidade.

— Disse que meu dia também foi ruim, você não ouviu? A gaveta está muito fraca.

— Ora, Graville, umas doses de vodca não o farão nem mais rico, nem mais pobre. Vamos beber pelos velhos tempos. Acompanha-me?

De novo Graville lançou um olhar à sala onde estava Irina. Viu-a imóvel, debruçada sobre a mesa, num canto na penumbra. Voltou a atenção à Lilly que o observava curiosa e respondeu:

— Aos velhos tempos! Você tem razão, não serei nem mais rico, nem mais pobre por conta de uma garrafa de vodca, mas posso ser mais feliz. Vou apanhar um copo — e levantou-se voltando pouco depois.

Tornou a acomodar-se com a mesma deselegância na cadeira, olhou à volta notando que nenhum dos poucos fregueses que restavam parecia prestar atenção a ele e sua acompanhante, tinham suas vidas centradas nas garrafas sobre as mesas. Os que ainda ficavam no café nem ao menos se lembravam da bela ruiva adormecida. Graville, após mais uma rodada de vodca e conversa fiada, informou a Lilly:

— Você tem visita. Uma russa chegou esta tarde à sua procura.

— Uma russa?!

— Sim — afirmou Graville, já esperava que sua amiga não se lembrasse de parentes distantes e não se convencera das explicações de Irina, pois nos últimos vinte anos acompanhara diariamente a vida de Lilly e sabia que ela nunca viajara ao exterior, aliás, nem saíra de Paris.

— Estranho. Não conheço nenhuma russa. É do ramo?

— Acredito que não. É bem jovem e muito bonita. Tem futuro.

— Como você sabe disso? — questionou Lilly, suspeitando que Graville lhe escondia algo.

— Falei com a moça. Chama-se Irina. Deixei-a ficar aqui enquanto esperava por você. A coitada estava faminta e cansada. Adormeceu na cadeira no salão menor.

— Irina? Irina? — repetia Lilly baixinho vasculhando sua memória em busca de algum reconhecimento. — Russa? Por que veio me procurar? Não disse de onde me conhecia?

— Disse que era quase sua parenta e que você visitava sua família em São Petersburgo — um sorriso debochado e irônico se desenhava no rosto bonachão do francês.

— Mentiu — afirmou Lilly sem expressar qualquer sentimento que não fosse a mera constatação do fato. — Nunca fui a São Petersburgo, mas bem que gostaria. Aliás, me agradaria muito conhecer qualquer cidade. Essa moça não sabe que procura uma vadia pobre. Quem ela pensa que eu sou?

— Não sei. É óbvio que vi que ela mentia, mas como tem bom futuro, você a verá e me dará razão, não a contradisse e a fiz esperá-la. O que acha de ganharmos alguns trocados extras?

— Preciso ver a garota. Se realmente valer a pena, é de se pensar em um investimento. Sendo estrangeira precisará de apoio para se estabelecer — concordou Lilly com uma expressão cheia de curiosidade e interesse. — Só não entendo como essa tal Irina me conhece e de onde conseguiu meu endereço.

— Isso só ela pode lhe responder. Quer que vá chamá-la?

— Não — declarou Lilly erguendo-se da cadeira cheia de vontade, esquecida dos problemas da tarde. — Sei onde ela está, eu vou até lá. Aguarde que volto logo e não beba a garrafa sozinho, certo?

— A bebida é por minha conta, portanto é minha, dona Lilly. Se quiser bebo toda e não lhe devo satisfação.

— É — aquiesceu Lilly. — Mas prepare-se para dormir e acordar amanhã sentado nesta mesa. Eu não irei carregá-lo e acomodá-lo na cama. Minhas costas doem bastante. E quer saber de uma coisa, chega de lhe dar satisfação, vou ver a dita "parenta".

A passos firmes, Lilly dirigiu-se ao salão menor, e com facilidade encontrou a visitante. Uma massa de cabelos ruivos caía sobre a mesa. Sem preocupar-se em andar silenciosamente, Lilly aproximou-se e avaliou criteriosamente o corpo jovem e delgado da moça sentada e adormecida. O cansaço vencera Irina que dormia em um sono profundo. Contornando a mesa, a velha amiga de Graville buscava ver o rosto da jovem.

— Ulalá! — exclamou Lilly baixinho expressando seus pensamentos. — Pode se transformar numa preciosidade. Tem tudo nos lugares certos, nas medidas certas, resta saber como se comporta...

— Delicada e muito decidida — informou Graville — parado no vão de acesso ao pequeno salão. Internamente, o prédio do café era dividido por alguns arcos, ficando um salão maior no centro e vários menores em torno.

Ao ouvir a voz do amigo, Lilly o encarou reafirmando:

— Pode ser realmente uma preciosidade. As "queridinhas" do teatro são todas muito parecidas e as que não são naturalmente semelhantes dão algum jeito de vir a ser. Parecem cópias, dançando cancã com vestidos iguais, a única diferença, às vezes, é a grossura das coxas que elas exibem. Eu não gosto disso, nunca gostei. Fiz sucesso por ter personalidade, ser diferente. Bons tempos em que os homens disputavam a minha atenção. Os teatros e cabarés brigavam por mim e minhas parceiras.

Lilly continuava avaliando a jovem adormecida.

— Delicada e decidida, você falou. Uma estranha combinação numa garota jovem assim. Com certeza nunca a vi antes. O que será que quer comigo?

Graville ergueu os ombros e espalmando as mãos contemplou Lilly com ar debochado e incrédulo como a dizer: "Vou eu saber?"

— Bom, só há uma maneira de descobrir — sentenciou Lilly e, aproximando-se de Irina, sacudiu-lhe levemente os ombros. Nada. Ela continuou dormindo.

— Está pregada — constatou Lilly com seu jeito despachado. — Como é que você disse que é o nome dela?

— Irina.

Decidida, Lilly sacudiu com vontade os ombros da jovem enquanto a chamava em bom som:

— Irina. Acorde!

Assustada a moça despertou, dando um salto sobre a cadeira. Confusa, olhou à volta enquanto passava a mão nos cabelos, deparando com a face sorridente de Graville e focando o interior do café, recordou onde estava e o que a levara ali. Sorriu, incentivando-o a se aproximar. O ar sonolento tornava seu olhar mais inocente, cândido.

Lilly encantou-se com o azul profundo dos grandes olhos de Irina e dirigindo-se a Graville, ignorando-a totalmente, disse:

— Perfeita!

Cuidadoso, ele se aproximou de Irina e puxando a cadeira a seu lado sentou-se.

— Descansou um pouco, minha jovem? Que bom! É uma pena que não lhe pude oferecer um dos outros aposentos, quando vi, já estava dormindo. Sei como é estar tão cansado. Resolvi não incomodá-la.

— Nem sei o que dizer — respondeu Irina arrumando os cabelos. — Desculpe-me. Imagino que não deva ficar bem ter alguém dormindo sobre a mesa no seu estabelecimento. Deveria ter me acordado.

— Ora, não me trouxe incômodo. Mas resolvi vir acordá-la, pois sua parenta Lídia ou Lilly como a conhecemos, se for a mesma pessoa a quem procura, acabou de chegar. É esta senhora a seu lado.

Irina rapidamente levantou-se alisando o vestido, depois puxando o xale sobre os ombros, tentando compor-se o melhor possível naquelas circunstâncias. Com calma, expressão ingênua e doce, fitou a mulher a quem viera procurar e tossindo levemente para limpar a garganta apresentou-se:

— Sou Irina — estendeu a mão que Lilly ficou observando com ar de interrogação. — Uma das filhas de "Dolly", está lembrada dela?

Ao ouvir o nome de Dolly, Arthur e Lilly trocaram olhares curiosos, e a última puxou a cadeira em frente do amigo e à esquerda de Irina, surpresa com a notícia, sentou-se. Em sua mente só havia uma pergunta: "Qual a melhor maneira de lidar com a ruiva?"

— Dolly?! Você falou Dolly? — indagava em voz alta Lilly para Irina.

— Sim — confirmou Irina firme, com ar risonho ao notar a confusão na mente de seus acompanhantes, coisa que ela adorava fazer.

Lilly assimilava a informação muito lentamente. Dolly desaparecera de sua vida há mais de dez anos, quando haviam desfeito a dupla "artística". Dolly era mais jovem, quando Lilly afastou-se dos palcos, ela decidira prosseguir. Por alguns anos haviam mantido contato através de cartas, mas nos últimos meses a correspondência havia cessado. Lilly ainda aguardava a resposta à última carta.

— Você é uma "filha" de Dolly. Filha natural? — indagou Lilly.

— Não, fui parar na casa de Dolly há alguns anos. Éramos boas amigas e tanto eu quanto as outras moças que morávamos com ela a chamávamos de "mãe". Tenho orgulho de ser uma de suas filhas. Ela fazia questão de apresentar-me como sua filha a todos que chegavam.

— Entendo — respondeu Lilly olhando significativamente para Graville como a dizer: "Cego! Como você não viu que a moça é do ramo."

— Dolly abandonou Paris há anos. Mantemos contato regularmente. Estranho que ela não tenha me avisado que a enviaria.

— Não houve tempo — apressou-se Irina a responder e ante o ar de dúvida no rosto de Lilly, esclareceu: — "A doença" a matou faz quinze dias.

Rapidamente, o medo escureceu as feições de Lilly e de Arthur, "a doença" — a sífilis — era temida pela morte horrível que causava.

— Ela sofreu muito? — indagaram juntos.

Irina balançou a cabeça afirmativamente.

— Coitadinha! — exclamaram eles.

— Uma das últimas coisas que fez quando estava lúcida foi escrever uma carta para a senhora — informou Irina pondo-se a remexer em sua bolsa de mão, retirou uma folha de papel dobrado que estendeu para Lilly: — Tome. É sua. Vai reconhecer a letra, assinatura e dados que só ela podia saber. Dolly fez questão de me dar e pedir que a entregasse pessoalmente e viesse procurá-la. Ela sabia que eu desejava sair do país, com a morte dela eu não tinha nenhuma razão para ficar.

32

Lilly apanhou a carta e não a abriu, levantou-se da cadeira e convidou Irina:

— Vamos para minha casa. É perto, lá conversaremos melhor.

Irina concordou e ergueu-se apanhando sua escassa bagagem. Despediu-se de Graville e sob seu olhar atento, as duas mulheres partiram, mergulhando na escuridão da rua.

Formavam uma dupla curiosa, literalmente, bem carregada, pois Lilly arrastava suas grandes sacolas praguejando e Irina, exausta e ansiosa, levava sua mala. Esperava que Dolly estivesse lúcida e certa das coisas que falara sobre a amiga, pois o que via a desagradava.

CAPÍTULO 3
Vivendo conforme suas crenças

*Digo-vos, em verdade, que o homem simples,
mas sincero, está mais avançado no caminho de Deus
do que aquele que quer parecer o que não é.*[5]

O interior do prédio número 20 daquela rua em nada surpreendeu Irina. Combinava com o exterior e com sua dona: decadente, velho, cheio de lembranças de tempos idos. Também não poderia qualificar Lilly como uma caprichosa dona de casa, o que a teria surpreendido muitíssimo. Havia organização o que é bem diferente de limpeza.

— Quer beber alguma coisa? — perguntou Lilly largando as sacolas sobre um sofá de tecido desbotado, a ponto de não mais se identificar a cor. — Sempre faz bem. Aquece. Largue sua mala por aí, depois vemos qual dos quartos está melhor. Não são usados há tempos, desde que o dinheiro sumiu para valer da minha vida.

— O que você tem?

— Vodca, conhaque, cerveja.

— Conhaque. E se você tiver um café, gosto de misturá-los.

— Claro que sim. Vamos até a cozinha, fica bem no fundo, é só seguir o corredor.

Irina a acompanhou atravessando algumas salas bastante amplas que pela decoração não era difícil ver que já haviam servido de salões, alguns inclusive com mesas de jogos e roletas clandestinas.

Depois se seguia por um corredor com alguns cômodos dispostos em ambos os lados, cujas portas estavam fechadas; bem no

---

5 - KARDEC, Allan, *O Livro dos Espíritos*, q.828, IDE.

final estavam as dependências da cozinha, lavanderia e um quarto de costura com duas grandes mesas lotadas de roupas, manequins exibiam vestidos em diversas fases de elaboração e algumas máquinas, ferros de passar e tecidos. Notava-se que ali havia atividade.

Notando que sua visitante olhava o interior de seu "ateliê", como o chamava, Lilly informou em tom que pretendia ser inexpressivo, mas era de indiferença forçada e não passou despercebido de Irina:

— Sou modista.

— Notei.

— Sente-se. Vou passar o café, detesto café velho. Tem um gosto horrível, não acha?

— Concordo.

Lilly preparou a bebida em silêncio colocando o bule e a garrafa de conhaque sobre a mesa juntamente às xícaras, um pão caseiro feito com farinha escura, possivelmente de trigo de qualidade inferior e um pote com manteiga.

— Vamos comer, você deve estar com fome. Olha, eu não gosto nem um pouco de cozinhar, por isso não há muita variedade de comida, mas o que tenho é seu, faça bom proveito e coma quanto quiser e tiver. Amanhã é outro dia.

Irina entendeu que aquela era toda comida existente na casa de sua anfitriã. Conformada, sorriu; as dificuldades não conheciam as fronteiras entre os países.

— Obrigada, Lilly. Saiba que sei retribuir as gentilezas que recebo. Não tenho onde ficar, também não tenho muito dinheiro, na verdade bem pouco, mas poderei trabalhar e pagar por tudo.

— É por isso que veio à minha procura? Quer ajuda para conseguir trabalho?

— É, e um pouco mais. Não venho a Paris com a ideia de conseguir qualquer trabalho...

— Mal chegou e já quer escolher, menina? — ralhou Lilly, indignada. — Na miséria em que vivemos atualmente dê-se por feliz em conseguir alguma coisa...

— Você entendeu mal, não deixou que eu terminasse. Quero fazer carreira, não quero viver como as outras que vi à tarde tentando ganhar a vida em mesas de café e nas esquinas.

— Carreira? — indagou Lilly em tom de incerteza — O que é isso para você?

— Simples: sei que sou bonita e que agrado aos homens. Não quero gastar minha juventude e beleza com os pobres que me darão apenas o que comer. Chega disso! Quero homens ricos. Entende?

— Sonhos! Criança tola. Pensa que é fácil assim entrar no terreno "delas". É muito difícil. Para início de conversa você precisará de dinheiro, roupas e convites para frequentar lugares onde encontrará homens ricos, e nossas colegas de primeira classe não aceitam muito bem as novatas. Homens ricos são um mercado restrito, não há muita oferta e eles são exigentes.

— Ajude-me e não se arrependerá. Dolly me contou a história de vocês, sei que procurei a mulher certa. Nossa falecida amiga fez muito por mim, tirou-me da rua, deu-me uma casa e ensinou-me muitas coisas. A experiência foi valiosa, infelizmente a revolução intensificou a perseguição às mulheres como nós, inimigas do regime do proletariado. Mataram muitas. Consegui fugir. Dolly voltava comigo, mas morreu no caminho. Estava muito doente, não aguentou a loucura que foi nossa fuga. Seu último ato foi entregar-me a carta que lhe dei, acredito que ela a tenha escrito quando deixamos a Rússia.

— Nossa história?! Santo Deus! Isso foi há tanto tempo. Fale-me de sua vida antes de chegar aqui, conte-me sobre Dolly e o que aquela levada a ensinou.

Irina narrou sua história entre um gole e outro de café com conhaque e grossos nacos daquele pão escuro e áspero que precisava de muita manteiga para facilitar a ingestão. Nenhuma das duas, apesar do cansaço, sentiu as horas passarem, quando a jovem concluiu a narrativa e sua anfitriã deu-se por satisfeita era alta madrugada. Sobre a mesa o bule e a garrafa vazios, uma sobra de pão e um resto de manteiga.

— Por agora chega. — anunciou Lilly e erguendo-se cobriu com um pano manchado o que restava da refeição, nem ao menos preocupou-se em recolher as louças, ficaram onde estavam como a dizer que no dia seguinte seguiriam exatamente daquele ponto, o que por certo explicava o encardido das louças. — Venha, Irina, vamos escolher um quarto para você dormir. Não tenho hora para acordar, é uma das poucas vantagens do meu atual trabalho. Durma, que eu farei o mesmo. Amanhã pensarei no que fazer e depois lhe dou uma resposta.

Com estas palavras, dirigiu-se ao corredor abrindo portas e cheirando os quartos com desagrado. Por fim, encontrou um, próximo da última sala e com um gesto fez Irina entender que deveria se acomodar. Dispensando despedidas, Lilly escancarou a porta em frente, entrou e fechou-a, era o seu quarto e seus modos diziam tudo.

Irina mal encostou a cabeça no travesseiro e adormeceu. O cansaço, as experiências da chegada e a bebida haviam esgotado suas forças. O mesmo não se dava com sua anfitriã. Por mais que tentasse, por mais exaurida que estivesse, não conciliava o sono. Cenas do passado invadiam-lhe impiedosamente as lembranças, despertando saudade, nostalgia, vazio e tristeza. Rolava na cama de um lado a outro, enrolando as cobertas em torno de si, chutando-as, afofando travesseiro, suspirando e bufando, mas nem uma de suas pálpebras pesava.

Por fim, sentou-se no leito, recostando-se nos travesseiros e puxou as cobertas até o queixo. Aquela altura do ano as madrugadas eram bastante frias anunciando a proximidade do inverno. Sentada, entregou-se à recapitulação de suas memórias. Porém, recusava-se a retroceder além do início de sua vida como mulher vadia — como ela mesma se autodefinia.

Fora bonita, atraente, era exímia dançarina, leve, flutuava nos palcos ou nos braços de seus amantes. Alegre e espirituosa atraía a atenção. Essas características haviam chamado a atenção de um empresário de espetáculos artísticos, dono de uma companhia de vedetes. Interessado, se aproximara dela e lhe propusera um lugar em seu grupo, ofereceu-lhe bom dinheiro e ainda o que conseguisse com admiradores seria seu exclusivamente.

Dessa maneira conhecera Dolly, sua faceira companheira de palco. Uma amizade instantânea se criou entre elas e durou muitos anos. Infelizmente a idade chegara e viram seus lugares ocupados por meninas mais jovens e elas só entravam em cena se por alguma razão as novas estrelas não estivessem dispostas. Nesta época, foram relegadas à atender mesas e entreter clientes, seus rendimentos dependiam muito dos admiradores.

37

O golpe final veio com a morte do empresário. O herdeiro do negócio, não as considerando lucrativas, as dispensou sumariamente. Usara os melhores anos das vidas delas e lucrara; na contabilidade daquele negócio, não se lançava conta despesa. Beirando os quarenta anos elas eram despesa.

Dolly, magoada, decidiu ir embora e se estabelecer em alguma cidade rica, onde não fosse conhecida e montar uma casa de diversão. Lilly não aceitou o convite da amiga e fora em vão às tentativas de mostrar a Dolly outra saída. Separaram-se em pouco antes da guerra. Do passado só lhe restava aquela casa — sua única propriedade. Morava ali há mais de vinte anos anos, desde o fim do século 19.

Seguindo a mesma ideia da amiga, Lilly decidira montar um estabelecimento para si e algumas outras, sobre os ganhos das quais teria comissão. Podia se considerar uma empreendedora bem-sucedida, mas seu negócio malogrou durante a Primeira Guerra e não tivera meios de reabri-lo.

A rua caíra em decadência. O local deixou de ser frequentado por bons clientes, ou seja, por clientes com capacidade de gastar. Fechara-o havia três anos, sobrevivendo, desde então, como costureira de alguns teatros de revista e casas de diversão.

Não era a primeira noite que Lilly rolava na cama rememorando seu passado. Invariavelmente, emergia dessas noites irritada, ansiosa, aflita, e a única maneira de acalmar-se era procurar seu velho amigo Arthur Graville. Em sua vida, ele era o único que se mantinha fiel ao que sempre fora, nem mais, nem menos. Conheciam-se bem o bastante para saber detalhadamente a vida um do outro e respeitarem-se. Eles discutiam suas inseguranças, especialmente em relação ao futuro, quando não mais pudessem trabalhar.

"O que seria deles?", era a constante pergunta. E enquanto não encontravam resposta olhavam-se, riam e consolavam-se repetindo: "De algum jeito cuidaremos um do outro, como foi até hoje."

No entanto, a situação econômica dia a dia piorava. O povo tinha menos dinheiro. Faltava o essencial nas residências, isso explicava a crise na área do supérfluo: nos cafés, bares, teatros e cabarés.

"E essa menina?" — questionava-se Lilly. — "Que faço com ela, meu Deus? Fico, acolho, dou instrução — se é que ela precisa;

parece muito senhora de si —, ajudo-a a se estabelecer? Quem me garantirá que ela honrará compromissos morais? Eu nem ao menos a conheço."

Neste minuto, lembrou-se da carta de apresentação metida no fundo dos bolsos de sua capa. Levantou-se, apanhou a carta e aproximando-se da luz abriu-a.

— Pobre Dolly! Que fim triste! — falou para si mesma, compadecida sinceramente da triste sorte da amiga. Após a leitura, pôs-se a filosofar na madrugada, com seus botões:

— É, mas te conforma, Dolly! O fim de todas nós é triste. Apesar de te lamentar e amar a vida, não posso negar que tenho inveja. Afinal, aquele que já conhece o fim de sua vida sabe mais do que nós, pobres viventes, que talvez ainda passemos bem pior. É comum um dia de manhã, muito cedo, correr de boca em boca que mais uma vagabunda morreu na zona. Ninguém comenta como a infeliz viveu ou porque fez da sua vida o que fez, mas todos têm uma palavra para comentar como morreu. Se for "a doença" que a leva, diz-se: mais uma. Se morrer assassinada e a encontram numa poça de sangue, diz-se: é o fim de muitas, faz parte da vida que levam. Se morrer ou se matar intoxicada com alguma droga, diz-se: além de vadia era viciada, não podia morrer doutro jeito. E assim vai.

Ela suspirou e prosseguiu a leitura:

— Acho que ninguém se pergunta "por quê"? Por que ela viveu "daquele jeito"? Por que foi parar num reduto de vagabundas? Por que ser mulher de vida fácil se a morte de todas costuma mostrar uma vida tão difícil? Aliás, a morte sempre fala da vida, e quem as vê como opostas, realmente não entende nada. É, morte e vida ou vida e morte, é a mesma coisa. São como a frente e o avesso de um vestido. É preciso olhar. Os detalhes nos mostram em uns uma ilusão, em outros, um lado grosseiro, que fica mais bem escondido. Mas ambos são o mesmo vestido e falam da sua dona. Nós morremos tristemente e tão logo algum policial grite: "morreu outra vagabunda", já fomos esquecidas. Nem nome temos mais, somos apenas "outra vagabunda", esse é o nosso nome e sobrenome.

Por isso, a invejo, Dolly. Essa nossa vida é bem triste, solitária, sem marcas. Parece que a terra em que pisamos se recusa a receber nossas pegadas, é como caminhar sobre areia em dia de vento, ou então andar na chuva, não deixamos rastro. Nossas vidas apagam-se. No lugar que era ocupado pela morta — é, vagabunda não é falecida, morreu mesmo — outra toma lugar e continua a triste sina da nossa velha profissão: sorrindo para o mundo, fazendo barulho, gargalhando, divertindo os outros, ainda que entediando a si mesma, lutando para ter a sua cota de dinheiro no rateio da sociedade. Talvez responder esses porquês seja algo muito doloroso e que realmente, eu não queira fazer, bem que você poderia me dizer se fez isto antes de morrer, Dolly.

O certo é que a vida e as pessoas não têm paciência, tampouco tratam bem os que choram, os que se lamentam, os que são tristes. Nem trabalho se gosta de dar a eles. Exige-se a 'normalidade' da alegria, da disposição, mentirosa em muitos casos. Mas, que fazer se os homens preferem a hipocrisia e, não a tendo em casa, preferem pagar para obtê-la? Cada um de nós nesse mundo, de certa forma, vende o que tem. Nós temos o dom da hipocrisia, da fantasia, da mentira, a tal ponto que as vivemos jurando ser verdade e sem responder jamais, nem a nós mesmas, os porquês."

Lilly afastou-se da luz do abajur e largou displicente a carta da amiga, no fundo de uma gaveta de sua cômoda, cheia de papéis amarelados pelo tempo. Lançou-lhe um último olhar e decidida fechou o móvel. Retornou lentamente à cama. Pelas persianas da janela as primeiras luzes do amanhecer invadiam o aposento. Ela puxou as cobertas, afofou pela milésima vez os travesseiros, deitou-se e seu último pensamento antes de enfim adormecer foi:

"Que farei com Irina? Ainda não sei, mas pela nossa velha amizade — uma das poucas coisas reais da minha vida — vou ajudá-la, vou atender ao seu pedido. Concordo com você, Dolly: ela é perfeita. Bem, quem sabe ela não será o seu último presente, uma ajuda para minha velhice — coisa muito triste para as vagabundas, o que espelha bem a solidão na qual vivemos."

***

Na manhã seguinte, próximo do meio-dia, após uma rápida, mas esclarecedora conversa na qual as duas estabeleceram mutuamente as regras do relacionamento que iniciavam, Lilly foi à procura de colocação para a Irina, trajando seu melhor vestido — resquícios de uma época melhor — em tons de rosa, com muitas rendas e o pronunciado decote de todas as suas roupas.

Partiu levando consigo um sorriso encorajador de Irina, com a confiança de seus dezessete anos. Mesmo vivendo em um meio conturbado onde o interior real dos seres humanos se desvenda sem máscaras e somente os personagens centrais escondem seu ser verdadeiro, atrás de comportamentos ruidosos, escandalosos, adotados para chocar e agredir, ela tinha sonhos e ambições.

Ao ver Lilly se aproximar sozinha, usando o melhor vestido, em plena quarta-feira, Graville correu à porta do café, indagando:

— Onde você vai, mulher, a esta hora e vestida desse jeito?

— Desde quando lhe devo satisfação? Vou tratar de negócios. Aliás, vamos sentar ali, no canto, precisamos conversar e tem que ser ligeiro.

Notando o tom decidido e animado da amiga, Graville dirigiu-se à mesa indicada e sentou-se, aguardando as explicações.

— A moça é talentosa. É do ramo e tem experiência. Dolly mandou-me uma carta apresentando-a. Conheceu-a há quase quatro anos perambulando pelo mercado de São Petersburgo — zona de mulheres ralés, que se oferecem por comida ou pouco mais. A beleza da garota chamou atenção de Dolly que a convidou para trabalhar em seu estabelecimento. Disse que ela é correta, só muito mentirosa. Tem um talento natural para enganar e convencer. Ela nem precisava ter escrito que Irina não tem dificuldade alguma em atrair homens para cortejá-la, pois isso só um cego não veria. Resumindo: conversamos muito. Ela confiou-me seus planos e pediu ajuda. Quer fazer carreira e decidi ajudá-la. Estou indo à luta, por isso os trajes.

Graville coçava a cabeça nervoso, a conversa não seguia para o lado que ele havia desejado no dia anterior, mas resolveu esclarecer.

— Que carreira ela quer fazer?

— Vou tentar colocá-la em algum teatro. Ela quer homens que possam lhe dar uma vida de luxo e riqueza. Não quer ser uma vagabunda da zona...

— E qual é a diferença?

— A bolsa, idiota. Ou você não sabe que, enquanto as atrizes rodam em bons carros, cheia de joias, roupas bonitas e novas, nós pagamos os pecados arrastando sacolas. Já esqueceu o dia de ontem? E os outros antes de ontem? Foram todos iguais.

— Ambiciosa, a mocinha. E quanto você combinou com ela?

— Não se aflija — respondeu Lilly, sorrindo com cumplicidade. — Não iremos abandoná-lo, você subirá conosco. Combinamos uma espécie de parceria, de sociedade. Eu a ajudarei, mas ela terá de me levar onde for, compartilharei sua vida e seu sucesso. E, no tempo certo, acharemos um lugar para você. Tudo está planejado. É só uma questão de tempo para nos estabelecermos. Não acha que fizemos um bom negócio?

— A juventude e a beleza da russa aliadas à sua experiência e conhecimentos. É uma combinação interessante. Vejamos no que vai dar — retrucou Graville, um pouco sarcástico.

Ignorando o tom das palavras do amigo, reconheceu-o enciumado, notara que ele queria a moça no café. Lilly levantou-se e, sorrindo, provocou:

— Vamos, me dê um beijo de boa sorte. Irei em busca do futuro.

Graville deu-lhe um beijo estalado na face e forçou um sorriso ao desejar:

— Sucesso, Lilly! Quem sabe Irina não é a segurança da nossa velhice.

— Exatamente o que pensei. Agora deixe de pensar as bobagens que vejo em seus olhos. Ganharemos muito mais seguindo os planos dela. Homens ricos não economizam com suas amantes. Além disso, Dolly acreditava no talento da moça. Vamos lançá-la ao mundo e faturar com esse trabalho.

— Dolly sempre foi muito crítica, se escreveu que a garota é boa, é porque é bem superior à média — comentou Graville com um sorriso sincero e aceitando o novo plano, reconhecendo-o melhor. — Isso vai tornar tudo mais fácil. Dom é dom, não há quem ensine, sei muito bem o que digo.

Lilly meneou a cabeça concordando e rápida afastou-se ganhando a rua apressada. Deixou Graville a cismar sentado na mesa do café.

***

Pouco depois, sentada em um bondinho, ela via desfilar ante seus olhos os prédios suntuosos de alguns dos mais famosos cabarés da cidade e pensava cheia de otimismo, observando a fachada em reforma do Moulin Rouge, que sofrera um incêndio em 1915:

"Quem sabe um dia não volto a ti, meu velho. Não mais para apresentar-me, mas para acompanhar uma de tuas mais belas senhoras. A vida dá muitas voltas...e sempre inesperadas."

Mas ainda não era naquela manhã o endereço do seu destino. Sabia que as portas do Moulin não reabririam para garotas desconhecidas e da sua época, possivelmente só restasse o velho zelador, senhor Arnauld, que há tanto tempo trabalhava na casa que as moças o chamavam "o fantasma", pois era difícil crer que ainda não houvesse morrido. Ele conhecia toda a história da casa, de suas famosas atrizes, seus escandalosos romances, quem as queria e a que preço obtinham-se seus favores, mas não influenciava na contratação de uma nova. Lilly não pôde conter um sorriso ao lembrar--se do "fantasma". Era uma figura rara. Pensando nele deduziu:

"Fantasmas não morrem, por certo o velho Arnauld continua a arrastar os chinelos pelos escombros do Moulin. Conforme o resultado da visita que irei fazer a Fredo, talvez vá, depois, visitá-lo. A essa hora deve estar lendo suas velhas revistas. É bom que me ponha a par das conversas."

O bondinho fez uma curva e ingressou numa outra rua, Lilly tornou-se atenta e logo se levantou sinalizando ao condutor que iria descer na próxima estação. Notou que alguns cavalheiros a observavam e passavam as mãos nos bigodes, um ergueu as sobrancelhas encarando-a e sorrindo ligeiramente. O ego de Lilly não poderia ter sido mais acarinhado, há três anos trabalhando como modista julgava que ninguém além de Graville teria interesse nela. As atenções do cavalheiro a fizeram agraciá-lo com seu melhor sorriso, piscou-lhe um olho, brejeira e desceu.

Na calçada viu que o homem ainda a admirava, juntou dois dedos da mão direita sobre os lábios e lançou-lhe um beijo. Sorridente e mais confiante do que quando deixara o café, avançou com passos rápidos, balançando a bolsinha em forma de saco, com fitas e rendas que carregava na mão.

Ao deparar-se com o prédio que buscava, cheio de letreiros luminosos e cartazes, àquela hora apagados, estacou e olhou o movimento. Havia grandes portas duplas abertas que davam acesso ao *hall*, com muitos tapetes, lustres brilhantes, paredes forradas até a metade com papel de parede com estampa de rosas e acima as paredes pintadas em um tom de rosa escuro, próximo ao magenta, piso de mármore, grandes e pesadas cortinas de veludo vermelho, com franjas douradas na bainha e no bandô escondiam as duas portas que davam acesso ao salão principal do Teatro de Variedades. Pelas laterais do *hall* duas grandes escadas levavam ao segundo piso, onde ficavam os camarotes.

Conhecedora do prédio, Lilly observava apenas as mudanças na decoração. Não era assim no seu tempo. No entanto, teve de admitir que Fredo conservava muito bem sua herança, o teatro estava mais bonito. Afastou uma das cortinas e ingressou na plateia, com suas cadeiras bem-dispostas, estofadas em veludo vermelho. Algumas mulheres, da idade de Lilly ou mais velhas, varriam o teatro, rindo e conversando em alto e bom som, porém nem tudo o que se ouvia poderia ser dito de bom-tom. O linguajar não sofria nenhuma peia, as bocas daquelas mulheres pronunciavam expressões que fariam corar o mais devasso dos homens.

— Ei, a noite foi movimentada pelo que vejo — bradou Lilly chamando a atenção para sua chegada.

— Ah, foi! Ainda bem! Senão seria mais uma semana sem dinheiro, para receber só na próxima — respondeu a mais próxima de Lilly que parou de varrer e apoiava o cotovelo displicentemente no cabo da vassoura. — O que quer? Se estiver à procura de trabalho, para mulheres da sua idade, não há vaga.

Pela primeira vez naquele dia Lilly sentiu uma leve contrariedade e seus pensamentos transpareceram em seu olhar: "Quem essa vagabunda pensa que é, com essa vassoura na mão, para me dizer se tem ou não trabalho para mim? Não estou virada num bagulho velho feito ela, cheia de rugas e banha... Argh!"

— Olha, dona, ainda trabalho por conta e ganho muito bem a vida, para sua informação. — Lilly respondeu à atrevida faxineira e, encarando-a de forma significativa, prosseguiu: — Estou procurando por Fredo, somos velhos amigos, me entende? Sabe onde posso encontrá-lo?

— Contando o dinheiro da féria da noite, no escritório — respondeu a mulher, irada.

Lilly torceu o nariz para o pó que se levantava no piso, cruzou altiva o corredor, fingindo não ouvir o comentário das trabalhadoras.

— Vadia cheia! Tá pensando que é melhor do que a gente.

Debochadas, olhavam-se e a que a atendera, ironicamente a imitava, tanto na voz como nos gestos desdenhosos:

— Estou procurando por Fredo, somos velhos amigos, me entende?

Um coro de risadas seguiu-se a performance sob o fundo de percussão dos saltos dos sapatos de Lilly martelando pesadamente a madeira do piso do teatro.

Esforçando-se por ignorar a atitude das mulheres, Lilly lembrou-se da cena recente com o desconhecido. Prontamente, seu ego recuperou-se, ela se acalmou.

— Invejosas! Danem-se! — disse para si mesma e sorrindo bateu na porta do escritório de Fredo.

Ouviu a ordem para entrar, girou a maçaneta e abriu a porta, recebendo de encontro ao rosto uma lufada de fumaça de charuto. Um homem baixo, levemente robusto, com ralos cabelos escuros e acentuado sinal de calvície no alto da cabeça, que o penteado feito com um exagero de brilhantina, tentava inutilmente ocultar, trajando um terno cinza de risca de giz, camisa branca e uma gravata escura de língua fina, no bolso a ponta de um imaculado lenço branco. Ele não levantou o olhar para ver quem o procurava, continuou, com o lápis na mão, a fazer contas. O charuto no canto da boca, aparentemente tinha um lugar fixo, que a força do vício esculpira em seu rosto, entortando-lhe os lábios para a direita.

— Como está, Fredo? — quis saber Lilly com certa intimidade, fechando a porta e se acomodando na cadeira forrada de veludo verde-escuro, em frente da mesa onde o homem trabalhava.

A pouca importância à chegada de alguém era fato comum naquele meio, desprovido de cerimônia e até de rudimentos do fino trato social.

Estranhando a voz, Fredo ergueu o olhar, estranhou a mulher à sua frente, mas reconhecendo-a, sorriu amistoso e disse:

— Ora, vejam só?! Lilly, a velha rainha desse bordel. Que surpresa!

— Não gostei — retrucou Lilly fingindo-se zangada. — Rainha, sim. Velha, jamais! Quem sabe você retoma a fala e diz: experiente rainha desse bordel. Aí, sim, meu caro, eu vou gostar.

— Muito bem — concordou ele abandonando as contas e jogando-se para trás na cadeira de espaldar alto. — Considere dito. Longe de mim aborrecê-la, conheço seu mau gênio. Mas o que a traz aqui?

— Tenho uma pérola a lhe oferecer, meu caro.

— Uma pérola? — Fredo tinha o hábito de repetir tudo que lhe diziam em forma de pergunta, era uma reação condicionada para esconder sua lentidão mental.

— É — confirmou Lilly, conhecedora dos cacoetes do empresário. — Uma jovem russa. Belíssima. Ruiva natural. Pele de porcelana. Corpo perfeito. Carinha de anjo! Realmente linda!

— Linda?

— Muito linda e treinada por Dolly. Ótima dançarina, sabe cantar...

Fredo contemplava Lilly e via-se pela luz em seu olhar que ele pensava no que ouvia e a descrição "da pérola" o agradara.

— Uma linda pérola ruiva, treinada por ninguém menos que Dolly e agora nas suas mãos, Lilly. É isso? Entendi direito?

— Exatamente — Lilly sabia que não adiantava usar de muitas palavras com Fredo. A inteligência dele era exclusivamente para números e avaliação de maneiras de fazer dinheiro.

— Bom. Quantos anos tem a "pérola"?

— Dezesseis ou dezessete.

Fredo ergueu as sobrancelhas sinalizando que o interessava a candidata e Lilly não perdeu tempo:

— Um número novo. Uma "atração" nova. Diferente. Sempre traz mais público, Fredo. Posso trazer a garota para você conhecer? Se gostar dela, acertamos o preço. Que me diz?

— Traga-a amanhã, nesta mesma hora. Se eu gostar, ela fará o teste e depois acertamos. É você quem está "cuidando" dela?

— Sim.

— Não sabia que estava fazendo isso. A última vez que tive notícias suas me disseram que era modista de algumas espeluncas.

— Intriga de quem não tinha o que dizer. Há muita inveja nesse mundo — refutou Lilly mantendo a expressão inalterada. — Não vou tomar o seu tempo. Amanhã, estaremos aqui.

Sem mais, ela se levantou e saiu, fechando a porta. Cruzou a vasta plateia ignorando as mulheres da limpeza. Chegando à rua respirou fundo, um amplo sorriso iluminava-lhe o semblante.

— Foi mais fácil do que esperava — disse para si mesma.

Apalpando a bolsinha tocou umas poucas moedas insuficientes para regressar de bonde. Teria que andar, assim escolheu o caminho que passava pelo Moulin.

Era uma das raras tardes ensolaradas do cinzento outono parisiense. Contagiada pelo sucesso do dia, Lilly entregou-se prazerosamente à caminhada pelo bairro de Montmartre. Ignorava os olhares de desprezo dirigidos por alguns transeuntes.

— Os incomodados que mudem de calçada — resmungava consigo mesma e, balançando a bolsinha e os cachos de cabelos presos no alto da cabeça, seguia em frente.

— Ulalá! — exclamou encantada ao ver-se diante do famoso cabaré. — Será para sempre o rei dos cabarés da cidade luz. Que beleza!

Conhecia a entrada de serviço do prédio e sabia que não a deixariam entrar ali com a mesma facilidade que no Teatro de Fredo. Ainda mais depois do incêndio, era perigoso caminhar pelo prédio em reforma. Cuidadosa, bateu à porta. Um homem velho, magro e alto, com o rosto enrugado, usando óculos, vestindo sobre a calça e a camisa um avental de napa preto, manchado de tinta, veio atendê-la.

— Arnauld! Seu velho danado, então o diabo ainda não teve coragem de vir buscá-lo — falou Lilly alegremente apressando-se a abraçar o homem.

— Lilly! — reconheceu ele surpreso e no mesmo tom de troça retrucou: — Nós dois lá poremos o capeta a correr. Não, ele com certeza não virá me buscar. Ele precisa escolher. O pobre vai deixar-me aqui, pois o lugar junto dele é todinho seu, minha querida.

— Danadinho! Vejo que você ainda não tem rugas na língua, está afiada como sempre.

— Graças a Deus! Senão como viveria aqui? Preciso ter minhas defesas. Mas venha, entre. Com certeza, não recusará o meu café.

— Ainda é daquele jeito? — indagou Lilly fazendo-se de incrédula.

47

— Igualzinho.

— Vamos. Será bom descansar um pouco.

Acomodados numa minúscula saleta, embaixo da escada de acesso à lateral direita do palco, Arnauld improvisara ali, por anos a fio, e se podia mesmo dizer em caráter definitivo, o seu camarim. Tinha um pequeno fogão, uma mesa, dois bancos, algumas canecas e uma lata de biscoitos. As paredes eram forradas com fotos autografadas das dançarinas que haviam passado pelo cabaré.

Sentados, frente a frente, conversaram longamente sobre as mudanças nas apresentações artísticas naqueles últimos anos, a moda, o grande interesse do público pelos ritmos latinos, danças *"mui calientes"* — dizia Arnauld, arrastando a pronúncia sofrível das expressões espanholas.

— Preciso ir embora, estou morando longe. Qualquer dia virei espiar o ensaio. Sei que estão trabalhando no teatro em frente. Posso? — perguntou Lilly levantando-se e abrindo a porta.

— É bem coisa sua, parece que a idade não a modifica. Sempre a mesma! — resmungou Arnauld, encaminhando-se com sua convidada para a saída — Se já disse que virá, por que depois pede permissão? Eu não a entendo.

Lilly estalou um beijo carinhoso nas faces enrugadas do velho amigo e olhando a tarde que caia rapidamente comentou:

— Preciso me apressar. Não quero caminhar muito a noite.

Arnauld olhou a amiga, sacudiu a cabeça, pôs a mão no bolso e retirou algumas moedas no valor do transporte e entregou-as à Lilly, comentando:

— Sempre a mesma, Lilly. Você e o dinheiro continuam inimigos como nos velhos tempos, quando ele vivia fugindo de você?

— Hum! Quem dera! Nossas relações pioraram muito, Arnauld. Faz anos que ele desapareceu completamente da minha vida. Com muito esforço corro atrás e pego algum trocado, mas dinheiro que é bom... nada. Mas tenho esperança que tudo passe e ele acabe me perdoando por alguma coisa que a boa Lilly fez sem pensar e possamos, enfim, ter um relacionamento harmonioso — sorridente ela recebeu as moedas e agradeceu. — Obrigada, amigo, minhas pernas agradecem comovidas a sua gentileza. *Au revoir, mon ami.*

Arnauld acenou-lhe em despedida com um sorriso alegre levando brilho aos seus olhos cansados. Lilly sempre fora sua garota preferida, a alegria dela não era forjada, era genuína, brotava da alma e nas piores dificuldades ela não se entregava, nem se abatia.

— Não se fazem mais mulheres como ela — murmurou acompanhando os passos da amiga em direção à estação.

***

Na manhã seguinte, uma grande surpresa aguardava os vizinhos de Lilly, o próprio Graville não ousou acreditar na visão que tinha ante os olhos.

Lilly absolutamente remodelada, ou usando o termo atual, reciclada. Nunca a vira com aquele traje, nem com o chapéu cobrindo os cabelos presos em um coque. De onde saíra aquele vestido azul turquesa, de corte reto, sem enfeites? O que estava acontecendo?

E a jovem, bem penteada e suavemente maquiada, envolta num vestido de musselina branca com uma fita amarela larga na cintura, com quem Lilly vinha de braços dados. Céus! Aquela não podia ser a pedinte que se abrigara no Café Graville havia apenas um dia!

Tomado de estupefação, Graville enxugou as mãos no costumeiro avental e correu à porta chamando:

— Ei, senhoras! Onde pensam que vão?

— Já lhe disse, Graville: não lhe devo satisfação — gritou Lilly do outro lado da calçada.

— Ah! — exclamou Graville levando as mãos a cabeça, fingindo espantar-se por reconhecer Lilly. — É você! Não acreditei em meus olhos.

— Vá pro inferno! É claro que você sabe que sou eu. Já cansou de me ver sem roupa, me conhece até no escuro e bêbado. Agora, só por que botei um vestido diferente, quer se fazer de importante.

Irina sorriu, divertida com os modos de Lilly. Aquela espontaneidade ruidosa nunca fizera seu gênero. Não sabia ser espalhafatosa. Era comedida e delicada. Mas vivera em meios marginalizados e aprendeu que cada um tem o seu jeito especial e próprio de construir uma personalidade e um comportamento que lhe torne possível sobreviver.

Fora assim que descobrira seu talento para copiar condutas, dar vida a personalidades fictícias. Aliás, Dolly fora quem lhe chamara

a atenção para essa habilidade e a orientara como usá-la, aconse-
lhara-a a tirar proveito deste "dom".

— Está louca, mulher! — esbravejou Graville. — Juro por Nossa Senhora que não a reconheci. De onde tirou esse vestido?

— É meu. Não lhe interessa. Estou bonita?

— É... até que sim. Mas muito diferente, de boca fechada
passa por uma senhora.

— Quer dizer que vestida assim ninguém diz que já fui vagabunda?

— É, paradinha, quieta, engana bem.

— E minha afilhada? Como lhe parece?

Graville não resistiu e cruzou a rua para ver a beleza de Irina
de perto, avaliando-a. Suspendeu a respiração ao contemplar o rosto encantador da jovem, depois desceu o olhar, observando as linhas do corpo discretamente reveladas pelo vestido, a alvura da
pele do colo e do pescoço, perceptível no decote quadrado, logo
depois os seios firmes e empinados, a cintura fina, o corpo delgado, os braços delicados. Com carinho tomou-lhe a mão, observando que trazia as unhas aparadas, limpas, e apesar de ainda
restarem sinais de poucos cuidados, a aparência delas estava bem
melhor. Poderia dizer quase fina.

— Sem dúvida, é a preciosidade que antevi mesmo nos trapos. Eu entendo de mulher bonita. Lilly, a sua "afilhada" é uma obra
divina. Agora me digam aonde vão, senhoras? Se é que ainda posso
saber o destino das minhas amigas?

— Lilly agendou uma entrevista para mim em uma casa em
Montmartre. Achamos que precisávamos causar boa impressão.
Por sua reação acredito que o nosso trabalho foi bem emprega-
do — esclareceu Irina.

— As roupas foram ideia sua? — indagou Graville dirigindo-se
à jovem.

— As ideias sim, o trabalho foi de Lilly.

— Coisas muito rápidas. Eram peças inacabadas do meu ateliê
— esclareceu Lilly. — Enquanto ela ensaiava alguns números, eu
executei as ideias. Boas, não acha?

— Refinadas.

— Obrigada — agradeceu Irina sorrindo candidamente. —
Adoro planejar roupas, mas sou péssima costureira.

— Menina, com esse rostinho e esse corpo você quer aprender a coser? — perguntou Graville aprovando abertamente a moça. — Só lamento que não queira trabalhar comigo.

— Você acabou de dizer que com "tudo" que ela tem não precisa costurar, muito menos ficar num café aqui nesse fim de mundo. Tem "dom" para coisas melhores. Agora vamos, à noite venho para conversarmos, Graville.

Ele assentiu baixando a cabeça. Retornou à porta do café espichando o olho para acompanhar as mulheres, aliás, uma fila de homens voltava a cabeça para seguir o andar da bela Irina.

***

— Divina! Maravilhosa! — aplaudiu Fredo, entusiasmado com o teste da "afilhada" de Lilly. — Aprovada! Aprovadíssima! Será um sucesso!

Lilly, na cadeira ao lado, respirou aliviada. Na noite anterior, ao regressar à sua casa, tivera a intenção de ensaiar com Irina e ver, por si mesma, o que a moça era capaz de fazer. Mas ela a convencera da necessidade de terem uma aparência condizente com as ambições que carregavam e fora tão eloquente que a fizera costurar até a madrugada, executando os modelos que a russa desenhara em um papel de embrulho que rolava pelo piso do ateliê.

Tomada de alívio e espanto com o domínio de palco e com a inusitada e sensual apresentação solo de Irina, não se deu conta que Fredo tomara-lhe as mãos e as beijava sem parar. Somente ao sentir a aspereza do bigode roçando a sua mão direita foi que caiu em si. Era hora de negociar a beldade russa e acabava de constatar o quanto era valiosa.

Antes que se refizesse totalmente da surpresa, Irina aproximou-se da beira do palco, pôs as mãos na cintura e encarou Fredo. A sensual dançarina e cantora dava lugar a uma mulher calma e firme.

— Obrigada, senhor Fredo. Meu cachê é de quinhentos francos por apresentação. Receberei seus clientes, tantos quanto queira, em meu camarim, que deverá estar preparado, porém adianto que será visitas de admiradores, apenas isso. Meus amantes, eu escolho. Fui clara?

Lilly engasgou ante a ousadia de sua "afilhada".

"Quem é essa criatura? É venenosa. E a bobona aqui pensando em ensiná-la. Não sei o quê! Quinhentos francos por noite! Ulalá! Adeus miséria!"

Fredo também foi surpreendido pela segura abordagem da moça, mas envolto na aura de encantamento e excitação que ela lhe lançara, nem pensou em barganhar.

— Aceito, Irina. Negócio fechado. Você começa em quinze dias. Desça daí. Vamos ao estúdio fotográfico de um amigo meu preparar o material de propaganda da estreia.

Irina sorriu e Lilly pôs-se a se abanar com a bolsinha. Sua mente não conseguia parar de fazer cálculos.

"Quinze mil francos por mês! Ulalá! Ulalá! E eu que pensava em dez por cento desse valor para começar. E a danadinha arranca de Fredo um contratão desses. As outras vão morrer de inveja! Quinze mil francos. Ulalá! É muito dinheiro! Graville não vai acreditar."

— Você tem roupas adequadas para as fotos? — perguntou Irina, falando pausadamente para controlar o sotaque, aperfeiçoando a pronúncia do francês coloquial.

— Temos um enorme guarda-roupa no porão do teatro. Vamos até lá e vocês escolhem. Está bem, "divina"?

"O trouxa está babando por ela" — constatou Lilly, perplexa. Nos anos que trabalhara ali nunca vira Fredo envolver-se com nenhuma das dançarinas e nunca soube nem de boato sobre os seus relacionamentos amorosos. Desconfiava que não existiam ou eram tão clandestinos que ninguém sabia.

— Roupas usadas são conhecidas do público. Lembram números já vistos, não servem para envolver uma proposta de trabalho nova como a minha. Um guarda-roupa novo, de acordo com a nova proposta, com a mudança nos entretenimentos que o teatro oferece. Dê-nos dinheiro para as compras iniciais e amanhã traremos as roupas novas do espetáculo e iniciaremos as sessões de fotos. Aliás, onde serão?

Fredo colocou imediatamente a mão no bolso e, apanhando um maço de notas de dinheiro, entregou-o a Irina.

— Conte, é seu.

Irina, graciosamente abaixou-se, revelando ao olhar de Fredo o vale de seus seios, por onde escorriam pequenas gotículas de suor. Apanhou o dinheiro e contou seis mil e quinhentos francos. Excelente!

Graciosamente, Irina ergueu-se. Sorriu vitoriosa para Lilly e foi até a lateral direita do palco, desceu com facilidade o pequeno lance de degraus, aproximou-se dos amigos e declarou:

— Ah! Estou tão feliz! Suportei a viagem de São Petersburgo a Paris por que tinha esperança de encontrar um empresário como você. Todos meus padecimentos foram compensados. Você fez um ótimo investimento. Parabéns!

CAPÍTULO 4
O brilho da fama

*(...) a verdadeira infelicidade
está nas consequências de uma
coisa, mais do que na própria coisa.*[6]

O Teatro de Variedades de Montmartre brilhava, tomado de luz e rebuliço. Foi limpo com esmero. Fredo, inacreditavelmente liberal nos gastos, o que surpreendera até aos conhecidos íntimos, autorizou reformas na decoração.

E, liberalidade das liberalidades, permitiu que a nova estrela comandasse a decoração e organização de seu camarim exclusivo. Nem se faz necessário dizer que só por essas mudanças e pelo cachê que receberia, a nova contratada estreava sem a simpatia das colegas. Julgando-se preteridas e desvalorizadas, elas deixaram que a inveja reinasse absoluta.

No entanto, quem desejasse manter os pés sobre aquele palco e algum dinheiro na bolsa tinha que se render à nova realidade: o chefe caíra de amores por sua nova estrela. Fato inédito. Como bobas, elas não eram, a hipocrisia — arte que dominavam muito bem — que de bom grado compartilha seu espaço com qualquer outro vício de forma alguma exigindo exclusividade por ser medíocre, típica dos covardes e sem personalidade, instalou-se e "aparentemente" a festa era geral. Todos, desde o ignorado sapateiro até o proprietário, estampavam no rosto um largo sorriso, daqueles que vão de orelha a orelha.

Grande público acorreu ao local. Muitos carros em torno do prédio e uma grande fila na bilheteria refletiam a expectativa criada

6 - KARDEC, Allan. *O Evangelho Segundo o Espiritismo*, cap. V, item 24, IDE.

em torno da "Divina Irina". Milhares de reproduções de suas fotos, em trajes de espetáculo, ressaltando e expondo o corpo da jovem para a época consideradas despudoradas, do tipo pernas desnudas, decotes avantajados, muito brilho, plumas, sapatos de saltos altos, cabelos penteados de maneira provocativa etc., haviam servido para tornar seus atributos físicos conhecidos.

Estampavam todo material impresso do teatro, em cuja fachada fora colocado um grande *outdoor* com fotos e a chamada: "Teatro de Variedades apresenta: "A Divina Irina" Estreia 25/10/1918 — vinte e duas horas. Espetáculo imperdível."

E, ao longo dos quinze dias de preparação da estreia, diariamente, ao término das apresentações, os frequentadores receberam um folhetinho que tinha em uma das faces uma foto bastante sensual de Irina recostada em um divã, usando um maiô vermelho bordado com lantejoulas e sobre ele um penhoar longo, transparente com plumas nas bainhas, de mangas largas, acompanhando toda extensão de abertura da frente até a linha dos pés, que, aliás, pousavam descalços. Tinha um ar de mistério contrastando com o olhar ingênuo, infantil.

O conjunto tinha o tom certo para atrair a atenção masculina, sugerindo partilhar a intimidade da estrela. Inegavelmente, a foto fora a responsável pelo público presente no teatro de Fredo.

Ele, muito sorridente, recebia os frequentadores na porta principal, agradecendo-lhes a presença e os incentivando a apreciarem a recém-contratada, a quem esbanjava elogios.

Ainda faltavam quinze minutos para o início do esperado espetáculo. Apresentavam-se os números mais apreciados da casa e, somente do meio para o final seria realizada a apresentação da estreante.

A plateia e os camarotes estavam lotados. Espichando o pescoço, erguendo-se na ponta dos pés para enxergar por sobre as cabeças do público, Fredo buscava ver as bilheterias e mais aberto se tornou seu sorriso, pois havia uma extensa fila ainda a comprar ingressos.

— Maravilhoso! Divino! Divino! Meu investimento será recuperado logo, logo — dizia para si mesmo, contabilizando antecipada e mentalmente a arrecadação da noite.

Crescia a balbúrdia. A música misturava-se ao ruído do público. Nos camarins...

— Irina, o teatro virá abaixo. Você está linda! — elogiou Lilly terminando os últimos retoques no vestido vermelho, justo, que deixava entrever as pernas pela grande fenda frontal que se abria ao caminhar.

A moça contemplava-se no espelho, ajeitando uma mecha de cabelo que se desprendia do arranjo de plumas caindo ao lado do rosto.

— Deixe — opinou Lilly. — Ficou bonito. Dá um ar de desarranjo, muito sensual. Provocativo.

— Não irá me incomodar na apresentação? — a voz de Irina não denunciava nenhuma emoção, apenas concentração no que desejava realizar. Naquela noite, segundo seus planos, ela queria lançar as bases para obter sucesso, chamar a máxima atenção e construir seu caminho para chegar à "nata" artística.

"Não vou envelhecer e morrer na miséria como essas mulheres que vivem como vagabundas sem pensar no amanhã. Sei onde estou e o que estou fazendo. Já fui mais ordinária do que elas e fiz coisas que algumas dessas pobres nem pensam fazer, mas isso foi para sobreviver... em outros tempos. Agora eu sei o que quero, o que posso fazer. Conheço meus dons, sei que posso ter uma carreira, sou jovem e não vou destruir a minha beleza por pouco dinheiro em um cabaré de segunda. Como me ensinou Dolly, isso tem que ser um trampolim para um salto maior, bem mais alto. E hoje é o começo de tudo. Todo nosso plano, meu e de Dolly, começa aqui e agora. Não posso falhar."

Absorta em seus pensamentos, Irina não deu a menor atenção a Lilly, que continuava a tagarelar excitadíssima à sua volta, nem ao menos a ouvia. Seus lindos olhos azuis escuros sustentavam uma expressão séria, muito séria, para uma jovem que iniciava carreira em um teatro de variedades, aos dezessete anos.

Diria que eles contemplavam a essência do submundo, da sociedade marginalizada. Aquela, muitas vezes, frequentada pelos moralistas de plantão sob o manto da escuridão da noite e o voto implícito de silêncio, afinal, ninguém de boa educação comenta o encontro com algum conhecido nesses lugares. Não é de bom-tom.

No camarim da jovem estrela, seu lindo rosto refletia-se no espelho. Se nele também se refletisse seu pensamento, suas recordações bem tristes, imagens dividiriam o espaço com a perfeição de seus traços. Irina conhecia a vida e o lado obscuro dos seres humanos muito mais do que se poderia imaginar. Ilustres cidadãos, bem-nascidos, bolsos aquinhoados, a procurar companhia nas ruas e bordéis onde desaguavam a carência de suas almas ou a devassidão e a violência de um caráter dissimulado que o badalar das vinte e quatro horas e a ausência da vigilância externa sobre o seu proceder lhes permitiam liberar.

Naqueles meios perambulavam os tipos mais excêntricos, muitos, a maioria de fato, doentios da mente e, por consequência, do corpo. Emocionalmente imaturos, inseguros. Buscavam além da satisfação física, da diversão, algo inconsciente que julgavam que aquelas mulheres possuíam: a coragem de viver livremente, entregar-se a seus sentimentos, buscar a satisfação de suas vontades, esquecer as regras sociais e legais que lhes torturavam as vidas.

Ingênuos, eles acreditavam que as "divas" daquele reino paralelo guardavam dentro de si esse segredo. E aí estava o fascínio, o objeto inatingível do desejo que se recusavam a tornar consciente e para o qual buscavam um lenitivo na fantasia. Não percebiam a barganha: hipocrisia por dinheiro.

Irina conhecera muito deles na sua terra natal e pensava:

"Aqui não há de ser diferente. Até esse momento não foi, não haverá surpresas daqui para frente. Dolly me dizia que era a mesma coisa. Todos eram iguais."

— Irina! — chamava Lilly indignada. — Não é hora de sonhar. Estou falando com você... Responda-me.

Calma, Irina voltou-se e encarou Lilly, seu olhar mantinha a mesma expressão de concentração, ao contemplar a mulher que a acolhera e ajudava, um pensamento cruzou rápido pela mente da jovem:

"Essa infeliz também é parte desse mundo doente. Tantos despejaram suas doenças sobre ela, tanto ela mesma fingiu, que agora não consegue se desvencilhar da própria ilusão. Esses cachinhos são ridículos!"

— Desculpe. Estou concentrada. Essa noite é muito importante. Diga-me o que quer e depois, por favor, me deixe sozinha.

Lilly compadeceu-se da moça, imaginou que ela estava muito nervosa, afinal as pessoas têm reações diferentes, quem sabe Irina ficava daquele jeito quando nervosa. Enternecida, entendendo a situação sob este prisma, balançou alegremente a cabeça, sacudindo os cachinhos de seu penteado; tomou as mãos de Irina, apertou-as, sorriu, depois a puxou contra o peito abraçando-a com cuidado para não estragar a maquiagem da estrela e segredou-lhe ao ouvido:

— Você está linda! Linda! A plateia ficará cega e nem notará algum deslize, fique tranquila. Se por acaso esquecer o que ia fazer, mostre o corpo, seja irreverente, despudorada, brinque com a plateia, invente qualquer assunto picante — eles são os mesmos em qualquer parte do mundo — todos conhecem, faça-os rir. Mostre-se altiva, dona da situação e o sucesso estará garantido. Estarei na primeira fila, bem no centro, se precisar de ajuda vá até o meio do palco e inicie uma conversa qualquer que a ajudarei, está bem?

Irina sorriu. Sua nova amiga era simplória, mas muito humana e carinhosa, por isso tomou-lhe uma das mãos e encostou-a suavemente em seu rosto.

— Obrigada, Lilly. Lembrarei de sua oferta. Agora, por favor, vá, preciso ficar só. Fique calma. Nossos planos estão se encaminhando e correrá tudo bem.

— Como dizem os padres: "que assim seja!" — citou Lilly em tom de deboche e descontraída examinou a "afilhada" de cima a baixo, assobiando baixinho. — Ulalá! Que inveja! Não vai sobrar um único homem com a cabeça lúcida esta noite. Já pensou o que fará depois do espetáculo?

— Eis a surpresa maior. Eu ainda não sei... Preciso pensar. Vá, Lilly.

Sorrindo e balançando os cachinhos, Lilly deixou o camarim dirigindo-se em direção à plateia. Seu rosto estava radiante, como se fosse ela reestreando no teatro. Sob a influência de Irina modificara um pouco as roupas, usando o corte dos vestidos mais reto, com menos adereços, de acordo com a moda atual, embora exagerando nos decotes.

Contudo, as mudanças eram meramente exteriores, fácil de notar que se faziam por uma influência externa, sem bases na personalidade dela. Afinal, o exterior de qualquer pessoa diz muito de seu interior, de como vive, o que faz, quais seus gostos, temperamento e emoções.

Sozinha, Irina sentou-se em frente ao espelho, mirou seu rosto, correu os dedos pela mecha de cabelo solta ao lado do rosto, avaliando o efeito, por fim concordou com a opinião de Lilly, satisfeita com a sua aparência.

Contemplou o colo e o vale entre os seios, visível no decote da roupa; nenhuma mancha marcava-lhe a pele, imperava o branco imaculado. Acariciou a si mesma com a ponta do indicador desde o queixo até a borda do decote, sentindo a maciez da pele.

Detendo a atenção no espelho, fitou os próprios olhos nos quais se via a costumeira expressão de ingenuidade, de infantilidade. Sorriu levando o dedo à boca com ar travesso. Fez mil caras e bocas, avaliando a imagem, estudando quais recursos usaria, o que lhe parecia mais adequado a causar uma reação de surpresa até naqueles que haviam acompanhado os ensaios.

O som estridente da campainha soou pelo corredor dos camarins. Ouviu-se o som de passos, o farfalhar de saias, a batida dos saltos dos sapatos das dançarinas e suas ruidosas gargalhadas e gracejos umas com as outras enquanto em fila se dirigiam para o palco.

As paredes internas de madeira naquela parte do teatro deixavam passar o som e, sendo assim, Irina pôde ouvir alguns comentários das colegas que passavam pelo corredor em direção ao palco.

— Vocês estão vendo o que está acontecendo com Fredo? Babando pela ruivinha estrangeira. Nunca vi isso antes, até achava que ele não gostava muito da coisa, sabe... que não era do agrado, entende. Mas, agora ... quem diria... esqueceu de dizer "não". Tudo que ela quer, ganha.

— É, não é só você que viu, queridinha — retrucou a que estava à frente, uma bela morena conhecida como Regina. — Todos já sabem. É pra ver como essa vida é mesmo muito doida. Não diga: dessa água não beberei. Ele vivia empinando o nariz e nos chamando de vagabundas, vadias, mulheres ordinárias que não valiam nada. Enchia a boca para dizer que nossos homens eram muito idiotas por se envolverem com a gente. E agora? Será que só porque ele quer a estrangeira para ele, ela não é tão vagabunda quanto nós?

Um coro de risadas seguiu as palavras de Regina e Michele, que fazia parte da maioria de loiras do grupo, comentou:

— Eu assumo: estou morrendo de inveja dessa daí — e torcendo a boca apontou em direção à porta do camarim de Irina: — Trabalho aqui há três anos, noite após noite, com chuva, frio, vento ou calor, atendo a todos os homens que Fredo manda e não tenho nenhuma regalia. Ainda tenho que dançar e fazer cara de contente. Essa daí chegou no pedaço com pinta de dona, de senhora e olha o que conseguiu: quinhentos francos por noite só para dar o ar da graça no palco, exibir o corpo e a cabeleira que cega o Fredo. Convenhamos, meninas, a talzinha é uma vagabunda de primeira, como nenhuma de nós sabe ser, a gente tem que reconhecer.

— Pois eu ainda estou pagando para ver — intrometeu-se Denise, apressando o passo para se aproximar das outras emboladas no corredor. — Não sei quanto tempo dura. Como sabemos, Fredo nunca se envolveu com nenhuma mulher daqui antes — e maliciosamente completou: — nem de outro lugar que se saiba. Esse reinado pode ser bem curtinho e a "Divina Irina" pode conhecer o inferno logo, logo. Agora sou da sua opinião, Michele: ela é uma vagabunda que sabe das coisas. Quinhentos francos só para dançar e cantar é muito dinheiro, imagina quanto ela não tira de um homem por "algo mais".

— Dizem que o Fredo deu mais de seis mil francos para ela gastar em roupas — lembrou Regina. — Essa daí tem estrela, nós nascemos em lua minguante. Temos é que penar mesmo.

— Larga de dizer bobagem, mulher — ralhou Michele. — Ela é muito esperta, sabe levar um homem na conversa.

— Esperta, disso não resta dúvida. É só ver a plateia hoje. Há meses que não havia um público tão grande. Nos ensaios ela mostrou ser boa no palco, vamos ver agora como será. Veremos a reação do público. Imagina se a "Divina" virar um vexame. Fredo vai se matar de raiva. Um vexame com cachê alto será mortal para ele.

— Pode acontecer — sussurrou Regina em resposta, subindo os primeiros degraus do acesso lateral ao palco, enquanto estampava um sorriso.

Era hora de iniciar o trabalho da noite, preparando terreno para o novo espetáculo solo da recém-contratada; uma após a outra, elas tomaram seus lugares no palco, prontas para a apresentação costumeira.

Irina ouvia os aplausos e assobios da plateia, com a expressão inalterada. Ouvira nitidamente as provocações das dançarinas, sabia que elas haviam falado de modo que ela ouvisse. Nos anos que se dedicara àquela profissão presenciou cenas semelhantes em muitas ocasiões. Novamente pensou que existiam muitas coisas sem pátria.

"Começo a pensar que nacionalidade é uma grande bobagem. Dolly tinha razão: as pessoas são iguais em toda parte. Mudam endereços, idiomas, costumes, trajes, dinheiro, mas os problemas humanos são sempre os mesmos. Inveja russa ou inveja francesa? Grande diferença! É inveja igual. Ciúme, hipocrisia, cobiça, ambição...russa ou francesa... nenhuma diferença, só muda o idioma. Danem-se elas! Não vivem a minha vida, não sabem nada a meu respeito. Estão mortas e secas de inveja só pelo pouco que viram. Coitadas. Ainda têm tanto a aprender. O mundo está cheio de vagabundas bonitas e sem inteligência, que não sabem usar o que possuem. Eu não sou vadia, apenas estou temporariamente vivendo entre elas. Assim como não as quero no palco comigo, não pretendo ficar por aqui muito tempo. Quero um lugar só meu. A minha casa, luxo, conforto, muito dinheiro e quero os homens ricos aos meus pés, me dando tudo isso. Pobres coitadas, filhas de Eva enjeitadas, ou melhor, desajeitadas, nunca pensaram na mais antiga lição de sedução feminina, não conhecem o jogo da caça e da caçadora. São mercadoria simples, de segunda, recebem o que valem. Pouco dinheiro e nenhuma reverência da plateia."

Irrompiam assobios, algumas expressões deselegantes eram gritadas às moças em som tão alto que suplantava os aplausos sendo ouvidas nos camarins. Havia um toque de algazarra no ambiente, algo bastante típico em se considerando o estabelecimento.

As pesadas cortinas se fecharam escondendo as dançarinas que, apressadas desciam a escada, sob as advertências da equipe de auxiliares de palco que iniciava as modificações de cenário. A pequena orquestra executava um maxixe, animado ritmo em moda, e o ambiente estava empolgado.

Vilmont, um dos auxiliares de palco, correu ao camarim de Irina. Bateu na porta e falou pausadamente temendo que ela não o entendesse:

— Senhora Irina, é a sua hora. O palco está pronto. Quer ajuda?

Em frente ao espelho, Irina fez uma última avaliação, estava perfeita. Apanhou uma rosa vermelha de talo longo com poucas folhas, colocou-a entre os dentes e gostou do efeito, retirou-a, carregando a flor na mão. Foi até a porta, expressão serena, misteriosa, olhar angelical, inocente, de menina, e sorriu para Villmont, dizendo:

— Estou pronta, amigo — tomando-lhe o braço, carinhosa, indagou: — Acompanha-me até o palco?

Não acreditando no que seus olhos viam, o jovem Villmont gaguejou ao responder:

— Me...me sen...senti...rei hon...on..rado, senhora — e a olhou com devoção.

Era a primeira conquista da noite. Irina brindou-o com outro sorriso e ele julgou-se o mais feliz dos homens. Naquele instante, o corredor do Teatro de Variedades lhe parecia o corredor da nave da igreja de Notre Dame e a moça que conduzia pelo braço a mais bela e virginal das noivas.

O pobre rapaz estava enlevado, apaixonado, nunca recebera atenção igual de nenhuma das outras dançarinas. Sabia que não era belo, nem atraente. Era grande, corpulento, seu trabalho manejando os pesados cenários lhe garantia muitos músculos, alguns desproporcionalmente desenvolvidos em relação aos outros.

Enfim, não tinha nada de especial e a "Divina Irina" — como já a chamavam em decorrência da publicidade de Fredo — saía do camarim de braços com ele sob as vistas da equipe de palco, das dançarinas, e de outros trabalhadores que transitavam pelo corredor.

Villmont os viu parados, perplexos, boquiabertos com a beleza da mulher que o acompanhava. Viu o olhar carregado de cobiça dos homens transformar-se em inveja quando recaía sobre ele, sentiu-se poderoso naqueles poucos segundos.

Incontidos, os outros homens da equipe aplaudiram Irina, que, fingindo surpresa com a atitude que deliberadamente quisera provocar para responder às críticas das dançarinas, sorria e agradecia o carinho, o incentivo. Chegando ao topo da escada de acesso ao palco, Villmont num gesto galante, tomou-lhe a mão e estalou um beijo ruidoso. Irina sorriu e acariciou-lhe o rosto com o botão de rosa que trazia na mão e dirigiu-se em direção ao centro do palco ouvindo as brincadeiras e comentários que os homens faziam com o auxiliar.

— Sortudo!

— Por que não fui eu a ir chamá-la? Amanhã é a minha vez.

A ideia prontamente foi aceita e a escala da semana realizada.

— Ela é divina! Maravilhosa! — suspiravam eles.

Irina ouvia os comentários, seus olhos tornavam-se brilhantes. Mas era hora de esparramar seu encanto sobre a plateia que mais a interessava. Com os homens do teatro, se poderia dizer que apenas mostrou às "colegas" o que fazer com a inveja que sentiam, foi o troco, a resposta às provocações delas. Sabia que muitos relacionamentos se formavam nos bastidores, por isso a demonstração interna de poder tinha um potencial maior de ferir.

Enquanto os homens mantinham-se fixos na jovem russa, as dançarinas fechavam o semblante, com cara de poucos amigos, furiosas com a cena, indignadas com a reação de alguns dos homens presentes, sobre os quais julgavam ter domínio.

Algumas palavras ferinas, transbordantes de rancor, pronunciadas pelo trio — Michele, Regina e Denise — soaram como acordes melodiosos aos ouvidos de Irina.

Embriagada pela sensação de vitória, sentia-se segura e senhora de si quando após a apresentação de Fredo, as pesadas cortinas de veludo se abriram lateralmente, deixando vê-la através de uma série de cortinas diáfanas que subiam em direção ao teto conforme ela avançava, interpretando uma música romântica, bastante popular.

Ela se movia sinuosa, lenta, gestos comedidos, numa estudada sensualidade que parecia inconsciente e natural. A plateia respondia com o silêncio, expressões de encantamento, enlevo, surpresa, eram visíveis. Alguns cochichavam:

— Onde Fredo encontrou essa diva?

— É a própria Vênus.

— Nossa! Que beleza!

Todos, invariavelmente, calculavam quanto custaria tê-la como amante. Ninguém sabia onde ficava sua casa. Conheciam apenas a propaganda e agora sentiam os efeitos da sedutora visão da jovem estrela.

O primeiro número acabou. Uma cortina ainda a encobria da plateia. Aplausos soaram assim que a orquestra silenciou. Graciosa, Irina agradeceu jogando beijos ao público.

Lilly observava a reação do público e seus olhos brilhavam. Durante os ensaios duvidou da escolha do número, queria algo tradicional, típico do estabelecimento, mas Irina foi irredutível e Fredo concordou. Ela fez como quis e reconhecia que ela tinha acertado em cheio. Era um sucesso.

O público ainda a aplaudia quando a um sinal imperceptível dela a orquestra iniciou um ritmo intenso de uma dança cigana e a última cortina ergueu-se.

Ela rodopiou no palco, leve como uma pluma, inflamada pela paixão da música arrancou o arranjo de plumas que lhe adornava a cabeça, lançou ao chão e pôs a rosa entre os dentes. Tomada pela alma cigana arrastou a plateia que batia palmas acompanhando a cadência da música, numa interação total com a apresentação. Sozinha, ela dançava com um acompanhante imaginário, que poderia ser qualquer um da assistência e assim eles se sentiam.

Ao fim da apresentação novos aplausos irromperam e as cortinas desceram sinalizando o fim da primeira parte do show. A noite parisiense via nascer uma nova estrela, e seu público a idolatrava reverente.

Lilly correu ao camarim, eufórica. A segunda parte era o apogeu do espetáculo.

— Ulalá! Ulalá! Parabéns, querida! Está divina, esse teatro nunca viu nada igual.

Irina aproximou-se de Lilly dando-lhe as costas, num pedido mudo de ajuda para despir o vestido.

— Esse é sempre o lado negro das apresentações: vestir e desvestir rapidamente roupas justas com o corpo suado. Parece que nos arrancam a pele. Pobrezinha. — consolava Lilly, puxando o vestido sobre a cabeça de Irina, evitando despenteá-la.

— Apanhe o vestido preto, Lilly, — orientou Irina enquanto enxugava o corpo com uma toalha seca — e a tiara que faz conjunto.

— Aquela com uma única pluma no meio?

— Sim.

Pressurosa, Lilly atendeu aos desejos da "afilhada". Reuniu a roupa, serviu duas taças com champanhe gelado que havia sido entregue no camarim a mando de Fredo, bebericou da taça que servira para si mesma.

— Huumm, coisa fina! — aprovou ela voltando a examinar a garrafa; deteve-se no rótulo, depois entregou a outra taça à Irina e declarou: — Fredo está apaixonado. Experimente, é uma delícia.

— A paixão combina bem com a generosidade — retrucou Irina sorrindo maliciosa para Lilly após sorver a bebida. — Sirva-me outra.

Lilly entregou à jovem o vestido, depositou a tiara sobre o aparador abaixo do espelho, e foi apanhar o balde com a bebida gelada. Aguardou Irina terminar de se vestir, observou-a retocar a maquiagem e o penteado, acomodando a tiara em torno da cabeça. Ao vê-la pronta, entregou-lhe a taça e ergueu a sua em um brinde:

— Paris a seus pés, minha querida!

Irina sorriu deliciada e ingeriu a bebida.

— Faltam as meias negras Lilly. Lembra-se onde estão?

— Aqui — respondeu ela remexendo a gaveta de um cômodo bem à sua frente.

A orquestra concluiu a apresentação de outro maxixe, abafando os ruídos da equipe de palco que modificava o cenário. Tudo estava pronto para o final do espetáculo. Acompanhada de Lilly, a nova diva caminhava apressada pelo corredor, mas não se esquecia de sorrir para os homens pelos quais passava, lembrando a cena do início e mantendo acesa a chama do fascínio, da ilusão de que eles estavam próximos, e a tinham ao alcance das mãos, alguém na verdade muito distante.

Lilly não resistiu a pisar no palco do teatro apreciando de perto o cenário. Era a representação de um bar, com altos bancos, um balcão, ao lado alguns dos músicos da orquestra com seus instrumentos, um acordeão e um violinista, com ternos brancos, camisas e sapatos escuros, cabelos alisados com brilhantina, penteados para trás e obviamente os infalíveis lencinhos no bolso do paletó contrastavam com o vestido negro de Irina que lhe deixava as pernas à mostra, pois a saia justa e curta, na altura das coxas, tinha

65

uma fenda de quatro dedos sobre a perna direita, deixando ver as ligas da meia. O corpete moldava-se ao corpo como uma segunda pele, pouco à imaginação, pois exibia o colo. Os braços vinham cobertos até os cotovelos por longas luvas de renda negra.

— Você tem muito talento, querida. Dolly não teria feito melhor. Vá, a vitória é sua — estimulou Lilly, empurrando-a ao centro do palco onde sabia que ela retomaria a apresentação.

Ao ver o sinal do homem que controlava as cortinas, Lilly saiu do palco na ponta dos pés, para não fazer barulho, informando que estava pronto para abrir. Irina trocou olhares com o iluminador e com os músicos, tudo acertado, autorizou a abertura.

Enquanto as cortinas se abriam, o violinista executava uma música solo, arrastada, lânguida, na qual lamentava a solidão e clamava por um amante apaixonado, Irina lançava olhares à plateia como se procurasse alguém especial. Fingindo-se insatisfeita com a distância, andou até a escada, desceu os poucos degraus até a plateia. Iluminada por uma luz frontal que a tornava ainda mais jovem e delicada, iniciou a interpretação da música.

Os espectadores estavam ansiosos, imploravam com o olhar a aproximação dela. Alguns se erguiam e suas roupas eram puxadas lembrando-os de que havia outros assistentes atrás.

Irina sorriu. Caminhou lentamente pela plateia, deixando que sua mão acariciasse uns e outros, entre as pausas da canção. Suspiros eram ouvidos pelo teatro. Ela foi até o fim do corredor que divide a plateia e voltou.

No canto da última fila um rapaz a observava fascinado. Acompanhava com deleite cada gesto, bebia-lhe o som da voz e, quando seus olhos se cruzaram com os dela e por um segundo se fitaram, jurou que o olhar de Irina se tornara mais brilhante e misterioso, que naquele segundo ninguém mais havia naquele teatro, somente ele e ela. Sem dar-se conta do que fazia, levantou-se e conforme ela se afastava, ele a seguia pelo corredor lateral em direção ao palco. Claro, ninguém além de Irina notava a atitude do rapaz.

Quando ela subiu os degraus voltando ao palco, tornou a fitar o jovem e a expressão consternada dele a fez sorrir. Foi o suficiente para que o coração do desconhecido admirador disparasse acelerado. Ele permaneceu ao pé do tablado.

Aplausos interrompiam a música a cada gesto de Irina. A plateia estava próxima do delírio.

Tão logo os últimos acordes de violino silenciaram, o acordeão ecoou no ritmo quente de um tango latino. Irina desenvolveu alguns passos da dança contemplando a plateia, levando-os a loucura com a música que falava de uma briga entre amantes que acabava em sedução.

Neste número traria um homem da plateia para dançar com ela. Uma surpresa. Correu o olhar veloz até encontrar o jovem encostado na parede na lateral do teatro concentrado nos mínimos gestos que ela fazia. Decidida e no compasso da música andou até ele, estendeu os braços e o ordenou:

— Venha! Você é o meu amado nesta dança.

Os olhos azuis do rapaz escureceram, irradiando paixão. Não precisou de um segundo mais. Pouco lhe importava a plateia majoritariamente masculina, observando-o. Colocar os braços em torno daquela mulher era o que mais desejava. Irina recebeu-o no palco com um sorriso. Pretendia usar suas técnicas de sedução, enfeitiçar o rapaz e depois divertir a plateia livrando-se dele, usando-o como um escape à frustração dos outros, transformando-o em motivo de riso.

Não contava que o escolhido tivesse personalidade forte e fosse acostumado a jogos semelhantes. Ludwig a enlaçou seguro e forte, surpreendendo-a pela ousadia de encostar seu rosto ao dela e tomar a si a condução da dança. O rapaz era exímio dançarino de tango e extravasou na dança a paixão de que estava possuído.

Notando que a plateia se deliciava com a cena erótica que se desenrolava no palco, Irina rapidamente refez seus planos e entregou-se a representação de mulher apaixonada. Ignorou a plateia e concentrou suas atenções no rapaz que inusitadamente dividia sua estreia, num jogo explícito de sedução. Ele a encarava fixamente, não afastava o olhar de seu rosto, nem mesmo quando ela erguera a perna e tomando-lhe a mão o fizera acariciar-lhe a coxa.

A plateia delirou, envolvida no clima da cena protagonizada no palco. Fredo observava com o rosto muito vermelho, misto de raiva com excitação e satisfação. Ele não conseguia separar os sentimentos e sua mente rodopiava. Irina tirava-lhe o controle. Lilly era pura satisfação e orgulho.

Quando soavam as últimas notas do tango, Irina ficou imóvel nos braços de seu acompanhante, respirando ofegante. Olhou a plateia e, observando a reação, sentiu-se vitoriosa. O improviso fora sensacional, um sorriso de prazer iluminou seu rosto e em meio aos aplausos e pedidos de "bis" viu-se beijada ardorosamente pelo desconhecido. Isso pôs fogo na plateia e ela, senhora de si, aproveitou a oportunidade para retribui-lhe o beijo e sinalizou à orquestra para voltar a tocar. Após o longo beijo, afastou o rapaz, levou-o pela mão ao centro do palco, encarou-o disse:

— Obrigada. Foi um prazer dançar com o senhor.

— Ludwig, é esse o meu nome, Irina — respondeu o jovem com sotaque alemão.

Ela sorriu, ergueu-lhe a mão e passou-a levemente contra a sua face e repetiu:

— Obrigada, Ludwig. Somos um casal perfeito e estrangeiro na noite da capital francesa. Obrigada, por favor, volte à plateia.

Ele tomou-lhe a mão entre as suas e lentamente puxou a ponta dos dedos da luva, ela sorriu encorajando-o:

— Leve-a de recordação. Vá!

A plateia delirou ao ver o braço nu da dançarina, que prontamente arrancou a outra luva jogando-a aos espectadores. Finalizando o número, acenou adeus e baixaram as cortinas.

Os aplausos prosseguiam frenéticos forçando as cortinas a se abrirem mostrando a artista para rápidos agradecimentos. Por mais duas vezes, as cortinas se abriram e fecharam e o público de pé a aplaudia.

Ludwig alheio às manifestações permaneceu parado ao lado da escada contemplando a dançarina. Ainda sentia o calor do corpo dela na pele. O perfume de essências orientais impregnara-se em suas roupas. Levou a manga do paletó próximo às narinas para sentir com mais intensidade o aroma, aspirou-o deliciado.

"Os outros que a aplaudam. Eu a tive em meus braços, senti seu calor, tenho seu cheiro em mim, sei o gosto dos seus lábios. Ela não dançou para mim, dançou comigo. Irina é encantadora.", pensou.

A imagem sedutora de Irina dominava-lhe os pensamentos e a paixão conduzia-lhe os atos. Ele parecia hipnotizado, parado ao lado da escada, com expressão sonhadora a aspirar a manga do paletó. Alguns cavalheiros idosos, mais experientes do que os vinte e cinco anos de Ludwig, sorriam e trocavam olhares de troça. Um deles, compadecido, se aproximou de Ludwig tocando-o no ombro e disse:

— Acorde, filho. Foi apenas um sonho. A deusa se foi. O espetáculo acabou.

Assustado, Ludwig olhou o homem. Simpatizou com suas feições amistosas, o cabelo grisalho, notou que estava bem vestido. Sorriu. Saindo do transe, percebeu as luzes acesas e o movimento da plateia, alguns iam em direção ao bar do teatro buscando a companhia das dançarinas, outros se dirigiam à porta de saída e muitos cercavam Fredo desejosos de um convite para ir ao camarim de Irina. Ele conhecia a dinâmica daquelas relações, os mais ricos tinham maiores chances. Portanto, aquele não era o seu caminho.

Percebendo o rumo dos pensamentos do jovem, o homem grisalho pressionou a mão em seu ombro e falou:

— Deixe-os, nenhum terá o que você teve.

Ludwig ampliou o sorriso e balançou a cabeça concordando.

— Muito bem, meu jovem! Venha comigo e meus amigos, vamos beber um pouco e ver como a Divina terminará a noite. Acredito que está só, não é verdade?

— Sim, estou. Agradeço e aceito o convite. Será interessante ver o final da noite, com certeza.

— Ah! Sempre é, rende muitos comentários — disse ele e estendendo a mão apresentou-se: — Gaston Duvernoy.

— Ludwig Schroder. É uma honra, *monsieur* Duvernoy.

— Igualmente, meu rapaz. Agora, vamos. Meus amigos estão com pressa — explicou Duvernoy sorrindo.

Apontou um grupo de três cavalheiros que os olhava à certa distância acenando para que se apressassem a juntar-se a eles, que eram levados pelo público na direção do bar.

— Eles não têm a sua idade, esqueceram como é sonhar; nem a minha para apreciar o momento e receber o possível. Estão afoitos e para lhe dizer a verdade, talvez nem saibam muito bem a razão. Mas garanto-lhe: são ótimas pessoas, muito divertidos.

— Creio que sejam. É fácil descobrir a razão da pressa: querem divertir-se.

— É.

Lado a lado, a passos lentos, pois Ludwig percebeu que seu amigo tinha um sério problema de locomoção. Duvernoy usava uma bengala que havia deixado encostada à fila de cadeiras e a pegou para andarem pelo corredor central do teatro. Era indelicadeza questionar a razão da deformidade e calou a pergunta. Pacientemente, acompanhou Duvernoy.

Avançavam lentamente, trocando ideias sobre o espetáculo. Concordaram que a nova artista trazia um erotismo diferente de outras famosas dançarinas parisienses e que era muito talentosa.

— Fredo fez uma grande descoberta, não resta dúvida — comentou Duvernoy ao reunirem-se a seus amigos no bar do teatro.

— Vou apresentá-los ao grande felizardo da noite: Senhor Ludwig Schroder.

Efusivos cumprimentos e abraços recepcionaram o jovem Ludwig enquanto Duvernoy apresentava:

— Paul Gaultier.

— Jacques Léfreve.

— Armand Duprat.

Acomodaram-se em torno de uma mesa redonda quase no centro do salão do bar, um garçom os atendeu, anotou os pedidos e se afastou.

A conversa se desenvolveu com facilidade girando em torno de comparações do espetáculo da noite com outras apresentações em exibição. Com a intimidade e a descontração que o ambiente propiciava, começaram as inevitáveis perguntas a Ludwig sobre o que acontecera no palco. Contra a sua vontade se tornou alvo dos curiosos que o reconheceram e ouvindo as perguntas se aproximaram participando da conversa.

Sentiu-se desconfortável. As faces ardiam, estava encabulado. As palavras sempre fáceis desapareceram, a mente estava vazia. Ele se recusava a compartilhar as emoções experimentadas com Irina.

A seus olhos, ela não era uma vagabunda. Não a via como uma prostituta, uma dançarina de cabaré, nem mesmo uma cortesã. Não tinha uma ideia muito clara do que ela representava, mas sabia que não a via como aqueles homens. A sua atitude silenciosa e encabulada os incomodou, formaram um coro desordenado incentivando-o a falar:

— Não posso, senhores — declarou, com voz firme e expressão séria. — Não posso atendê-los. Não direi uma palavra sobre o que aconteceu entre mim e a senhora Irina. Por favor, não insistam.

Expressões desgostosas se elevaram e observando-lhes a reação, Ludwig passeou o olhar pelo ambiente. Surpreendeu-se ao ver a estrela da noite parada à porta principal, acompanhada de uma senhora mais idosa, mais Fredo e um grande grupo de admiradores. Irina estava deslumbrante com um vestido de noite, simples, esvoaçante, o tecido maleável moldava-se às formas de seu corpo, levando a crer que ela nada usava sob a roupa, apenas meias de seda transparentes. Seus olhares se encontraram e ela sorriu cumprimentando-o à distância.

Fredo adiantou-se, dirigindo o grupo para um recanto do salão, onde várias mesas estavam disponíveis.

Esquecidos do motivo por que se aglomeravam em torno da mesa dos quatro homens, os curiosos se retiraram atraídos como imã pela presença da artista.

Ludwig não conteve uma expressão de irritação ao observar o quanto ela era assediada. Mas também não conseguiu despregar os olhos da mesa dela.

— Uma grande surpresa — comentou Duvernoy. — Não era o que eu esperava. Ao que tudo indica, a Divina não receberá nenhum dos cavalheiros de "maneira especial". Resolveu divertir a todos e não se dar a nenhum.

— Isso me deixa estranhamente feliz — disse Duprat.

— Também gosto da novidade. Parece que a beldade tem algumas excentricidades — reforçou Léfreve. — Será que amanhã estará mais condescendente?

— É o que pagarei para ver — afiançou Gaultier — Vejam: em torno daquela mesa Fredo reuniu alguns milhares de francos. O suficiente para fundar um banco de solidez invejável. E a moça não parece comovida. Que acha, Schroder?

— Só lhes digo que ela é uma mulher especial. Muito especial. Nada que ela faça se parecerá com as outras.

— Meu amigo ainda não acordou — comentou Duvernoy em tom amistoso, sorrindo. — Mas qual de nós o censurará? Aproveite, meu caro Schroder, desfrute de sua noite, delicie-se com suas lembranças, mas não deixe de ver a luz do sol amanhã.

Ludwig olhou Duvernoy com estranheza. O comentário soara-lhe descabido, não combinava com o ambiente. Duprat, Léfreve e Gaultier não notaram e deduziu que deviam estar acostumados àquelas frases despropositadas.

— Eu não sou um tipo novo de louco, meu jovem. Talvez, eu seja um pouco excêntrico, um pouco diferente — esclareceu Duvernoy dirigindo-se ao jovem alemão.

— Por que diz isso? — indagou Ludwig, notando que os outros companheiros de mesa entretinham-se com lembranças, um tema do qual não podia participar.

— As pessoas não mentem. Acredita?

— Não, sou de opinião oposta. As pessoas mentem durante noventa por cento de suas vidas.

— Ai, que horror! Quanto exagero!

— Exagero dizer que as pessoas não mentem. Se no mundo houvesse só a verdade ninguém sofreria de desilusão.

— A relação mentira *versus* ilusão e verdade *versus* desilusão, depende da interpretação de quem ouve ou vê. Eu afirmo-lhe: as pessoas não mentem. Veja se me entende, jovem: o que é uma ilusão? Uma imagem enganosa, algo irreal. Certo? A mentira é a mesma coisa, ou seja, algo falso, irreal. A ilusão é produto de quem?

— De quem vê — respondeu prontamente Ludwig.

— Perfeito, *mon ami*. Eu afirmo: a mentira é também um produto de quem a vê ou ouve. Em geral, nos satisfazemos em ver, viver, sentir, olhar, cheirar, tocar, ouvir, provar em parte, raramente por inteiro. Agimos como meninos e vemos em parte; quando crescemos, vemos por inteiro o que antes víamos por metade. Então, as pessoas não mentem, pois buscamos vê-las, ouvi-las, tocá-las, senti-las, prová-las com a inteireza do nosso ser, com todos os nossos sentidos presentes. A atenção é total e profunda, temos clareza em nosso raciocínio e pode-se dizer que passamos a perceber além do comum.

É o benefício da experiência de tornar-se homem adulto: não nos deixamos enganar, as pessoas não mentem mais. Elas não nos enganaram, nós é que não as percebíamos por inteiro, éramos meninos e como tal estávamos compreendendo tudo pela metade. Muitas vezes, nossa fantasia preenche com o que queremos ver ou ouvir o que não foi dito nem visto.

Ludwig tomou um gole do champanhe em sua taça, pensando que aquela era a noite mais inusitada que vivera desde que chegara a Paris um ano antes. A conversa daquele homem era despropositada, mas algo nele o interessava. Tornava-o simpático e o fato de não ter feito novos amigos o deixara carente. A adaptação estava sendo difícil.

Dedicava seus dias ao estudo da medicina, as aulas na universidade. Duas noites por semana, buscava companhia nos cabarés, aplacando a solidão em que vivia. Sempre tivera uma vida muito regrada, se poderia dizer de uma ferrenha disciplina militar. Educado pelo pai — médico do exército alemão — e a avó paterna, tivera uma infância cheia de atenção e exigências de bom comportamento, rendimento escolar. Cumpriu todos os requisitos para tornar--se um adulto exemplar, e pelos padrões estabelecidos, o era.

Em Hamburgo, tinha muitos amigos e sólidos laços familiares. Não conhecera a mãe, morta no trabalho de parto, mas a avó dedicara-lhe muito afeto. Tinha uma vida regular, com diversão, compromisso com a família, a religião e a sociedade. Em Paris, estava só. O ano apresentara dificuldades maiores do que ele havia imaginado. Por isso, Duvernoy, apesar de estranho, o atraía com sua conversa.

— Não o entendo. Como pode alguém, simplesmente por deixar de ser menino, salvo aquelas banalidades, saber quando alguém está ou não mentindo? Existem tantos interesses excusos nas pessoas que me parecem não temer dizer qualquer coisa para conseguirem o que querem. Mentem sim, e muito. Enganam e iludem, sem piedade.

Duvernoy sorriu enigmático, adorava conversar com criaturas como Schroder, inconscientes da amargura que carregam e alimentam. Pragmáticos, sem reflexão, na maioria dos casos.

— Ah! Você não considerou o que eu disse quando falei: ver como menino ou ver como homem adulto, ver parcialmente ou ver a totalidade. Pense comigo: quando dizemos algo a uma criança ela ouve o que lhe interessa e a agrada, o restante entra em um ouvido e sai pelo outro. E os pais e professores repetem incansavelmente

a mesma lição. Se mostrarmos a um menino uma vitrine, por exemplo, e nela houver algo de seu interesse, isto será objeto da atenção dele; caso contrário, não terá importância. Se lhe dermos o que deseja, não pergunte à criança a cor da camisa que você estava usando. Ela não saberá responder, os sentidos dela estão na satisfação de ter o que queria. Assim é a criança, assim vê o homem-
-menino. Os sentidos voltam-se exclusivamente à satisfação de seus interesses pessoais e estes são em muitos casos traiçoeiros, se prestam a nos armar ilusões e a nos fazer crer em irrealidades, que somente nós vemos, ouvimos, tocamos e acreditamos.

Interessado, mas sem entendê-lo completamente, julgando que ele fosse daquelas pessoas que sob o efeito do álcool se tornam introspectivas, afirmou:

— Acho que começo a entendê-lo.

— É mesmo, meu caro? — indagou o francês em tom de descrença, depois, mais animado, falou — Fico feliz. Um brinde à sua reflexão.

Ludwig considerou o brinde um despautério, mas educadamente ergueu a taça e o acompanhou fazendo tilintar o cristal no encontro com a do amigo. Olhou a mesa de Irina, estava cercada de admiradores, viu-a sorrir e atender a todos, encantando-os, mantendo-os em suspenso no seu fascínio. Duvernoy acompanhou as ações do rapaz e sorriu, na expressão facial havia uma piedosa proteção, não se surpreendeu por ele não haver notado e ainda ter perguntado-lhe:

— E como um homem adulto vê a vitrine?

— Hum, grande pergunta! — exclamou Duvernoy compenetrado, fingindo pensar muito para responder. — Vê o conjunto. Sabe o que deseja, o que busca, se torna mais exigente, ao mesmo tempo mais calmo, menos ansioso e afoito em suas escolhas. Considera o produto, mais do que a embalagem. Conhece os efeitos para criar ilusão naqueles que são dirigidos pelos interesses pessoais. Isso não o enganará. Fará questão de testar, com todos os sentidos e bem atento, o que está pensando adquirir. Se receber de presente, saberá a cor da camisa de quem lhe deu, verá os detalhes, não ficará deslumbrado com a própria satisfação. Entendeu?

"Definitivamente ele é louco" — constatou Ludwig. "Ninguém em sã consciência vai se prestar a gastar muitos francos para ingressar neste teatro, beber e consumir aos preços que aqui são praticados, para ficar jogando conversa fora, em um assunto tão sem propósito. Franceses são excêntricos, bem que papai me avisou. Tendo uma mulher como Irina para comentar e apreciar, preferem essa conversa insossa."

— Tome cuidado, caro Schroder, para não ser pego pela embalagem — advertiu amistosamente Duvernoy.

— Não se preocupe, senhor Duvernoy. Vou lembrar-me dos seus conselhos.

— Gaston é bom conselheiro — elogiou Duprat. — Lê muito, viaja, conhece a Europa e vários lugares exóticos...

— Bobagem — atalhou Léfreve. — Toda essa conversa do Duprat se resume ao seguinte: Gaston viveu e muito bem os anos que Deus tem lhe dado sobre a Terra, tem experiência.

Ludwig olhava-os divertido, uma briga entre homens de meia-idade em um cabaré não era o ideal pretendido para aquela noite, mas há um ano aprendia a aceitar com bons olhos as experiências que a vida oferecia.

— Hã, pois, sim. Está é mesmo muito boa! — interferiu Duvernoy imitando um carregado sotaque português. Os amigos sorriram e ele completou retomando a entonação normal da voz: — Se eu fosse um bom conselheiro vocês não estariam aqui, teriam esposas e filhos, usufruiriam o conforto do lar.

— Esse conselho nem você seguiu — defendeu-se Gaultier que havia observado a discussão em silêncio. — Além do mais, ter esposa não significa ter filhos e vice-versa, e ambos ou apenas um não garantem conforto a um lar. Já passamos da idade. Eu estou satisfeito com a minha vida. Vocês têm queixas, rapazes?

Bons momentos da noite foram ocupados dali em diante com relatos das experiências dos companheiros de mesa. Duprat era comerciante de antiguidades; Léfreve e Duvernoy viviam de rendas auferidas de propriedades rurais nas cercanias de Paris e Gaultier era pintor de retratos. Formavam uma verdadeira confraria, muito unidos e alegres.

Ludwig divertiu-se ouvindo e palpitando na discussão dos homens e quase esqueceu-se da mulher no outro lado do salão, porém quando os frequentadores foram abandonando o local, diminuiu

75

o barulho e o som do riso e da voz de Irina chegaram até ele chamando-o, tirando-lhe a graça e a atenção na companhia dos alegres franceses.

Duvernoy notou a mudança operada no rapaz e acompanhando a direção de seu olhar confirmou que ele estava completamente seduzido pela dançarina ruiva. Meneou a cabeça sugestivamente trocando olhares com seus pares de mesa. A comunicação muda era suficiente para que se entendessem, olhavam-se uns aos outros erguendo as sobrancelhas como a dizer: "Pobre coitado! Tomou-se de paixão pela Divina, que se há de fazer?"

Duprat olhou o salão, consultou o relógio que trazia preso ao colete do elegante traje que usava e anunciou:

— Senhores, é muito tarde. Passam das três horas da manhã. Preciso partir. Vejo-os amanhã? Lá em minha casa?

Os franceses concordaram com monossílabos e seguindo-lhe o exemplo, aprontaram-se para partir.

— Pagarei as despesas. Na próxima, é com Léfreve — comunicou Duvernoy.

— Mas já?! Tão rápido. Tem certeza de que faz três semanas que paguei a última conta?

— Absoluta — replicou Duvernoy. — Faço a contabilidade, tenho tudo anotado.

Feitos os acertos os três se retiraram. Duvernoy compadeceu-se do estudante alemão enquanto matutava: "É um belo rapaz. Jovem, educado, sadio. Apenas é imaturo, como a maioria de nós foi nesta idade. Tomara que a paixão desta noite se apague com a luz do sol."

Os dois conversaram até o momento em que Irina saiu acompanhada de Lilly e Fredo. Ao passar pela mesa deles, uma das poucas ainda ocupada, olhou rapidamente para Ludwig enquanto ajeitava o casaco escuro com gola de pele sobre os ombros.

Minutos depois o teatro estava vazio, as luzes se apagaram e os empregados, felizes por mais uma noite encerrada, fecharam as portas.

Na calçada, em frente ao teatro, Ludwig procurou Irina, mas nem o rastro de seu perfume sentiu. Tal como um sonho, ela desvanecera no ar, deixando como consolação o fato de que Fredo também ficou no meio-fio da calçada.

76

Duvernoy sorriu. Divertia-se com o deslumbramento apaixonado do rapaz. Cutucou-o e convidou:

— Vamos, amigo, me acompanhe até minha casa. Fica a poucas quadras. Poderemos subir e tomar um café. Assim, conhecerá os caminhos que levam à minha casa. O que me diz?

— Aceito. Estou sem sono. O senhor também?

— Durmo muito pouco — respondeu Duvernoy reticente.

Tratando de amenidades os homens ignoraram o frio da madrugada. Àquela hora as ruas eram praticamente desertas e apenas um ou outro boêmio, como eles, cruzava-lhes o caminho.

Não sei se foi a madrugada, o frio, as ruas desertas ou por terem partilhado aquela noite especial, mas se envolveram na atmosfera noturna que convida à intimidade e a conversa tornou-se agradavelmente pessoal.

Pararam em frente a um sobrado de linhas retas, com grades *art-noveau* nas duas amplas janelas do piso superior das quais pendiam exuberantes folhagens entremeadas com delicadas flores amarelas e brancas muito perfumadas. As aberturas eram em um tom de cobre escuro e as paredes recobertas com cimento penteado. Simples e agradável, a residência ficava em uma rua pacata de Montmartre, no topo de uma ladeira. Outras residências semelhantes davam ao local um ar acolhedor, algumas distanciadas do alinhamento da calçada exibiam pequenos jardins em frente à fachada. A rua silenciosa, àquelas horas, não exigia muito da imaginação para vê-la movimentada durante o dia, com crianças brincando e correndo sobre o calçamento irregular, bicicletas disputando corridas na descida da lombada, muitos meninos com suas calças curtas fazendo algazarra dando-lhe vivacidade.

Ludwig parou contemplando a casa e arredores. Levou a mão ao peito como se sentisse uma súbita dor, era apenas saudade de casa e dos familiares. Sentia-se só em Paris. Contava os dias para o final do ano letivo quando partiria para Hamburgo.

Duvernoy atento às reações do alemão notou-lhe a emoção. Calado, entregou-lhe a bengala enquanto vasculhava os bolsos à procura das chaves. O interior da casa era simples, limpo, confortável e tinha aquele toque especial que fazia as pessoas se sentirem bem, não importando se era a primeira ou a milésima vez que cruzavam o limiar da porta principal.

— Roger, meu empregado, está dormindo. Portanto, façamos o possível para manter o silêncio até chegarmos à cozinha. Eu farei o café — disse Duvernoy.

— Claro. Vá à frente, eu o sigo.

No clima de camaradagem respeitosa, com vidas inteiras a serem confidenciadas, um universo de ideias a discutir, eles não viram o sol erguer-se iluminando o novo dia, esparramando o brilho e calor sobre os telhados da pacata ruazinha de Montmartre.

Naquela semana e em várias outras Ludwig foi um espectador assíduo das apresentações de Irina. Ela lhe sorria, às vezes, jogava-lhe beijos. Quando apresentava o número do tango seu olhar procurava por Ludwig na assistência, entretanto não mais o escolheu para subir ao palco, embora tivesse gostado da excitação e do desafio que sentira na noite de estreia.

CAPÍTULO 5
Entre a paixão e a fama

Não há uma única imperfeição da alma que não carregue consigo as suas consequências deploráveis, inevitáveis, e uma única boa qualidade que não seja fonte de um prazer.[7]

— Ela está fazendo uma carreira impressionante. — comentou Lilly bebericando, com cara feia, a vodca servida por Graville.

— O que foi? Por que esta cara feia? Minha melhor vodca não é mais boa o bastante para você?

Surpreendida pelo tom irritado de Graville, Lilly o olhou com atenção. Pensou: "Será possível que ele esteja com ciúme? "

— Está bem ruizinha, é verdade. Não faria mal ter algo de melhor qualidade...

— Ah! Vá se enxergar, Lilly! Quem você está pensando que é? Só porque agora está vivendo com a Divina, num apartamento fino, luxuoso e anda arrumada, de carro para cima e para baixo, esqueceu-se do passado, é? Pois eu posso lembrá-la de quem é e de onde saiu — exaltou-se Graville.

Ele estava com o rosto rubro e o olhar espelhava seus sentimentos contraditórios enquanto apontava a velha casa no meio da quadra, com suas aberturas desbotadas e envelhecidas, permanentemente fechadas desde a mudança de sua inquilina duas semanas atrás.

— Dali ó... Foi dali que você saiu. Aliás, foi ali que viveu os últimos anos, tá bom. E foi essa mesma vodca que você bebia feliz da vida por que não tinha outra e agora tá fazendo cara feia.

---

7 - KARDEC, Allan. *O Céu e o Inferno*. Cap. VII, 1ª parte, item 3º, IDE.

— Ei, homem, tenha calma! — pediu Lilly, fingindo-se ofendida. — Eu sou visita. Sou sua amiga. Não esqueci um só dia dos meus tempos de vagabunda, velha e pobre. Eu me conheço. Agora, me faço de madame, que é como chamam as vagabundas velhas que vivem à custa das mais novas e ricas. Estou aproveitando, que mal há nisso?

Graville olhou a amiga da cabeça aos pés, admirou o vestido elegante, notou a mudança no cabelo cortado à moda, na maquiagem, até a bolsa era nova e combinava com os sapatos e com o vestido. Ele chegou mais perto e Lilly sorriu embevecida notando que ele reparava nas mudanças, embora não comentasse. Estendeu o pescoço na direção dele oferecendo-o para que sentisse o seu perfume.

Uma simples troca de olhares foi suficiente para que restabelecessem o clima de intimidade e descontração com que se relacionavam há tantos anos. Graville registrou o brilho de prazer no olhar de Lilly e ela assegurou-se que ele tivera uma pequena crise de ciúme motivada por sua nova aparência e não pela mudança para um bairro chique.

Ele estendeu a mão e cobriu carinhosamente a mão de Lilly apoiada sobre a velha toalha da mesa e comentou em tom baixo:

— Você está muito bonita. Tem certeza de que não esqueceu o passado?

Girando a mão sob a dele, Lilly acariciou-lhe levemente com a ponta dos dedos o pulso e a palma da mão. Sorriu ao vê-lo suspirar, aliviado.

— Bobo! — respondeu baixinho com intimidade. — Sua vodca pode ser muito ruim e eu beber coisa melhor, mas sou vivida, sei que o dinheiro não compra tudo, e há coisas em você que eu aprecio muito.

— Hum, velha e sábia. Você será sempre a minha garota preferida.

— Decida-se, homem — reagiu Lilly indignada, rompendo o clima sedutor. — Ou sou velha ou sou garota. As duas coisas não posso ser.

— Com você não tem conversa séria — resmungou Graville.

Observando à volta, viu seus auxiliares servindo algumas mesas, ainda era cedo para fechar o Café, por isso retomou a conversa do ponto inicial, comentando:

80

— Quem diria que faz apenas seis meses que ela chegou e já está famosa e bem colocada. E eu pensava que Irina precisava de quem a ensinasse... Fui um cego, um estúpido. Ela tem muitos amantes? Sim, porque dinheiro não lhe falta.

— O apartamento vive cheio de admiradores. Aduladores, na verdade. Você acredita que ela faz um jogo tão bem armado que eles disputam qual é o mais generoso com ela, qual é o que lhe dá os melhores presentes e as joias mais caras. Juntou um tesouro, nestes poucos meses. E, olhe, o dinheiro continua escasso para o povo, mas ainda há quem o tenha e em grande quantidade — percebendo o olhar malicioso e indagador de Graville, ela sorriu, balançou a cabeça e confidenciou:

— Ela é terrível! Atende e dá atenções íntimas a alguns cavalheiros quando lhe apraz. É temperamental, como não conheci outra. Mas os homens a adoram. Deve ser uma amante muito boa, todos a querem. Você precisa conhecer o nosso apartamento. É lindo! Tudo da melhor qualidade. Ela só recebe os mais ricos. Nunca tinha visto alguém como Irina. Também fui cega, aquela tem é muito a me ensinar. Outro dia, estávamos conversando sobre alguns dos seus admiradores mais apaixonados, um pobre rapaz que a adora — vê-se à distância a paixão no olhar dele. Disse-lhe que na vida que levamos é bom ter um relacionamento que não seja por dinheiro, e sabe o que ela me respondeu?

— Nem imagino.

— Que era por ser uma vadia sentimental que eu havia ficado na pobreza. Sei que ela está conquistando a fama e a fortuna rapidamente, que não há razão para eu sentir pena dela. Mas juro, Graville, que, muitas vezes, eu a vejo fitando o espelho do camarim, com um olhar profundo e perdido e eu sinto uma enorme piedade por ela. Ela não fala do passado. Nada, nem uma só palavra. Não sei coisa alguma de sua família, do como e por que foi parar nessa vida. Outro dia, perguntei quando ela fazia aniversário, sabe como a menina me respondeu? Ela disse: Mulheres como nós não nascem Lilly, caem na vida.

— Estranha essa russa — constatou Graville acendendo um charuto e tirando uma baforada o ofereceu a Lilly e provocou: — Isso se agora você não fuma apenas cigarros, com longas piteiras e depois se abana com leques de plumas de pavão.

81

Ela riu, pegou o charuto entre os dedos e com a costumeira desenvoltura compartilhou-o com o amigo. Prosseguiu a conversa.

— Muito. Descobri que ela faz aniversário dia 15 de maio. Bem no meio da primavera. Aliás, como está chegando, adiantou-me que pretende dar uma grande festa. Imagina quanto não vai faturar em presentes.

— Ela tem o toque de Midas, é?

— Tem. O que ela tocar virará ouro ou não merece o contato com sua adorada e apreciada pele branquíssima.

Graville riu da ironia de Lilly e indagou:

— E o relacionamento com as outras dançarinas do teatro e com Fredo como tem sido?

Lilly levou as mãos à cabeça, revirou os olhos e contou a longa série de histórias e casos envolvendo Irina e as outras dançarinas. Informou-o, satisfeita, que Fredo era apenas mais um entre os admiradores e eventualmente usufruía a preço muito alto a companhia de sua adorada estrela. As fofocas os mantiveram conversando até a hora de fechar as portas do estabelecimento, quando se recolheram na casa de Graville.

***

Após uma exaustiva manhã de ensaios no Teatro de Variedades, Irina descansava em seu camarim na companhia de Fredo e Lilly. Ele, embevecido e transportado ao sétimo céu, contemplava a jovem estrela reclinada no divã estofado, cor de damasco com longas franjas douradas que tocavam o tapete que forrava o assoalho.

Irina usava somente as roupas íntimas e um saiote de cetim branco que alcançava a altura dos joelhos e, conforme ela se movimentava, boa parte de suas pernas nuas ficavam à mostra. Preguiçosamente, ela comia uma maça, observando o vaivém de Lilly organizando os produtos de maquiagem adquiridos pela manhã.

— Adorei esses produtos novos — comentou Irina. — As cores são mais vibrantes, fazem parecer mortas as mulheres que usam o pó de arroz branco. Não sei como se pôde usar aquilo por tantos anos.

— Ah! Minha querida, considere-se uma privilegiada por ter essas coisas tão bonitas. No meu tempo não havia tanta escolha, aliás, éramos somente nós — mulheres ligadas ao teatro, que usávamos maquiagem na rua. Era a forma de saberem que éramos vagabundas. Hoje em dia está tudo mudado! Qualquer uma usa e ninguém repara.

— Quem a ouve falar pensa que é uma velha à beira da cova — Irina repreendeu a amiga com brandura e diversão, mordendo a maçã e lambendo os lábios para desespero do apaixonado Fredo, ignorado pelas mulheres.

— Não tenho mais seus dezoito anos, "Divina" — lembrou Lilly. — Meus anos de glória já se foram... lançou um olhar de desdém para Fredo e lamentou: — Hoje, um homem não perde a fala ou não consegue pensar se me vir em roupas íntimas... Aproveite, menina! Esses anos passam ligeiro, muito ligeiro!

Irina sorriu e provocante pôs-se a fazer correr o pé esquerdo lentamente sobre a perna direita. Fredo hipnotizado acompanhava o movimento das longas e bem torneadas pernas. Lilly observando-a, sacudiu a cabeça com ar de riso no rosto, seus olhos diziam o que pensava:

"O idiota tem o que merece. Tanto menosprezou as 'vagabundas', 'vadias', 'mulheres ordinárias', que lhe enchiam os bolsos de dinheiro que acabou aí, abobalhado pela rainha das 'vadias' e nem nota que seu amado dinheirinho volta às origens: todinho na bolsa dela. Essa menina é terrível! Fez dele um cachorrinho. É tão danada que nem sei se ele ganha algum ossinho, acho que só olha. Bem feito!"

— Fredo — chamou Irina, com voz doce e cansada. — Preciso do meu cabeleireiro. Mande buscá-lo.

Prontamente, ele correu ao lado do divã tomando a mão da artista e correndo o olhar por seu corpo, detendo-se no rosto, indagou:

— O motorista tem o endereço?

— Claro.

— Mandarei o motorista buscá-lo. Como é mesmo que ele se chama?

— Thierry — respondeu Irina usando o mesmo tom que acentuou levemente ao insistir. — Vá, preciso dele até as onze horas. Tenho pressa e o tempo caminha contra mim.

— Divina, não repita isso. Quem poderia querer algo contra você? — retrucou Fredo expondo a adoração desmedida à beleza de Irina.

Ela sorriu, mordeu a maçã outra vez, olhou matreira para Lilly que se esforçava para conter o riso. Atrevida, bateu com a ponta do dedo indicador sobre o nariz de Fredo e ordenou:

— Vá! Faça o que eu pedi, senão ficarei zangada por você atrasar as atividades do meu dia.

Fredo levou as mãos de sua estrela aos lábios, beijou-as com paixão, e obediente, ergueu-se e saiu.

Bastou a porta fechar-se e as duas mulheres soltaram o riso. Riram até sentir lágrimas nos olhos, então respiraram fundo recuperando o controle. Irina foi a primeira e disse:

— Pelo que você me contou — referia-se às informações sobre as antigas atitudes de Fredo — é mais do que merecido o que faço com ele.

— Virou um pobre-diabo nas suas mãos. Mas concordo: é justo. Sinto-me vingada. Divirto-me ao vê-lo transformado em um bobão — respondeu Lilly. — Mudando o assunto, por que a pressa em ver o cabeleireiro? Por que não fomos ao salão, como é hábito?

— Quero algo diferente. No salão, Thierry fica muito distraído. Preciso estar simplesmente deslumbrante hoje à tarde.

— Humm, então há uma razão. Posso saber de quem se trata?

— Você não o conhece. É a primeira vez que ele irá ao meu apartamento, é o diretor de uma famosa companhia de dança e teatro.

— Do que você está falando? — indagou Lilly séria.

Conhecia as ambições de Irina em fazer carreira artística, porém julgava que ela estivesse satisfeita com as conquistas alcançadas.

— Vai abandonar o Fredo, Irina?

— Abandonar o Fredo? Impossível! Nunca tive com ele algo mais que um relacionamento de trabalho. Tudo que fiz, foi trabalhar. Já lhe disse que não sou sentimental, como você. Fredo é ridículo, como muitos homens. Não tenho culpa se ele se apaixonou por mim. Foi decisão dele, portanto o que fazer também será problema dele. Eu não tenho absolutamente nada com isso — respondeu Irina. — Quero sair dos cabarés.

Lilly pensou em dizer que era algo bastante difícil colocar-se entre atrizes e tecer uma série de ponderações sobre as dificuldades, mas calou-se lembrando das palavras ditas no dia em que se conheceram. Irina lhe confiara que desejava fazer carreira entre as cortesãs.

— Está vida é boa, mas não o bastante — prosseguiu Irina. — Depende muito da capacidade de manter o interesse dos homens e aqui só posso usar a minha beleza e a sensualidade. Eles não querem conhecer outros talentos, nem ao menos julgam que tenho inteligência. É desgastante!

— Pensava que seu sonho era tornar-se uma cortesã — comentou Lilly. — Uma das bem-amadas de Paris. Temos tantas famosas e ricas, eu jurava que era essa a sua ambição.

— Não deixa de ser. Digamos que esse será meu papel por muitos anos. Os tempos estão mudando, minha amiga, hoje não basta ser "uma queridinha", não temos segurança, fato provado pela guerra. Se os homens desaparecerem novamente, o que será de nós? Não, Lilly, é preciso enxergar por onde andamos, não importa quanta lama exista na estrada.

— Dolly dizia essas palavras ao menos três vezes ao dia — recordou Lilly olhando com carinho para a jovem, como se fosse filha de sua amiga. — Você aprendeu muito com ela. Ela era muito inteligente, tanto que percebeu direitinho quando era preciso mudar, pagou o preço e foi atrás. Eu não tive a mesma coragem...

— Ela vivia bem na Rússia até começar toda a perseguição e a "doença" se manifestar. Eu admirava a coragem e a inteligência de Dolly, espero fazer bom uso do que aprendi.

— Quantos anos vocês trabalharam juntas? — indagou Lilly sentando-se na beira do divã, próximo aos pés de Irina.

— Quatro ou cinco anos, não tenho bem certeza. Sou péssima para guardar datas.

Irina era esquiva quando o assunto era o seu passado na Rússia. Levantou-se, andou até o grande espelho, cercado de luzes, sentou-se na banqueta, apanhou uma escova de cabelo e penteou os longos cabelos, desconversando anunciou:

— Vou cortar meus cabelos à moda do momento. O que acha?

— Um pecado! — exclamou Lilly acercando-se de Irina. Pegou a escova para penteá-la, olhando encantada as brilhantes mechas ruivas escorrerem por entre as hastes da escova.

— Mas, como falávamos há pouco é preciso ver por onde andamos. A moda é usá-los mais curtos. A maioria das dançarinas cortou os cabelos, até eu cortarei os meus.

— Seguimos a moda das ruas, dos romances que lemos! — Me diga. Você gostava muito de Dolly, não é mesmo?

— Foi a última pessoa que eu amei.

— Como você é trágica e exagerada, Irina. Não acredito que alguém possa mandar no amor para dizer quando é a última vez que amará.

— Entenda como quiser — retrucou Irina sem se abalar pelo comentário da amiga. — Você diz que eu sou trágica e exagerada, eu digo que você é boba e sentimental. Amar sempre acaba em sofrimento. Eu não quero sofrer, portanto é lógico que mantenha a minha relação com outras pessoas bem longe do tal do amor. Eu simpatizo, confio, tenho amizade, carinho por algumas pessoas com quem eu convivo, bem poucas. Aqui, eu citaria você, Graville e Villmont, o resto...

Lilly fitou o rosto de Irina, refletido no espelho, e indagou: "Quem é essa bela mulher? Por que ela é tão amarga?"

Quem visse Irina brilhando e seduzindo plateias, levando uma existência de boêmia, prazeres e luxo, sorrindo e trajada para atrair olhares não poderia conceber que por detrás das aparências houvesse conceitos, visões de vida e mundo tão amargos.

— O resto... Bem, o resto não tem importância — repetiu Irina acentuando as palavras com gestos de pouco caso. — Dou-lhes o mesmo que me dão. Não é você quem diz que mulheres como nós não têm nome, nem sobrenome quando morremos. Pois é verdade, somos facilmente esquecidas. Sinal que após os momentos de prazer pessoal que têm conosco, satisfeitos seus interesses, já não merecemos uma lembrança. É um fato. Aquela que não o aceitar que caia fora desse mundo, está no lugar errado. Aqui, não há espaço para sonhos e sentimentalismos. Eu sou realista, Lilly, tiro deles o que pode ficar comigo: — o dinheiro e as oportunidades. E como não se lembram de mim depois de satisfeitos seus interesses, satisfeitos os meus também não gasto um segundo em recordações e suspiros. Nada mais idiota do que uma prostituta apaixonada.

— Ai, Irina! — reclamou Lilly com o rosto crispado como se sentisse dor ao ouvir a amiga. — Como pode uma mulher jovem e bela como você pensar dessa forma? Eu sou uma vagabunda, mas meu trabalho não me tirou os sentimentos. Eu me apaixonei muitas vezes. Minha querida, é delicioso estar apaixonada! É maravilhoso, tudo se transforma de repente. É como se nos abríssemos à vida e quiséssemos ter em nós toda a energia do mundo. Eu cantava e dançava melhor quando estava amando, tinha um prazer intenso de viver. Há um brilho no olhar de quem ama que nada é capaz de igualar.

Irina fitava Lilly pelo espelho, incrédula com a reação que presenciava, não se conteve e comentou com um tom ácido e irônico:

— Humm, sei. Deve ser o brilho e a energia que você tinha quando a encontrei naquele lixo.

— Ei, que bicho a mordeu hoje? — Lilly enrubecera de indignação, sentiu-se afrontada com a ironia. — Por acaso Nanine não comprou açúcar e lhe deu café amargo logo cedo? Não precisa me humilhar, está bem. Eu vivia numa casa que era um lixo, é verdade, mas é minha, se quiser ou precisar volto a morar lá. É um bairro pobre e malvisto, mas tenho amigos que me querem bem. E, nunca se esqueça: quando você era uma "divina desconhecida", suja e maltrapilha, o que despreza agora, te servia.

Notando a exasperação da companheira, Irina ergueu a mão, oferecendo-a a Lilly, enquanto dizia:

— Desculpe-me, não queria agredi-la. Esse assunto me incomoda, você sabe. Pensamos de forma muito diferente. Vamos aceitar o fato e esquecer essa rusga. Você deve ter suas razões para viver e pensar do seu jeito, eu tenho as minhas.

Não era a primeira ocasião que elas discutiam. Lilly tinha dificuldade de conviver com a frieza do caráter de Irina. Gostava de usufruir do conforto, do luxo, do status que a condição de estrela e cortesã davam à jovem naquela sociedade tão cheia de marcas das fragilidades da existência física, ansiosa pelo prazer de viver intensamente e esquecer um pouco dos conflitos e combates que lhes mostraram a transitoriedade do corpo, fazendo ruir as linhas divisórias de muitos tabus e preconceitos e do dito normal e respeitável.

As mulheres descobriam que eram capazes de realizar trabalhos, antes exclusivamente masculinos, com tanta capacidade e competência quanto os homens. Assumiram postos e desempenhavam papéis que alterariam profundamente a face da sociedade patriarcal. Verdadeira revolução operava-se nos costumes, refletindo-se nas roupas e hábitos da mulher do final da *belle époque*. Era o que a chegada dos anos vinte pedia e desejavam liberdade, prazer e feminilidade.

Cortesãs, dançarinas, atrizes antes malvistas, passavam a ser amigas e frequentarem a residência de mulheres bem posicionadas socialmente, de mentalidade liberal e progressista. Tornou-se moda em Paris tais relacionamentos.

Lilly adorava participar daquele universo. Deliciava-se com sua nova aparência, com o belo apartamento, com os criados, as festas e jantares promovidos por Irina para seus admiradores que cada vez mais a cercavam de joias e presentes caros. Tinha de admitir, odiaria voltar à velha casa e ao trabalho de modista. Assim, sem demora, colocou sua mão sobre a da jovem aceitando seu pedido de desculpas.

— Você ficará ainda mais linda com os cabelos cortados. Como pretende fazer? — Lilly não tinha intenção de ver Irina contrariada e mesmo quando se agastava com a escassez de afeto da outra, logo lhe vinha à mente a prodigalidade com que ela compartilhava seu sucesso e contemporizava.

Uma batida na porta e uma voz fina e alegre interrompeu a conversa.

— Divina, querida, sou eu, Thierry. Posso entrar? Vim o mais rápido que pude.

As mulheres fitaram-se através do espelho com ar de riso.

— Entre, Thierry — autorizou Irina gentilmente. — Meu camarim não tem portas para você, querido.

Um homem jovem, de físico franzino e muitos trejeitos ingressou sorridente na sala. Beijou o alto da cabeça de Irina, tomando imediatamente o lugar até então ocupado por Lilly, que sorriu simpática no breve cumprimento ao cabeleireiro.

— O que a Divina quer que Thierry faça com esses maravilhosos cabelos vermelhos? Que inveja! Como eu queria que os meus fossem bonitos, exuberantes, como estes...

Irina sorriu benevolente e com paciência aguardou que Thierry repetisse o mesmo discurso proferido sempre que ia ao salão. Quando terminou, ela rapidamente indagou acerca dos conhecimentos dele sobre o corte de cabelo que entrava na moda naqueles dias.

Entusiasmado, Thierry trocou ideias com Irina, mexendo nas madeixas, medindo alturas para o corte, simulando o novo penteado a fim de que ela pudesse dimensionar as alterações a se produzirem pela imagem no espelho. Depois de quase uma hora, chegaram a um consenso. Cantarolando, Thierry lançou mão de pentes e tesouras iniciando a obra de transformação na aparência da cliente.

Ao cabo de algum tempo, desaparecia o ar juvenil e inocente de Irina que foi substituído pela imagem de uma nova mulher. As mechas ruivas foram cortadas retas, à altura das orelhas, com pontas assimétricas enfeitando o rosto e uma franja cobrindo a testa, ressaltando, assim, os brilhantes olhos azuis; desapareceu o efeito ondulado dos cabelos, os fios caiam retos e lisos.

Thierry retocava detalhes aqui e acolá. Enfim, parou atrás da cadeira de Irina, correu as mãos em conchas pelos cabelos, ajeitando-os cuidadosamente, suspirou encantado e aplaudiu o próprio trabalho dizendo:

— Lindo! Lindo! Magnífico!

Irina avaliou a nova imagem refletida. Estranhou-se. Mas adorou a aparência atual e decidida.

— Ótimo! Ficou como eu queria. Thierry, obrigada por ter vindo atender-me longe de seu salão e ter tomado todo este tempo, mas você entende como era importante que ficasse bem e acho que aqui você pode se concentrar melhor na tarefa.

— Com certeza, querida. Adorei seu cabelo. Mandarei as minhas clientes virem como ficou, vai ser um sucesso. Amo o glamour dessas madeixas vermelhas, são inigualáveis, Divina.

— A nossa Divina está belíssima — comentou Lilly acarinhando o ego do cabeleireiro.

— Como madame Lilly é bondosa, não é mesmo, Divina? — Thierry jogou um beijo com as pontas dos dedos para Lilly. — Meninas queridas, tenho realmente mãos de fada para cuidar de cabelos, obrigado. Meninas queridas, preciso partir, tenho trabalho no salão.

— Acerte as despesas com Fredo — recomendou Irina. — Se precisar mandarei chamá-lo para me pentear antes das apresentações.

— Divina, para atendê-la não tenho hora, nem outras na sua frente. Chame quando quiser. Não tem nenhum problema receber com o Fredo?

— Lógico que não. Ele paga todas as despesas de Irina — respondeu Lilly sorrindo.

— Inacreditável! — exclamou Thierry curioso, a bisbilhotice se retratava em seu rosto. — Conte-me, Divina, qual é o seu segredo para ter os homens a seus pés dessa forma? Vocês sabem que atendo dançarinas e atrizes famosas há anos. Sei que as infelizes vivem tomando dinheiro emprestado com agiotas para pagar contas de guarda-roupas, cabelos, maquiagem e coisas do tipo que precisam para trabalhar. Nenhum teatro ou cabaré paga as despesas de suas artistas. Vá, conte-me, Divina, qual é o segredo?

— Inteligência, meu caro — respondeu Irina, direta e clara, enquanto penteava os cabelos com o olhar fixo no espelho. — Elas são bobas e não se valorizam. Gastam dinheiro para manter a própria imagem sem reconhecer que é essa imagem que traz público aos teatros em que trabalham, portanto é justo que as despesas de trabalho sejam cobertas por eles. Se não existirmos com todo aparato que sempre cercou as mulheres como nós, eles também não existirão. Quem me quiser como atração deve saber as condições, pois me recuso a ser explorada.

Thierry voltou e sentou-se em uma cadeira próxima de Irina, interessadíssimo na conversa que se estendeu mais alguns minutos até que Lilly, entendendo o recado no olhar de Irina, convidou o cabeleireiro a acompanhá-la ao escritório de Fredo para o acerto das contas.

***

Após o almoço, Irina pediu um carro de praça. Foi ao ateliê de senhora Vionett provar o vestido encomendado para sua festa de aniversário.

Embora minuciosa e detalhista nos cuidados com a aparência, não demorou mais do que uma hora envolvida com o traje de festa —

um soberbo vestido branco de cetim, com o corte do tecido enviesado. Um modelo simples, sofisticado e de bom gosto.

— É a própria Afrodite — profetizou a modista com alfinetes no canto da boca, enquanto marcava os ajustes de quadril e cintura observando o corpo de Irina no espelho. — Encantadora! Aliás, este cabelo lhe cai muito bem.

— Obrigada — respondeu Irina, acompanhando com atenção o trabalho de madame Vionett.

Pouco depois, vestindo um chemise azul, de mangas longas e com um laço que marcava o quadril e caiam as pontas alguns centímetros abaixo da bainha, dando leveza e charme à roupa, ela ajeitou o pequeno chapéu com as mãos enluvadas, apanhou a bolsa e despediu-se da modista.

Dispensou o carro, decidida a aproveitar algumas horas da tarde para uma caminhada solitária à margem do Sena, não muito distante do ponto em que se encontrava.

Andava margeando o rio, parando, vez ou outra, para admirar as embarcações que cruzavam as águas, repletas de passageiros. Irina entretinha-se observando-os.

Quem visse a moça bonita, de trajes elegantes e discretos, andar leve e rosto oculto por um véu pequeno preso ao chapéu, não reconheceria a famosa estrela do Teatro de Variedades, a sensual dançarina russa que despertava a paixão dos homens de Paris. Quem a visse pensaria tratar-se de uma bem-nascida moça burguesa, talvez filha de um dos novos ricos, apreciando a solidão e o tépido calor da tarde primaveril.

Seu ar distante e sério afugentava eventuais admiradores. Não olhava diretamente para ninguém, seus olhos prendiam-se nas águas. Encostada na mureta à margerm do rio, entregava-se a seus pensamentos, e só isso se podia dizer, pois nem seus olhos, nem sua expressão revelavam o teor do que lhe ia na alma. Estava absorta. Sua imagem era digna de ser retratada por um hábil pintor.

Distante alguns metros, um artista se entretinha entre tintas e carvões, na tarefa de retratar uma típica cena de uma tarde primaveril às margens do Sena. Naquele exato momento, incomodava-se em acertar a tonalidade do verde das árvores cujas copas se refletiam parcialmente nas águas. Com a ponta do cabo do pincel coçou os cabelos sob a boina. Deu um passo para trás, admirando as pinceladas na tela. Insatisfeito com o trabalho foi à mureta e fitou o reflexo da imagem que teimava em capturar.

Algumas folhas caíram agitando a água e quebrando a placidez do espelho que ele mirava. Então percebeu a aproximação de uma moça encantadora, num elegante vestido azul. Viu a imagem dela refletida nas águas do rio. E, sua visão de artista foi chamada a contemplar a beleza da mulher e da paisagem que se completavam com perfeição.

— Poesia! — exclamou ele baixinho, embevecido. — Que quadro lindo. Misteriosa, distante, alheia. Expressiva.

Irina ignorando ser alvo do olhar do artista apoiou graciosamente as mãos na mureta. A brisa leve fez o tecido do vestido moldar-se ao seu corpo. Fascinado, o pintor correu para apanhar seu bloco. Pegou o carvão e pôs-se a desenhar.

Absorto, envolvido em sua criação, ele esqueceu-se de que a jovem ignorava ser sua modelo, e a advertiu:

— Fique como está. Não se mexa. É perfeito.

Surpresa, sem entender ou questionar as próprias razões, agindo movida pelos instintos que lhe diziam para confiar no dono daquela voz e simpatizando com o tom imperativo, obedeceu, permanecendo imóvel.

— Perfeito! Por que ou para quê? — indagou Irina, com voz suave num tom de alegre surpresa.

— Minha pintura, senhora.

— Ah, o senhor é um pintor. Interessante. Pinta há muito tempo?

— Fique calada, senhora.

Surpreendida com o tom de comando do estranho cuja face não conseguia visualizar, mas julgando divertida a circunstância e fora de sua rotina diária o obedeceu, posou, de boa vontade, para o desconhecido artista.

As mãos dele corriam sobre o bloco, esboçando a cena, ansiando gravar cada detalhe de cor e movimento na memória. Findo algum tempo, baixou uma folha de papel encerado sobre o desenho, fechou o bloco, acomodou o carvão em um pequeno estojo que retirou do bolso do avental negro que usava sobre a camisa branca e a calça escura do terno.

O paletó repousava dependurado no cavalete, sobre o qual estava a tela abandonada. Sobre o piso o material usado para misturar as tintas, pincéis e bisnagas de tinta.

— Pronto — anunciou o pintor triunfante — Pode se mexer.

— Oh, muito obrigada — respondeu Irina, divertida e irônica. — Não estou habituada a brincar de estátua com desconhecidos. Mas vá lá, para tudo há uma primeira vez.

Algo soou familiar ao rapaz na voz da modelo. Ela não era parisience, o seu modo de falar denunciava. Então, ele deu-se conta da forma como agiu. Envergonhado, mas incentivado pela atitude amistosa da moça, aproximou-se, carregando embaixo do braço o bloco com o esboço e humildemente pediu:

— Queira perdoar-me, reconheço que fui um grosseirão. Perdoe-me, senhora. Lance essa falta à conta do olhar do artista enamorado de uma bela imagem que o enfeitiçou. Foi impossível resistir, cedi à paixão.

Irina brindou-o com um brilhante e caloroso sorriso, simpatizava com aquele homem. Era um tipo comum, tipicamente francês, magro, de traços finos, cabelos e olhos escuros, pele clara e rosada, olhos simpáticos e brilhantes, mãos inconfundíveis de pintor, sujas de tintas, com unhas manchadas de diversas cores.

— Aos artistas tudo é permitido em Paris — concedeu Irina sorrindo para o desconhecido. — Posso ver o esboço?

— Agora?

— Sim. Sou parte dele ou me enganei e o senhor pediu que eu ficasse imóvel este tempo todo por nada?

Atrapalhado com a atração que sentia pela jovem, confuso com a familiaridade que ela lhe inspirava, ele lutou para conciliar a atenção que exigia sua presença, no diálogo e nos olhares que trocava com a desconhecida, enquanto vasculhava recordações tentando identificá-la.

— Não. É claro, a senhorita foi a minha inspiração — explicou o pintor enfeitiçado pelos olhos azuis semiescondidos pelo veuzinho do chapéu que velava o rosto da moça até a altura do nariz. — É que sou muito ciumento e supersticioso com as minhas pinturas, nunca deixei que ninguém as visse antes de concluído o trabalho. Manias de artista.

93

— Então, não poderei ver o seu trabalho, senhor...

— Gaultier, Paul Gaultier — apresentou-se o pintor estendendo a mão. — A senhorita por certo me tomará pelo homem mais indelicado da França. E a senhorita, como se chama?

— Irina Veschininevna, senhor Gaultier. Encantada em conhecê-lo — respondeu Irina aceitando o cumprimento e rindo ao notar as manchas de tinta em sua luva branca.

— Ah, mas que desastrado, que estúpido! Como posso fazer tal besteira. Meu destino está selado: sou obrigado a viver para pedir-lhe perdão por minhas indelicadezas. Veja o estrago que fiz. A senhorita vai retornar ao seu país dizendo que os franceses são medonhos.

Irina riu. O pintor atrapalhado conquistou-lhe a simpatia e a divertia. Estabeleceu-se entre eles uma afinidade instantânea e mútua.

— Fique tranquilo, direi que apenas um é, e deu-se a conhecer por Paul Gaultier. Fez um retrato meu e negou-se a me deixar vê-lo, sob pretexto de superstições de artista. Serei tão justa quanto possível, senhor Gaultier.

— Fico contente. Imagine se por minha culpa toda a fama dos meus compatriotas se perdesse, seria um horror, não concorda?

Amistosamente trocaram algumas palavras e Gaultier indagou:

— Aceita tomar um refresco comigo? Uma maneira de indenizá-la pelo estrago de suas luvas. Por favor, aceite.

Irina sorriu lançando um olhar em direção aos objetos de Paul largados alguns metros adiante.

— Não se preocupe. Sou conhecido nesta zona e a confeitaria fica do outro lado da rua, poderei cuidar dessa "obra prima" a distância — esclareceu Paul com entonação debochada ao referir-se a pintura abandonada.

— Sendo assim, será um prazer — aceitou Irina acompanhando-o.

Sentaram-se, num recanto simples e agradável da confeitaria. A jovem retirou o chapéu exibindo os belos cabelos para maior encantamento de Paul, que no mesmo instante a reconheceu, mas manteve-se em silêncio. O agradava conhecer essa face da vida privada da dançarina, escondida das vistas do povo, fantasiada por seus admiradores que a cercavam de mil sonhos e prazeres, nem sempre reais. Mas a ele era dado ver, sentir e participar em sua plenitude por alguns momentos.

Um garçom diligente anotou o pedido. Refrescaram-se com a bebida fria conversando alegre e descontraidamente sobre trivialidades do dia a dia, como se fossem conhecidos de longa data.

Atenta ao passar das horas, embora muito satisfeita em estar na companhia do pintor, Irina pensava que era hora de partir. Decidida, apanhou as luvas, a bolsa e o chapéu que largara displicentemente em uma cadeira vaga ao redor da mesa.

— Já vai? — indagou surpreso o pintor que não percebera o passar do tempo — É cedo! Vamos conversar mais, apreciei muito a sua companhia.

— Não posso, senhor Gaultier. Compromissos me aguardam. Meu tempo livre é escasso. Apreciei conhecê-lo, fique tranquilo quanto à fama de seus compatriotas: está perfeitamente resguardada, nada tenho a dizer de um pintor francês desastrado, apenas que ele ofereceu-me momentos de alegria e tranquilidade como há muito não desfrutava na companhia de um homem.

— Estou pintando para uma exposição que pretendo fazer em julho. Os temas são cenas da vida cotidiana, escolhi pintar aqui por que me oferece uma grande variedade de imagens para retratar: pessoas passeando, casais enamorados, trabalhadores, pessoas miseráveis, moças encantadoras... Paul estendeu a mão tomando a liberdade de tocar no braço de Irina, encarando-a sorridente. — Se vê o mundo às margens deste rio. Estarei aqui todas as tardes até o final do próximo mês, quando puder, venha me ver.

Irina analisou o rosto de Paul, buscou e não encontrou razões escusas. Como a grande maioria dos homens que conhecia era fácil notar que ele era extremamente sensível à sua presença e beleza, mas ao mesmo tempo parecia haver um interesse real em sua companhia, parecia que ele desejava conhecê-la como ser humano. Ele não deixou transparecer que a conhecia ou que sabia de sua vida além do revelado na conversa.

Paul não fez perguntas pessoais, deixou que ela sugerisse a conversa, participando com prazer, respondendo atenciosamente às suas curiosidades com relação à pintura. Divertiu-a com casos de clientes difíceis de retratar, cuja feiura inspirava asco e tinha ímpetos de caricaturá-los.

O jovem era experiente, sabia como agradar uma mulher exigente e bastou olhar para o rosto, a expressão de Irina refletida nas águas do rio para saber que ela era uma mulher exigente e inteligente.

— Pensarei em seu convite se me prometer que poderei ver o esboço que fez há pouco.

— Hoje não — respondeu Paul jogando com a curiosidade dela. — Mas o trarei todos os dias comigo. Quando desejar poderá vê-lo.

"Charmoso e inteligente" — pensou Irina contemplando a face sorridente de seu acompanhante, retribuiu o sorriso e levantou-se:

— Talvez — retrucou Irina. — De qualquer maneira foi muito agradável o nosso inusitado encontro. Bom trabalho, senhor Gaultier.

Paul largou algumas notas de dinheiro sobre a mesa para pagar a despesa e acompanhou Irina até a porta.

— Volte, eu estarei esperando até junho — insistiu ele.

Irina voltou-se, sorriu, ajeitou o chapéu e displicente acenou um adeus ao pintor. Caminhou, sem olhar para trás, certa de que Paul acompanhava seus passos atentamente.

O idílio inocente, descomprometido na companhia de um homem era um luxo raro para ela, quase proibido. O insolente pintor não sabia a raridade do que usufruíra. Diria que ela se deixou levar por um minuto de fraqueza, que podia custar-lhe muito caro, considerando a vida que levava.

Observá-la subindo lentamente a ladeira da rua, com o rosto frio, sério, olhar distante, indicava que ela se perdia em pensamentos, vagando em um universo pessoal insondável a estranhos.

***

Suave luminosidade incidia sobre a plateia do Teatro de Variedades permitindo ver claramente uns aos outros, hábito parisiense que dominava desde as espeluncas de quinta categoria até as mais refinadas casas de espetáculo da cidade.

Havia graça em ser visto. De que valeria ir ao teatro e ninguém vê-lo? Boa parte da diversão era ser visto e comentado e fazer o mesmo com os outros. Uma verdadeira disputa de moda, elegância e beleza se alimentavam com aquele modismo local.

No palco as luzes eram muito mais fortes, dispostas de forma a tornar mais belas e atraentes as dançarinas, exigiam uma maquiagem pesada a fim de não parecerem pálidas como os fantasmas do imaginário popular.

Irina, graças ao contraste entre a cor de seus cabelos e os profundos olhos azuis, tinha um colorido natural que necessitava ser realçado com classe e cuidado para não se tornar uma aberração. Ao fitar-se no espelho diante dos potes de cosméticos e dos lápis de khol ela sempre lembrava os conselhos de Dolly:

"— Querida, aceite sua natureza, cuide dela com carinho. Em termos de beleza, você é um exemplar de extremos: muito colorida ficará parecida com o rabo de um pavão, lindo no bicho, medonho no rosto de uma mulher. Tenha cuidado. Branco e preto em excesso lhe prejudicam, não abuse do pó, nem do khol, e aproveite para pintar bastante essa boca linda que Deus lhe deu, não poupe o carmim. Ah, use bastante glicerina nas pálpebras."

"Você adoraria a variedade de cosméticos que surgiram ultimamente. Você me faz falta, Dolly. Aliás, é a única pessoa de quem sinto a ausência", pensou Irina no breve momento de introspecção. Jamais admitia que tinha saudade da amiga ou que a morte dela ainda doía em seu coração.

Dançando sob as luzes incandescentes do palco do teatro, seu rosto era a expressão da sedução, da languidez. Seu corpo se movia leve e harmonioso, parecia entoar uma canção silenciosa cheia de promessas deliciosas que reverberava nos sentidos da plateia.

O cenário era apenas véus de tule branco, entremeados de faixas de cetim em tom de pérola e luzes fortíssimas de cores que valorizavam a beleza da dançarina.

Irina dançava de pés descalços, trajada com um vestido longo de estilo vaporoso, uma túnica romana de véus transparentes, um arranjo de pérolas lhe adornava a cabeça. A roupa insinuava-lhe a nudez. Conforme a música avançava levando os espectadores a esquecerem da vida, concentrados apenas no bailado da jovem, ela ia lentamente tirando os véus.

A beleza requintada e exuberante de Irina, seu ar inocente e sensual, eletrizava a plateia que se sentia transportada a um universo paralelo, distante da realidade dolorosa, cheia de dor e miséria.

Schroder era uma fonte de suspiros que fazia rir os seus companheiros, conhecedores da paixão que o alemão nutria pela dançarina. Divertiam-se observando seu rosto extasiado e ansioso pelo momento em que veria a Divina coberta apenas por um véu.

Duvernoy o observava com o olhar divertido e complacente. Sua experiência de vida o ensinara a distinguir a paixão fictícia da verdadeira, apreciava a beleza e o talento da artista, mas não lhe despertavam sonhos ou fantasias, agradavam-no somente.

A grande diversão do grupo era o jovem alemão e seu ardor por Irina, razão que fez passar despercebido o rosto sério e o olhar distante — evocando recordações — com que Gaultier acompanhava o aguardado e anunciado espetáculo do Teatro de Variedades.

Quinze dias se passaram desde o encontro às margens do Sena. Não comentara com ninguém o fato, guardara-o como uma relíquia. Era só seu, falar dele roubaria o encanto que sentira na companhia da bela jovem. Trabalhava a noite pintando os traços de Irina e, como se houvesse conhecido e compartilhado das preocupações de Dolly, passava horas e horas em experiências de cores e tonalidades para colorir a imagem do rosto refletido nas águas. Todas as tardes, se dirigia ao local levando embaixo do braço o bloco com o esboço da pintura. Em vão aguardava o regresso da modelo. Porém, no íntimo tinha certeza de que ela voltaria ao local até junho.

O esperado momento de ver a dançarina coberta por um véu transparente chegou. Suspiros e exclamações de êxtase varreram a plateia. Irina ouvia as expressões de seus admiradores com uma enorme distância emocional. Registrava a reação do público e a avaliava tão rapidamente como um joalheiro experimentado distingue uma pedra preciosa de uma imitação, aliás, com o mesmo espírito: ambos avaliavam uma mercadoria.

Intimamente ela sentia-se lisonjeada, realizada. Irina tinha uma personalidade singular naquele meio passional. Era fria e calculista, negava-se a qualquer ilusão por menor que fosse. Tinha uma visão dura e crua da vida que levava, amarga e que escondia o desejo de abandonar tudo por outro estilo de vida.

Ao mesmo tempo, parte dela deliciava-se no gozo dos prazeres que o meio lhe oferecia. Não eram os prazeres do sexo livre, uma vez que isto ela comerciava conscientemente, atuando como atriz exemplar, desempenhava o papel de mulher insaciável, encantada com o amante que lhe partilhasse a cama.

Seus relacionamentos sexuais eram, sem sombra de dúvida, vividos por uma personagem, não por ela, cuja única preocupação e sensação era desempenhar a contento sua performance. Emocionalmente era alheia, distante, em uma palavra: indiferente.

Deliciava-se, satisfazia a sua vaidade sentir a plateia submissa ao seu encanto. Se fosse um ou centenas de espectadores o regozijo da artista era o mesmo. Algo em seu peito se aquecia e fazia seu sangue circular veloz pelas veias, incendiava seu olhar com um brilho intenso, todo seu corpo brilhava. Esse fulgor se irradiava para a plateia criando uma simbiose de emoções fortes e uma "incompreensível" — para quem desconheça as leis da troca e intercâmbio de energia — sensação de saciedade e esgotamento.

A força da paixão que ela nutria e compartilhava com o público a transformava em cena. Nenhum de seus fãs sonhava existir nela outra mulher além da apaixonada dançarina, a jovem coquete e charmosa, a amante sedenta.

Gaultier não se incluía entre seus fãs. Ele mantinha a impressão da tarde à beira do rio: a dançarina era um reflexo, ele queria a dona do rosto refletido nas águas do Sena, semiencoberto por um véu. Possivelmente, era o único a divisar as profundezas do caráter de Irina, seduzia-o a sensual artista de cabaré, mas fascinara-o a descontraída moça que desejou parecer comum por algumas horas.

Perdido em suas recordações, não acompanhou todos os passos da dança e surpreendeu-se ao ouvir os entusiásticos aplausos. Focou, com atenção o palco, viu Irina curvando-se em graciosos agradecimentos. Ela retirou-se em seguida provocando enlouquecidos pedidos de retorno. Os aplausos não cessavam e ela voltou coberta com um manto de cetim branco debruado nas extremidades com pele que deixava a mostra apenas os braços, o colo e o pescoço.

"Linda, mas não tanto como naquela tarde", avaliou Gaultier. A dançarina recolheu-se atrás das cortinas do palco e ele ergueu-se informando aos amigos:

— Meus caros, preciso partir. O trabalho me espera. Boa noite a todos.

— Como? Já vai? Fica mais um pouco, vamos beber e conversar, ainda é muito cedo, a noite mal começou — protestou Duprat.

— Fique — insistiu Léfreve. — O melhor da noite se vê no bar do teatro. Nosso pobre amigo apaixonado é hilário em sua adoração à Divina.

— Pobre rapaz — retrucou Gaultier. — Não deveriam fazer troça dos sentimentos do alemão, afinal a paixão dele pela Divina é justificada. Digo mais, compartilhada por um bom número de espectadores.

— Grande novidade! Ninguém sabia. Como você é observador — replicou irônico Duprat completando em tom sério: — Qual de nós não daria um dedo ou mais para arder no fogo dessa mulher?

Léfreve pôs-se a rir do comentário do companheiro e olhando de esguelha para Duvernoy — sentado logo adiante — e o alemão no final da fileira, apartou:

— O alemão daria tudo, até as calças e o que tem dentro. Duvernoy não daria nada.

Entendendo a referência à idade do amigo, à sua maneira de ser e pensar, às vezes, alvo de crítica de Léfreve, o pintor balançou a cabeça e convicto disse:

— Ele que dê — referindo-se a Schroder. — Ao que sei, pela boca de vocês, evidentemente, o moço ainda não conseguiu nada com esse lance alto. Eu sou um reles pintor — conhecido e sustentado por uma pequena elite que ainda tem dinheiro na Europa — preciso trabalhar para viver, senão não terei meios de pagar as despesas para ver a Divina e alegrar-me algumas horas.

— Ah, sim. Fingiremos que acreditamos nisso — respondeu Duprat. — Mas acho bom que considere logo a necessidade de nos contar quem é a dama que o retira tão cedo dos cabarés ultimamente. E não me venha com a sua embromação sobre a deusa das artes. Aposto alguns francos como você está nos escondendo um romance clandestino.

Gaultier sorriu misterioso para confirmar as suspeitas do amigo e nada respondeu. Decidido, olhou na direção da saída e chamando Duvernoy e Schroder para atrair-lhes a atenção, despediu-se.

100

Não desejava encontrar a dançarina, não queria vê-la cercada de homens, vestida para seduzir, tampouco queria que ela soubesse da presença dele no cabaré, ansiava por outro encontro às margens do Sena, à luz do sol.

***

A campainha soava insistente ecoando o dim-dom pelos amplos espaços do confortável apartamento. Nanine vinha apressada alisando o avental do uniforme, parou em frente a um grande espelho que ocupava uma das paredes do *hall* de entrada. Mirou-se, ajeitou a touca que lhe cobria os cabelos, fixou um sorriso nos lábios e atendeu a porta.

Do outro lado, reconheceu o entregador da floricultura. O rapaz franzino trazia um imenso buquê de rosas vermelhas que equilibrava com certa dificuldade, pois carregava sob o braço o livro de entregas. O endereço de senhora Irina era por demais conhecido dos floristas, joalheiros e casas de costura. Neste dia, era a quarta vez que fazia entrega de flores no endereço.

Nanine sorriu, adiantou-se pegando o imenso arranjo enquanto comunicava:

— Fique aí, Marcel. Verei onde posso colocar mais este arranjo e volto para assinar o recebimento, está bem?

Cansado, o jovem consentiu, sacando um lenço de um dos bolsos da calça e apressou-se a enxugar o suor que lhe molhava a testa.

— Quer água?

Marcel ouviu a pergunta da criada no interior do apartamento.

— Aceito, Nanine. Escute, sabe me dizer por que tantas flores para a senhora hoje? Na outra entrega tinha além do meu, mais dois buquês.

Alguns minutos se passaram, ouvia-se apenas os ruídos da criada arrumando os arranjos e depois o som de seus passos afastando-se em direção à copa e retornando com o copo em uma pequena bandeja de prata.

— Obrigado, estou exausto de pedalar até aqui e subir a escada. O porteiro não permite que eu use o elevador.

— A escada é privilégio nosso, meu jovem. É inteirinha dos pobres. Elevador é para os ricos, para os clientes da senhora, por exemplo.

Curioso, o jovem espiou o apartamento encantando-se com o luxo. Tapetes grossos, espelhos, cortinados pesados, cristal, prata, quadros enfeitando as paredes, muitos estofados e mesinhas.

— É bonito! — exclamou Marcel.

— Fino, muito chique — concordou Nanine, percebendo que o jovem se referia ao ambiente em que ela trabalhava. — Aqui só vem quem tem muito dinheiro. A senhora gasta horrores para manter este apartamento.

— Eu posso entrar? Dar uma espiadinha? Sempre quis saber como vive uma artista de cabaré. Fala-se tanta coisa delas.

— Outro dia, hoje não tenho tempo. É aniversário da senhora. Terá festa logo mais, por isso todas essas flores e presentes. Já recebi tantas entregas de joalheiros que a senhora poderá abrir uma loja amanhã.

— Ela é muito famosa. Não tem um homem nesta cidade que não fale na beleza de senhora Irina. É o sonho dos pobres, como eu. Meus amigos, que sabem que entrego flores aqui, vivem me perguntando se já a vi frente a frente ou se conheço a casa dela, todos querem saber como é, o que ela veste, o que tem na casa, quem estava por aqui...

Marcel parou de falar ao ouvir a risada da criada e enrubesceu.

— Diga-lhes que continuem sonhando. Minha patroa não é para eles. Agora vá, menino. Tenho mais o que fazer, aliás, tenho muito a fazer.

O jovem bebeu o restante da água, devolveu o copo e apresentou o livro e a caneta para que Nanine assinasse o recebimento da encomenda. Agradeceu e se despediu, saiu apressado pelo corredor em direção à escada.

A criada fechou a porta, foi até o salão contemplando a grande quantidade de arranjos de rosas que haviam chegado e comentou em voz alta para si mesma:

— Ainda bem que todos sabem que senhora Irina só gosta de rosas. Assim, o salão fica bonito e não há mistura de flores e odores.

O salão de festas do apartamento estava tomado de rosas de diversas cores, com a predominância do vermelho. Nanine havia disposto vários aparadores e mesinhas para acomodar os arranjos, mesclando os tons mais suaves com os vermelhos. A fragrância agradável recendia no ambiente. Em um canto do cômodo estava reservado o espaço para os músicos que viriam animar a noite.

Na copa e na cozinha a movimentação era intensa, limpando pratarias, copos de cristal, talheres, dispondo-os ordenadamente sobre um grande balcão com tampo de granito limpíssimo. Garçons e criadas contratados para a festa se ocupavam dos preparativos.

Nanine sorria satisfeita. Todos comentavam e faziam perguntas sobre sua patroa: como vivia, quem frequentava a casa, como ela era no dia a dia, quem eram seus amantes. Ela sentia-se importante, integrante daquele mundo fascinante que enfeitiçava os outros. Respondia-lhes com uma boa dose de exagero.

Irina, alheia ao que se passava em sua casa, fora apanhar o vestido na casa de senhora Vionett. Tinha o cuidado de fazer uma prova quando o traje era dado como pronto, nunca levava uma roupa sem vesti-la diante da modista.

O vestido de cetim branco caiu perfeitamente no corpo bem torneado da dançarina. No salão da senhora Vionett ela admirava-se nos espelhos que a mostravam de corpo inteiro, frente e costas. O vestido deixava-lhe as costas praticamente nuas, a saia caia graciosa e leve ao redor das pernas até os pés.

— Lindo, senhora. Obrigada por seu trabalho — agradeceu Irina, desfazendo-se em sorriso e simpatia com a modista e suas auxiliares.

— É fácil fazer um vestido bonito para uma mulher bonita — respondeu a costureira, acompanhando a prova, ajeitou a saia e observou criteriosamente o trabalho concluído.

— Um vestido para ser bonito tem que sorrir quando sua dona está sorrindo. Tem que refletir sua alma, então o conjunto está belo, harmonioso — comentou a senhora Vionett. — Você está bela, muito bela. O vestido espelha seu modo de ser: sensual, elegante, misterioso.

— Pensa isso de mim, senhora?

— Óbvio.

Irina admirou-se mais uma vez nos espelhos, trocou algumas ideias com a modista e deu-se por satisfeita.

Seguida de uma das funcionárias da Casa Vionett, carregada de caixas com suas compras, Irina desceu os degraus até a calçada onde a aguardava o carro e o chofer. Ele adiantou-se acomodando as caixas no veículo, prestimoso e educado abriu a porta traseira para Irina, oferecendo-lhe a mão para auxiliá-la.

Irina colocou a mão na do chofer e vacilou, lançou um olhar ao final da rua, não muito distante, que desembocava nas margens do Sena. Lembrou-se, como em outras ocasiões, das horas deliciosas e descomprometidas que passara com o pintor desconhecido. Dividia-se no impulso de voltar a vê-lo, parte de si ansiava por outro encontro, por conhecer o quadro que ele fizera — ainda que possivelmente fosse medíocre; outra parte ordenava silêncio ao coração, que apagasse a lembrança, a alertava para que não perdesse de vista a exata noção de quem era e de como vivia, recordava-lhe a própria frase, tantas e tantas vezes repetida: *Nada mais idiota que uma prostituta apaixonada.*

O chofer a olhava ansioso, notou que a patroa estava distante. Fato incomum. Quando não dava importância a algum assunto ou a alguém, Irina fugia e distanciava-se mental e emocionalmente. Mas era tão boa atriz que as pessoas tinham a impressão de que ela vivia inteira e intensamente cada momento.

O velho Duval — que tinha o privilégio de conduzir Irina há alguns meses — aprendera a observá-la. Conversavam bastante, embora tratassem de assuntos triviais, por isso ficara ansioso reconhecendo uma reação inusitada na moça.

— Senhora Irina, para onde vai? — perguntou o motorista.

— Ainda não sei, senhor Duval.

***

O relógio no salão de beleza apontava dezesseis horas. Lilly confortavelmente instalada deixava que uma das atendentes aparasse, lixasse e polisse suas unhas como era moda, enquanto conversavam assuntos banais.

A pobre moça que se curvava sobre as mãos da cliente trazia no rosto uma expressão de neutralidade tal que se poderia pensar que falava e respondia como um papagaio: frases decoradas, invariavelmente as mesmas, incapaz de mudá-las; quando acontecia uma nova catástrofe na Europa, acrescia ao seu repertório o chavão em voga ou limitava-se a repassar as fofocas de uma cliente a outra, sem qualquer cuidado ou maldade, por simples hábito de falar e ser estes os assuntos de interesse da clientela, segundo a sua visão.

Com Lilly, a jovem estava isenta de ocupar-se com conversas, educadamente, oferecia os ouvidos para conhecer as muitas histórias da cliente, limitando-se a uma ou outra expressão de interesse ou solidariedade.

— Adèle, veja se não estou ficando cega: são realmente dezesseis horas?

— Sim, madame — respondeu a manicure lançando um rápido olhar ao relógio de parede sem evitar o pensamento de que novamente não conseguiria deixar o trabalho antes que a noite viesse. — São exatamente dezesseis horas. A senhora tem pressa?

— Não, querida, nenhuma. Faça seu trabalho com calma. É que Irina combinou estar aqui antes das dezesseis horas. Ela está atrasada e isso é algo muito raro.

— Será que não aconteceu alguma coisa com o carro? Sabe como essas máquinas têm dado problema. Todo dia aparece uma cliente reclamando que o carro estragou. Cavalos não davam tantos problemas.

— É o progresso, querida, tem seus prós e contras. Eu, de minha parte, acredito que nunca irei reclamar dos carros. Adoro-os. São lindos, confortáveis, rápidos e muito mais higiênicos do que os cavalos. A cidade está mais limpa.

Adèle calou-se, concentrada em seu trabalho. Lilly observava a atividade da moça pensando em Irina. Sua "afilhada" estava tendo um comportamento estranho nas últimas semanas. Andava pensativa, alheia; se não a conhecesse pensaria que ela estava melancólica.

Irina na intimidade era uma jovem silenciosa. Gostava de isolar-se, sozinha, em seu quarto. Aliás, ela tinha um aposento onde recebia seus amantes, não o usava para dormir ou descansar. Nele não ficavam seus objetos de uso pessoal, havia apenas os indispensáveis como: camisolas, penhoar, chinelos, alguns perfumes e joias. Era um palco particular com camarim agregado.

Lilly aprendeu a conhecer e respeitar seus hábitos. Era temperamental e irritada ao acordar. Então, não a procurava para resolver problemas antes das onze horas, também não permitia visitas de admiradores inesperados. Os amantes de Irina não pernoitavam no apartamento. Ficava com eles algumas horas e não admitia que descansassem em seu leito.

Irina era pontual e rigorosa no cumprimento de seus horários. Por isso, a preocupação de Lilly, que estava inquieta a ponto de Thierry vir sentar-se a seu lado e compartilhar seus anseios, para felicidade da manicure cuja mente estava dominada por problemas pessoais e era um alívio não precisar conversar com a cliente.

Trinta minutos depois, Duval estacionou em frente ao salão. Irina desembarcou leve, graciosa e apressada. Saudou os amigos com um amplo sorriso, recebendo as felicitações entusiasmadas de todos. Lilly observando-a não notou diferença e decidiu calar-se, afinal, nada havia acontecido. Ela não era o marido de Irina para lhe pedir satisfações, por certo a russa não os daria, ela não dava satisfação a quem quer que fosse.

Thierry acomodou sua "estrela favorita" na cadeira em frente a um grande espelho iluminado e em meio a sua animada conversa iniciou os cuidados com o cabelo da cliente. Adèle concluiu o trabalho com Lilly e ocupou-se das mãos de Irina. Ela era o centro das atenções. Acostumara-se e pouca importância dava ao fato, admitia que às vezes a cansava as adulações constantes, pois todas eram compradas a dinheiro.

"A vida é uma grande prostituição", filosofava Irina, intimamente analisando as pessoas que a cercavam. "Todos se vendem de alguma forma e têm um preço. Vendem sorrisos, atenções, cuidados, trabalhos, o próprio tempo aos outros mediante uma satisfação em dinheiro proporcional ao que realizaram. Nem sempre se satisfazem ou têm prazer no que fazem, mas gostam do dinheiro e julgam que de outra forma não ganhariam o mesmo."

Entre conversas fúteis e solilóquios íntimos repassados de amargura e cinismo, a tarde da aniversariante chegou ao fim. Anoitecia quando o senhor Duval estacionou o carro em frente ao prédio onde ela residia e com toda a polidez e educação ajudou as duas mulheres a desembarcarem do veículo.

***

O ar fresco das primeiras horas da noite invadia a sala do apartamento de Duvernoy, movimentando suavemente a cortina da janela que dava para a sacada. O velho francês lia comodamente sentado em uma poltrona próxima ao abajur. Concentrado e interessado na obra que tinha em mãos, ele demorou a ouvir as batidas na porta.

Depois de insistentes tentativas, o visitante fez-se notar. Duvernoy enrugou as sobrancelhas, apurou a audição, vasculhou a mente tentando adivinhar quem seria o visitante e o que poderia querer àquela hora.

Fustigado pela curiosidade, sacou o relógio de bolso constatando que passavam uns poucos minutos das vinte horas. Abandonou o livro sobre a mesinha auxiliar. Ergueu-se, puxou o casaco, andou até a porta, abriu a portinhola e reconheceu Gaultier. Apressado, correu o ferrolho e destrancou a abertura.

— Boa noite! — saudou Duvernoy. — Entre. Que ventos o trazem a essa região de Paris a estas horas?

— Boa noite, Duvernoy. Desculpe se interrompo seu descanso, mas preciso conversar com alguém e não há outro melhor do que você.

— Estou velho e aleijado, mas não a ponto de me recolher para descansar às vinte horas, é cedo demais. Estava lendo. Venha, vamos nos sentar na sala, há uma brisa maravilhosa soprando esta noite, depois de um dia quente. Sempre estranhamos os primeiros dias de calor, todo ano é assim e ainda nos surpreendemos. Mas a brisa é refrescante, muito agradável.

Gaultier o seguiu acomodando-se no sofá em frente à poltrona de leitura, ao passar pela mesinha lançou um olhar ao livro que Duvernoy lia. Curioso, apanhou o livro e observou a movimentação do amigo em torno de um armário onde guardava as bebidas.

— O que quer beber, Gaultier?

— Você vai achar que estou louco ou doente, mas não quero beber nada, fique à vontade, agradeço-lhe a oferta.

Duvernoy fechou o armário sem servir-se. Voltou à poltrona, acomodou-se, com expressão grave e curiosa encarou o visitante. Gaultier analisava o livro e comentou:

— Muito interessante. Vale a pena dedicar algumas horas à sua leitura.

Gaultier folheou algumas páginas, leu o sumário e tornou a fechá-lo, devolvendo-o ao seu lugar.

— *O problema do ser, do destino e da dor* — Gaultier leu o título da obra em voz alta. — Tema interessante, o título é sugestivo. Simpatizo com essas ideias. O exemplar é seu?

— Sim, é meu. Não posso ler livros emprestados, tenho o mau hábito de riscá-los, marcá-los e escrever nas bordas.

— Eu sei. Quando me empresta algum deles, quase sempre acabo lendo dois livros: o do autor e os seus comentários à obra. Confesso que gosto do exercício, algumas das suas anotações me chamam a atenção para ideias e conceitos que não tinha percebido. Quando concluir a leitura, se puder, me empreste. Gostei da proposta. É preciso pensar um pouco nesses problemas.

— Ainda farei de você um discípulo das minhas crenças — falou Duvernoy em tom de brincadeira. — Quando terminar de ler o emprestarei a você. E, agora, me diga: por que veio à minha procura?

Gaultier jogou as costas contra o encosto do sofá, apoiando a cabeça e fitando o teto, à procura de uma inspiração para iniciar a conversa da qual sentia tanta necessidade. Ante o silêncio e a expressão perdida do visitante, Duvernoy sorriu e sugeriu:

— Hum, o assunto é o coração. Está apaixonado. Qual é o problema? Ela é casada? Não gosta de você? O que é?

Gaultier fez um gesto negativo com a cabeça.

— Nada disso. De tanto ler livros sobre faculdades psíquicas e coisas do além, acredito que você está se tornando um médium, mas acertou em parte o problema.

— Sinal que preciso estudar mais — retrucou Duvernoy no espírito da brincadeira. — Minhas faculdades estão obstruídas, foram muitos anos de falsa religiosidade escondendo o meu crasso materialismo, é natural que custem a se desenvolver. Diga-me no que acertei e no que errei.

— É um problema do coração, mas não tenho certeza se estou apaixonado. Ela não é casada e penso que sinta o mesmo que eu.

— E onde está o problema?

— Foi algo muito estranho e forte. Você me conhece há anos, nunca acreditei nessas coisas de amor à primeira vista. Sou bastante experiente nesses assuntos, ao menos já vivi muitos romances, e acho que continuo não acreditando, mas...

— Sempre existe um romance maior, meu amigo — declarou Duvernoy. — Às vezes, uma simples troca de olhares desvenda um mundo novo e antigo, mágico e misterioso, simples e confuso, tudo ao mesmo tempo. Um relacionamento jamais é igual a outro. É isso que faz com que busquemos o amor verdadeiro até o fim de nossos dias. Será que você pode dizer que algum dos seus relacionamentos foi o seu verdadeiro amor?

— Não, apenas deixaram-me boas lembranças. Talvez mais das aventuras que vivi para conquistá-las do que por elas mesmas. Sei que isso é cínico e egoísta, mas é o que sinto. Que minhas antigas amantes não me ouçam ou alguma poderá se sentir ofendida e me agredir na rua!

— Não seja bobo. É melhor ser cínico e egoísta do que hipócrita. É por causa dessa paixão que você não tem nos acompanhado aos cabarés, nem ao menos para rirmos da doentia paixão de Schroder e, lógico, ver a Divina?

A dor marcou o olhar de Gaultier chamando a atenção de Duvernoy:

— Não, não me diga... — reiniciou Duvernoy. E foi sendo logo interrompido por Gaultier.

— Sim, é Irina a minha tortura. Você não sabe o que tem sido a minha vida desde aquela tarde. É algo agridoce, pacífico e ansioso, é uma certeza enorme que carrego em meu peito e uma insegurança atroz na minha mente. Tarde após tarde, a espero e ela não vem, e mesmo assim, eu sei, eu sinto que ela virá. E minha loucura é maior ainda por que eu sinto, e eu sei que ela sente o mesmo que eu. É loucura!

— Você se apaixonou por uma dançarina, uma mulher de cabaré — afirmou consternado Duvernoy, sem ter outras palavras para dizer ao amigo.

— Não — falou veemente Gaultier. — Não sei se estou apaixonado, encantado, fascinado ou enfeitiçado, mas sei que não é pela "Divina", é por uma mulher, que vocês não conhecem, é por Irina. Schroder apaixonou-se pela dançarina. Eu conheço Irina.

— Entendo — confortou Duvernoy rememorando todas as histórias que conhecia de homens apaixonados por cortesãs.

"Pobre amigo", pensou o velho. "Talvez conheça o céu e o inferno num mesmo amor. O certo é que ninguém pode saber como irá acabar. Ele está miseravelmente apaixonado ou será que deveria dizer gloriosamente apaixonado? Há nas pessoas uma economia tão grande de sentimentos e paixões nestes dias. Todos querem viver apenas o hoje, com ânsia, com furor, mas sem vínculo, sem afeto, talvez seja o medo da perda ou a incerteza dos destinos. A dor é um espinho grande demais para o coração humano. Schroder é pura sensualidade na sua devoção à Divina, ele anseia por uma fantasia. Meu querido Gaultier quer a glória de ser e fazer-se amado por uma prostituta, uma mulher para quem o amor é profissão, que conhece todos os segredos de muitos homens, que pode ensinar as palavras que usamos para conquistar, que é mestra na arte da dissimulação e dos fetiches, uma mulher na qual o corpo domina a alma. O que posso lhe dizer? Não sei se o final será de dor ou ventura. Que Deus o ajude! A mim só resta oferecer-lhe o que me pediu."

— Como você conheceu Irina? — indagou Duvernoy disposto a ouvir a história que o afligia.

Gaultier, passeando o olhar pelo teto da sala de estar, estava distante, via sem enxergar a decoração em gesso e o lustre. Narrou seu encontro com Irina, em detalhes, revivendo todo encantamento sentido naquela tarde. Falou com empolgação do retrato que estava pintando. Concluiu dizendo que a viu observando-o do interior de um carro. Jurou que a vira secar lágrimas do rosto e que aquele carro passava, muitas vezes, à tarde, no local onde ele pintava.

Ah, fantasia! Doces fantasias que tomam as mentes apaixonadas querendo descobrir um mundo de razões ocultas na atitude do ser amado. Doces ilusões! Ilusões que a vida e a experiência nos fazem perder, causam dor momentânea e um grande benefício chamado maturidade.

Aquela noite Duvernoy ouviu até a madrugada as confissões, anseios e esperanças de seu amigo.

Gaultier caminhava, alta madrugada, pelas ruas de Paris. Era um conhecido boêmio, não temia as figuras humanas mais tristes da noite, nem os ladrões. Eles sabiam que não tinha dinheiro e como os tratava bem podia-se dizer que desenvolveu com eles uma cumplicidade que lhe garantia um salvo-conduto.

***

No apartamento de Irina, os últimos convidados se retiravam encerrando a festa de aniversário. Admiradores sempre emitem opiniões suspeitas, com boas doses de passionalidade, entretanto todos concordavam com a beleza da jovem, sua esfuziante alegria, seu entusiasmo pela vida e o quanto era agradável ficar em sua companhia.

Os convidados, em sua maioria homens bem posicionados na sociedade, saíam satisfeitos e cada vez mais tomados de "amores" pela Divina.

Fredo era só sorriso, consolara-se em ter tido algumas atenções da sua estrela no início da carreira e depois ser mais um entre seus admiradores, a quem ela dispensava certo carinho e tratava com maior atenção, sem, porém tornar a pisar nas dependências em que ela dispensava favores íntimos.

Irina trouxera ao seu teatro o melhor da burguesia e da nobreza europeia, o que representara repercussão direta nos balanços do negócio. A jovem era um investimento do qual ele não se arrependia, ainda que sabedor do quanto ela custava caro e de todos os privilégios que exigia para atuar no Teatro de Variedades. Aliás, gastos que se mantinham em ascendência. Apenas um convidado o desagradou: Ivan Stravinsky, diretor de uma companhia de teatro e dança russa, extremamente festejado e bajulado.

Notou os chamegos e agrados dispensados por sua estrela e para aumentar seu desgosto precisaria ter se tornado cego para não ver que Irina interessava-se por ele.

Ivan era um homem alto, corpo atlético, bem moldado, dançara por muitos anos, até sofrer uma lesão irrecuperável no tendão do pé que o forçou a assumir outro papel na companhia da família. Tornou-se diretor e maestro. Era um apaixonado pelo palco. Compartilhava com Irina a irresistível atração despertada por uma plateia e exercia grande fascínio sobre os espectadores. Culto, inteligente e charmoso, ele viu na compatriota mais do que uma dançarina de cabaré, enxergou uma atriz de potencial, além de uma mulher de beleza invulgar que o atraia muito, é claro.

Cortejou a dançarina ignorando os demais admiradores. Durante a festa esteve ao seu lado, sussurrando-lhe palavras cariciosas em sua língua natal, conversando com ela em russo e excluindo os demais, abraçando-a e cobrindo-a de beijos e afagos numa clara demonstração que pretendia o posto de favorito da dona da casa. Ironizou e debochou de alguns convidados que, sob efeito da bebida alcoólica, tornavam-se bobos, idiotas perfeitos e patéticos, divertindo-a.

Lilly acompanhava a festa, rindo intimamente do desagrado no rosto de Fredo cada vez que se deparava com o diretor russo, e pensava:

"Bem feito! Ele agora vai saber o quanto dói o desprezo, ser descartado como algo sem valor do qual já se tirou o lucro e não se quer a despesa. Quanto maior a altura, maior a queda. Fredo vai despencar do auge do sucesso para retornar à mediocridade em que vivia antes de Irina. Ela pode ser fria, calculista, e me magoar muitas vezes, mas só por dar o troco a esse canalha, eu a perdoo. Irina vai mostrar a ele o poder de uma vagabunda."

Depois olhou Ivan analiticamente, avaliou cada centímetro do homem.

"Ulalá! Que menina de sorte! É uma troca e tanto. Este Ivan é uma perdição de homem! Nem uma vagabunda experimentada como eu é capaz de ficar indiferente. Nunca tive nada contra misturar negócios e prazer. Ulalá, eu faria uma festa e tanto!"

Quando o salão estava praticamente vazio, restando apenas Ivan, Fredo, Lilly, a própria Irina e mais dois admiradores que ressonavam em um sofá no canto da sala, Lilly aproximou-se de Irina indagando-lhe baixinho, ao ouvido:

— Ivan vai ficar? Devo mandar preparar o aposento e dispensar os outros?

Ivan sentado no braço da poltrona em que Irina estava acomodada, beijou-lhe o pescoço, passando possessivamente o braço sobre os seios da dançarina.

Irina limitou-se a um leve balançar afirmativo com a cabeça, oferecendo a nuca às carícias do russo.

CAPÍTULO 6
Dividida

*Andei viajando um pouco; vi mortais muito abaixo de nós,
vi muito superiores; mas não vi nenhum que não
tivesse mais desejos do que reais necessidades,
e mais necessidades do que satisfação.*[8]

Visivelmente, a portaria do prédio era improvisada, adaptada, tinha sido uma sala de visitas, e esse passado não fora apagado da decoração. Sobrevivia no papel de parede floral, desbotado, nos delicados lustres em forma de flor, nos cortinados antigos com bandôs de crochê e no velho tapete.

Esses elementos se misturavam como óleo e água com o alto balcão, os caxilhos, os cabides fixados na parede, o grande porta guarda-chuva ao lado do acesso principal e a ruidosa campainha, que serviam às atividades da portaria da pensão de rapazes da senhora Lescault.

Uma jovem com o uniforme de carteira aguardava em frente ao balcão, enquanto a senhora Lescault examinava a correspondência.

— Dia de felicidade para o alemão — comentou a senhora Lescault com a entregadora. — Recebeu três cartas do seu país. Por alguns dias, ele estará fora de combate.

As palavras trouxeram à mente da jovem entregadora lembranças de seu curtíssimo casamento, que durara apenas alguns meses. Recordaram-lhe o rosto alegre e jovial do marido. Lembrou-se da despedida na estação de trem, quando ele partira engajando nas tropas que engrossavam os *fronts* de batalha da Grande Guerra.

---

8 - VOLTAIRE. *Micrômegas – História Filosófica*, capítulo 2, Voltaire Contos, Ed. Nova Cultural.

Recebeu, após algumas semanas, um oficial, com as armas do exército francês timbradas, de tom solene, informando-lhe a morte do marido em combate.

Esquecida de onde estava, o olhar distante, a expressão triste, a jovem não evitou que lágrimas corressem por seu rosto chamando a atenção da senhoria da pensão.

Condoída, ao notar a reação da entregadora, madame Lescault rapidamente interpretou a situação com sagacidade. Deu-se conta de que seu linguajar, comum às regiões de combate, lembrava a jovem da guerra e como tantos na França, ela, por certo, haviam perdido familiares queridos. Madame Lescault contornou o balcão pondo-se ao lado da entregadora, tocou-lhe gentilmente o braço, ofertou-lhe um lenço, macio de tão usado, mas impecavelmente limpo.

— Calma, querida criança. Venha, sente-se comigo, um pouco. Desculpe o meu linguajar atrapalhado que a feriu. São hábitos antigos. Minha velha mãe me diz que são grosseiros, mas não consegui apagá-los da memória.

Conduzida pelas mãos de madame Lescault, a moça sentou-se, o choro e as lembranças a sacudiam, embora ela empregasse todas as forças na tentativa de recobrar o controle. Atenta, apanhou uma pequena sineta de metal e chamou a criada que a ajudava nos trabalhos de limpeza e cozinha.

— Marguerite, traga-nos um chá de ervas calmantes, por gentileza — pediu madame Lescault quando viu a criada surgir na porta de contato entre a sala e o corredor. Em silêncio, a serviçal acenou em entendimento do pedido, lançou um olhar pesaroso à mulher em lágrimas, já estava habituada às atitudes de Marion Lescault.

— Respire fundo, vai ajudá-la a recuperar o controle — orientou Marion e como foi obedecida, incentivou: — Ótimo, faça de novo.

Após alguns minutos a jovem saiu da crise. Sentada a seu lado, Marion alisava as pregas da saia cinza que trajava.

— Desculpe-me, madame, garanto-lhe que isso não costuma acontecer em meu horário de trabalho — falou a entregadora, assoando o nariz.

— Não é preciso, criança. Conheço da dor, mais do que você possa imaginar. Quer me contar por que chorava?

Passos pesados e conhecidos no corredor chamaram a atenção de Marion para a aproximação de Marguerite. Afastou alguns bibelôs que enfeitavam a mesinha de centro da sala indicando que a criada deveria depositar ali bandeja.

— Tome, beba, lhe fará bem — sugeriu Marion entregando a xícara à sua acompanhante.

Com as mãos trêmulas a jovem recebeu o chá e o ingeriu em goles pequenos.

— Como se chama? — indagou Marion atenciosa.

— Alfonsine Vidal. Sou a nova carteira do bairro, meu colega adoeceu e está acamado.

— Eu o achava realmente muito pálido e magro, tinha um ar de doente nas últimas semanas — comentou Marion. — Está mais calma, Alfonsine?

— Estou, obrigada — a moça deu um sorriso pálido, fruto de enorme esforço, e falou buscando aparentar tranquilidade. — Desculpe o incômodo, mas me vieram à mente tantas lembranças de um tempo melhor, mais feliz e que... Faz tão pouco que passou. Não consegui me controlar. Choro muito em casa. No trabalho é preciso evitar, sei que não sou a única a sofrer e as pessoas não merecem ser servidas por entregadoras choronas.

— Por causa da guerra?

Alfonsine limitou-se a balançar a cabeça concordando.

— Todos carregaremos pesadas marcas dessa devoradora de pessoas. Sei que isso não é consolo, nem conforta, é simples constatação do que ocorre à grande maioria da população desse país. Perdemos seis milhões de seres humanos. Há um manto de luto em toda a França. Somos apenas mais duas abrigadas nele e nosso conforto deve ser pensar que lutando para aceitar e compreender nossa dor ajudamos nossos parentes, amigos e vizinhos a suportar a deles. Assim, vamos reconstruindo nossas vidas, cidades e a própria nação, nos fortalecendo num elo de solidariedade. Tenha calma e fé em Deus, minha criança. Tudo nesta vida passa, por pior que pareça no momento.

— A senhora fala de um modo estranho, tranquilo, sereno, sem raiva. Meus familiares estão revoltados, guardam um rancor muito grande. Não falamos em Deus, acho que desacreditamos Dele, pensam sim em vingança.

— Vingança? Mas do que, meu Jesus? — indagou Marion. — Alfonsine, quem você perdeu nesta guerra?

— Meu marido... Estávamos casados há menos de um ano — a voz de Alfonsine tremeu ao dar a informação. — Um cunhado, dois irmãos, primos foram vários. Minha família é, ou melhor, era grande. Muitos morreram, mas há também os mutilados e os que adoeceram.

— Sei. Sou enfermeira da Cruz Vermelha, servi durante a guerra em vários campos de batalha aqui e em países vizinhos. Vi de perto todos os horrores durante e depois dos confrontos. Agora que tudo silenciou vejo que há uma luta em fogo brando, lento, mas tão devoradora quanto as mais sangrentas lutas. Dolorida.

— São as marcas que ficaram.

— E sobre elas há de surgir uma nova sociedade. Preocupa-me muito esse estado de coisas, digo — corrigiu-se rapidamente Marion — das pessoas. Não é possível cultivar a paz fora do coração humano. As pessoas estão, como você disse, revoltadas, iradas, descrentes, sofridas, solitárias e sedentas de vingança. Isso não é bom! Como será nosso amanhã?

— Minha dor é tanta, madame — lamentou-se Alfonsine. — É tamanha a saudade que tenho do meu marido e dos meus irmãos, há tanta dor na minha família que não consigo pensar nos outros, nem no amanhã. Cada dia é uma luta, simplesmente por que não morri e ainda restam alguns que precisam de mim. Eu tenho que trabalhar para conseguir dinheiro e comprar comida. Está tudo tão caro! Infelizmente, para os pobres, as melhoras são muito demoradas.

— Imagino o que sente, também sou viúva. Meu marido era militar, foi ferido na última batalha — disse Marion, com serenidade, enquanto falava, seus olhos brilharam amorosos à evocação das lembranças. — Eu o vi morrer num hospital de campo, fizemos o possível para salvá-lo, assim como a todos os outros, mas a hemorragia foi mais forte... A morte é dolorosa e difícil de ser aceita em todas as circunstâncias, mas por mais incrível que possa parecer, ela é quase inaceitável num campo de batalha. Sei que parece incoerente, pois vemos inúmeras pessoas morrerem e matarem, mas o instinto de conservação é tão forte, a ânsia por ver o fim da guerra é tamanha, que nada ali é mais forte do que o desejo de viver. Acredite-me: é a ânsia da vida que faz os heróis e os comovedores

116

relatos que contam. E, por ser tão forte a presença da vida naqueles lugares cheios de sangue que a morte nunca é aceita.

Ela suspirou e prosseguiu:

— Cada um que morre é uma parte de nós mesmos que é derrotada, seja entre os soldados, seja entre as enfermeiras e os médicos. Uns com suas armas, outros com seus instrumentos, mas todos lutando por uma vida melhor. Agora que há "paz", apagou-se a ânsia de viver, arrefeceu o instinto de conservação. Restou uma sociedade deprimida, na qual os ricos dançam e vivem loucamente para esquecer suas dores e os pobres choram, passam fome, embriagam-se e adoecem. Seja como for, cada um a seu modo, sofre e expressa a mesma tristeza, a mesma dor.

Enquanto conversavam, as duas mulheres não notaram a chegada de um cavalheiro com uma bengala que, curioso, ouvia interessado o diálogo delas.

— Voltamos ao início, madame, o sofrimento que carregamos — retrucou amargamente Alfonsine buscando com o olhar saber as horas no relógio de parede. — Preciso voltar ao trabalho. Obrigada e desculpe-me pelo choro.

A moça levantou-se, alisou o uniforme, passando a palma da mão no rosto, pressionando levemente o contorno dos olhos, na tentativa de apagar os rastros das lágrimas. Marion suspirou, tinha a sensação de ter feito pouco pela jovem, de não ter amenizado seu desespero como gostaria. Sentia um vazio, mas aquele não era o momento e nem a hora certa para que abordasse o assunto da forma como gostaria. Resignada, levantou-se e disse:

— É mais fácil desabafar longe de casa, com pessoas que não compartilham o cotidiano. Se outro dia quiser conversar a respeito ou simplesmente passar o tempo venha me visitar. Adoro receber visitas. Minha mãe perdeu a capacidade de locomover-se, vive presa a uma cadeira de rodas, há dias em que preciso de muita paciência com ela, outros nem tanto, pois raramente saio de casa, ela detesta ser vista pelos vizinhos. Como vê, é fácil me encontrar em casa, apareça.

Alfonsine estava surpresa. Concordava que, apesar de tristes, aqueles dias tornaram os sobreviventes mais humanitários. As pessoas se predispunham à solidariedade e à compaixão, porém aquela mulher agia com confiança e amizade como nunca tinha visto antes.

— Graças a Deus, na minha família, todos andam, falam, enxergam — comentou Alfonsine com uma expressão aliviada.

— Na minha casa, graças a Deus, tenho um familiar necessitado. — declarou Marion com sinceridade.

Viu o espanto e a incredulidade sobreporem-se ao alívio no rosto da jovem entregadora.

— Como pode dizer uma coisa dessas!

— Acredito que a vida seja uma obra de Deus e que Ele se manifeste nas nossas existências.

Como Alfonsine a ouvia atenta, interessada, Marion prosseguiu:

— Quando eu era jovem, como você, julgava que o poder de Deus para se manifestar tinha que realizar coisas prodigiosas, verdadeiros milagres que invalidassem todas as leis da natureza ensinadas pela ciência a fim de provar a Sua existência, que Ele realizasse coisas fabulosas. Mas vivendo nos campos de batalha aprendi muitas coisas. Não se surpreenda, contudo, aprendi a ver e ouvir Deus e Ele me disse que não há necessidade de fazer mais nada de fabuloso, pois os homens ainda não conseguiram descobrir e entender o que a inteligência Dele criou.

Alfonsine encarava Marion e pensava: "Você é louca!"

Marion percebeu, riu e tocou o ombro da jovem entregadora com intimidade, segredando-lhe:

— Realmente, eu sou louca. Estupidamente louca, querida. Mas, eu vi Deus nos olhos dos soldados feridos cujos membros nós tínhamos que amputar com poucos recursos, sem anestésicos e eles me falaram da força da vida. Entre aqueles horrores, em um mundo cheio de dor, doentes com ferimentos infeccionados, eles pegavam nossas mãos e nos contavam sobre suas infâncias, falavam dos irmãos, dos cuidados de suas mães, lembravam-se dos pais, contavam em detalhes, sorrindo, coisa que julgávamos impossível de ver naquele caos, os seus primeiros encontros de amor com suas namoradas ou esposas. Ditavam cartas que marcavam com beijos e lágrimas, falando de esperança e amor. Querida criança, se nesse contato com seres humanos retalhados e doloridos, física e espiritualmente, o amor é ainda uma força de poder inigualável, é porque ele é a presença viva e atuante de Deus em nossa vida. Eu creio que vi e ouvi manifestações divinas sob as tendas dos hospitais da Cruz Vermelha. Testemunhei atos de coragem e heroísmo na luta pela vida. Vi doentes despedaçados se recuperarem contra todos os prognósticos da equipe médica, isso me ensinou que quem ama a vida, vive mais e melhor, em qualquer situação.

A jovem fitou o chão com o rosto rubro, envergonhada pelos julgamentos precipitados. Marion tocou-lhe o queixo com a ponta dos dedos fazendo-a olhar em seus olhos.

— Alfonsine, eu poderia lhe falar muito mais. Espero que um dia você venha me visitar, ficarei muito feliz. Mas, quero lhe dizer apenas mais uma coisinha: Deus está conosco sempre, a cada dia, a cada hora, em toda parte vemos as ações Dele. Nas flores que alegram as praças e jardins, nas árvores que nos dão sombra e ar para respirar, em cada pessoa que nos faz companhia neste mundo tão grande, nos animais que nos dão alegria e carinho, nos doentes que nos ensinam paciência e nos possibilitam amar e cuidar de alguém que não terá como nos retribuir, nos sãos que lutam, ombro a ombro, conosco; na água, que você bebe e com a qual lava seu corpo e se sente bem. Em tudo isso Deus está agindo ao seu lado e, muito além, no brilho das estrelas e no calor do sol, também se vê a ação de Deus no universo. Quando você estiver triste, se julgar a última das criaturas, a mais infeliz, a mais desgraçada, porque nada do que desejava aconteceu, tenha a certeza de que você não está sozinha e alguém — ao seu lado — a ama muito e cuida de você. Então, olhe para fora, veja as pessoas, a natureza e trabalhe seus pensamentos e atitudes, coloque-os em harmonia com a vida e tudo vai melhorar.

Marion fez uma ligeira pausa e com o olhar confiante e sereno fixo na jovem, relatou:

— Eu nunca esqueci um fato que aconteceu quando ainda era uma enfermeira iniciante na guerra. Estávamos sediados na fronteira com a Áustria e tinha ocorrido uma batalha muito sangrenta durante a noite. Na madrugada houve um cessar fogo, fomos ao local recolher os mortos e feridos. Era na zona rural, tinha muito campo. Amanhecia, o sol tingia a vegetação de uma cor alaranjada, no céu um tom avermelhado. Quase não havia verde naquela paisagem, pois a terra estava coberta de sangue. Inúmeros soldados caídos em poças de sangue transformavam-se em homens vermelhos, dos quais não se sabia a cor da pele ou dos cabelos, quanto mais a nacionalidade. Faziam parte do exército dos mortos e feridos que não têm pátria. Chocou-me demais a cena. Olhei minhas companheiras e elas choravam silenciosamente enquanto caminhavam examinando os soldados, separando mortos e feridos. Ajoelhei-me perto de um rapaz que mal respirava, quando o toquei, ele abriu os olhos e falou muito baixinho, quase num fio de voz: "Deus não me abandonou, eu não queria morrer sozinho, Ele mandou-me você."

Marion respirou fundo para conter a emoção da lembrança e completou:

— Então, ele morreu. Chorando, estendi o pano que sinalizava tratar-se de um morto. Nem sei o que eu pensava naquele momento, mas lembro do que senti: uma dor profunda, um vazio imenso, piedade. Acho que questionei onde estava aquele Deus quando um jovem morreu, acreditando se o cenário à minha volta era de morte e violência. Ergui-me, e no último olhar que lancei ao corpo, no chão, notei que o campo ensanguentado, banhado pela luz do amanhecer, era coberto de pequenas flores, muito frágeis e delicadas, lilases, amarelas, brancas. Muitas tinham as pétalas salpicadas de gotas de sangue. E elas se erguiam majestosas na sua delicada fragilidade, confiantes na força que as criara e as fizera brotar do solo. Entendi que todo sofrimento que o homem lança sobre a Terra não tem o poder de mudar uma única lei da natureza, que a vida não se abala com a nossa ignorância, e que espera serenamente que encontremos o caminho para a felicidade, que é simples e está em nós. Depois daquele dia nunca mais deixei que o desânimo insuflasse meus pensamentos. Eu sabia que era frágil como aquelas florzinhas, mas confiante na força da vida, na ação de Deus, eu passei a pensar que poderia ser o anjo que tantos esperavam. Bastava eu não ficar olhando só para a dor e a miséria, mas buscar trabalhar mesmo que fosse segurando a mão de alguém, para não deixá-lo morrer sozinho.

— Entendi. Acho que antes eu não tinha pensado em coisas que me ocorreram agora. Muito menos enxergava o que a senhora

120

me mostrou. Sempre pensamos que a nossa dor é a maior dor do mundo, não é mesmo?

— É.

— Olhando à volta, o dia pode ser diferente.

— Sempre encontrará uma oportunidade de ajudar e ajudando descobrirá que a sua é apenas mais uma dor no mundo. E quando tiver aprendido o que ela veio ensinar, já não será mais dor, e restará em você o prazer de auxiliar.

Alfonsine beijou uma das faces de Marion, depois se afastou apressada, não desejava dizer "adeus", mas as obrigações do trabalho exigiam e a levavam para fora daquela sala onde entrara tão abatida, carregando tristeza e dor, remoendo pensamentos depressivos e de onde saía com uma visão nova e muitos conceitos para refletir. A substituição dos pensamentos por si só operava na jovem um bem-estar interior. Afoita, ela não viu o cavalheiro apoiado ao balcão, saiu, descendo os degraus que conduziam até um pequeno jardim e dali a calçada, batendo o pequeno portão de ferro.

Marion sorriu acompanhando as atitudes da moça, também alheia à presença do homem na sala e falou para si mesma em voz alta:

— Que os bons espíritos a acompanhem e a esclareçam! Que façam mais do que pude fazer por essa menina.

— A senhora fez muito, se me permite dizer — respondeu o homem apoiado ao balcão.

Assustada ao ouvir a voz e ao ver o estranho, Marion levou a mão ao peito e o olhou espantada.

— Não se assuste, sou de paz. Procuro um amigo que reside aqui, é seu inquilino, o jovem Schroder. Entrei e notei que estavam muito concentradas na conversa, não quis interromper. Percebi a moça chorosa — esclareceu o cavalheiro. — Devo confessar que me interessaram as suas palavras e experiências. Ouvi em silêncio para não lhes chamar a atenção. Perdoe meu furto, madame, mas fez-me tão bem ouvi-la que nem ao menos pensei em anunciar minha presença.

— O senhor não furtou nada, porque se pedisse eu teria lhe dado de boa vontade — devolveu Marion, sorrindo tranquila. — Infelizmente, devo lhe informar que meu inquilino não se encontra.

121

É muito cedo, Ludwig chega da universidade ao final da tarde. Pode deixar um recado, se quiser, prometo que será entregue assim que ele regressar.

— Acredito. Mas não era nada importante, uma simples visita de cortesia, sem avisar, veja a senhora — informou o cavalheiro sorrindo. — Diga a Schroder que foi Duvernoy que esteve aqui.

— Apenas isso, Senhor Duvernoy?

— Sim, madame. Eu sou amigo dele e como não o encontrei esta semana no local onde costumeiramente nos vemos, fiquei preocupado. Resolvi informar-me se estava bem, pensei que ele pudesse ter adoecido.

— Ludwig está muito bem de saúde, fique tranquilo. Paixões da juventude não matam, só maltratam, como o senhor deve saber.

Entendendo que Marion sabia onde eles se encontravam e tinha conhecimento da paixão de Schroder, tanto que a mencionou explicitamente, Duvernoy ficou encabulado. Apesar da idade e da experiência preocupou-se com o que aquela mulher pensaria dele, no mínimo que era algum velhote devasso.

Sem saber o que dizer ou fazer, imitando a jovem carteira, ele apanhou apressado a bengala e o chapéu. Despediu-se e saiu. Marion ria e balançava a cabeça ao lado do balcão, enquanto pensava o quanto aquela manhã estava movimentada.

***

Lilly e Irina caminhavam pela calçada da rua de La Paix carregando algumas caixas de chapéus. Enquanto a primeira tagarelava comentando tudo que via, mesclando com ácidas críticas ou rasgados elogios o atendimento oferecido pelos vendedores, a outra tinha o pensamento distante, centrado nos planos de brilhar como atriz nas montagens da companhia dirigida por Ivan, com quem desenvolvia um rápido entrosamento e um relacionamento bastante íntimo, havendo quem afirmasse que eram amantes apaixonados.

— Tudo está à venda em Paris, é impressionante, tem que se ter muito cuidado, pois os vendedores nos examinam e nos conhecem com tal rapidez que em vez de óculos devem usar lupas. Deus me livre, mas acho que enxergam até a nossa alma. Eu não pretendia gastar tanto, Irina, foi culpa do vendedor. Ele leu o meu pensamento, ofereceu-me tudo que eu queria ver, adivinhou as minhas necessidades. Tão gentil! Você viu, não é mesmo? Não ficou chateada com minhas compras, eram necessárias...

Irina sorriu sem esconder o ar de incredulidade despertado pelo discurso de Lilly, que prosseguia, ora declarando-se vítima da lábia dos comerciantes, ora realmente necessitada de tudo que adquirira. Distraída com o blá-blá-blá da amiga, Irina surpreendeu-se ao se chocar com outra pessoa na calçada.

— Perdão, senhora — pediu o transeunte carregado de grandes pacotes sem notá-la. — Espero não tê-la machucado com meus pacotes. São de madeira pesada, podem ferir.

Irina sentiu o sangue gelar nas veias ao reconhecer a voz do pintor que lhe ocupava os pensamentos e se intrometia em seu sono aparecendo em seus sonhos. As mãos dele tocaram com gentileza em seu braço, preocupado em ver se não a machucara com as extremidades das molduras dos quadros. Gaultier não erguera o rosto enquanto falava.

— Felizmente, parece que não a machuquei. — disse ele sorrindo.

Ergueu o rosto e emudeceu ao contemplar os olhos azuis e o rosto de Irina, sombreado por um chapéu tipo touca primaveril. Ampliou o sorriso, um brilho intenso de alegria iluminou-lhe os olhos castanho-escuros ao declarar:

— Eu tinha certeza de que a vida me faria reencontrá-la. Como está?

— Muito bem. E o senhor?

— Aguardando diariamente a sua visita. A pintura está praticamente pronta. Será que me dará o prazer de uma inocente e inofensiva visita antes que maio chegue ao fim? Tenho tido muita dificuldade para pintar seu rosto, poder vê-la algumas horas, poucas horas, me ajudaria muito.

— O senhor fez um quadro com o meu rosto? — indagou Irina fingindo surpresa. — Pensei que se tratasse apenas de um esboço a carvão, um rascunho. Até porque ...

— A senhora não me encomendou nenhum retrato, não me autorizou a fazê-lo, já ouvi esse tipo de argumento. Sou um artista temperamental e como ninguém manda em meus olhos e na minha mente, o que vejo e aprovo, desenho e pinto. A beleza de seus traços fascinou-me, não pude esquecê-los, nem de sua dona e da agradável tarde que tivemos, apenas um problema me aflige: preciso revê-la.

Lilly andou alguns metros tagarelando sozinha até se dar conta de que Irina não estava ao seu lado. Parou e voltando-se viu o encontro dos dois. O brilho no rosto de Irina chamou-lhe a atenção, podia jurar que a russa estava abalada pela presença daquele homem. Retornou alguns passos com o intuito de vê-lo melhor e ouvir a conversa, não era preciso muita percepção para notar que o casal estava alheio ao movimento da La Paix àquela hora da tarde.

— A pintura não o está agradando? — indagou Irina com ar inocente.

— Ao contrário, agrada-me muito. Mas tortura-me.

— Que coisa confusa! Como pode algo agradar e torturar ao mesmo tempo?

Gaultier a encarava, depois olhou o rosto, deteve-se nos lábios vermelhos e brilhantes. Atrevido, ergueu a mão e tocou a ponta de uma mecha dos cabelos que caiam ao lado da face da moça.

— Também não sei, mas tem sido assim. Nunca ouviu dizer que artistas são criaturas excêntricas? Eis o meu problema: a alma de artista. E ela encantou-se pelas cores do seu rosto, dificílimas de reproduzir no tom correto. Preciso ter sua pele, seu cabelo e seus olhos perto de mim algumas horas. Confie neste artista torturado, nada de mal lhe acontecerá. Apenas por algum tempo você será uma santa em meu altar.

Irina riu da comparação do pintor e redarguiu:

— Tudo, senhor Gaultier, menos uma santa. Não sou religiosa, e um altar não é o melhor lugar para mim.

— Ah! Lembrou-se do meu nome, é sinal de que não esqueceu nosso encontro — comentou Gaultier triunfante.

— Foi uma tarde muito agradável. Realmente, não o esqueci, senhor Paul Gaultier, o desastrado pintor de Paris. Nossos encontros têm sido inusitados.

— Só há uma forma de mudar isso: aceite encontrar-se comigo amanhã à tarde, no mesmo local, às margens do Sena.

Irina vacilou, mas ao sentir um suave carinho com a ponta dos dedos em sua face, o olhou, surpreendendo uma expressão de ternura no rosto de Gaultier à qual não teve forças para resistir.

— Espere-me por volta das quinze horas.

Lilly estranhou a conduta de Irina. Pela primeira vez, notou um brilho cálido no olhar da dançarina. Conhecia-a o suficiente para saber que não devia perguntar e o melhor era fazer de conta que não testemunhara o encontro, nem querer informações sobre o desconhecido. Examinou-o de alto a baixo e avaliou: "Charmosinho, mas muito comum para quem tem um Ivan".

O caloroso sorriso do pintor dissipou as incertezas de Irina. Havia nele doçura e suavidade. No íntimo, atribuiu isso ao desconhecimento dele da sua maneira de viver e por fazer dela uma ideia muito diferente da realidade. Afinal, a encontrava em circunstâncias comuns a qualquer jovem bem colocada socialmente.

— Não se esqueça de levar a pintura — lembrou Irina, de forma meiga.

— O esboço — esclareceu Gaultier.

Ao ver a expressão vaga da jovem, teve certeza de que ela não lhe era indiferente e mergulhava num mundo de emoções palpitantes, paradoxalmente distante e próximo da realidade do presente.

— Lembro que eu falei que lhe mostraria o esboço, a pintura não. Ainda não, só depois que estiver pronta e emoldurada, digno daquela que a inspirou.

— Isso não se faz com uma mulher, senhor. Somos curiosas.

— Eu sei.

— E não fará nada a respeito?

Paul ergueu os ombros num gesto de desamparo. Convicto, declarou alegremente, em tom provocativo:

— Não há nada que eu possa fazer, senhora. As mulheres são assim desde os tempos do Éden, afinal foi por pura curiosidade que Eva provou a fruta proibida. Que posso eu, um simples artista, fazer contra tão velho hábito? Nada além da minha tolerância e indulgência.

Irina sorriu descontraída. A mesma emoção do primeiro encontro se repetia, estabelecia-se entre eles uma convivência harmoniosa, com uma misteriosa e inexplicável intimidade.

— Verei apenas o esboço, então? E se eu me arrepender do encontro por ver apenas traços rápidos a carvão e não a obra?

— É um risco. Preciso confiar que o desejo de conhecer o início de tudo seja mais forte. Além do quê, pretensiosamente, espero que deseje passar algumas horas comigo.

Irina viu Lilly a poucos metros, imóvel, atenta, ela tinha o rosto voltado para baixo, mas pelos cantos dos olhos acompanhava minuciosamente cada gesto, cada movimento, tinha certeza. A expressão de alheamento era falsa. A representação era medíocre, não enganava quem a conhecia minimamente. Entretanto, vê-la teve o dom de fazer cessar o encantamento que cercava a dançarina. Recordou-a do mundo no qual era a Divina. Educada, sorriu para Paul despedindo-se e por insistência dele reafirmou o encontro do dia seguinte.

Juntou-se a Lilly e seguiram em direção à uma famosa casa de moda. Quando elas se misturaram aos outros transeuntes, Paul retomou o trajeto para uma das galerias de arte que expunham e comercializavam suas telas.

***

O gramofone rodava o disco, reproduzindo o som da orquestra e enchendo a sala de Madame Lescault de notas harmoniosas. A execução do bolero de Ravel chegava ao fim subindo vertiginosamente os agudos, numa verdadeira apoteose.

Sentada em sua poltrona favorita, ela calmamente tricotava uma manta de listras multicoloridas. A seu lado repousavam alguns livros fechados marcados com páginas de papel, nos quais se viam algumas linhas escritas. A caligrafia miúda e regular era bastante feminina.

O som da porta se abrindo chamou-lhe a atenção e preparou-se para se erguer, pondo de lado o tricô, quando viu a cabeça loura e o alegre sorriso do jovem Schroder espiar pelo canto da parede da sala em forma de "L" invertido. Naquele misto de recepção e sala de visitas, Madame Lescault passava a maior parte do dia, entre seus afazeres de senhoria, seus hobbies e leituras.

— Ah! É você, meu filho — falou Marion.

Ludwig era seu inquilino e afeiçoara-se a ele, podia-se dizer que a solidão os unira e fizera nascer uma sólida amizade, com recíproca confiança.

— Chegou cedo. Não teve alguma aula?

Ludwig aproximou-se, beijou a testa de Madame Lescault antes de esclarecer:

— Eu não me senti muito bem e resolvi sair antes do final. Não iria aprender nada mesmo, não conseguia prestar atenção.

— O que você está sentindo?

— Dor de cabeça, cansaço, sono, fome... — respondeu Ludwig sorrindo do olhar preocupado que lhe lançava a sua senhoria. — Não se preocupe, *frau*, é apenas cansaço. As provas têm me feito estudar muito e dormir pouco.

— O corpo mostra o limite às nossas pretensões de super-heróis — ralhou Marion. — Bem, eu avisei: estudar durante as madrugadas não é saudável. Uma noite de sono é difícil de ser recuperada. Descansar à luz do dia ajuda, mas não é a mesma coisa.

— Já tomou o chá? — perguntou Ludwig aceitando pacificamente a reprimenda.

Ante o gesto de negativa de Marion que se preparava para retomar o tricô, sugeriu:

— Que tal eu ir ver se Marguerite preparou o nosso chá?

— Não tenha tanta confiança. Mamãe está naqueles dias, toda paciência é pouca. Imagine que não me deixou banhá-la de novo, disse que não tenho jeito, Marguerite é mais habilidosa. Resultado: Marguerite teve que abandonar o seu trabalho na cozinha para ir atender mamãe, não podíamos deixá-la sem a higiene.

— *Frau* Amélie está ficando cada dia pior, coitadinha. Não deve ser fácil ficar acamada tantos anos — lamentou compreensivo o jovem. — Irei à cozinha ver como andam os preparativos. Se Marguerite ainda estiver envolvida com *frau* Amélie, eu mesmo farei o chá. Aceita?

Marion sorriu incentivando o rapaz e meneando a cabeça afirmativamente. Ao mesmo tempo passou o fio de lã atrás do pescoço, pegou as agulhas donde pendia uma considerável extensão de tecido.

Um quarto de hora depois ele voltou carregando a bandeja com o bule de chá, as xícaras, o açúcar, o creme e um pote com alguns biscoitos. Pousou-a sobre a mesinha de centro, foi até o gramofone ligando-o novamente. Sentou-se em frente à Marion e suspirou.

— Marguerite ainda está com mamãe?

— Acredito que sim, não a vi na cozinha, nem na lavanderia. O pátio dos fundos estava vazio.

Outra vez, Marion abandonara seu trabalho. Sentou-se na borda da poltrona, a fim de aproximar-se da mesa e serviu o chá.

— Você ferveu a água direitinho! — elogiou ela, com ar de riso — Está aprendendo rápido, até o final de sua estadia aqui saberá realizar proezas culinárias.

— Tais como, fazer chá e esquentar sopas?

— Considerando que ao chegar da Prússia você nem isso sabia, é um progresso, me faz ter esperança. Aliás, por falar no seu país...

— Por favor, não me diga que soube de mais notícias trágicas. Hoje não estou bem, não quero saber das calamidades que assolam o país, nem dos descalabros dessa república de Weimar.

— Acalme-se. Não é nada disso. Não tenho notícias do Império Alemão. Só queria lhe dizer que chegou uma carta do seu pai, hoje pela manhã. Está no seu escaninho.

Ludwig bebericou o chá quente, não fez nenhum gesto que denotasse pressa ou ansiedade para pegar a correspondência, permaneceu onde e como estava deliciando-se na companhia da amiga.

— Está brigado com o seu pai, Ludwig?

— Não exatamente, *frau*. Mas ler cartas dele é o mesmo que tomar conhecimento das notícias. São verdadeiros jornais. Entenda, não é que dê pouca importância ao meu país, mas papai me escreve sobre o mundo dele: o exército e a política. Coisas muito próximas lá. E, desde o fim da Grande Guerra, bastante complexas e tumultuadas. Lerei mais tarde, talvez amanhã.

As palavras de Ludwig lembraram a Marion o episódio da manhã com a moça carteira, seu olhar ensombreceu e ela rapidamente baixou as pálpebras. Não desejava erguer barreiras entre ela e o amigo, não queria que ele notasse a sua tristeza.

"De nada adianta, além do que Ludwig era um adolescente como muitos outros sem culpa de nada do que ocorria em sua terra. Culpas não resolvem nada. Não modificam o passado, não curam feridas, nem trazem corpos mortos à vida, portanto... são inúteis, um fardo, nada mais", pensava a francesa.

128

Rememorando o rosto em lágrimas da jovem Alfonsine, recordou que tinha outro recado a dar ao rapaz.

— Perto do final da manhã, esteve aqui um senhor procurando você. Disse apenas que se chamava Duvernoy.

— Duvernoy?! Aqui? Que estranho! Não consigo imaginar o que ele queria.

Marion sorriu lembrando as palavras compreensivas que ele lhe dirigira para depois se retirar apressadamente.

— É um dos seus amigos que frequenta o Teatro de Variedades, não é?

Ludwig concordou reavivando a memória de Marion, pois ele julgava que ela houvesse se esquecido de sua relação com o grupo de frequentadores do cabaré.

Marion ouviu a história da qual se lembrava em detalhes.

— Ele é uma pessoa interessante. Muito informado, não tem opiniões radicais como a maioria, com ele pode-se conversar sem receio. É muito divertido também.

— Eu o imaginava diferente.

— Gostou dele? Duvernoy, em pessoa, é melhor ou pior do que na sua imaginação, *frau*?

— Tive um contato rápido com ele. Com toda certeza é diferente, eu o imaginava mais jovem.

— Nunca dei importância à idade de Duvernoy. Ele é jovial, penso nele como tendo pouco mais do que a minha própria idade — reconheceu Ludwig. — Os outros são mais jovens, devem ter trinta, no máximo, quarenta anos. Duvernoy, certo dia me confessou, que completará cinquenta e quatro este ano. É o mais velho do grupo. Todos o admiram muito, é fácil notar.

— Acredito.

Encerraram o chá conversando descontraidamente. Marguerite surgiu sob o batente da porta que dava acesso ao corredor, informando que madame Amélie adormecera após o banho.

Marion agradeceu à serviçal e Ludwig levantou-se, foi até o escaninho, apanhou a carta e dirigiu-se à escada em direção ao seu quarto, que ficava no segundo andar.

Em seus aposentos, Ludwig largou sobre a escrivaninha os livros e a carta deixou no criado mudo. Descalçou os sapatos, deitou-se confortavelmente no leito macio e perfumado. Adorava os pequenos caprichos de *frau* Lescault com seus pensionistas. Não esqueceria o cheiro de lavanda dos lençóis, o aroma e o sabor dos *croissants* frescos do desjejum matinal e os biscoitos amanteigados no vidro com a tampa decorada com tecido xadrez, sobre o balcão da copa. Os anos de estudo em Paris não estavam sendo fáceis, mas teriam sido bem piores sem o apoio e o carinho de Marion Lescault. Ela não tinha ódio do seu povo, não procurava humilhá-lo ou isolá-lo, como se estivesse contaminado de uma peste contagiosa.

Olhando o teto, sorriu, admirava-a. Ela era diferente de sua avó, sisuda e reservada. Marion dava carinho às pessoas com naturalidade e da mesma forma colocava a quem quer que fosse em seu lugar se a atitude a desagradava. Era uma mulher forte e autêntica.

Entregue a seus pensamentos, relaxou e acabou cochilando. Acordou com o barulho dos outros rapazes se dirigindo para seus quartos. Pela vidraça da janela, viu a luz suave do luar sobre os telhados.

"Meu Deus, é noite! Devo ter adormecido", pensou. Acendeu a luz de cabeceira e consultou o relógio: "Quase vinte e uma horas. É tarde. Já serviram o jantar na copa. Meus amigos devem estar no teatro. Não há como chegar antes da apresentação da Divina. Também não posso abusar, realmente me senti febril à tarde, melhor repousar para estar bem amanhã."

Ludwig ergueu-se do leito, apanhou a carta e sentou-se na poltrona em frente à escrivaninha, praticamente ao lado da janela.

"Notícias do Império Alemão. Não sei se quero saber. Está tudo tão difícil por lá. A palavra há tempos é: crise. Crise política: Weimar é uma farsa e ainda não sabemos se isso será bom ou mau, no fim das contas. O certo é que não está agradando a seus próprios defensores, eles brigam entre si. Tenho que reconhecer que a "morte" de Rosa Luxemburgo e outros agitadores, desestabilizou o partido socialista. Perderam liderança. A revolta da classe operária não foi suficiente para fazer do nosso país uma república socialista. Os democratas socialistas estão cada vez mais próximos dos líderes da indústria, do exército e dos setores mais conservadores.

A economia é um caos. Crise é a palavra de ordem. Não aguento mais os relatos de papai falando de desempregados, de fome, de doenças, de marginalidade e prostituição tomando conta das ruas das grandes cidades. Crise, crise, desgraças, rebeliões, revoluções, tramoias políticas. É só do que ele me fala. Pensando bem, sempre foi assim. A política é a sua principal ocupação. O caos do pós-guerra só salientou o interesse. Engraçado, antes nunca dei importância a esses assuntos, nem ao fato de ele ser como é. Mas, vivendo no exterior é que, apesar de tudo, sinto um certo interesse. Acho que é por sofrer na pele a discriminação. Não posso negar: há dias nos quais me revolto. Afinal, quem eles pensam que são? Ou será que estranho isso por causa do convívio com *frau* Marion? Ela é diferente, age e pensa com uma liberdade que eu não conhecia. Com ela se pode conversar sobre muitos assuntos. Será por isso que os assuntos do meu pai me enfadam? Não sei. Mas, vejamos, o que me conta o Major Carl Schroder. O que estará acontecendo no meu país? Pobre povo."

Lia a última lauda da carta quando ouviu suaves batidas na porta. Um sorriso terno iluminou seu rosto. Sabia que era Marion. Conhecia todos os sons que ela produzia: seus passos, sua batida, sua voz, seu riso. A presença fraterna e alegre enchia a casa.

— Pode entrar, *frau* Marion.

Marion abriu a porta sorrindo e mostrando um copo de leite. Ludwig a olhou e sorriu.

— Deixe sobre o criado mudo, por favor — pediu ele. — Obrigado, não precisava se incomodar.

— Não foi nada. Eu notei que você não desceu para o jantar. Como chegou indisposto, resolvi ver se não piorou.

— Adormeci assim que me recostei. Acordei há pouco. E decidi ler a carta do meu pai — informou Ludwig mostrando os papéis que tinha nas mãos.

Marion aproximou-se do jovem, tocou-lhe a testa, e pegou o pulso para verificar a temperatura e pressão sanguínea. Rindo da preocupação da amiga, Ludwig largou a carta sobre a escrivaninha segurou uma das mãos de Marion e beijou-a respeitosamente.

— Estou bem — insistiu o rapaz, lembrando-a amistoso: — Estou no final do meu curso, sou quase um médico. Sei o suficiente para diagnosticar um caso de cansaço, no máximo um resfriado, com segurança. Pode confiar, enfermeira. Tenho bom conceito entre os meus professores.

Marion dando-se por satisfeita em seus exames, soltou-lhe o pulso. Passou a mão sobre os cabelos do jovem, despenteando-o, para vê-lo irritar-se, pois era muito cioso da aparência impecável. A expressão de desagrado de Ludwig não se fez esperar e ele tratou de recompor o penteado, sacando um pequeno pente do bolso da camisa.

— A experiência é uma mestra insubstituível, meu amigo — lembrou-lhe Marion. — Sei que você é um ótimo aluno, mas isso não é razão suficiente para dispensar os meus cuidados. Contudo, não subi aqui para discutirmos. Vejo que está melhor. Que notícia mandou o major?

Ludwig compartilhava as informações do império com madame Lescault. No início, por que precisava falar com alguém, depois porque se tornaram amigos e a senhoria tornara-se sua família na França.

— Escreveu-me quatro páginas — frente e verso. Isso lhe diz alguma coisa?

— Humm, talvez ele esteja muito irritado. Estou certa?

— Está. Meu pai, como muitos alemães, está indignado com os termos do acordo de Versalhes, com as negociações e a forma como são tratados os representantes alemães.

Marion fez uma expressão aborrecida e preocupada ao mesmo tempo, antes de comentar:

— Versalhes não é um tratado de paz. É um imenso barril de pólvora instalado na Europa. Lançaram no maldito documento toda a raiva, ódio e desejo de vingança que restou após o final da guerra. Infelizmente, o tempo que se passou após o cessar fogo não foi suficiente para apagar os horrores. Acho que será preciso muito mais, talvez alguns tenham que ter várias vidas para esquecer. Mas o triste é que não aprenderam as lições. A política da paz sem vencidos nem vencedores, infelizmente não passou de belas palavras. Na prática não é o que estamos vivenciando.

— As imposições para o meu país são muitas e pesadas. Vários setores defendem que é inviável o cumprimento do tratado a longo prazo. Ele arrasa a economia do império que não terá como se reerguer e condena nosso povo à miséria. Sangra-nos literalmente. Perdemos território, divisas, estamos com nossas forças militares limitadas e proibidos de desenvolver a indústria bélica. Entre os ressarcimentos está a perda de grande parte de nossa frota de transporte. As mil crises que assolam a nação não serão solucionadas se for respeitado integralmente esse tratado. Papai está preocupado. Por outro lado, esse tratado foi um golpe na república e nos partidos mais à esquerda que a sustentam. Ele diz que a direita cresce e que há esperança de retomar o poder nas próximas eleições. Weimar está sendo uma vergonha.

Marion ouviu com atenção as notícias, o olhar sério, sem brilho, com uma expressão preocupada no rosto. Não se contendo falou:

— Ah, os homens! Oh, raça infeliz! Se destrói e mesmo no meio do caos ainda pensa em interesses particulares de grupos e facções, procurando vantagens no prejuízo geral. Que lástima!

Ludwig não entendeu as expressões de zanga de Marion e a interpretou de forma errônea, por isso ela esclareceu:

— Não falo de nenhuma raça em especial, meu filho. Falo é na raça humana que se extermina, gera dor e sofrimento a seus próprios integrantes e ainda, em toda parte, no meio das maiores calamidades, grupos disputam o poder e usam as desgraças para se promoverem. Não aprendem as lições e vamos de um século para outro, registrando páginas e páginas de sangue na nossa história.

O rapaz retomou a expressão confiante e trocaram ideias até Marion se despedir, lembrando-o de tomar o leite antes de dormir.

***

A calma e tépida tarde primaveril não era suficientemente bela para inspirar Gaultier. Ele virava e revirara a boina sobre a cabeça, a todo instante dirigindo olhares à esquina onde Irina desaparecera no primeiro encontro. Sem atinar a razão, esperava que ela viesse encontrá-lo surgindo dali, refazendo o caminho em sentido inverso. Voltando a ele e às margens do Sena.

Ansioso, Gaultier não conseguiu dar um traço, nem sequer uma pincelada na tela sobre o cavalete à sua frente. A superfície

133

branca o desafiava. Não reproduzia as cenas ao redor. Se extravasasse os sentimentos necessitaria de uma imagem abstrata para retratar seu estado de alma em cores contrastantes, ora suaves, doces e esperançosas; ora sombrias, com medo, matizando-as de tons cinzas.

Debatia-se entre a dúvida e a certeza de que ela honraria o compromisso assumido no dia anterior. A cada cinco minutos olhava aflito o relógio, incomodado com o andar lento dos ponteiros que demoravam a marcar quinze horas.

— Ainda faltam mais de vinte minutos — constatou em mais uma consulta ao relógio. — Ela se atrasará. Mulheres sempre se atrasam, nem que seja alguns minutinhos. Irina não deve ser diferente. O que farei até as quinze horas?

Pôs-se a pensar em uma maneira de fazer correr mais depressa o tempo, mas todas lhe pareceram inconvenientes para o momento. Conformado, recolheu os pincéis e bisnagas de tinta ao estojo. Retirou a tela envolvendo-a cuidadosamente em um tecido para proteger a estrutura, a textura e cores originais. Carregou seus pertences até o estúdio onde morava, do outro lado da rua que ladeava o rio, distante uns duzentos metros, retornando apressado.

Para seu deleite, Irina apoiava-se na mureta e contemplava a própria imagem refletida nas águas. Correu ao encontro dela, chegando com a respiração levemente alterada. Sentia-se como um menino, como se nunca tivesse marcado encontro com uma mulher tão bonita. Não sabia como agir.

Irina pressentiu-lhe a chegada. Virou-se para encará-lo com um sorriso que lhe iluminava a face. Em silêncio, ele a contemplou feliz. A muda linguagem dos enamorados se estabeleceu entre eles. As palavras que faltavam eram paradoxalmente supérfluas, desnecessárias. Por fim, riram, quebrando o encantamento e vencendo as barreiras deixadas pela ansiedade e medos de ambos.

Conversaram, encaminhando-se à confeitaria próxima, onde já haviam partilhado algumas horas de boa convivência. Irina mostrou-se muito interessada em conhecer o trabalho de Gaultier, os preparativos para a exposição e logicamente conhecer o esboço da pintura que inspirara.

Ele, atencioso, respondeu às perguntas. Falou entusiasmado sobre a exposição de suas pinturas, de seu novo estilo, abandonando, em grande parte, características anteriores de sua obra, como retratar rostos humanos. Estava cansado de ensinar velhas madames ricas e jovens estreantes na sociedade parisiense a servir de modelo para retratos em poses frequentemente repetidas. As inovações do nascente movimento de arte moderna o empolgavam.

— Estou ficando assustada. Conheço pouco de pintura moderna, na verdade muito pouco. Vi alguns quadros — interveio Irina após a apaixonada exposição de Gaultier. — Será que vim até aqui para me ver retratada em formas que não saberei entender? Pensei que a sua exposição fosse com cenas cotidianas de Paris.

— Exatamente, mas estou incorporando alguns elementos de arte moderna, fugindo um pouco ao tradicional e ao trivial. Um olhar diferente, engajado com o presente, que fale da vida interior das pessoas, não retrato as feições, como fazia antes. Quero capturar as expressões, os sentimentos refletidos nos rostos.

— Meu Deus, o que você terá visto em meu rosto naquela tarde! Já não sei se desejo conhecer o quadro.

Atento, Gaultier notou o empenho dela em não falar de si mesma. Ele não forçou o assunto. Mas questionou-se, quais seriam os sentimentos que Irina desejava tão ardentemente esconder das vistas do público?

— Fique tranquila, prometo que tão logo esteja acabado você será a primeira pessoa a vê-lo.

A dúvida expressava-se no rosto de Irina e ele sorriu, juntou dois dedos cruzados sobre os lábios e falou:

— Palavra de honra. Juro!

O som cristalino e baixo da risada dela se fez ouvir e ele a olhou fingidamente encabulado:

— Não crê na minha palavra? Por quê, senhora?

— Artista não são pessoas confiáveis, meu querido amigo. Não sabe disto ainda?

— Oh! Maldita fama! Corre o mundo. O que posso eu fazer contra ela? Francês e artista. Não tenho chances de merecer a confiança de uma deusa nórdica.

— Vejamos, analisarei o seu pedido — concedeu Irina sorridente, leve e descontraída como em poucos momentos nos últimos anos. — Deixe-me ver o esboço.

135

Prontamente, Gaultier sacou o bloco, folheou-o, afastando as páginas de papel encerado que protegiam os esboços. Encontrou o desenho, apresentou-o a ela, estendendo-lhe o volume.

Irina examinou o esboço. Surpreendeu-se, não esperava um trabalho de qualidade, o talento do pintor era inegável.

— As cores darão a vida, definirão as emoções que vi em seu rosto. Infelizmente você precisará aguardar o fim da obra.

— O esboço está bonito. Diferente do que eu imaginava, aliás, eu não sabia, de fato, o que esperar. Onde expõe seus quadros? Gostaria de conhecer mais do seu trabalho.

Lisonjeado com o interesse de Irina, Gaultier retomou o discurso sobre sua arte, que tanto o absorvia.

Somente quando o movimento na via pública se intensificou, com muitas pessoas circulando a pé, de bicicletas e algumas outras de automóvel passando em frente à confeitaria foi que Irina lançou um olhar para fora, estranhando a parca luminosidade do dia consultou o relógio, exclamando:

— Como é tarde! Preciso partir.

Gaultier que acompanhava os movimentos da moça, permaneceu sereno e sorridente, observando-a e indagou:

— Diga-me onde e quando posso encontrá-la outra vez e você não terá que se preocupar com as horas.

Irina esperava a proposta, entretanto ao ouvir as palavras de Gaultier sentiu o coração apertar-se no peito, tinha medo de envolver-se com o simpático pintor. Desde que partira da casa dos pais fora somente ao lado dele que sentira confiança para agir com espontaneidade. Temia os sentimentos que ele lhe despertava e temia principalmente que Gaultier viesse a descobrir "o que" e quem ela era, não sabia que reações ele poderia ter, acima de tudo temia a si mesma, a experiência nova e a posterior convivência no meio em circulava.

Nunca se envolvera com um homem que não fosse sob a forma de comércio. Conhecera, ao longo dos anos, muitas mulheres prostituídas que sofriam horrivelmente ao enamorar-se de alguém. Os lindos e apaixonantes romances em que figuram belas cortesãs e seu apaixonado amante disposto a tudo por elas, eram fantasias. As histórias reais, que testemunhara, eram bem outras, cheias de paixão e amor, sim, mas, também, de dor, solidão, preconceito e revolta.

Por isso, nunca se dera a leitura de tal literatura. Além do mais, tivera Dolly em seu caminho e vira suficientemente claro o que poderia ocorrer a uma prostituta que se deixa levar pelo amor.

Definitivamente o medo dominava seus sentimentos; naquele momento, seu rosto tornou-se pálido, o brilho de seu olhar refletia o pânico interno e as mãos tremeram levemente enquanto ela fingia procurar as luvas na bolsa. A mente rodava em mil conjecturas. O intelecto gritava: "Não. Fuja desse caminho, é perigoso." O coração clamava: "Aceite."

Gaultier acompanhou o embate, torcendo que ela aceitasse, mas evitou pressioná-la. Aceitaria os termos dela naquele relacionamento. Para ele, tudo era também novidade. Ela era diferente de qualquer outra dançarina ou atriz com quem se relacionara. Não queria favores sexuais comprados. Não queria ser mais um amante na cama da Divina. Queria conhecer a mulher que se mostrara no olhar refletido nas águas do Sena e que o encantara como nenhuma outra, nem mesmo a Divina do palco do Teatro de Variedades. Por isso, esperou.

— Foi muito difícil vir ao seu encontro — declarou Irina em um quase sussurro, com o rosto baixo, recusando-se a encarar seu acompanhante.

— Por que veio?

— Não consegui lutar contra o desejo de saber se estar com você outra vez, me faria sentir da mesma forma que naquela tarde.

— Também me senti assim. Sonhei tanto em encontrá-la, que julguei estar enlouquecendo. E, por favor, não entenda mal minhas intenções. Você é uma das mulheres mais lindas que conheço, mas é a sua companhia que me atrai. Se formos apenas e tão somente amigos, ainda assim me sentirei feliz. Entende?

Irina sorriu, sem coragem para dizer que eram as palavras mais comoventes que havia escutado nos últimos dez anos. Interpretando o silêncio dela como uma negativa a seu convite, insistiu:

— Pense um pouco mais. Você me disse que foi uma decisão difícil estar comigo hoje, eu não sei por que e não precisa me explicar. Não quero forçá-la. Tampouco quero que sofra, mas me dê uma oportunidade de conhecê-la. Olhe, ainda restam alguns dias para o final de maio, como lhe disse, estarei aqui todas as tardes até junho. Pense e volte a me encontrar, está bem?

— Você não tentará me encontrar, saber onde moro e coisas do gênero?

— Não. Vejo que, por alguma razão, você teme que eu conheça a sua vida. Aguardarei a sua volta. Percebo que, agindo assim, você se sente mais segura. Só peço a oportunidade de estar com você, Irina. Só, nada mais. Eu juro — concluiu repetindo o gesto anterior e sorrindo para descontraí-la.

— Está bem, pensarei e mandarei avisá-lo. Duval é muito discreto, é o meu motorista, ele virá procurá-lo. Não me agrada deixá-lo sem uma definição. Obrigada por suas palavras, por seu carinho. Os momentos que vivi a seu lado foram os melhores dos últimos anos da minha vida. Você não faz ideia do que isso representa. Obrigada — confessou Irina com a voz emocionada, enquanto acariciava com as costas da mão o rosto de Gaultier olhando-o fixamente.

Ele virou o rosto e beijou a mão que o acariciava. Estava apaixonado por Irina. Isso era novo, nunca dissera a nenhuma mulher: "Eu te amo." Mas poderia declarar-se a ela, no entanto com medo de assustá-la, calou-se, deixando-a partir sem despedidas.

***

A plateia aplaudiu com entusiasmo a última apresentação da Divina Irina no palco do Teatro de Variedades. Reprisou a apresentação de estreia e encerrava com o tango, usando o mesmo vestido negro, com pequenas modificações adequando-o à moda. Estava mais curto, a saia era praticamente apenas franjas negras e brilhantes, que expunham suas coxas brancas e as ligas das meias de seda. Dançou, fingindo seduzir os dois músicos que a acompanhavam no número.

Schroder aplaudiu e pediu bis, no coro improvisado da assistência. Duvernoy riu ao ver a paixão do jovem alemão. Reconheceu que ele fora de uma fidelidade canina. Apenas uma quarta-feira não prestigiou o espetáculo, com os outros, mas sabia que ele frequentava o teatro em vários dias da semana.

"Ludwig ainda não conseguiu enxergar além da embalagem da vida material" — pensou Duvernoy observando-o. — "Deixa-se iludir com o jogo de aparências. Meu amigo se deixa levar à moda de folha na correnteza do rio. As forças à sua volta o arrastam e ele nem sequer as identifica, cego pelas luzes, enfim com as aparências. Sua mente pouco ou nada questiona. Cego. Não vê que por trás do brilho e do fascínio das luzes do palco existe uma mulher que vive à sombra, ou será que deveria dizer: vegeta? São tristes as estradas que elas percorrem. São ricas, famosas, admiradas e nestes dias enlouquecidos ditam comportamentos que são seguidos por outras mulheres, em algumas coisas, com toda razão é preciso ser justo, e reconhecer que elas têm méritos."

Meneou a cabeça e continuou:

"Há valor em inovar a sociedade, libertando-a de alguns dos seus muitos conceitos absurdos, mas elas sofrem. Por mais douradas que pareçam suas vidas, acredito que o ser que vegeta na sombra sofre, recalca mágoas, lembranças, sentimentos. São prostitutas de luxo. Pirâmide social maluca essa nossa, da base ao ápice as mesmas coisas, unicamente diferenciadas por padrões econômicos. Há inclusive um submundo de luxo. Desaba a pirâmide, caem os homens sobre a terra, e todos são iguais, nasceram sem dinheiro em seus bolsos, morreram sem ele — ainda que alguns coloquem notas em seus caixões para a viagem — fato é que nenhuma serventia terá. Sombra e luz, verdade e ilusão se fundiram em único ser. Inteiramente nu, diante da própria consciência que por mais que se debata e relute em aceitar, algum dia reconhecerá que só há um caminho: a verdade. Todas as distinções serão nada. Nós mesmos, tão empenhados em ocultarmos nossas sombras, nosso submundo, acabamos criaturas divididas, nos depararemos com essa grande unidade. O que hoje me faz diferente dos miseráveis de Paris, amanhã pode não mais existir. Então, talvez se reconheça que não somos assim tão diferentes."

Duvernoy sentiu algo cair em seu ombro atraindo sua atenção e despertando-o de seus devaneios filosóficos. Foi um botão de rosa vermelha, os espinhos cravaram-se no tecido de lã do paletó fixando-o. Retirou-a e sorriu observando a delicadeza da flor, a textura macia das pétalas em comparação a robustez dos espinhos, grandes e pontiagudos, na haste.

139

"No que pensava mesmo?" — questionou-se ele. Os aplausos e pedidos de retorno da Divina ecoavam pelo teatro. "Ah, sim. Prostitutas de luxo. Sim, pobres moças. Suas vidas são como essa rosa: todos veem a flor, invejam sua beleza, mas esquecem dos espinhos ou fazem de tudo para evitá-los."

— Não entendo porque Gaultier não vem mais ao teatro — falou Schroder aos companheiros. — Não há em Paris melhor dançarina que a Divina, nem mais bela. Será que ele está apaixonado por outra dançarina?

— Pode ser. — respondeu Duprat. — Afinal, sabe como é alma de artista, sempre apaixonada. Aliás, só o tenho visto no apartamento de Duvernoy, nas reuniões de segunda-feira.

— Está ocupado com a exposição. — esclareceu Léfreve – Fui visitá-lo ontem. Nunca o vi trabalhar tanto, seu ateliê não comporta mais quadros.

— Ele anda estranho — insistiu Duprat. — Muito sério. Creio que trabalha bastante, vê-se por suas olheiras e pelas mãos, parecem um arco-íris, há todo um mostruário de cores em suas unhas. Entretanto, não é só trabalho. Você não sabe do que ou de quem se trata, Duvernoy?

— Hã!? — disse Duvernoy ao ver-se chamado à conversa da qual se esquivou para não trair as confissões do amigo. — Desculpem, estava distraído. Terminou o espetáculo. A Divina não voltará. Foi-se do Teatro de Variedades. Fredo deve estar inconsolável. Dizem que ela vai para uma companhia de dança e teatro muito conceituada e famosa.

— Toda Paris já sabe dessa fofoca, Duvernoy. O infeliz é o Fredo e o felizardo da hora é o Ivan Stravinsky. Estávamos falando de Paul Gaultier. Conhece-o? — ironizou Duprat.

— Claro! — retrucou Duvernoy no mesmo tom. — Um jovem talentoso, envolvido com esse tal movimento de arte moderna. É uma criatura muito simpática. O que tem ele? Por que estavam preocupados, senhores? Que eu saiba anda bem de saúde e milagrosamente nos últimos meses sem dívidas e até com algum dinheiro, portanto ele passa bem.

— Já vi tudo — disse Léfreve para Schroder e Duprat. — Eles são muito chegados. Duvernoy não nos contará as razões do sumiço de Gaultier.

— Ah, confessam, então, que queriam especular sobre a vida de um dos amigos? Que feio! Deus irá castigá-los — ralhou Duvernoy rindo. — Deixemos de bobagens. Vamos para o bar, estou com a boca seca.

Conformados por não extrairem a informação que desejavam, os homens se resignaram acompanhando Duvernoy ao bar do teatro.

***

Dois dias depois.

Gaultier recolhia seu material de desenho, acomodando os carvões no estojo quando viu parar um automóvel na calçada ao lado da confeitaria. Saltou um senhor de cabelos grisalhos, baixo, magro, com os óculos pendurados sobre o nariz e uma boina xadrez que escondia os ralos cabelos. Trajava roupas simples: calça de lã, suspensórios e camisa de mangas longas.

O homem pôs a mão sobre os olhos, na tentativa de barrar a luz do sol poente que lhe ofuscava a visão. Procurava alguém. Lembrando-se da promessa de Irina, sentiu o coração acelerar.

"Será que esse homem grisalho e franzino é o tal senhor Duval?" — pensou esperançoso. "Irina sente atração por mim. Talvez não tenha percebido ou tenha medo de reconhecer a intensidade do sentimento que nos une, mas ela voltará, eu sei."

Conforme confabulava com seus pensamentos viu-os ganhar forma e sentido. O homenzinho caminhava em sua direção e trazia nas mãos um envelope rosado.

— Senhor Paul Gaultier? — indagou o homem parando à sua frente.

— Sim, eu mesmo. Por quê?

— Sou senhor Duval, motorista de senhora Irina. Ela pediu-me que trouxesse esta mensagem e aguardasse pela resposta.

Paul apanhou o envelope, observou a letra rebuscada, traço firme e corrente de Irina.

"Uma mulher decidida e orgulhosa. E, parece-me, habituada a escrever, mais uma surpresa.", pensou, analisando a caligrafia.

— Aguarde um instante, serei breve —respondeu Paul e se afastou alguns passos. Tinha à sua frente a visão das águas calmas do Sena iluminadas delicadamente pelos derradeiros raios de sol.

Querido Paul

Não posso resistir ao que sinto por você, embora somente eu saiba o quanto tal arrastamento possa me custar.

Envie por Duval o seu endereço e eu o encontrarei, peço-lhe que seja das 16 às 18 horas.

Não me peça explicações e eu também não as pedirei a você, simplesmente aceite, se de fato desejar, o que posso lhe oferecer: minha companhia e o que sentimos um pelo outro, sem passado e sem futuro, apenas os momentos em que estivermos juntos.

Irina

— Engana-se, minha amada. Eu imagino o quanto lhe custa esta decisão — murmurou Paul relendo pela quinta vez a curta mensagem. — Você não se arrependerá. Eu prometo.

Apressado, pegou um de seus cartões de visita no qual escreveu simplesmente: "amanhã". Desenhou no verso, em um dos lados um coração com um largo sorrindo e, no outro lado, dois dedos segurando uma flor silvestre comum entre as gramíneas das margens do Sena na primavera, lembrando o lugar em que eles se haviam encontrado pela primeira vez.

Colocou o cartão no envelope rosado e foi ao encontro do senhor Duval e entregou-lhe a resposta.

— Aqui está. Por gentileza, entregue-a a senhora Irina com os meus cumprimentos.

— Será entregue, senhor. Boa tarde.

Paul retribuiu a saudação. Sentiu-se transportado de felicidade, seu coração não batia, cantava no peito. Tinha ânsias de correr e dançar pelas calçadas e bulevares. A luminosidade do dia acabou, mas para ele ainda estava radiante.

Mesmo à noite, horas depois do encontro com o senhor Duval ele era a expressão da esperança e da alegria. Eufórico era o termo exato e assim chegou à residência de Duvernoy para a reunião costumeira das segundas-feiras.

CAPÍTULO 7
Uma luz nas sombras

Conta uma fábula que um menino costumava chegar ao meio de um campo e gritar 'Socorro!' para se divertir à custa dos agricultores; um belo dia ele foi devorado por um urso porque os homens que enganara tantas vezes não acreditaram nos seus gritos de horror verdadeiro. É a mesma coisa com essas mulheres infelizes quando elas amam de verdade. Mentiram tantas vezes que mais ninguém acredita e, em meio ao remorso, são devoradas pelo amor.[9]

— Avise a senhora que a estou esperando — ordenou Ivan à Nanine na porta do apartamento de Irina.

A criada ergueu as sobrancelhas numa muda interrogação e indisfarçada expressão de espanto.

"Está acontecendo alguma coisa", pensou Nanine, recolhendo o casaco e o cachecol do maestro, enquanto resmungava intimamente: "Por que elas nunca me avisam? É sempre na última hora e a besta da criada é quem tem que fazer cara de contente e despachar o trouxa da noite depois de uma cena. Bem que eu merecia um aumento."

— Por favor, entre, senhor, vamos para a sala. Vou avisar madame Lilly. Posso lhe oferecer algo para beber?

— Conheço a casa, Nanine, obrigado. Acredito que possa me servir à vontade. Irina tem um conhaque maravilhoso eu mesmo pegarei uma dose. Vá, apresse-se, tenho assuntos importantes a tratar com sua senhora.

---

9 - FILHO, Alexandre Dumas, *A Dama das Camélias*, cap. XII, Ed. Nova Cultural.

Nanine sorriu gentil, disse-lhe mais algumas palavras triviais, pediu permissão e saiu à procura de Lilly. Ainda lhe ecoava nos ouvidos as ordens de Irina quando retornara do salão de Thierry.

"Nem que seja o presidente da França ou o rei da Inglaterra eu não atendo. Diga qualquer coisa. Só desejo falar com Duval assim que ele retornar. Está claro?"

Lilly trocara olhares com Nanine e ambas balançaram a cabeça. Conheciam as alternâncias de humor de Irina e concordavam que nos últimos dias ela passava dos limites. Seus nervos se assemelhavam às cordas de um violino, tal era o seu grau de tensão.

Inutilmente, Lilly tentou conversar, fazê-la desabafar as angústias. Atribuía o estresse à troca de companhia, a um trabalho diferente, longe dos palcos dos cabarés aos quais estava acostumada, tudo em vão. Irina sorria desdenhosa ou respondia em tom azedo:

"Você vive sob o meu teto, Lilly, entretanto não me conhece, nem me entende. Se eu tivesse dúvida quanto ao meu talento para representar, essa sua conversa de: o que há com você, Divina? Dar-me-ia toda segurança de que sou excelente atriz. Vá, Lilly, me deixe. Vá se divertir com Graville. Desapareça da minha vista."

Lilly fingia mágoa, mas nem bem passara uma hora do fato já estava às voltas com os vestidos, chapéus, casacos, joias e adereços da companheira, separando o precisava de reparo, de tintureiro, o que seria dado. O vasto guarda-roupa da dançarina fora transferido para sua residência e ela e a criada tinham muito a fazer. As meninas que dançavam no Café Graville ficariam muito bem com as roupas de espetáculo de Irina.

Nanine encontrou Lilly na copa servindo-se, sem cerimônia, de uma grande fatia de pão recheado com sobras de carne fria. O molho lhe escorria pelos dedos e tinha ao lado uma garrafa de vinho tinto recém-aberta.

— Quem era? Mais algum entregador? — indagou Lilly com a boca cheia. — Venha, sente-se. Improvisei o jantar, este pão fresco com carne está delicioso. Alimenta. Prove.

— Acho que temos problemas.

— Por quê? — indagou Lilly, sem dar atenção à criada. — É algum cobrador? Se for pode dizer que volte amanhã. Hoje, a senhora não foi ao banco.

— Pior. É o maestro Ivan. Está na sala e disse que precisa tratar de um assunto sério com a Divina. O que eu faço?

Lilly imediatamente soltou sobre a mesa o pão, bebeu vinho de um só gole e largou a taça sobre o tampo. Encarou a criada e decidida, declarou:

— Deixe comigo. Vá para a cozinha e prepare uma ceia leve para um doente. Não se esqueça de fazer um chá de camomila bem forte e sem açúcar. Quando estiver pronto leve a bandeja à sala de jantar e me avise.

Nanine aquiesceu. Não era a primeira vez que recorriam a expediente daquele gênero. Lilly ergueu-se, limpou as mãos no avental da criada, e perguntou:

— Como estou? Preciso retocar o penteado ou a maquiagem?

— Não, madame. O batom pálido dá a ideia de que estava envolvida com atividades domésticas. O cabelo está bom e a roupa também.

Satisfeita, Lilly fixou no rosto uma expressão calma, concentrada, como se guardasse uma preocupação. Nos lábios um sorriso simpático. Com passos lentos, por vezes, abafados pelos grossos tapetes que cobriam o assoalho, foi à sala.

Encontrou o maestro à vontade, instalado com a intimidade de quem se julgava o único amante da famosa dançarina, embora soubesse não ser verdade. Era o favorito, o mais importante, e isso o satisfazia. A exclusividade era uma questão para o futuro, pensava ele.

Lilly cumprimentou-o alegre, estendeu-lhe as mãos para o tradicional beijo. Falou-lhe de sua preocupação com a indisposição de Irina, relatando uma série de eventos inventados naquele exato momento.

— Ivan, meu querido, você conhece nossa Irina — desmachou-se Lilly, esmerando-se para convencê-lo da impossibilidade de ser atendido. — Ela tem horror a médicos. Não é a primeira vez que é atacada por esta enxaqueca malvada. Pobrezinha! Fica tão abatida. Nem queira vê-la, dá dó. Ela odeia que a vejam assim. Você a conhece, sabe como ela é vaidosa. Adora estar bonita, especialmente para recebê-lo, ela consome horas e horas arrumando-se para você. Ela ficará muito triste e incomodada se eu insistir para que o receba.

145

— Madame Lilly, longe de mim causar um desgosto à nossa diva. Por favor, não se aflija. O assunto pode esperar até amanhã.

Uma batida delicada na porta interrompeu o maestro, era Nanine anunciando que a ceia de senhora Irina estava pronta e servida.

— Perdão, madame Lilly, mas quando dona Irina está indisposta somente a senhora pode servi-la, por isso deixei a bandeja sobre a mesa na sala de jantar.

Lilly meneou a cabeça concordando e com um aceno de mão dispensou a criada.

— Voltarei amanhã — anunciou Ivan retirando um cravo branco que trazia preso à lapela do paletó e o estendeu a Lilly dizendo: — Coloque na bandeja com a ceia da nossa diva, diga-lhe que desejo vê-la bem e linda amanhã pela manhã.

Lilly sorriu fingindo-se encantada ao receber a flor e comentou:

— O senhor é de uma delicadeza invejável. Entregarei a flor e darei o recado, com certeza Irina lamentará ainda mais o mal-estar que a impede de recebê-lo, ela o tem em grande estima. Agora, se realmente não se importa, vou acompanhá-lo à porta. Preciso fazer Irina ingerir algum alimento. Ela não comeu nada o dia todo.

— Sinto o aroma de um caldo de frango. Isso irá reanimá-la.

— Assim espero, uma boa xícara de chá haverá de lhe garantir um sono reparador e amanhã: adeus dor! Confio muito nos poderes da camomila. *Mon ami*, só eu sei como já me foram valiosos nesta vida. Ulalá, são tantos os achaques de uma mulher que precisamos dessas ervas valiosas... — Lilly continuava a conversar e a mentir descaradamente conduzindo o maestro à saída.

— Nanine! Nanine! — chamou Lilly alguns minutos depois de retorno à copa.

— Sim, madame — respondeu a criada surgindo à frente de Lilly — Ele já se foi? Não desconfiou de nada?

— Imagine?! É claro que não. Pouco faltou ele chorar de piedade pela dor atroz que atacava a "nossa diva". Leve essa bandeja embora e me traga de volta o pão e a carne. Não tem nenhuma mulher doente aqui. Não esqueça meu vinho, é delicioso.

Nanine riu ao apanhar a bandeja balançando a cabeça divertida.

***

Recostada nas almofadas brancas do leito de Gaultier, Irina ressonava tranquila. Seu corpo coberto parcialmente por um fino lençol de algodão branco, os cabelos revoltos sobre a face encantavam o olhar do enamorado pintor que a admirava deitado a seu lado, apoiado sobre os cotovelos.

Não conseguia acreditar no que estava vivendo. Nunca se sentira tão feliz. Fazia dez dias que ela o encontrava todas as tardes no estúdio. Idílio. Paraíso. Palavras fracas para expressar os sentimentos que vivia. Irina o encantava, tinha a convicção de que ela sentia o mesmo. Sabia que o romance deles era diferente de toda e qualquer coisa que ela já houvesse experimentado. Poderia ser infantil para alguns e presunçoso para outros, mas o certo era que Gaultier julgava-se o primeiro amor de Irina. E talvez tenha sido.

Emocionava-se ao lembrar o olhar ansioso dela no primeiro encontro, o quanto ela estava tensa, apreensiva. Parecia uma garota inexperiente, vivendo um romance clandestino, proibido. Ele sentira-se como a própria luz atraindo a mariposa, fazendo-a dançar ao seu redor, fascinada, encantada e com medo.

"Há algo de vital nesta mulher, algo muito frágil, guardado numa caixa de cristal, em algum lugar que ela tem medo que seja descoberto", pensou ele enquanto sorrira para a namorada, oferecendo-se para retirar o casaco que ela vestia.

Entendera o recado de que não havia perguntas e confissões naquele relacionamento. Não disse que a conhecia, que vira suas apresentações no Teatro de Variedades. Ela nunca lhe fizera perguntas de caráter pessoal sobre o seu passado, aliás, nem mesmo quanto ao presente. Não se interessava em saber se na vida dele havia outra mulher. Mantinha-se a ideia de que existiam um para o outro quando estavam juntos. E ali, na simplicidade do estúdio, em meio ao cheiro de tinta fresca dos quadros que ele produzia, ela parecia haver encontrado a paz e a própria felicidade. Talvez pudesse dizer que no espaço exíguo daquele relacionamento ela encontrava-se com uma parte adormecida de si mesma.

Ela ressonava serena. Gaultier movimentou-se com cuidado, saiu da cama e pegou a camisa que ficara jogada ao lado. Vestiu-a, deixando-a aberta e foi ao cômodo que usava como ateliê. Apanhou o bloco e o carvão retornando ao quarto. Silenciosamente acomodou-se numa cadeira ao pé da cama e pôs-se a desenhar a sua "Afrodite adormecida".

Entretido no mundo da inspiração e na tarefa prazerosa de desenhar sua amada, ele deu pouca importância à diminuição da luminosidade do dia. Caia à tarde, devia ser dezoito horas passadas, mas não tinha por que acordá-la. Irina lhe dissera que ficaria até mais tarde.

Ele não questionou, apenas sorriu feliz e entregou-se ao prazer da companhia dela. Acendeu uma luminária na parede atrás de si que iluminou com perfeição o desenho, sem interferir na luminosidade da imagem que ele captava. Acabava o esboço quando ela acordou. Irina espreguiçou-se e foi advertida em tom terno e autoritário:

— Psiu, quietinha.

Ela sorriu lembrando o primeiro encontro. Deduziu que ele estava desenhando, pois o viu com um canto de olho. Obediente manteve-se estática, tal como quando dormia, até sentir as mãos de Gaultier correrem por suas costas, subindo até os ombros, massageando-lhe a nuca e descendo lânguidas por seus braços até que suas mãos se entrelaçassem. Então sentiu a respiração dele em seu pescoço e o calor de seus lábios. Ouviu-o alegre sussurrar:

— Judiei de você?

— Não — ronronou Irina, deliciada com os carinhos. — Fui acostumada desde o início a obedecer ao meu pintor. Aliás, já lhe disse que adorei a minha pintura? Ficou linda! Vai expô-la?

— Somente se você permitir. Posso?

— Claro. Qual é o preço dela?

— Não está à venda.

— Nem para mim?

— Não. É minha não a venderei. Não tem preço.

— Mas você pode fazer quantas quiser. Por que não vendê-la para mim? Afinal, é meu retrato. Há um lugar na minha casa onde ela ficaria ótima. Gostaria de tê-la comigo.

— Farei outro quadro para você. Aquele não.

Resignada, Irina suspirou e pediu:

— E o esboço que fez agora, eu posso ver?

— Claro — respondeu Gaultier.

Afastou-se dela para buscar o bloco, sentando-se ao lado na cama observando-a virar-se se cobrindo com o lençol e arrumando os cabelos, prendendo-os atrás das orelhas.

— Chamar-se-á Afrodite Adormecida.

— Um nu dorsal. Insinuante. Porque não o batiza de Irina Adormecida?

— Um plágio histórico, meu amor, ou vingança de um pintor enciumado. É uma lenda dos tempos de estudante de belas artes.

— Pode me contar ou é terreno proibido?

— Imagine! — Gaultier acomodou-se acariciou os contornos do rosto de Irina com a ponta dos dedos e explicou:

— É uma história velha, acho que remete há uns trezentos anos antes de Cristo.

Irina riu, beijando gentilmente os dedos que lhe acariciavam os lábios e comentou:

— Eu nem vivia nessa época.

— Como pode saber? Eu vivia e já era amante das artes e da beleza. Talvez tenha sido o próprio Praxíteles.

— Está bem, eu sei que você acredita em muitas vidas. Mas me conte a história.

— Praxíteles era um escultor ateniense que esculpiu em mármore duas imagens de Afrodite: uma vestida e outra nua. As obras acabaram indo parar em lugares bem distantes. A imagem vestida foi vendida para uma ilha do mar Egeu, chamada Cós, caiu no esquecimento; a outra nua foi arrematada pelos cidadãos de Cnidos, uma pequena colônia grega na Ásia Menor. Preciso continuar?

— A nua fez mais sucesso e o tornou famoso — concluiu Irina, rindo — Deduzo eu, pois não conheço a história. Mas quem não viu ainda a imagem de Afrodite? Quem não lhe admirou a beleza?

— Uma das obras de arte mais famosas da Antiguidade. A imagem nua da amante do escultor, a bela cortesã Frinéia. O símbolo da beleza feminina, cultuada e admirada pelos pagãos de todas as épocas até o dia de hoje.

— A modelo existiu de verdade! Era realmente linda.

— Nua, majestosamente nua. Linda como a natureza a fez.

Irina riu da empolgação do amante e provocou:

— E você quer ficar tão famoso quanto foi no passado me pintando nua. Terei eu sido a bela Frinéia? Um mito ressuscitado.

— Um ícone inatingível — comentou Gaultier observando-a.
— Um ideal impossível de ser reproduzido, assim foi vista por muitos séculos na Antiguidade a beleza de Frinéia. Será que você é inatingível, Irina?

A pergunta fez a jovem balançar. Ela fechou os olhos, escondendo-os da observação atenta e do olhar penetrante do jovem pintor. Respirou fundo e riu. Fugindo do assunto declarou estar faminta e nos pacotes que trouxe havia pão, queijo e o vinho branco preferido.

***

Os dias de Irina se sucediam numa agradável rotina. Desde o desligamento do Teatro de Variedades, apenas ensaiava e estudava arte dramática na escola da Companhia Stravinsky. Música, dança, literatura, interpretação, canto eram temas que ocupavam as manhãs. Ensaios, infindáveis aulas de dança e oficinas de teatro, aperfeiçoando os talentos naturais da artista, iam até às dezesseis horas. Na sequência, até o anoitecer ficava com Gaultier. As noites eram ocupadas em atenções ao maestro Ivan e outros admiradores selecionados que privavam de sua intimidade e podiam visitá-la.

Entretanto, essas visitas começavam a incomodá-la e ela restringiu os amantes, incentivando o boato de seus amores com o maestro. Mantinha seus admiradores em suspenso, entediada e incomodada, porém ciente de que não era prudente dispensá-los.

Lilly acompanhava o desenrolar dos acontecimentos intrigada, não lhe escapava que Irina sofrera uma sutil modificação. Estava mais doce e alegre, menos irritada. Mas não revelava as razões dessa mudança. Isolava-se com frequência, fato muito raro em mulheres como ela, pois é dolorida a solidão vazia de boas lembranças e repleta de fatos e sentimentos que gostariam de esquecer. Por isso, a incessante atividade.

Stravinsky julgando-se a razão das dispensas para os demais admiradores de Irina envaidecia-se e a cobria de mimos. Não deu importância aos transtornos que aquela relação prometia trazer à sua organizada existência. A esposa cobrava sua ausência e desconfiava dos boatos que ouvia pelos corredores do Teatro alugado pela Companhia, em Paris.

Macha Stravinsky vivia na Áustria com os pais e a sogra. Membros da deposta nobreza russa, aparentados à família do czar, ostentando títulos de duques e príncipes. Para ela, a arte tinha o único atrativo de lotar teatros e eventos com pessoas elegantes e ricas, reunindo no seu modo de ver "o melhor da Europa".

Percebia-se que entre ela e o marido havia um acordo de convivência social, era uma união arranjada pelos parentes. Não havia amizade ou comunhão de interesses. Resumia-se a um confortável acordo de interesses no qual os Stravinsky forneceram o noivo, a fama e o prestígio internacional e a família de Macha Tchierbátskaia, a noiva e a fortuna enviada para fora da velha pátria antes do domínio socialista.

Macha não era uma mulher feia, mas não tinha atrativos. Era apática e sem personalidade. Vivia para contentar as regras sociais e, naquela primavera, em sua breve estada em Paris, incomodava-se com a conduta do marido, pois ele faltava ao compromisso de não tornar pública a vida real do casal. Vestia-se e penteava-se conforme convinha a uma dama de sua posição, cultuava os preceitos de comportamento adotados por gerações e gerações de seus antepassados.

A Grande Guerra não atingira o território russo, não levara até lá o rio de mudanças sociais que impusera aos povos da Europa, especialmente França e Inglaterra. Vivera numa redoma onde o ar cheirava a bolor de séculos passados.

Ivan era um homem das artes, dos espetáculos, de um mundo e de um meio no qual a emoção falava mais do que a razão, sabia que era admirado pela sociedade, mas também sabia que o consideravam a escória. Na arrogância dos nobres e dos novos ricos ele era o que os divertiam. Preenchiam as horas comprando o talento, que por falta de cultura não sabiam apreciar devidamente.

Em suma, Ivan e Macha eram um casal divorciado, mas mantinham as aparências. Ele não dava importância às queixas da mulher das noites que ficava com Irina. Ela não entenderia, acabou por prometer-lhe ser mais cuidadoso, evitando expor a sua conduta.

Isso contentou a frágil Macha, que circulava sorridente nos melhores restaurantes e residências de nobres famílias francesas acompanhada do marido até as vinte e duas horas. Após, voltava para casa, entregando-se aos cuidados da criada pessoal para ser preparada para dormir. E ele ia ao encontro da amante com quem ficava até as primeiras horas da madrugada. Nos últimos meses, bebiam e conversavam muito, pois apesar da boataria, o fato de ser o preferido não lhe garantia livre acesso à cama de Irina.

A exposição das pinturas de Gaultier foi um inesperado sucesso. Não era a primeira vez que expunha seus trabalhos, mas era conhecido como pintor de retratos, isso não o valorizava. Suas mostras anteriores haviam recebido pouco espaço na imprensa. Notas breves, pagas, e que não repercutiram em sua carreira ou projeção como pintor. Foi com enorme surpresa que ele recebeu a crítica elogiosa ao seu trabalho e na mesma proporção caminhou a valorização de seus quadros e as vendas.

Irina não comparecera a abertura, enviou-lhe um cartão delicado incentivando-o e reafirmando sua certeza de que a exposição seria a melhor de todas, lembrando-o que o encontraria na tarde seguinte.

O quadro com o rosto de Irina foi exposto entre as obras do acervo pessoal do pintor. E quem o viu admirou o talento de Gaultier em retratar no reflexo da jovem o desamparo que invadia a alma da população naqueles tempos. Era uma imagem quase diáfana. Em perspectiva menor, o corpo esguio apoiado à mureta, o vestido tocado pelo vento, encarando o próprio reflexo nas águas turbadas pelas folhas. Os grandes olhos azuis semiencobertos pelo véu, cheios de desamparo, revelavam fragilidade interior, medo e solidão.

Algumas pessoas comentavam que os traços lembravam o da famosa dançarina, mas diziam:

— Só parece! Impossível ser a Divina. Cadê o fogo do olhar dela, a sensualidade, a sedução? Não, na alma da Divina arde a paixão, não tem esses sentimentos que se vê na tela.

E, outros justificavam:

— Gaultier era visto frequentemente no Teatro de Variedades, se inspirou na Divina. Sabe como são excêntricos esses artistas. Inventam cada uma!

Pelos cantos, tinha os que sussurravam:

— Não sei, não. É diferente da Divina, mas tão bela quanto. Não parece uma dançarina...

152

Fingir que não ouvia aqueles comentários foi o maior teste à paciência de Gaultier. Ignorá-los foi a solução. Quando terminou a exposição, ele deu-se conta de que aqueles comentários provavam que ele não pintou e nem convivia com a dançarina, mas, sim, com a mulher que lhe dava vida.

***

Duvernoy sacou do bolso o lenço branco e enxugou a testa e o rosto. O calor dos últimos dias maltratando a população e definitivamente a opção de caminhar pelos boulevares até a pensão de Marion Lescault não fora inteligente. O calor estava sufocante e a esperada brisa do final da tarde não soprou. Parado em frente à graciosa construção, secou o rosto, sacudiu o fino paletó de linho que usava na vã tentativa de refrescar-se e avançou, cruzando o pequeno portão. Atravessando a curta distância entre o muro que sinalizava o limite com a via pública e os degraus que davam acesso à porta, tocou a campanhia.

Enquanto aguardava, admirou as delicadas flores cultivadas por Madame Lescault. Amores-perfeitos em diversas cores alegravam o canteiro cercado de grama verde. As paredes laterais enfeitadas por roseiras e que nas circunstâncias daquele verão, tão quente e seco, produziam rosas miúdas e valentes, de um tom rosa pálido.

A porta abriu-se e Marguerite recepcionou o visitante, cumprimentando-o e indagou:

— Em que posso servi-lo?

— Vim visitar Ludwig Schroder, pode anunciar Gaston Duvernoy, somos amigos. Já estive aqui em outra oportunidade.

— Ele não está. Foi à estação comprar o bilhete para o trem.

— Justamente, vim me despedir. Posso aguardá-lo na sala? Está muito quente aqui fora.

Marion surgiu na sala carregando toalhas úmidas sobre os ombros. Tinha nas mãos um antigo conjunto de higiene de tocador, com jarra e bacia de porcelana, enfeitado com grandes ramos de rosas vermelhas e frisos dourados. O coque desalinhado, rosto corado e o avental branco sobre o vestido estava molhado do peito à cintura.

— O que está acontecendo, Marguerite?

— Um visitante para Ludwig. Pediu para aguardá-lo na sala.

— Ludwig tem tão poucos amigos — murmurou Marion para si mesma depositando os utensílios que carregava sobre o balcão.

Pensou quem poderia ser o visitante e decidiu que não importava. Seria desumano deixar alguém sob o sol, então orientou a empregada:

— Deixe- o entrar, está quente demais para alguém ficar na rua.

Marguerite deu passagem a Duvernoy.

— Grato por sua hospitalidade, Madame Lescault — agradeceu Duvernoy após a troca de cumprimentos.

— Por favor, sente-se e fique à vontade. Preciso concluir meu trabalho, mas logo retorno. Marguerite — disse Marion apontando para a serviçal — sirva algo para beber. Aceita um refresco de frutas ou água?

— Água. Vim a pé e estou sedento. Hoje cometi um erro de julgamento e pago o preço, não é uma tarde para passear a pé.

Marion sorriu, simpatizava com o visitante. Lembrou-se de que ele estivera em sua casa noutra ocasião, mas não comentou, apenas balançou a cabeça com uma expressão de solidariedade. Pedindo licença, ela afastou-se com a criada. Duvernoy avaliou a sala que lhe pareceu tão agradável quanto da primeira vez. As janelas abertas iluminavam e faziam circular o ar, os móveis limpos, o piso brilhante, um vaso de flores enfeitava o balcão.

Ao lado da poltrona a caixa de trabalhos manuais de Madame Lescault, sobre ela algumas revistas de crochê e tricô e um exemplar de *Depois da Morte*, de Léon Denis. O marcador indicava estar a leitura nos primeiros capítulos.

À vontade, Duvernoy sentou-se, tomando a liberdade de pegar o livro para exame. Marguerite lhe trouxe a água. E foi assim que a anfitriã recomposta e sem o avental o encontrou quando concluiu a atividade.

Interessada em conhecer como ele reagia à leitura, Marion andou em silêncio até a sua poltrona. Acomodou-se, e o leve ranger das molas do estofado denunciou sua presença e atraiu a atenção do visitante.

— Ah! A madame retornou. Estava tão entretido na leitura do meu autor favorito que não ouvi os seus passos. É a senhora que está lendo?

— Sim, para ser mais exata, relendo. Conhece a obra de Denis?

— Como disse sou um fã do pensamento deste filósofo. Estou lendo o estudo sobre *O problema do ser, do destino e da dor.* Fascinante, já li: *O porquê da vida* e *Joana D´Arc.* Este é o primeiro livro dele, não é mesmo? Veja só! Este ainda não li, acabo de conhecê-lo. Examinei o sumário, aborda ótimos temas.

— É simpatizante das ideias espíritas, senhor Duvernoy?

— Não sei se posso me atrever a tanto, madame. Tenho-as estudado livremente há alguns anos, desde que começaram a me chegar as mãos algumas publicações. Sou um devorador de letras. Adoro ler. E qualquer um que goze de alguns minutos de reflexão na vida há que se questionar sobre certos temas. Há de perguntar-se como surgiu tudo que nos cerca, não é verdade? É fácil notar que a natureza segue leis muito bem traçadas, magnificamente equilibradas e infalíveis. Pois bem, quem as fez? Como é esta criatura? E nós, o que somos? Corpos? Alguns que falam, andam e pensam, outros que padecem de limitações. Será só isso? Bem... essas questões me afligiam. Eu não conseguia aceitar a resposta "Deus" aos meus primeiros questionamentos, por que não encontrava o elo, a chave para entender como um ser tão inteligente, capaz de construções fantásticas, que cerca os animais com tanta previdência como só um criador amoroso o faria, podia dar a seres humanos destinos tão diferentes, uns trágicos outros gloriosos. A diversidade da natureza humana — da qual eu não compreendia a razão — me fazia um ateu. Os pensadores espíritas, em especial Denis, me ofertaram uma visão diferente, uma explicação plausível que harmoniza meus grandes questionamentos, sem diminuir nem a Deus, nem ao homem — explicou Duvernoy e rematou: — Se, madame, considerar tais elementos suficientes para contar-me entre os simpatizantes espíritas, então eu sou.

— Ora, não leve tão a sério minhas expressões. Quem sou eu para catalogar alguém? Ainda mais com referência ao conhecimento e aceitação dos princípios espíritas. Também não sou muito diferente do que descreveu.

— Mas está relendo a obra, portanto aprofundando a compreensão. Eu ainda não pude reler nenhum de meus livros. Sou dominado pela ânsia de novos textos. Invejo-a.

155

Marion sorriu complacente e comentou:

— Provavelmente a diferença entre nós seja resolvida em termos numéricos. O senhor referiu interesse pelo assunto há aproximados três anos, eu os leio desde a adolescência, foram o maior legado que meu falecido marido me deixou e somo ao estudo algumas observações práticas no exercício da mediunidade.

Duvernoy a olhou encantado, feliz por encontrar uma pessoa inteligente e coerente com quem conversar sobre o fascinante assunto e fora de seu círculo de amizades, com outra visão e mais madura. Experiências práticas eram um assunto no qual vinha pensando há semanas, mas sem coragem de aventurar-se sozinho em busca de um contato com a espiritualidade.

— Se não for pedir muito ou invadir a sua privacidade, madame, se importaria de falar-me dessas experiências? — pediu Duvernoy e temeroso de ser tomado por um curioso leviano, explicou: — Estudo sozinho há anos. Recentemente, talvez há uns dez ou onze meses, compartilho meus estudos com alguns amigos, lemos juntos e trocamos ideias, mas eles são leigos tanto quanto eu. Às vezes, penso que sou um cego conduzindo outros. Nesta circunstância, eu não me atreveria a ousar uma experiência prática, embora deseje com sinceridade conhecer o fenômeno.

— Louvável o seu interesse e as reuniões que promove — elogiou Marion. — Não pense que é um cego, pelo que entendi usam bons livros como roteiros de estudo, portanto o caminho é iluminado. Pergunte-me o que desejar, conforme as minhas possibilidades, responderei.

Conversando esqueceram o calor, seus inconvenientes e até mesmo a razão da presença de Duvernoy na pensão.

Alegre o jovem adentrou a sala com o olhar brilhante à procura de Marion, surpreso encontrou-a com Duvernoy.

"Santo Deus! Eis aí uma possibilidade que eu não julgava viável: *frau* Marion entrosar-se com um velhote frequentador de cabarés. Duvernoy tem ideias estranhas. O que terá interessado a minha amiga?" — matutou Ludwig observando a cena consciente de que não tinham notado a sua presença.

Forçou a audição, bisbilhotando no diálogo alheio e entendeu que discutiam sobre vida após a morte e a possibilidade de se retornar várias vezes a existir na Terra, em inúmeras experiências.

156

Marion tentara falar-lhe sobre aqueles livros que carregava para cima e para baixo, que lia e comentava com as amigas. No entanto, ele demonstrou desagrado e ela, não insistiu. Semanalmente ela participava de reuniões. Em várias ocasiões a via sair para ir assistir a conferências e debates sobre espiritismo. Mas Duvernoy, nunca notou qualquer pendor nele para o ocultismo.

Lembrando-se dos deveres da boa educação, pigarreou, anunciando-se e chamando:

— Senhor Duvernoy, que surpresa encontrá-lo aqui! Como tem passado? — e voltando-se para Marion beijou-lhe respeitosamente o alto da testa, perguntando com intimidade de quem se julga da família: — Como está *frau* Amélie?

— Dormindo — respondeu Marion segurando a mão de Ludwig e sorrindo enquanto o encarava. — Teve uma tarde difícil. O calor a irrita muito. As escaras[10] das costas a incomodam, não encontra posição nem no leito, nem na cadeira. Eu e Marguerite a colocamos na banheira. Você fez falta, ela é pesada. Mas não posso deixá-la muito tempo, apenas o suficiente para refrescar-se. O efeito foi milagroso, acalmou-se e um chá calmante a fez adormecer. Seu amigo chegou quando estávamos atendendo-a e tive de deixá-lo só aqui na sala.

Duvernoy ouvia a explicação de Marion deduzindo que ela falava de uma doente. Recordou a conversa que a ouvira ter com a carteira do bairro falando de um familiar acamado, interessado comentou:

— Madame Amélie é sua parenta? O que ela tem?

— É minha mãe, está com setenta e três anos. Resistiu bem aos tempos difíceis da Grande Guerra, mas logo depois teve muitos problemas de saúde. O coração enfraqueceu e depois teve uma crise muito séria que lhe afetou o cérebro e tirou-lhe a capacidade de andar, com dificuldade ela movimenta o braço direito. Graças à bondade de Deus, manteve sua capacidade de falar quase inalterada, só nos primeiros tempos ficou comprometida, depois, lentamente, retornou, e hoje é quase perfeita.

— *Frau* Amélie é uma senhora encantadora quando está de bom humor — comentou Ludwig. — Lúcida. Conversamos bastante, mas quando ela está atacada, como diz *frau* Marion, é melhor

10 - Feridas típicas em pessoas acamadas muito tempo.

ficar longe do quarto dela. Só a bondade de *frau* Marion é que aguenta nossa vovó. E há dias que ela prefere Marguerite, despreza todos os outros.

— Hum, situação delicada — disse Duvernoy erguendo as sobrancelhas numa expressão que exprimia assombro com a gravidade da doença da mãe de Marion. — Sei o quanto é desgastante um familiar com doença prolongada, especialmente nas condições da senhora sua mãe.

— Tudo depende de como vemos o fato. Não sei se por que trabalhei tantos anos na Cruz Vermelha ou por que adoro atender doentes, não os considero desgastantes. É preciso, sim, isso reconheço, grandes doses de paciência e compreensão. São fases delicadas da vida. Todos nos achamos super-heróis, imbatíveis ou até infalíveis, e a doença nos mostra a face da morte espreitando a vida, nos enfraquece, redimensiona o conceito que fazemos de nós mesmos. Alguns pacientes encontram a superação, amadurecem, aprendem, se transformam nesse convívio no limiar entre a dramática verdade da fragilidade humana e o domínio das ilusões de uma personalidade "heroica" imune a dor e a morte. Como se isso fosse possível! Alguns se revoltam, e até os que estão a caminho da superação tropeçam, tento compreender, me colocar no lugar deles, caminhar junto.

— Quando eu adoecer, vou mandar buscar *frau* Marion para cuidar de mim. Não conheço enfermeira mais carinhosa — declarou Ludwig sentando-se na poltrona em frente a Duvernoy com uma expressão zombeteira no rosto.

—Vamos, complete — incentivou Marion. — Diga ao senhor Duvernoy o que vive repetindo nesta casa.

Obviamente, tratava-se de uma corriqueira brincadeira entre amigos. Duvernoy admirou madame Lescault, conhecera poucas mulheres com aquela envergadura moral. Não precisava ficar a seu lado muito tempo para descobrir, bastava prestar atenção à força que irradiava de seus olhos castanhos. O brilho da ternura cativava todos os que se aproximavam dela.

— Nem mais ranzinza — concluiu o jovem. — É a criatura mais insistente e teimosa que conheço. Ela não desiste, Duvernoy.

— Admirável a sua visão a respeito de seus doentes — disse Duvernoy com sinceridade. — A medicina avançou muito e ainda deverá avançar mais, fazendo com que viver, adoecer ou envelhecer se tornem etapas mais amenas da existência. Acredito firmemente no progresso. No entanto, há coisas que o progresso científico, por si só, é inoperante, precisa da ajuda do desenvolvimento de um senso profundo de humanidade, de solidariedade. Compreendo as colocações de madame Lescault, sei bastante bem o que é zelar, dia e noite, por um familiar doente.

— Se não for uma intromissão exagerada ou indesejada — introduziu Marion cuidadosamente a questão, pressentindo no seu visitante a necessidade de falar da experiência, mas não desejando forçá-lo — qual de seus familiares enfrentou uma longa doença?

— Minha falecida esposa — respondeu Duvernoy com tristeza na voz. — E não foi tão longa quanto a de sua mãe. Mary, minha falecida mulher, ficou alguns meses acamada. Nove para ser mais exato.

— O tempo de uma gestação — comentou Marion imaginando a história por detrás da informação.

Ludwig acompanhava o diálogo silencioso. Duvernoy lhe pareceu um estranho. Deu-lhe conta de que apesar de usufruir da companhia dele há meses tinham uma relação superficial e Marion, em poucos minutos, soube mais do que ele sobre o amigo.

— É — falou Duvernoy encarando Marion. — Madame sabe como são problemáticas as gestações em mulheres com certa idade. Mary tinha trinta e um anos, havíamos tentado ter filhos antes e o resultado foram dois abortamentos espontâneos. Insistimos, ela engravidou e o médico a pôs em repouso tão logo suspeitou de seu estado. Conseguiu chegar aos nove meses, mas o parto foi o problema. Morreu dias depois de dar à luz o nosso filho.

— Você tem um filho. Nunca me falou dele. Que idade ele tem? — perguntou Ludwig interessado e sem notar o olhar de advertência de Marion.

Duvernoy olhou o jovem e respondeu:

— Ele deveria ter aproximadamente a sua idade, caso houvesse sobrevivido. Ambos morreram. Fiquei só.

— Desculpe-me — pediu Ludwig. — *Frau* Marion me alerta que sou atrapalhado com as pessoas e um estudante de medicina precisa ter tato. Não queria magoá-lo.

159

— Você não me feriu, jovem. São fatos passados há anos. Aprendi a lidar com as lembranças sem sofrer. Agora que conheço e compreendo um pouco mais da vida — Duvernoy olhou significativamente para Marion — tornou-se mais fácil abordar o assunto. Livrei-me da culpa que me atormentou por anos.

— Mentiria se dissesse que é a primeira vez que ouço um caso como o seu, ou um homem confessar que se julga culpado pela morte da esposa num parto. Alguns culpam os filhos, quando eles sobrevivem. É triste, muito triste. A culpa é um sentimento autodestruidor, corrói as forças da alma, abate, maltrata, e, em geral, deságua em perturbações graves. Folgo em saber que o senhor conseguiu libertar-se dessa tirana.

— Se minha experiência em cuidar de familiares acamados foi de meses, infelizmente não posso dizer o mesmo quanto a lidar com a culpa e o remorso, esse foi um aprendizado de anos e anos. Mas, vamos deixar esses assuntos tão sérios de lado. Vim aqui para me despedir de você, garoto. Quando parte para a Alemanha?

— Amanhã, logo cedo, no trem das seis horas – respondeu Ludwig e prosseguiu contando seus planos de viagem.

Os homens entreteram-se na conversa, Marion levantou-se, e Duvernoy fez menção de se erguer o que ela impediu com um gesto imperioso, dizendo:

— Por favor, fique como está. Preciso ir à cozinha dar algumas ordens para o jantar. O senhor é meu convidado, não aceito recusa. Além do que, nosso querido amigo Ludwig se despede de nós e ficaremos afastados por bom tempo. É justo que o senhor usufrua a companhia dele tanto quanto nós, aqui de casa.

— Não recusaria tão amável convite. E sei da fama de sua cozinha, Ludwig elogia o seu bom gosto.

Marion sorriu, agradeceu e afastou-se.

A noite foi agradável. Passava das dez quando Duvernoy, pesaroso, deixou o lar de madame Lescault.

***

Feliz, como não se lembrava de haver sido antes em sua existência, Irina sorria para Gaultier enquanto lambia a ponta dos dedos degustando o açúcar dos biscoitos doces folheados que colocava entre os lábios do amante.

— Huum — murmurou Gaultier em suave protesto ao ver que ela retirava da lata outro doce forçando-o a abrir a boca e pediu: — Chega, Irina! Mal termino de mastigar um e você já vem com outro.

— Adoro dar-lhe de comer — respondeu ela fazendo beicinho e aproximando os lábios dos dele roçando-os levemente e dizendo provocativa: — Gosto de seus lábios bem doces. Macios e doces, deliciosos, bem melhores do que os biscoitos.

Envolvido nas carícias e seduções de Irina, ele perdia toda a vontade, rodeou-lhe o corpo com os braços, atraindo-a para junto de si, beijando-a apaixonadamente.

— Sendo assim, comerei todos os biscoitos doces de Paris — murmurou ele rindo junto ao ouvido de Irina, provocando-lhe o riso sempre fácil quando estavam juntos.

— Que exagero!

As horas passavam rapidamente e os encontros antes limitados a duas horas iam progressivamente se tornando demorados. Nos momentos livres que a Companhia Stravinsky lhe concedia ela corria para o ateliê de Gaultier.

As regras do relacionamento se mantinham. Não havia perguntas sobre o passado, nem planos futuros. A história era deles, não cabendo quaisquer outras pessoas. O único passado que comentavam era o deles, construído um dia após o outro, cheio de recordações ternas e felizes.

As emoções que viviam sem dúvida se refletiam na arte que desenvolviam. As pinturas de Gaultier revelavam sensibilidade para descobrir e mostrar o belo nas cenas cotidianas, onde ele é desprezado, despercebido e exprimiam sentimentos de esperança e confiança na força do ser humano. Descobrira seu estilo, sua mensagem, as fontes de inspiração que canalizavam seu talento até então inquieto e com dificuldade de expressão. A carreira deslanchava quando ele menos se importava em seguir métodos e estilos das diversas correntes.

O modernismo fora seu primeiro caminho de liberdade teórica, mas fora o amor devastador despertado e vivido com Irina que o levou a um encontro pessoal. Libertou a inspiração, mostrou-lhe o caminho, o fez compreender a mensagem que queria por em seu trabalho.

O amor faz crescer. É força de vida divina, explodindo, multiplicando, gerando, fortalecendo, criando, fazendo surgir onde antes nada havia ou descortinando o que estava encoberto, escondido, dentro e fora da alma.

Irina ganhou profundidade na interpretação dramática. O talento latente para representação — reconhecido pelo maestro Stravinsky — afinava-se. Seu progresso na escola da Companhia de Teatro e Dança empolgavam seus mestres. Ela era uma aluna atenta. Aprendia com rapidez, embora seu empenho em aprofundar conhecimentos fosse pequeno, para não dizer nulo. Aceitava a ilustração cultural que estava sendo oferecida, complementando sua educação formal. Embora ela não falasse a respeito de sua infância e primeira juventude, era fácil notar que tivera boa instrução.

A paixão verdadeira recém-descoberta dava asas a seus pés e fazia seu corpo vibrar ao som da música. Afastada dos espetáculos dos cabarés, ela dançava no teatro da Companhia, sob a supervisão da coreógrafa, madame Georgette, que não cansava de repetir:

— Eu não ensino Irina. Ela dança com a alma, seus sentimentos se extravasam em seus movimentos. Ela não precisa de mim. Só posso coreografar o espetáculo. Ela está pronta, prontíssima, para ganhar novos admiradores.

Ivan decidiu marcar a estreia de Irina nos palcos dos teatros refinados e sua primeira turnê europeia. Faltavam quinze dias para o evento.

O romance com Gaultier a tornou mais bela. Ela estava suave, delicada, e isso não era fruto da mudança de ambiente, porque as diferenças eram poucas entre os cabarés e os teatros de luxo, resumiam-se a um público mais seleto, a apresentações de caráter erudito, nas quais a sensualidade não era explícita nem o motivo da dança.

A mudança de Irina era mais profunda. O carinho, o respeito, o amor de Gaultier cicatrizara muitas de suas feridas internas, restaurara algumas crenças e isso aconteceu inconscientemente. Era como se a mulher que ele vira e retratara às margens do Sena, começasse a ocupar um espaço maior na personalidade de Irina, vindo à tona, frágil, uma semente germinada cujo broto busca a luz.

O olhar dela nunca perdeu o ar de inocência, mas agora refletia ternura.

Horas mais tarde, alojados sobre o leito de Gaultier, cercados de restos de biscoitos e minúsculos grãos de açúcar, abraçados, conversavam.

— Esta semana li uma crítica falando da sua exposição. A surpresa foi grande e os comentários não poderiam ser mais favoráveis — falou Irina.

— Acho que sei do que está falando. Foi uma matéria publicada no jornal de quinta-feira, não é?

Erguendo os olhos para o teto, buscando na memória a data da crítica, ela respondeu:

— Sim, acho que foi na quinta-feira. Não me lembro de outra mais recente.

— Ahã! Então, a senhora acompanha as notícias que são publicadas a meu respeito. Sinto-me lisonjeado. Às vezes, eu penso que você só lembra-se de mim próximo das dezesseis horas e me esquece ao chegar à calçada.

— Não seja injusto, Gaultier — protestou Irina séria. — Jamais dei a alguém a atenção que dou a você. Os momentos mais felizes da minha vida, desde a infância até hoje, eu passei neste estúdio ao seu lado. Entre essas quatro paredes é o meu paraíso. Jamais repita o que disse. Quisera eu ter o dom de esquecê-lo com tamanha facilidade.

Notando que a voz da amada expressava profunda dor, amargura recalcada, ele aproximou-se, apertou o abraço, encostou o queixo no ombro dela, depositando pequenos e suaves beijos.

— Perdoe-me — pediu Gaultier, sem esconder a emoção causada pela confissão dela. Era o que mais próximo de uma declaração de amor que Irina poderia fazer. — Sei dos limites do nosso relacionamento. Aceitei-os, mas... não posso esconder que estou apaixonado por você. Adoraria tê-la comigo o dia inteiro, dormir e acordar ao seu lado. Não ter hora, nem tempo marcado para viver o amor que sinto. Você me diz que aqui é o seu paraíso e eu lhe digo que aquele maldito relógio é a nossa serpente. Eu queria pará-lo, não ouvir mais o tique-taque e o badalar das horas.

163

— Não sonhe, Galtier — alertou Irina com lágrimas nos olhos.

— Por que não? Eu não sei viver sem sonhar.

— A vida é dura, mas com os sonhadores é impiedosa.

— Não acho que a minha vida seja dura neste momento. Ao contrário, ela é incrivelmente leve, leve como uma pluma — disse ele correndo a mão pelo corpo de Irina. — Branquinha, perfeita, macia e perfumada. A vida é bela Irina, tão linda quanto você.

— A beleza é passageira. Já olhou as mulheres velhas, o corpo fica flácido, gordo na maioria, os cabelos embranquecem, a pele se torna grossa, manchada e no rosto enrugada. Acaba-se a beleza. Eu não tenho ilusões e peço a Deus para não ficar velha sobre a Terra. Ele que não me esqueça por aqui, mande-me logo para o inferno. Não quero me olhar no espelho e ver meu rosto e meu corpo desfigurados.

— É uma questão de ponto de vista, querida. Eu vivi com a minha avó até ela morrer e a achava linda com seus quase setenta anos. Olhe, isso é muito tempo. Ela enrugou, seus cabelos ficaram grisalhos e ela escondia muitas partes do corpo com vestidos simples, de bom gosto. No entanto, seu sorriso era maravilhoso, seu olhar exprimia tanto afeto, tanta compreensão! Conversar com ela era um prazer. Ela era uma pessoa lúcida, ativa, experiente. Tinha encantos além da beleza física! E acho que algumas emoções e expressões só ficam bem em um corpo marcado pelo tempo. A beleza não tem só uma forma, nem só uma idade, cada etapa da vida tem um encanto especial, uma forma de beleza particular que só existe ali. Muitas já se foram: as dos bebês, da infância, da meninice, da primeira juventude; as da idade adulta também passarão, mas virão as outras. Não há o que temer.

— Belas palavras — murmurou Irina pensativa.

Recordou-se das prostitutas velhas que conheceu em São Petersburgo, esmolando nas ruas, com suas roupas berrantes, decotadas demais expondo a deterioração dos músculos e da pele, seus cabelos grisalhos trançados e enfeitados com flores. Solitárias. Pareciam loucas que não se davam conta do tempo em que viviam. Só depois de conhecer Dolly aprendera a conviver com elas. Ouviu as histórias e os lamentos e entendeu que em muitos momentos as mentes delas fugiam criando uma realidade ilusória.

Recuavam no tempo ou perdiam o contato com ele. Enxergavam nos andrajos e penteados ridículos a beleza perdida que no passado lhes garantiu o sustento e um mínimo de dignidade, embora seja questionável o uso de tal palavra.

— Uma pena que não seja verdade para todas as pessoas, ou melhor, para todas as mulheres – completou Irina recostando-se contra o peito do pintor. — Muitas precisam viver apenas o presente. O futuro pode ser um fantasma temível.

— Não seja amarga — pediu Gaultier sentindo-se cortar por dentro. Entendia o que ela temia e o porquê de suas palavras, mas nunca lhe dissera que conhecia sua vida fora daquele estúdio, pois sentia que ela precisava sentir-se amada e respeitada. Ela não conseguiria estabelecer uma relação de igualdade entre eles denunciando o passado e o que ele sabia existir fora do relacionamento deles, embora buscasse desesperadamente esquecer e ignorar.

— Eu a amarei sempre. Você será a minha velhinha adorável.

— Não. Eu não quero, prefiro morrer jovem. Quarenta e cinco anos, no máximo. Conheço belas mulheres nesta idade, que ainda vivem bem — respondeu Irina, ignorando a promessa de Gaultier.

"Mulheres como eu, sem família, só devem viver enquanto tenham dinheiro para gastar. Nos acostumamos a vida toda a gastar muito, algumas gastam muito mais do que ganham, vivem cheias de dívidas, com os credores a lhes confiscar as joias, as peças de arte e até os vestidos. Só quero viver enquanto tiver fortuna e beleza, depois não valerá a pena. Viver de restos e lembranças, é deprimente.", pensou a bela cortesã aninhada nos braços de seu amante.

Inconformado com o pensamento de Irina, ele insistiu:

— Viver é mais do que ter um corpo. Eu acredito que vivamos muito mais tempo sem ele, pura e simplesmente na condição de espíritos imortais. Por isso, vejo que há beleza em todas as etapas da vida.

Irina permaneceu quieta, apesar de não conseguir acompanhar o pensamento de Gaultier quanto à espiritualidade, gostava de ouvi-lo falar de suas leituras, da sua forma de ver o mundo e entender a vida. A voz meiga e pausada dele acalmava-a. O assunto era um terreno neutro e seguro. Em várias madrugadas, quando estava sozinha em seu leito, lembrava-se daqueles momentos e pensava em alguns conceitos.

— Irina, você sabe que adoro olhar a rua, capturar as belezas que vejo, as cenas que julgo importante serem vistas por outras pessoas. Pode ser que muitos não vejam desta forma o meu trabalho e não entendam o que quero dizer, limitem-se a olhar traços e cores que lanço sobre a tela, mas isso não diminui o meu trabalho, nem a minha vontade de continuar a fazê-lo, entende? Não modifica a essência que há em mim e de onde ele provém. Penso na existência do ser humano e de Deus da mesma maneira. Não é porque muitas vezes não entendemos os caminhos e as leis da vida que eles sejam injustos ou vazios. Nós é que ficamos na superficialidade vendo traços e cores. Não entendemos a expressão da beleza que os olhos de Deus quiseram nos mostrar, nem os sentimentos maiores que O motivam a prosseguir criando — falou Gaultier docemente, embalando Irina. — A vida é bela, minha amada, todos merecem viver e ser felizes. Não acredito que Deus tenha criado raças diferentes com destinos diferenciados ou mesmo pessoas dizendo a umas: você será meu filho bem-amado e feliz e a outro criado no mesmo momento: você será a escória do mundo, quero para você o lixo e o horror. Não. Não há lógica nesse criador, seria o mesmo que se eu desenhasse dois quadros num mesmo instante, com a mesma intenção os mesmos sentimentos e de repente, por nada, um eu desprezasse. Não, Deus não é mau. Nós é que somos superficiais, não usamos a inteligência que Ele nos deu para descobrir as coisas essenciais da vida. Como diz meu amigo Duvernoy, vivemos acomodados e satisfeitos em um mundo de aparências ilusórias até que sintamos a dor que obrigará a cruzar a cortina e acordar uma parte de nossa inteligência que displicentemente deixamos adormecida.

Calou-se, deixando o silêncio envolvê-los como um manto amigo, por instantes.

— Continue — pediu Irina. — Gosto quando me fala de seus pensamentos. Acalma-me.

Entendendo a dor que suas palavras acalmavam, Gaultier apertou-a um pouco mais, depois afrouxou o abraço e acariciou-lhe os cabelos e o pescoço.

— Adoro seu cheiro, sabia? — murmurou no ouvido de Irina antes de prosseguir. Pensando em como abordar assuntos sem magoá-la, propôs:

— Não sei o que mais poderia lhe dizer. Por que não me pergunta o que penso sobre algum assunto?

— Por exemplo, você sempre fala que a vida é boa, que Deus não é mau, nem injusto, que existe beleza em tudo, mas há fatos e circunstâncias nas quais não consigo ver beleza alguma, são horríveis. Eu tenho medo delas, tenho medo de algum dia ter de experimentá-las, faço tudo para fugir, para evitar...

Gaultier ouviu emocionado os temores de Irina. Eram raros os momentos em que ela falava de seus medos, anseios, enfim de seus sentimentos. Em geral era uma companheira fascinante, alegre, doce, atenciosa, mas que mantinha o relacionamento num nível exterior, sem tocar os pontos verdadeiros, sem envolver-se em profundidade, temerosa de dar ou receber marcas na alma.

Apontando o quadro — Afrodite Adormecida — que ocupava boa parte da parede em frente à cama onde estavam, ele explicou:

— Veja a pintura, Irina. É linda a modelo, não canso de admirá-la. Sou ciumento, fui eu que a fiz e só eu e você a vemos, ninguém mais.

— Bobo. Você é egoísta, é o seu quadro mais belo, mais expressivo e o escondeu — retrucou Irina. — Não entendo como um artista pode tomar uma atitude destas.

— Pois é a mesma coisa com os fatos e circunstâncias nos quais você diz não existir beleza, nem bondade, nem justiça, que são simplesmente horríveis. Eles existem pela mesma e simples razão pela qual eu escondo Afrodite Adormecida. Por que eu posso, sou livre para fazer o que desejar. E eu tenho sentimentos menos nobres. Eu não sou só o pintor apaixonado pela beleza, nem sou só um homem compreensivo, carinhoso e tudo o mais que de vez em quando a *senhora* faz a gentileza de me dizer. Sou também ciumento, egoísta e bobo. Talvez até um pouco irracional, pois escondo uma obra prima, a que abriria as portas da fama de vez. É um comportamento ilógico por que eu estou me privando daquilo que desejo. Como sou um ser humano e acredito que igual, em essência, aos outros, posso perfeitamente deduzir que outras pessoas tenham comportamentos senão iguais, muito semelhantes aos meus. Logo — como gostam de dizer os filósofos — se existem horrores no mundo é por que eles são parte da atual natureza humana.

— Explique melhor.

— Somos nós mesmos que os geramos. Todos queremos o melhor, entretanto, como ignoramos nosso lado sombrio, ou melhor, não o admitimos, jogamos a culpa do que ocorre por força dele nos outros e, em geral, na vida dizendo que é sem sentido. Quando são simplesmente atitudes nossas movidas por sentimentos e pensamentos sobre os quais preferimos não pensar, ignorar, não reconhecer. Eu poderia estar descontente com as críticas ao meu trabalho e dizer a todos que sou capaz de muito mais do que eles viram. Que sei expressar amor, descanso, sensualidade, carência, abandono e entrega, numa tela que não mostro a ninguém. E se a mostrasse, alguns diriam que era apenas uma deslumbrante mulher nua. Então, tenho que assumir algumas coisas, a primeira: eu sou responsável pelo que faço e como vivo é consequência direta do meu modo de ser e de viver; segunda: não posso querer que todos vejam o mesmo que eu e entendam o que quero dizer, porque cada um de nós é diferente, somos produtos das experiências que priorizamos viver e naturalmente surgem daí divergências de entendimento. Isso não me faz melhor ou pior, dá as medidas de quem eu sou e quem é o outro.

Gaultier interrompeu-se, pensou e concluiu:

— Se há horrores no mundo, eles são frutos da nossa liberdade, das nossas escolhas e principalmente são a manifestação da sombra na pintura divina. Afrodite Adormecida tem uma parte do corpo iluminado pelo frágil raio de sol do fim da tarde e a outra parte semiencoberta pela penumbra do quarto. Nós somos assim, um pouco iluminados, outro tanto encobertos pela sombra. Isso me fascina. Há dias em que penso no ser humano como um dia amanhecendo quando a luz solar, pouco a pouco, desperta a vida, mostrando belezas, colorindo, animando, descobrindo o que a escuridão da noite manteve em segredo e fez com que tateássemos perdidos e com pouca liberdade de ação. Quando chegar o sol do meio-dia na nossa existência tudo será claro e bonito. Enxergaremos o que antes com menos luminosidade não víamos e teremos liberdade de ação. Consegui fazê-la entender por que digo que há beleza em tudo?

Irina sorriu, voltou à cabeça, oferecendo os lábios pedindo beijos, e respondeu:

168

— Vou tentar pensar sobre o que me falou. Acho que não são ideias levianas para se ouvir e prontamente concordar. Gosto de ouvir seu modo de encarar a vida, é tão diferente. Ouvi-lo me acalma, conforta alguma coisa dentro de mim, que não sei o que é. Compreendi o que falou, é óbvio. Mas tenho que pensar, elas põem em xeque minhas ideias. Não ficará magoado, não é?

— Só ficaria se tudo o que eu falei não passasse de palavras.

CAPÍTULO 8
Um adeus

*Não se trata de simplesmente colocar dois cartazes
no ponto em que a vida se divide em duas vias com
as inscrições, num deles, **Caminho do bem**, no outro,
Caminho do mal, e de dizer a quem se apresentar:
"Escolha". É preciso, como fez Cristo, mostrar atalhos
que levem da segunda via para a primeira aqueles
que caíram em tentação; sobretudo, não é preciso que
o caminho do bem seja doloroso demais
e nem que ele pareça impenetrável.[11]*

Ludwig caminhava horrorizado pelas ruas do centro de Berlim.
Quanta miséria! Por Deus, o que era aquela situação insustentá-
vel? As pessoas maltrapilhas nas ruas, cabeças baixas, olhos tristes,
por vezes, raivosos. No comércio de alimentos a revolta beirava
a insanidade. Disputavam com desespero os segundos para poder comprar uma hortaliça.

Os preços variavam infinitas vezes ao dia. Com o dinheiro escasso que a maioria dos cidadãos amanhecia, não era possível dizer o que se podia fazer com ele até o anoitecer. Cenas de revolta,
pessoas brigando, discutindo e se agredindo eram comuns. Alguns
homens exaltados, enfurecidos, atiravam o dinheiro ao chão com desprezo, pois o que pretendiam adquirir com ele já não era possível.

Cada uma dessas notas ou moedas lançadas fora despertavam outra disputa, dezenas de mendigos alcoolizados, crianças
pedintes e mulheres prostituídas, que disputavam os espaços das
calçadas, se lançavam com desespero à cata desses valores.

---

11 - FILHO, Alexandre Dumas, *A Dama das Camélias*, cap. III, pág. 28, Ed. Nova Cultural.

Poderia dizer que poucas, pouquíssimas pessoas, não conheciam a fome, o frio e a sujeira nas grandes cidades alemãs naquele período.

Nas aldeias rurais a situação era melhor, havia o necessário à subsistência alimentar, extraído do solo, do cuidado com os animais, entretanto, o saque às plantações começava a ser uma prática. Hordas de miseráveis, desempregados e famintos vinham das cidades nas horas mortas da madrugada colher sem autorização as plantações, matar animais, e fugiam em carroças imundas com o produto para dividir entre moradores da rua, unidos no infortúnio da fome ou vendê-lo a preço irrisório a comerciantes do crescente mercado informal.

O jovem estudante sentiu-se esmagado diante daquela realidade. Sua família sentia o peso da desgraça que se abatia sobre a nação, entretanto conseguiam manter uma vida digna. A avó decidira fechar a casa na cidade, levando todos os objetos de valor partira para uma pequena propriedade rural herdada de seus pais. Lá, vivia na companhia de uma criada e alguns camponeses que cultivavam as terras em troca de participação na colheita e moradia.

O pai estava envolvido demais na política, o ambiente nos quartéis era de total e absoluta insatisfação. O Tratado de Versalhes era pedra na garganta, que não subia nem descia. Orgulhosos e arrogantes era-lhes penoso suportar as cláusulas do famigerado acordo. Não aceitavam as limitações à militarização do estado, a devolução do território da Alsácia-Lorena à França, a cessão também à França do território do Sarre para exploração econômica por quinze anos, de entregar à Polônia uma faixa de terra que lhes garantisse acesso autônomo ao mar — o dito corredor polônes de Danzig. Até a pequena região de Eupen-Malmedy entregue à Bélgica era motivo de forte incomodação.

Passavam dias e dias discutindo a extensão dessas perdas territoriais, como se a matemática não fosse uma ciência exata e os cálculos exaustivamente repetidos pudessem apontar outro resultado que não uma perda considerável em que se incluía em torno de quinze por cento das terras aráveis. Obviamente, as sanções de Versalhes tinham um reflexo direto na situação econômica e social caótica enfrentada pela população alemã, levando um número expressivo de cidadãos a buscarem a imigração para outros países na esperança de encontrarem trabalho e dignidade.

Mas, a pior sanção para os militares engolirem e, por isso, se rebelavam, eram os impedimentos impostos ao exército. As questões envolvendo a remilitarização da Renânia, a restrição do efetivo do exército a cem mil homens, e a proibição do desenvolvimento da indústria bélica, eram-lhes impossível aceitar.

Se, por um lado, a miséria e o caos social abatiam a população civil, humilhando e gerando um forte caldo de cultura à insatisfação popular, as limitações militares desgostavam, humilhavam e revoltavam os militares, enchendo-os de insatisfação com a política da República de Weimar que penava na tentativa de administrar o inadministrável e de controlar uma massa em desatino emocional, tomada pela vergonha, pela humilhação e pelo desespero. O preço do orgulho era alto na Europa nas primeiras décadas do século 20.

Neste estado de coisas, as férias de Ludwig transcorriam solitárias e deprimentes, marcadas pelo intenso desejo de dar as costas àquele panorama aflitivo e voltar à tranquilidade da residência e da companhia de Marion Lescault, na efervescente capital francesa. Passava longas horas caminhando por Berlim na esperança de encontrar um amigo, entretanto nem mesmo no culto da igreja, ao qual acompanhava o pai, os encontrou.

Triste, prosseguia mais uma tarde em sua caminhada quando teve sua atenção voltada à manifestação de operários em greve, marchando em uma passeata desorganizada pelas ruas, com roupas desalinhadas, rotas e manchadas, barbas por fazer e cabelos necessitando de corte e limpeza, gritando palavras de ordem contra o governo.

"É hora de apressar o passo. Não vai demorar muito para que esses 'comunistas' arrumem encrenca na cidade. Os Corpos Francos[12] dispersarão a manifestação.", pensou Ludwig, baixando a cabeça e acelerando a caminhada para afastar-se do centro.

---

12 - Corpos Francos ou *Freikorps* eram grupos paramilitares adestrados por oficiais do exército e composto por voluntários que serviam ao regime do governo social-democrata no esmagamento dos partidos de esquerda em Berlim, usavam como identificação a caveira e as tíbias desenhadas em seus tanques, prenunciando os símbolos do nazismo.

O Império Alemão era internamente um campo de guerrilha, a insatisfação popular desaguava num clima de violência sem precedentes. As proibições e limitações oficiais às atividades militares encontravam escoamento na criação de inúmeros grupos paramilitares, levando os partidos políticos a desenvolverem esses grupos e a armarem seus adeptos, por consequência, as passeatas e manifestações degeneravam em luta armada.

Tarde da noite, o major Schroder chegou em casa. Ludwig ouviu suas botas martelando firme o assoalho, o ruído do casaco e do chapéu sendo pendurados no cabide no *hall* de entrada e o baque surdo da valise jogada sobre o estofado na sala. Passavam os anos, mas os hábitos do capitão não se modificavam. Era um ritual sagrado e pessoal.

Ludwig podia descrever seus gestos. Ele passaria as mãos sobre os cabelos que desde a manhã estavam perfeitamente penteados com pomada, esticaria a camisa do uniforme, puxaria as calças, ajeitaria o cinto, por último uniria o dedão e o indicador da mão direita levando-os ao centro do bigode ruivo abrindo-os em direção às faces, realinhando os fios bem aparados. Estava pronto para apresentar-se à família, cruzando a ampla sala de estar em direção à pequena saleta íntima, pigarrearia para limpar a garganta, anunciando sua chegada.

Ludwig, após tantos meses distante, acompanhava com certa nostalgia aquele ritual paterno que lhe trouxera à memória a figura da avó e seu rosto sorridente de ar maroto, quando, ainda menino, ela o fazia observar e aguardar a chegada do pai, como se fosse uma surpresa vê-lo surgir sob o batente da porta.

Aquela noite não foi diferente. Embora houvesse abandonado os livros de anatomia humana que o interessavam, a fim de recordar o passado reconstituindo os passos do major, fingiu surpresa ao vê-lo aproximar-se e fechou o volume, cumprimentando-o e indagando como tinha sido o seu dia.

— Cansativo, meu filho. Nossos dias têm sido muito cansativos. O recrutamento e a seleção de voluntários para o treinamento dos grupos paramilitares do partido são árduos. Há muitos candidatos, o povo não tem trabalho e o chamado a este voluntariado lhes garante comida e roupa. É uma melhora considerável na vida que estes jovens vêm levando. Há muitos doentes, esqueléticos, tão fracos que não conseguiriam sustentar uma arma nas mãos, quanto mais armamento pesado.

— Estes não servem. O que fazem com eles?

— São descartados. Um ou outro que não preencha rigorosamente os critérios de seleção acaba por engajar os Corpos, porém sabemos de antemão que serão os primeiros a sucumbir nos confrontos.

— Andei pela cidade hoje. Vi que havia uma manifestação de grevistas. Sabe se degenerou em enfrentamento armado?

— Lógico. Sempre degenera. Não podemos deixar esses comunistas espalharem suas ideias. Enfraqueceram com a morte de Rosa Luxemburgo e de Karl Liebknecht, mas não foram expurgados do nosso meio, ainda agitam o operariado. Não sei aonde chegaremos, há uma subversão total dos valores germânicos, os jovens prestam pouca atenção a nossas tradições e um considerável contingente de cidadãos está imigrando. A maioria é das classes mais pobres, mas ainda assim é preocupante. Dói ver nosso império desfacelado, nosso orgulho abatido, e termos de aceitar essas minorias[13] como cidadãos com igualdade de direitos é degradante — desabafou o capitão com expressão de profundo desagrado.

Sentou-se na poltrona em frente a do filho e pediu:

— Acabo de chegar de uma reunião do partido. O que significa que boa parte da noite e o dia todo me ocupei dessas questões. Não que elas não me agradem, ao contrário, têm o meu apreço, sonho ver nosso povo erguido entre as nações prósperas da Europa, mas estou cansado e você deve ter muito a contar de todos esses meses fora. Como aqueles malditos franceses estão lhe tratando?

A partir daí a conversa girou em torno do cotidiano do jovem estudante. Narrou o preconceito que enfrentava por grande parte dos colegas, mas falou também do carinho de madame de Lescault e de seus novos amigos frequentadores do Teatro de Variedades. Como não poderia deixar de ser, falou de Irina, louvando-lhe a beleza. O brilho de seus olhos denunciou a paixão que sentia ao

---

13 - Referência às minorias raciais que integravam o império austro-húngaro, desfeito após a Primeira Guerra, consideradas como inferiores pelos austríacos e alemães e sobre as quais se levantou primeiramente a supremacia da raça ariana.

apurado senso de observação do major Schroder e surgiram as costumeiras observações paternas sobre que tipo de mulher se prestava a estes espetáculos e para que elas serviam.

As sonoras badaladas do relógio de parede anunciaram a hora da ceia e a necessidade de se recolherem. Pai e filho, após compartilharem a ceia, se despediram, e Ludwig partiria no dia seguinte ao encontro da avó na zona rural.

***

Instalados na confortável sala de estar do apartamento de Duvernoy, ele e Gaultier conversavam animadamente. Sobre uma pequena mesa de apoio descansavam, lado a lado, vários livros meticulosamente empilhados, a bandeja com copos e uma jarra de suco.

Servindo-se, Gaultier sorriu maroto e provocou o amigo:

— Duvernoy jamais imaginei que a nossa garrafa de Bordeux seria substituída por uma jarra de suco. O que faz o avanço moral no homem! Especialmente quando há uma interessante dama empenhada em promovê-lo.

— Ora, cale-se se não tem algo interessante a dizer Gaultier. Minha amizade com madame Lescault é respeitosa. Em meio às tolices que acabou de dizer apenas uma merece atenção: ainda sabe reconhecer uma dama.

— Ah, sim, é claro — insistiu Gaultier espicaçando de propósito o amigo. — Uma dama digna, inteligente e bem conservada. Marion Lescault é uma bela mulher para a idade que tem. Quer a minha opinião? Acho que você está certo em adulá-la, ela merece. É uma pessoa notável. Que homem não seria feliz em tê-la como companheira?

— Gaultier será que você é incapaz de entender que duas pessoas possam ter interesses em comum que as aproximem e que necessariamente, não as levem em direção à cama? — Duvernoy irritou-se com as brincadeiras insistentes, embora soubesse que ele as fazia para provocar essa reação.

— É claro que eu entendo, o conheço há muitos anos, nos damos bem e jamais tive pensamentos pecaminosos com você.

Lógico que sei que é perfeitamente possível esse tipo de convivência e tenho grande apreço por elas.

— Pois bem — concedeu Duvernoy rindo, desarmado pela resposta do amigo. — Transfira esse conceito para nossa amiga, madame Lescault. É a mesma coisa. Está bem?

— Se insiste, que posso fazer? — falou Gaultier rodando o copo nas mãos e observando o líquido colorido dançar entre os limites do vidro.

Há algumas semanas Marion Lescault se unira a eles nas reuniões informais das segundas-feiras para leitura e estudo das obras de Léon Denis. Ele tinha notado o carinho e a admiração de Duvernoy pela nova amiga, por isso, quando podia, o espetava com o assunto esperando uma confissão de seu interesse pela senhora em questão.

— Mas, falando como pintor, admiro o rosto de madame Lescault. É expressivo, seus olhos são muito ternos, firmes. São encantadoras as linhas suaves em torno deles, dão uma suave autoridade a face.

— Realmente, são lindos. Marion tem um rosto expressivo, já reparou na boca? Bem desenhada, delicada, um sorriso paira em seus lábios — comentou Duvernoy encantado. — Mas admiro-a por suas atitudes, por seus pensamentos. É raro encontrar-se uma mulher tão serena e segura quanto ela. Ontem fui almoçar em sua casa e descobri que com outras amigas, ex-voluntárias da Cruz Vermelha, desenvolve um trabalho de atendimento e esclarecimento a algumas famílias pobres. Aliás, famílias compostas de mulheres, crianças e velhos doentes, como tantas que sobreviveram à guerra.

Gaultier observou o entusiasmo do amigo ao falar de Marion Lescault, sorriu e pensou: "Ele nega, mas eu não me engano. O velho Duvernoy está encantado com Marion Lescault. Quanto bem faz amar! Ele rejuvenesceu, está mais alegre."

No entanto, guardou-os para si e comentou honestamente interessado, pois também simpatizava com Marion:

— Os problemas sociais do pós-guerra são e por muitos anos, serão dolorosos. Marcaram uma geração inteira, ou talvez mais, se considerarmos as crianças. A vida das mulheres mudou, hoje encontramos jovens trabalhando em setores nos quais antes não se imaginava possível. E se saem muito bem. Mas, o que faz madame Lescault e suas amigas que o interessou tanto?

— Realizam encontros com vinte mulheres de um bairro pobre. Ensinam profissões. Doceiras, costureiras, Marion e suas amigas ensinam cuidados básicos com doentes, habilitando-as a trabalhar como acompanhantes de pessoas inválidas ou gravemente doentes. Contudo, não foi isso o que mais me agradou. O que elas ensinam têm o objetivo de tornar estas famílias autônomas, independentes da caridade delas. Com esses conhecimentos poderão trabalhar e garantir a subsistência ou um acréscimo de renda. Elas formaram uma rede de contatos para colocação dessas senhoras em empregos ou em relação com compradores para os produtos.

— Muito interessante. Não gosto da ideia das cozinhas de caridade que infestam a Europa. Sei que com fome não se consegue pensar, trabalhar ou fazer o que quer que seja, mas sempre as vi como algo limitado, cuja eficácia se esgota com o processo digestivo. Esse trabalho de madame Lescault me parece mais consistente — disse Gaultier e depois como se a consciência o acusasse por criticar o que não fazia, emendou arrependido. — Quem sou eu para tecer críticas... não passo de um pensador destes temas. Nunca arregacei as mangas para me envolver com ele, aliás nunca andei um passo nestes bairros, ou falei com estas famílias.

Tocado pela confissão, Duvernoy lembrou-se de que no dia anterior conversara muito com Marion sobre essas atividades, cheio de entusiasmo, e pensou no assunto. Mas ele estava na mesma condição do amigo, nunca se levantou da confortável cadeira de sua sala para atender a quem quer que fosse, miserável do corpo ou da alma.

Ao contrário, várias vezes, rechaçou a presença daquelas crianças famintas, de aspecto doentio, que perambulavam pelas ruas de Paris esmolando e até roubando comida. Essa linha de pensamento o fez recordar *Os Miseráveis*. Lembrou-se do personagem Gervais, o menino de rua. E, pela primeira vez, depois de tantos anos, entendeu o vigoroso chamado da obra e a denúncia da apatia do comportamento da sociedade ante as chagas expostas da cidade.

Aproveitando o silêncio do amigo, Gaultier deixou seu pensamento navegar em busca da amada. Irina partira semanas antes em turnê pelas principais capitais europeias, com o espetáculo de estreia na Companhia Stravinsky. Recordou quando ela lhe disse que precisaria viajar por algum tempo, confessou seu trabalho e ainda assim o fez, na certeza, de que ele por também amar a arte, compreenderia o seu desejo de estar no palco. Conversaram e a estimulou a buscar suas realizações, deixou-a segura de sua compreensão. Mas Irina não falou do passado ou de sua passagem pelos cabarés e por casas do chamado submundo.

Compenetrados em suas reflexões, assustaram-se ao ouvir o toque estridente da campanhia anunciando a chegada de outro participante, ao mesmo tempo tocou o telefone na saleta de leitura de Duvernoy.

— É sempre assim — resmungou o dono da casa. — Passo horas e horas sozinho em absoluto silêncio e abandono. Ninguém se lembra deste traste velho, de repente é isso: chamam ao mesmo tempo. Por favor, Gaultier atenda a porta que atenderei o telefone.

Gaultier levantou-se e foi até porta enquanto Duvernoy seguiu para as dependências particulares do apartamento.

Ao abrir a porta, deparou-se com Marion, elegante, num vestido marrom estampado com pequenas flores em tom pastel e um chapéu estilo touca. Trazia um pacote e, delicada, sorriu para Gaultier como a desculpar-se pela impossibilidade de cumprimentá-lo.

— Boa noite, madame Lescault. Entre, por gentileza. Imagine que neste momento tocaram a campanhia da porta e o telefone. Duvernoy pediu que viesse atendê-la, imaginávamos que fosse a senhora. Ele está ao telefone.

— Entendo. Passo por situações semelhantes. Há dias que considero a possibilidade de que metade da população da cidade me conheça e tenha algo a me dizer ou a algum dos meus inquilinos. Precisamos nos dividir.

— As pessoas têm cada vez mais pressa e pensam que são as mais importantes do mundo. Irritam-se com extrema facilidade.

— Creio que seja a ânsia de viver da qual tanto falam. Particularmente, dou a isso outro nome.

Desde a primeira vez que encontrara Marion Lescault, Gaultier sentira por ela profunda simpatia. Ela transmitia-lhe tranquilidade e pureza, lembrava-o um córrego cristalino, com algumas pedras, cercado de verde cujo leito refletia o brilho do sol, que ficava próximo da casa onde residira com a avó, no pequeno vilarejo próximo da cidade, e quando garoto era fascinado por suas cores. Passara muitos dias com os pés imersos na água, ouvindo o borbulhar das águas, desenhando em seus blocos de criança com lápis de cera colorido.

Com a intimidade de um sobrinho, tomou-lhe o braço conduzindo-a à sala, conversando com a facilidade que só os afins conseguem desenvolver.

Da saleta, Duvernoy ouviu a voz alegre de Marion e tratou logo de encerrar a lenga-lenga de Léfreve, desculpando-se de mais uma ausência às reuniões semanais.

— Está bem, Léfreve, entendemos as suas razões. Fique tranquilo, não o condenamos. Vá, cuide de seus interesses e quando quiser apareça.

— Nos encontramos na quarta-feira, então. Há um ótimo espetáculo na casa ao lado do Moulin. Não podemos perder — convidou Léfreve do outro lado da linha telefônica. — Esta é a minha semana, mas não me importa que o outro teatro seja mais caro que a casa do Fredo. Infelizmente, depois que a Divina se foi, aquilo lá não tem mais atrativo, voltaram às mesmas meninas e às mesmas apresentações de antes.

— Está bem, creio que não haverá impedimento — concordou Duvernoy encurtando a conversa.

— Como assim, um impedimento? Desde quando você arrumou o que fazer as quartas-feiras? Está acontecendo algo que eu não sei, Duvernoy? Você até me lembra Gaultier, aquele sem-vergonha, abandonou o grupo e nem satisfação deu. Só o vejo em sua casa ou em um restaurante. Dos programas bons que fazemos juntos, o bandido desapareceu. Você descobriu por quê?

— Não, Léfreve. Sei tanto quanto você sobre a vida de Gaultier. Agora, me desculpe, mas tenho visitas e parecerá muito indelicado se eu me alongar nesta conversa. Amanhã lhe telefono e conversaremos, certo?

Enfim Léfreve despediu-se liberando Duvernoy que afoito voltou à sala.

Encontrou Marion acomodada e servida de um generoso copo de suco de frutas entretida com as explicações de Gaultier sobre suas pinturas e projetos recentes. Cumprimentou-a e desculpou-se por não tê-la recebido pessoalmente. Informou a impossibilidade alegada por Léfreve para comparecer a reunião, depois, animado, indagou:

— Qual será o assunto de hoje, mestra?

Gaultier que saboreava o segundo ou terceiro copo do suco, por pouco não engasgou. Sentiu uma inusitada e imprópria vontade de rir dos modos do amigo, e se conseguiu disfarçar na fisionomia e na atitude aparente, não se furtou de pensar: "Não. Assim não, Duvernoy. Será que a idade o fez esquecer a maneira pela qual deva agradar uma mulher? 'Mestra'? Ah! Homem, pense em algo melhor. Terei que falar com ele depois. O que será que ele tem contra um respeitoso 'minha querida' ou coisa que o valha? Soa melhor aos ouvidos e não deixaria madame constrangida."

A expressão usada por Duvernoy fez Marion enrubecer e a deixou desconfortável. Mas ela superou a circunstância imprevista.

— Eu, mestra? — questionou ela com expressão descrente e sincera. — Bem se vê que o senhor me conhece pouco. Se me chamar uma dedicada aluna aceitarei. Mas, mestra não, seria uma injustiça e uma inverdade.

— Modéstia. A senhora é uma das mais sábias mulheres que conheço — insistiu Duvernoy levando a jarra para servir novamente o copo de Marion.

— Obrigada, o suco está delicioso, mas estou satisfeita. E antes que o senhor me deixe constrangida, creio que devemos iniciar nossas leituras, que afinal é a razão de nosso encontro.

"Pobre, Duvernoy", lamentou Gaultier, intimamente. — "Precisamos conversar com urgência. Ele está perdido, não sabe o que fazer para agradar madame Marion. Pobre coitado! Será que é isso que os longos anos de frequência aos cabarés fizeram com ele? Não sabe mais cortejar uma mulher, não consegue mais usar aquele charme discreto para encantar. Irina vai rir muito quando eu contar-lhe esta cena. Seria muito bom se ela conhecesse Marion Lescault. Quem sabe, conhecendo uma mulher madura ainda capaz de despertar sentimentos de amor em um homem, ela perdesse um pouco do medo e da amargura que há em sua alma. Talvez descobrisse que a alma pode vestir o corpo com outras belezas além da mera forma".

— De pleno acordo — declarou Duvernoy. Movendo-se em direção à mesa onde estavam os livros perguntou: — Qual é a leitura de hoje?

— Pensei em prosseguir o assunto da semana passada — esclareceu Marion. — Estudamos a visão proposta em *O Livro dos Espíritos* a respeito de Deus, estão lembrados?

Gaultier aquiesceu com a cabeça observando o comportamento seguro de Marion. A tranquilidade dela o fascinava.

— Podemos complementar a leitura, que fugiu um pouco à predominância das obras de Léon Denis, mas é necessário se conhecer as próprias fontes que alimentam o nosso mestre — olhando para Duvernoy sorriu e comentou: — Ele, sim, merece o título. Afinal, alimenta, consola e dá equilíbrio a milhares de seres humanos por meio de seu pensamento, seu conhecimento e suas obras, tão bem escritas e de fácil entendimento, meu caro senhor Duvernoy.

O anfitrião não se importou com a leve reprimenda nas palavras de Marion, encantado com o seu sorriso.

— Sem dúvida — concordou ele. — E qual texto usaremos, então?

— Do livro *Depois da Morte*, o capítulo que trata sobre o Universo e Deus.

Duvernoy separou o exemplar dentre os livros empilhados sobre a mesa, recostou-se na poltrona e apanhou os óculos acomodando-os sobre o nariz. Gaultier levantou-se, ergueu a poltrona e com toda intimidade que desfrutava na casa do amigo aproximou o móvel de onde se encontrava Marion. Sorrindo e com olhar de menino carente, pediu:

— Importa-se que eu leia com a senhora? É que tenho mais facilidade de me concentrar nas ideias quando leio. Ouvindo a leitura, às vezes, divago. A senhora tem o dom de recordar-me a infância e da minha avó, ela me criou e educou. Ouvindo-a ler, a entonação delicada da sua voz me lembra quando ela auxiliava-me nas primeiras lições.

Sem resistir ao pedido, Marion estendeu a mão, tocando o braço do rapaz e respondeu:

— É claro. Aproxime-se. Eu tenho a mesma dificuldade. E sua avó, ainda vive?

181

— Não. Faleceu há doze anos.

— Podemos começar? — perguntou Duvernoy interrompendo o diálogo.

"Gaultier deve banhar-se com mel e açúcar. Será possível que nem Marion Lescault vai resistir ao charme dele? Quando ia aos cabarés vivia rodeado pelas meninas, elas o adoravam. Tem a Divina Irina como amante e tudo leva a crer que ela o ame. E o desgraçado não é um dos homens mais belos de Paris.", pensou Duvernoy enciumado.

Gaultier que conhecia o amigo há muitos anos, leu os pensamentos que ele alimentava, estavam grafados em seu olhar enciumado e irritado, por isso sorriu e respondeu:

— Madame e eu localizamos a página. Por favor, comece a leitura.

Duvernoy remexeu-se na poltrona, pigarreou, respirou fundo controlando a irritação. Não atinava por que se sentia ansioso, irritado com o amigo e inseguro com Marion. Decidido a jogar aquelas emoções fora, respirou outra vez e começou a leitura.

Gaultier acompanhava concentrado. As primeiras linhas o atraíram e cativaram sua atenção. Assimilava-lhes as ideias, sentia profunda afinidade com o autor e recordava que com outras palavras expusera ideias semelhantes para Irina. E seus olhos passavam pelas linhas que iam lhe enchendo a mente e alimentando a alma:

"Bem antes dos problemas da vida e do destino, impõe-se o problema de Deus. Estudando as leis da natureza, procurando a beleza ideal na qual se inspiram todas as artes, em toda parte e sempre, acima e do íntimo de tudo, encontramos a ideia de um Ser superior, necessário e perfeito, fonte eterna do bem, do belo, e do verdadeiro, no qual a lei, a justiça, a razão suprema se identificam.

O mundo físico é fixado segundo um desenho, governado por leis que demonstram conhecimento profundo das coisas a elas sujeitas. Estas leis não procedem de uma causa cega: o caos, o acaso não saberia compor a ordem e a harmonia. Não emanam dos homens, que são seres passageiros, limitados no tempo e no espaço, e não poderiam criar leis permanentes e universais. Não se poderia conceber a inteligência sem personificá-la em um ser, mas este ser não se prende à imensa cadeia dos outros seres: ele é o Pai de todos e a própria fonte da vida.

A personalidade não deve ser aqui entendida no sentido de um ser revestido de uma forma, mas antes como a soma de faculdades que constituem um todo consciente. A personalidade, no mais alto significado da palavra, é a consciência; neste sentido Deus é uma pessoa, ou antes, a personalidade absoluta, e não um ser determinado pelo limite e pela forma. Deus é infinito, não pode ser individualizado, isto é, segregado do mundo nem considerado a parte.

Os positivistas, segundo sua própria expressão, desinteressam-se pelo estudo da causa primeira como coisa inútil e incognoscível, mas perguntamos se é realmente possível que um espírito sério possa comprazer-se na ignorância das leis que regem as condições de sua própria existência. Impõe-se a procura de Deus; ela não é senão o estudo da grande Alma, do princípio de vida que anima o universo e reflete-se em cada um de nós. Tudo passa a um plano secundário quando se trata do próprio princípio das coisas; a ideia de Deus é inseparável da ideia das leis morais, e nenhuma sociedade pode viver e desenvolver-se sem o conhecimento de tais leis.

A crença em um ideal superior de justiça fortifica a consciência e sustenta o homem em suas provas; ela é o conforto e a esperança daqueles que sofrem, o supremo refúgio dos aflitos, dos abandonados; como uma aurora ela ilumina com seus brandos raios a alma dos infelizes.

Sem dúvida a existência de Deus não é demonstrável por provas diretas e sensíveis: Deus não pode ser medido pelos nossos sentidos; a divindade oculta-se atrás de um véu misterioso, não apenas para obrigar-nos a procurá-la, o que é realmente o exercício mais nobre e mais fecundo de nossa faculdade de pensar, mas também para deixar-nos o mérito de descobri-la. Existe em nós uma força, um instinto seguro que nos leva para ela e afirma-nos sua existência com maior evidência do que todas as demonstrações e do que todas as análises.

Em todos os tempos, sob todos os climas — e esta é a razão de ser de todas as religiões — o espírito humano sentiu a necessidade de elevar-se sobre todas as coisas móveis e perecíveis que constituem a vida material e que não lhe podem dar uma satisfação completa; sentiu a necessidade de ligar-se ao que é fixo, permanente, imutável no universo; a algo absoluto e perfeito, em que identificasse todas as potências intelectuais e morais, e que constituísse o ponto de apoio para o seu progredir. Ele encontrou tudo isto em Deus; nada além dele pode dar-nos aquela segura certeza, aquela confiança no futuro, sem a qual estamos à mercê de todos os ventos da dúvida e da paixão.

A isto se poderia opor o uso funesto que as religiões fizeram da ideia de Deus; mas que importam as várias formas que os homens emprestaram à Divindade? Para nós, ela não é constituída pelos deuses quiméricos, criados pela débil razão na infância da sociedade; aquelas formas poéticas, graciosas ou terríveis, eram apropriadas à inteligência que as concebera. O pensamento humano, mais amadurecido, emancipou-se daqueles conceitos hoje decrépitos; esqueceu aqueles fantasmas e os abusos cometidos em seu nome para lançar-se em direção à Razão eterna, para Deus, Alma do mundo, foco universal da vida e do amor, no qual nos sentimos viver como o pássaro no ar, como o peixe no mar; pelo qual estamos unidos a tudo o que é, foi e será.

A ideia que as religiões fizeram de Deus, derivava de uma pretensa revelação sobrenatural; nós também admitimos uma revelação sempre viva das leis superiores, mas racional e progressiva, que patenteia ao nosso pensamento pela própria lógica das coisas, pelo espetáculo do mundo. Ela está escrita em dois livros sempre abertos diante de nós: o livro do universo, onde as obras divinas ressaltam em caracteres luminosos, e o livro da consciência no qual estão impressos os preceitos da moral.

As comunicações dos espíritos recolhidas em cada ponto do globo com método simples e natural, não fizeram mais do que confirmar esta revelação; a razão humana, duplamente instruída, comunica-se com a razão divina por meio da natureza universal, da qual compreende e desfruta a harmonia e a beleza."[14]

Duvernoy fez uma pausa na leitura, esquecido das emoções que haviam envolvido o trio antes da apreciação do texto, tinha os olhos brilhantes, levemente úmidos. Lembrou-se dos dias difíceis de sua existência quando pessoas que amava haviam partido para a vida maior.

---

14 - Texto transcrito de *Depois da Morte*, cap. IX, págs 99 a 102, tradução de Torrieri Guimarães, Editora Edicel, São Paulo, SP.

Que dor sentira naqueles momentos! Quanta amargura e revolta destilara no próprio espírito! Irresignado, ignorante que era das leis divinas. Pobre no entendimento de que a vida não é limitada às nossas percepções físicas, tão restritas. Por certo, se houvesse lido ou ao menos conhecido as ideias antes, teria se privado de muitas blasfêmias e frases irrefletidas ditas contra o Criador.

Suspirou esquecido da presença dos amigos, perdido em lembranças, reflexões e memórias de sentimentos passados, guardados no fundo do coração. Elas, às vezes, ainda doíam, como um espinho enterrado na carne que dependendo do movimento incomoda.

Marion e Gaultier olharam-se com cumplicidade observando o estado de alma do parceiro. Compreensiva, ela deu leves tapinhas no braço de Gaultier. Seus ternos olhos castanhos diziam-lhe:

"Deixe-o. Há momentos em que precisamos conversar com o passado e acertar contas com velhos e empoeirados fantasmas. Depois, ele avançará para o futuro com mais firmeza. Deixe-o. Fiquemos em silêncio."

Captando o recado, Gaultier se entregou às suas reflexões que seguiam rumo diverso. Cada segundo que sua mente ficava livre era imediatamente tomado pelas lembranças e pensamentos em torno de Irina. O que ela estaria fazendo? Pensaria nele, tinha certeza. Ela admitia sentir a sua ausência. Recebeu uma carta breve, depois um livro de pintura com uma dedicatória sugestiva: "Todas as cores do mundo me lembram de você. Sua Irina."

Na tarde anterior tinha recebido outra carta. Irina não era de escrever ou falar muito, era econômica com as palavras. Dizia: "Cada dia o contraste entre mim e as cores é maior, me sinto cinza sem você. Quero partir, mas não posso. O espetáculo está sendo um sucesso. Sua Irina."

As notícias atravessavam as fronteiras e ele sabia do sucesso da jovem atriz e dançarina revelada pela Companhia Stravinsky. O ciúme o rondava, afligia-o, lhe tirava o sossego. Mas o espantava recordando que agia conscientemente no envolvimento com Irina. Sabia o que podia esperar e acima de tudo sabia que mesmo que outro homem tocasse o corpo dela, isso nada representava o que sentia por ele, estava além do plano da representação no qual se movia a Divina Irina. Sabia que a mulher, a essência do ser que habitava o corpo, o amava, e somente a ele, com uma paixão que poucos homens tinham na vida a ventura de receber de uma mulher.

Lógico que não podia falar de seus sentimentos a outros homens. Seria chamado de idiota. Mas as verdades do universo da paixão só são conhecidas por aqueles que a sentem. Idiota, jamais! Feliz, sempre! Sofria com a distância. Noite após noite, acordava de madrugada com o peito oprimido e lágrimas de felicidade porque despedia-se dela em sonho, sentindo na pele o calor e o toque das mãos da amada. Chegava a ouvi-la chamando-o ao pé da escada, na entrada que levava ao seu estúdio.

Marion observou criticamente seus acompanhantes. Considerou as ideias bobas que ouvia quanto a tão falada e decantada sensibilidade feminina em oposição a dureza masculina. Sempre as julgara preconceituosas. Lidara com homens em situações extremas, não só na Grande Guerra, mas em outras calamidades nos lugares onde seu espírito de voluntariado a levara a servir a Cruz Vermelha, e constatara a extrema sensibilidade masculina. Reconhecia que mulheres se tornavam leoas quando lutavam por algo em que acreditavam ou se lançavam à defesa do que ou de quem amavam. Eram guerreiras, por instinto e natureza.

Mas os homens... Ah, eram tão diferentes! O que desperta a fera na mulher, no homem faz nascer o anjo. As dores que uma mulher suporta derrubam o querubim, fazem-no perder as asas, e vagar desolado e desprotegido pela Terra, longe de seu habitat. Eles têm dificuldade de viver sem uma mão a sustentá-los emocionalmente.

Conhecera valentes soldados, condecorados, que uma dor de amor vencera, que a morte ou o abandono da mulher amada os lançara ao vício e à miséria. Por estes caminhos, eles seguiam até a mendicância, a loucura e a morte. E, diz a voz insana do mundo que eles não são sensíveis.

Tola ilusão, como se a alma pudesse dividir-se. Que experiências masculinas e femininas desenvolviam diferentes habilidades, ela estava de pleno acordo. Mas dar apenas sensibilidade a uns e a outros a fria razão, isso era insano demais para a mente de madame Lescault aceitar.

Como explicar a delicadeza de sentimentos dos grandes musicistas, pintores, escritores, poetas e filósofos homens? As maiores obras da história da arte foram executadas por homens. E como ignorar rainhas como Elizabeth, Cleópatra? Como na França não falar da força e determinação tidas como características de masculinidade de Joana D´Arc em oposição a histórica covardia e ingratidão de Carlos VI?

Não. Mulheres sofriam por amor, mas nunca encontrou uma mendigando, enlouquecida e sofredora pelas ruas. A leoa não aceitava essa posição delicada, pode até lamber suas feridas na selva, mas não morre por elas.

E, ou muito se enganava ou seus amigos mergulhavam em nostálgicas lembranças de seus amores, enxugando velhas lágrimas. Deixou-os assim alguns minutos e tossiu.

— Preciso de mais um copo de refresco — pediu, afastando a mão de Gaultier e despertando-o, enquanto chamava aos brios de anfitrião o ausente Duvernoy.

Em seguida, Marion continuou a conversa, salientando tópicos e promovendo o debate em torno das palavras de *Depois da Morte*.

***

— Madame Lilly. Madame Lilly — chamou Nanine, pelo extenso corredor do apartamento, em que as portas dos diversos dormitórios se dispunham em diagonal, anunciando as razões de sua busca: — Há alguém à sua procura na sala.

— Onde será que ela está? — resmungou. — Terei que abrir todas estas portas... Que diabo! E se ela estiver enfiada em algum dos *closets*, nunca irá me ouvir. Inferno!

E chamou até ouvir um ronco vindo do quarto dela.

— Estava dormindo, menos mal. Poupo trabalho.

A empregada bateu suavemente na porta e não aguardou permissão para entrar. Lilly dava intimidade aos criados, que simpatizavam com seus modos extravagantes, e a adoravam como uma amiga sincera.

— O que você quer, mulher desgraçada? Por que não me deixa dormir?

— Você tem visita, Lilly. Se apronte que a moça diz que é grave e urgente.

— Moça? Que moça?

— Não conheço. Ela pediu para dizer que se chama Carlise e trabalha no Café Graville e que é sobre o seu amigo.

De um salto, Lilly ergueu-se do leito. Sem dar atenção a aparência, saiu pelo corredor com os cabelos desarranjados, o vestido amarrotado, os pés descalços e o rosto inchado do sono.

Assim que viu Carlise, chamativa em um vestido justo e decotado, com muita maquiagem e os cabelos curtos, precisando de cuidados, indagou:

— O que houve? Graville nunca mandou alguém à minha procura.

— Eu sei. Mas sou a mais antiga na casa e conheço um pouco da vida dele. Olha, Lilly, vou direto ao assunto, não sou boa em rodeios e nem sou delicada: ele teve um ataque e está mal.

Lilly levou as mãos ao peito, apavorada, e, por pouco não desfaleceu. Nanine a segurou, pois lhe faltou força nas pernas. Falou com a voz estrangulada:

— Não pode ser! Você está brincando, menina.

— Não estou, não. Deu uma coisa feia nele. Se você quer ver o seu homem vivo, é bom correr para lá. Demorei a achar esse lugar — falou Carlise firme, depois olhou rapidamente à volta e comentou: — Chique, hein! Se deu bem a colega.

— Vamos embora — decidiu Lilly recobrando-se rapidamente do susto, voltou-se para Nanine determinando: — Traga-me os sapatos. Chame Duval, preciso dele. Cuide de tudo por aqui, Nanine. Não sei quando volto.

Nanine aquiesceu e correu a chamar o motorista. Lilly foi a saleta onde Irina deixara-lhe dinheiro, apanhou toda a quantia jogando-a na bolsa, voltou à sala e indagou a Carlise que olhava fascinada a luxuosa sala.

— Chamaram um médico?

— Oh, não tinha dinheiro. Mas o farmacêutico esteve lá e deu uns remédios, mas acho que não adiantou. Ele está muito mal, pobrezinho.

Lilly voltou à saleta, apanhou o telefone e pediu uma ligação para o médico que atendia Irina. Relatou o caso e ficou de apanhá-lo em seu consultório no caminho para Montmartre.

188

No retorno à sala, Nanine a esperava com os sapatos na mão e Duval a olhava compreensivo. Carlise já tinha contado a eles os acontecimentos, além disso, ele conhecia a história que unia Lilly ao enfermo. Conversava frequentemente com Graville quando ia buscá-la no café e apreciava o seu bom humor.

Apressados e em silêncio partiram. O coração de Lilly batia na garganta, mas seus olhos estavam secos. Sua fé, que só existia nos momentos de dor e doença, apresentava-se como única escolha e ela orava com devoção pedindo proteção e saúde para o pobre amigo.

***

As moças que trabalhavam no Café estavam sentadas em torno de uma mesa no salão central do estabelecimento, em frente ao balcão. Fumavam nervosamente, os rostos muitos pintados contrastavam com as expressões sérias e preocupadas. Lembravam antigas máscaras do teatro grego que encobriam parcialmente a real face dos atores. As portas laterais e janelas fechadas reduziam a luminosidade no ambiente, a lâmpada acesa sobre a mesa projetava um foco de luz sobre seus rostos, ressaltando-lhes o ar triste. O silêncio reinava.

Ao ouvirem barulho na porta, as cabeças se voltaram e suspiros de alívio e um murmúrio coletivo se fez ouvir:

— Graças a Deus, ela chegou.

Ignorando as jovens reunidas e a forma como estava sendo recebida, Lilly pegou o braço do médico — só ele lhe importava naquele momento — e o guiou em direção ao quarto de Graville.

Ao abrir a porta, não notou a jovem chorando, sentada ao lado da cama, segurando a mão do doente. Largou o braço do médico e lançou-se sobre o lado vazio da cama de casal onde estava Graville inconsciente. Precisava vê-lo, tocá-lo, sentir que o sangue ainda corria em suas veias, necessitava disso para alimentar a esperança e afastar o medo de encontrá-lo sem vida.

Tocou-lhe o rosto, aproximou-se até ouvir a respiração débil, correu a mão ao peito querendo sentir-lhe os batimentos cardíacos e dali aos pulsos.

O médico, doutor Pierre Dupois, calmamente observou a cena, enquanto abria a valise apanhando os instrumentos para examinar o paciente. Idoso, havendo dedicado toda sua vida adulta à profissão, perdera a conta de quantas vezes assistira a cenas iguais.

Sorriu ao ouvir a voz aliviada de Madame Lilly.

— Ele vive, doutor. Graças a Deus, ele vive.

— Então, cara amiga, afaste-se. Eu tenho trabalho a fazer.

Dando-se conta de que estava de quatro sobre a cama, com uma mão pousada de cada lado do corpo do paciente e as pernas lançadas ao lado, dificultando a aproximação do médico. Lilly se afastou. Então viu a jovem sentada ao lado e determinou:

— Saia, Juliette. Eu e o doutor Dupois cuidaremos de Graville.

A moça acariciou ternamente a mão do amigo inconsciente e com cuidado a pousou no leito. Levantou-se, encarou Lilly e o médico, respirou fundo, fitou o teto, lutando para dominar-se, mais serena, disse-lhes:

— Tenho prática com doentes. Se precisarem de mim é só chamar.

— É bom saber — respondeu doutor Dupois, assumindo a direção da situação. — Você estava aqui quando aconteceu?

— Sim. Eu fui a primeira a chegar hoje. Ele estava bem. Reclamou de dor de cabeça e que estava nauseado, mas estava trabalhando, organizando tudo para abrir o Café. Eu o ajudei. As outras chegaram e estávamos conversando, quando de repente, ele ficou pálido, começou a suar muito, vomitou no salão, reclamou de dor, mas não disse onde doía. Perguntamos e ele não respondeu, caiu da cadeira já desmaiado.

O médico ouviu atento, fazendo exames preliminares no doente, com o olhar fez entender a Juliette que tinha interesse no prosseguimento do relato.

— Afrouxei-lhe a roupa, tiramos os sapatos e o carregamos para cá. Tentei reanimá-lo fazendo-o cheirar os sais — ante a expressão surpreendida do médico, esclareceu: — Temos esse tipo de coisa aqui, pois alguns clientes abusam da bebida e desmaiam, é preciso acordá-los para mandá-los embora. O farmacêutico nos vendeu e nos ensinou a usar.

— Claro. E o senhor Graville não reagiu? Digo, desde o desmaio não voltou a si?

— Não — respondeu Juliette chorando.

— Tem ideia de que horas eram quando ele desmaiou? — ques-

190

tionou o facultativo com expressão concentrada, debruçado sobre o paciente examinando-se os olhos com uma pequena luneta.

— Acho que era próximo das quinze horas, não tenho certeza.

— Sabe se ele ingeriu álcool?

— Ele está são, doutor. O coitadinho nem comeu direito hoje, me disse que só havia comido maçãs. É mania dele quando não se sente bem do estômago.

Lilly, apoiada na cabeceira da cama, balançou a cabeça concordando com a informação de Juliette. Observou com atenção o rosto do médico e ouvindo cada palavra da moça, buscando causas para o súbito mal-estar do amigo.

— A senhora sabe, madame Lilly, se o paciente se queixava nos últimos tempos de cansaço ou de algum desses sintomas que a moça nos contou?

Concentrada, Lilly levou a mão à testa, deu alguns passos, numa trajetória de vaivém, da cabeceira ao pé da cama e respondeu:

— Eu o vi pela última vez a semana passada. Ele reclamou estar cansado, mas pensei que fosse por causa do calor deste verão. Graville nunca suportou o calor, sempre se sentia cansado nos finais de verão. Ele fazia festa quando via as folhas das árvores amarelarem e ria como criança com os ventos frescos do outono. Achei que fosse normal. De resto, ele se mostrava forte e saudável como sempre foi...

O médico calou-se e prosseguiu seus exames, depois de algum tempo declarou:

— Precisaremos levá-lo ao hospital, a situação é grave e ele precisa de cuidados.

Lilly tremeu, segurando-se na cabeceira da cama e Juliette chorando correu a segurar-lhe a mão em busca de conforto, enquanto murmurava as preces decoradas que aprendera na infância. Lilly a olhou e apertou-lhe a mão, enquanto dizia ao médico.

— Podemos levá-lo de carro. O senhor vai conosco?

— Por certo, madame. Apressemo-nos, não há tempo a perder. Vou medicá-lo, mas ele está inconsciente. Pelos exames preliminares, posso dizer que o que sofreu é sério. Preciso fazer exames para formar um diagnóstico preciso.

— Meu Deus! — exclamou Lilly aflita. — Vamos, não podemos esperar.

Juliette foi ao salão buscar ajuda para carregar Graville numa maca improvisada pelo médico. Informou Duval para preparar o carro para transportar o doente, retirando tudo que houvesse no banco traseiro.

Três dias durou a agonia de Graville. No final do terceiro dia, quando tênues raios de sol entravam pelas venezianas fechadas, ele abriu os olhos deparando-se com Lilly sentada a seu lado, com o olhar fixo em seu rosto.

— Ah! Deus, até que enfim — murmurou ela entre sorrisos e lágrimas ao vê-lo com os olhos abertos.

Com muito esforço ele moveu a boca para dizer:

— Lil..ly. On..de est..ou?

— No hospital. Você passou muito mal e o trouxemos para cá.

— N..não qu..erro mor..r...er aqui, me l..eve — parecia que lhe faltava o ar e Lilly em pranto colocava-lhe o dedo indicador sobre os lábios pedindo que não falasse, mas ele insistiu e disse:

— Pa..ra casa, pa..ra nos..nossa cama.

— Não diga isso, você vai ficar bom. Precisa ficar no hospital. Não se preocupe com o Café, as meninas estão cuidando de tudo. Carlise e Juliette são boas, sabem o que fazem. Está tudo bem.

O doente balançou a cabeça em negativa como a dizer que não era nada daquilo que tinha em mente e insistiu:

— Que...ro morrer na no...ssa cama. — com esforço moveu o braço esquerdo, tinha o membro direito paralisado, erguendo-o sobre o corpo até a mão aproximar-se do rosto de Lilly. — Amo você. Tudo que eu tenho será seu, procure no co..fre ...

As lágrimas de Lilly caiam sobre o rosto de Graville, enquanto ela negava com a cabeça as afirmações que ele fazia, na esperança de que ele não morresse. Mas ele a olhava com a aflição de quem sabe que tem pouco tempo. Sentiu-o apertar-lhe a mão com mais força como se fosse um cumprimento, uma despedida, e desesperada lançou-se sobre ele abraçando-o e beijando-lhe o rosto, repetidas vezes, enquanto dizia:

— Eu sempre te amei.

De repente, num milésimo de segundo, Lilly sentiu a força que lhe apertava as mãos afrouxar. Afastou-se, parou de beijá-lo para encará-lo. Ele tinha nos lábios um sorriso torto, e nos olhos um brilho de alegria e emoção que ao fitá-la durou um tempo mínimo, impossível de medir, mas que tinha a intensidade do infinito antes de apagar-se neste mundo.

Lilly não retornou ao apartamento de Irina. Recebeu todos seus pertences arrumados e enviados por Nanine; voltou a morar no bairro pobre, ao lado das meninas que trabalhavam no Café, em meio às lembranças de toda sua vida e do homem que amara desde a juventude. Era a nova dona do Café e decidiu tocar a vida compartilhando a dor e a saudade com as amigas.

No submundo emergem emoções e sentimentos verdadeiros, tanto os mais inferiores e sombrios da natureza humana, como também lições de afeto, união e solidariedade desenvolvidos em espíritos que sofrem variadas incompreensões, vivendo cercados de estigmas e preconceitos, como se não fossem filhos de Deus. Mas são.

193

CAPÍTULO 9
Dois anos e... toda uma vida

O silêncio é o mais eloquente arauto da alegria.
Pequena seria a minha felicidade, se eu pudesse
dizer quanto ela é grande.[15]

Vinte e cinco anos, juventude, beleza, alegria, dinheiro e as mais exigentes plateias da Europa aplaudindo-a de pé. Assediada por homens riquíssimos, de nobres famílias, ou influentes políticos e empresários, Irina cultivava a inacreditável fama de ser uma mulher difícil, totalmente devotada à arte e a um amante francês, pintor de promissora carreira.

Inconsciente das razões, apenas cedendo às ordens do próprio coração, Irina viu a relação com Paul Gaultier tornar-se de conhecimento público, o que só aumentou a paixão e a felicidade deles.

O reencontro após a primeira turnê internacional dimensionou a extensão dos sentimentos que os unia. Não sabia como e não perguntara, mas ao abrir a porta de seu apartamento encontrara Gaultier a esperá-la no *hall*. Sobre o aparador, a garrafa de vinho branco, queijos e um pacote de biscoitos. A bolsa que carregava simplesmente desapareceu de suas mãos e foi encontrada jogada sob um móvel da sala dias depois, tal foi o ímpeto com que se lançou nos braços do pintor.

A alegria de revê-lo superou o medo e a necessidade de explicações. Foi o único homem que entrou nos seus aposentos pessoais e pernoitou não só uma noite com ela, mas várias seguidas, a ponto de não saber mais onde era sua casa.

---

15 - SHAKESPEARE, William, *Muito Barulho por nada*, ato II, cena I: Cláudio.

Daquele dia em diante, sem cobranças ou explicações do passado, mas compartilhando integralmente o presente, eles eram vistos juntos nos restaurantes, cinemas, bulevares, festas e reuniões do meio artístico. Ela acompanhava suas exposições e ele não perdia uma só noite de suas apresentações.

Logo após o retorno dela, Ivan Stravinsky encontrou-a de braços dados com o pintor na saída do teatro e entendera o que estava se passando. Compreendeu a apatia de Irina no exterior, suas constantes alegações de mal-estar para evitar-lhe a presença e o assédio. Homem experiente, sorriu e se afastou, entendendo que perdera o posto de predileto da estrela.

"Mulheres como Irina são como estrelas cadentes. Fascinam, alguns julgam ter seus pedidos atendidos e que elas lhes pertençam, mas são fugazes por natureza. Não pertencem a ninguém.", pensou, ao vê-la nos braços de Gaultier.

O inegável talento dela o fazia respeitá-la. E tornara-se necessária ao bom desempenho financeiro da Companhia, assim o relacionamento entre deles transformou-se numa amizade comercial, num relacionamento entre dois competentes profissionais que se reconheciam importantes um para o outro.

A notícia da morte de Graville e a decisão de Lilly em retomar o antigo estilo de vida a surpreenderam. Entretanto, leu e respondeu à carta da amiga com fria aceitação. Estava acostumada ao movimento constante de pessoas ao seu redor, desde cedo aprendera a não se apegar. Gaultier era a única exceção.

A surpresa dos amigos de noitadas com a revelação do relacionamento íntimo e apaixonado de Gaultier com a Divina Irina rendeu muitas noites de conversa nas mesas do Teatro de Variedades. Léfreve exaltava o amigo que subitamente se tornara para ele um exemplo, via a mulher que circulava pelo braço do pintor nas mais famosas rodas parisienses como um troféu.

Gaultier irritara-se com essa falta de sensibilidade, para não falar da sua grosseria, quando soubera da relação dele com a dançarina e por muito pouco não o agredira fisicamente. Nesta ocasião notou o quanto o relacionamento com Irina o havia modificado e afastou-se definitivamente de Léfreve. A afinidade entre eles fora um fenômeno transitório e circunstancial. Não tinha raízes para se sustentar nos novos tempos em que viviam.

Duprat o encontrava eventualmente e conversavam sobre banalidades. Este, ao menos, agira com maior delicadeza e respeito, ao notar que os sentimentos do amigo pela amante eram profundos.

O único vínculo que se mantinha era a amizade com Duvernoy. O alemão Schroder tivera a esperada reação de ira e revolta ao saber do romance. Em sua mente, Irina lhe pertencia, portanto, o homem que estava com ela e um dia fora seu amigo era um traidor que lhe roubara a mulher amada. Dias e noites, remoeu seu ódio contra Gaultier, recordando o beijo público da estreia no Teatro de Variedades.

As tentativas de Marion de dialogar com seu jovem inquilino foram em vão. Ele era teimoso e, ferido em seu orgulho, se tornara arrogante. Ela apiedou-se, e ao mesmo tempo, se preocupou com a reação exagerada, denunciando um transtorno de conduta. Poucos meses ele permaneceu em Paris, transferindo-se para uma universidade alemã, onde concluiu o curso. Mensalmente, numa disciplina invejável, ele escrevia a madame Lescault, mantendo-a informada de sua vida.

***

Gaultier cantarolava alegre e solitário no interior do elevador que o conduzia ao andar onde se localizava o apartamento de Irina.

Um pequeno solavanco lhe indicou que chegara ao destino. Puxou a grade interna e a externa, estilo dobradiça, que servia de porta do elevador e, como de hábito, olhou para o fim do corredor. Estava vazio, isso era rotina. Nos corredores daquele prédio, ultrapassada a barreira do porteiro na recepção, só veria alguém no interior das unidades.

Mentalmente, Gaultier comparou-o ao prédio onde ficava seu estúdio, barulhento, crianças brincando na calçada, mães com lenços amarrados no cabelo a chamarem os filhos, o som inconfundível das escovas usadas pela faxineira na limpeza das escadas. O elegante prédio ganhava em muitos aspectos do seu antigo estúdio, entretanto perdia em vida e energia circulantes. Mas somos adaptáveis, ele acostumava-se facilmente àquele local silencioso e impessoal.

Apanhou as chaves no bolso da calça, selecionou uma colocando-a na fechadura, girou e abriu a porta. Ouviu vozes no salão de festas. Distinguia o timbre sensual da voz de Irina, falando de forma autoritária, seguido do som de arrastar pesado móvel e gemidos de homens forcejando.

— Irina — chamou Gaultier. — Irina.

Ela surgiu na porta da sala, tinha o rosto corado e os olhos brilhantes. Usava um elegante vestido estampado em *petit-pois* pretas de fundo branco e sapatos nas mesmas cores, levemente maquiada e impecavelmente penteada.

Beijou-o rapidamente e tomando-lhe a mão convidou:

— Querido, venha ver o que fiz.

— Ouvi sons de mobília. Não me diga que resolveu modificar a decoração do apartamento.

— Modificar não. É um pequeno acréscimo.

Ao chegar à sala, viu três homens fortes, um deles dirigiu-se a Irina:

— Está pronto, senhora. Veja se ficou de seu agrado. Procuramos colocar no lugar exato, conforme indicado.

Os demais admiravam discretamente, em silêncio, o apartamento e a proprietária.

Irina tão logo os viu dar espaço a sua passagem e de Gaultier, apressou-se afoita puxando-o pela mão até próximo da ampla porta--janela que dava para o balcão com vista para o bulevar e as copas verdejantes das árvores.

— Um piano! — surpreendeu-se Gaultier. — O que quer com um piano?

— Quero que me ensine a tocar.

Gaultier olhou o piano embasbacado. Era de qualidade, bonito, escuro e brilhante. Aproximou-se, destampou o teclado, afofou a banqueta estofada em couro marrom avermelhado. Os trabalhadores, parados à porta, esperavam a ordem para se retirar e queriam receber pelo pesado serviço. Orientou-os a procurar Duval, na garagem, ao lado do carro da senhora. O motorista assumira as funções executadas por Lilly anteriormente e saía-se bem.

Ao vê-los sair, Gaultier não pôde deixar de sorrir ao observá-los analisando o apartamento. Por certo, seria a sensação do local onde moravam ao declarar que tinham estado no interior da residência da famosa artista russa, que a haviam visto de perto

197

e no lugar onde habitava, comentando com os exageros que a situação requereria.

Gaultier sentou-se e incapaz de negar o pedido de sua amada, estendeu-lhe a mão puxando-a para sentar-se em seu colo, enquanto iniciava as explicações preliminares de manuseio do instrumento.

— Você tem jeito! — elogiou ao perceber que Irina aprendia rapidamente demonstrando habilidade natural para a música. — Não sabia que conhecia leitura de partituras musicais.

— Aprendi ainda criança. Um de meus irmãos me ensinou, tocava balalau[16] muito bem.

— Você também aprendeu a tocar balalau? — perguntou Gaultier cuidadoso, colocando a conversa em terreno neutro. Era a primeira vez em mais de dois anos de relacionamento que ela falava da família e do passado. Não queria forçar confidência. Intuitivamente, sabia que havia algo sério e desagradável no relacionamento dela com a família.

— Muito pouco. Sei os fundamentos da música e conheço algumas partituras de cor. Há muitos anos não ouço sequer o som do balalau.

— É diferente de tocar piano.

— É claro, nem imaginei, sequer por um segundo, que tivesse alguma semelhança, além da leitura das composições musicais diretamente. Mas... se você prometer ser um professor paciente e interessado em desenvolver o meu talento, garanto-lhe: não se arrependerá.

A partir daquela tarde Gaultier dedicou-se a ensiná-la a tocar piano. Ela evoluiu rapidamente e manifestou real talento, levando-o a sugeriu que contratasse um professor para aperfeiçoar o trabalho. Indicou Adam Gering, um pianista polonês recém-imigrado.

***

O tempo passou rápido e, numa agradável tarde do início do outono de 1926, o casal entretinha-se estudando o texto de um novo espetáculo, no qual Irina interpretaria Sherazade, a jovem que

---

16 - Instrumento de corda apreciado na Rússia.

198

encantava o monarca oriental contando-lhe mil e uma histórias, a fim de salvar a própria vida e acabava por cativar o amor do rei.

Gaultier rindo muito se fazia passar pelo monarca a ser seduzido pelas histórias da bela jovem, Irina ao vê-lo rir não se continha, entregando-se a alegria do companheiro. Com esforço, depois de longos intervalos, eles retomavam o trabalho e o desenvolviam com seriedade até serem interrompidos por Nanine que adentrava o salão anunciando a chegada do professor de música.

Rapidamente eles reuniram as folhas esparsas do texto que ensaiavam acomodando-as no canto de um grande sofá cor de damasco colocado próximo ao piano.

A empregada retornou acompanhada de um homem alto, magro, de rosto fino, cabelos ralos de tom acobreado e expressivos olhos azuis. Devia contar aproximadamente quarenta anos, trajava um terno escuro surrado, carregava nas mãos uma pasta com partituras musicais. Não era preciso muita observação para notar-se que Adam Gering era tímido, seu olhar demonstrava medo.

Irina o olhou. O professor a surpreendia. Acostumada ao mundo artístico, com seus personagens exóticos, o polonês era uma novidade. Não entendia como um artista podia ser tímido e retraído. Duvidou da competência dele, porém confiava na inteligência de Gaultier e em seus conhecimentos. Decidida, aguardou, dando oportunidade ao pianista para mostrar seu trabalho.

Gaultier aproximou-se dele sorridente, estendendo a mão e falando:

— Como estão a esposa e as filhas?

— Bem, acostumando-se à nova cidade, ainda estranham bastante, mas é natural.

— Logo estarão apaixonadas por Paris, não se preocupe — respondeu Gaultier e voltando-se para Irina esclareceu: — Adam é casado com madame Éster, ela é polonesa de origem judia, não suportaram a campanha antissemita que anda dominando aqueles lados da Europa e resolveram vir para a França. Não quiseram que Sara e Abigail, suas filhas, crescessem por lá. Precisa conhecer as meninas, Irina. São gêmeas idênticas. Lindas.

Gaultier insistia para que Irina convivesse com seus amigos. Mas ela mantinha-se fechada, convivia educada e socialmente com

Duvernoy, Duprat, conhecia Marion Lescault de vista, por vê-la acompanhada de Duvernoy em algumas das exposições de pintura. Conhecia a atividade de Gaultier com eles, entretanto não participava, restringia-se a ouvir seus comentários e vez ou outra lera algumas páginas dos muitos livros que Gaultier estudava. Julgava interessante, mas não se envolvia.

Da mesma forma, com outros amigos ligados à arte. Ela mantinha distância e mesmo entre seus colegas, não tinha amigos. Suas relações sociais eram cordiais, educadas e frias. Seu mundo particular só fora invadido pelo irreverente e carinhoso pintor, ninguém mais.

Adam, além de competente pianista, era mais uma tentativa de Gaultier de aproximar Irina de pessoas que, segundo pensava, viviam as afeições.

— Morava na Polônia, senhor Adam? — indagou Irina. — Pensei que após a guerra a situação houvesse melhorado. Ao que sei é uma das maiores colônias judias na Europa.

— É verdade, senhorita. Vivíamos em Viena, desde a juventude. Eu e Éster nos casamos na Polônia e fomos para a Áustria. É em Viena que a campanha antissemita está muito forte. Não é difícil imaginar que o preconceito contra os judeus aumente muito, há jornais abertamente fazendo campanha racial. Já sofremos o bastante com o preconceito e estas noções absurdas de castas e sangue, não queremos isso para nossas meninas.

— Por isso, Paris — completou Irina. — Também sou estrangeira e adotei esta cidade. Aqui se vive em uma Babel moderna, convivendo com pessoas de todas as raças e nacionalidades.

— Gaultier me disse que é russa. Fala francês com perfeição, meus parabéns, não tem sotaque. Nós, ao contrário, como pode notar, carregamos acentuadas marcas do idioma materno.

Irina sorriu. Lembrou-se de quando chegou a Paris, as barreiras da língua, o enorme esforço e disciplina com que se empenhara em vencer o sotaque, embora conhecer e praticar o idioma francês desde a infância houvesse sido de grande ajuda. A rápida recordação do passado foi suficiente para apagar o brilho de seu olhar. Ela deu as costas aos homens caminhando até o piano, sentou-se e dedilhou algumas notas de uma canção popular.

200

O som atraiu a atenção de Adam que se aproximou examinando o instrumento.

— Lindo piano — falou encarando Gaultier. — Excelente fabricação. Por favor, toque um pouco mais, senhorita, para eu apreciar a sonoridade, a acústica dele.

Irina executou a música, ao término olhou o polonês que ouvira muito concentrado.

Gaultier sentou-se atrás de Irina e sorriu observando o amigo. Vira aquela expressão no rosto dele quando se conheceram algumas semanas atrás em um restaurante. Adam havia ajudado o jovem pianista que se apresentava naquela noite. Era um restaurante barato, com fama de reunir boêmios, onde Gaultier ia sozinho para encontrar velhos amigos. Vira-o sentar-se ao lado do rapaz e dar-lhe uma aula em poucos minutos. Como tinha bons conhecimentos de piano, reconheceu que o estrangeiro era profissional.

— Espere e verá por que o recomendei — murmurou Gaultier no ouvido de Irina, acariciando-se os ombros e os braços.

Mais alguns minutos e Adam apanhou em meio as suas partituras uma folha com notas básicas, não se poderia dizer que fosse uma música, mas um exercício daqueles ruins de se ouvir.

— Por favor, senhorita, execute estas notas — pediu o polonês estendendo-lhe a folha.

Irina apanhou a página, leu as notas, colocou-as no aparador à sua frente e começou o exercício.

— Bom — avaliou Adam quando ela dedilhou as últimas notas. — A senhorita tem domínio do instrumento. Mas precisa melhorar e não será difícil — disse, enquanto explicava a ela os aperfeiçoamentos necessários.

Corrigiu a postura, a força com que dedilhava o teclado e começou a melhorar as noções de ritmo, coordenando com mais harmonia as atividades das mãos e dos pés de Irina ao tocar.

Duas horas depois, Adam se despediu, encerrando a primeira aula.

— Onde encontrou este homem, Gaultier?

— Naquela taberna próxima do estúdio — respondeu observando o espanto de Irina com o trabalho do pianista. Ela não recordou o lugar e ele insistiu: — Creio que fomos lá apenas uma vez, um fim de tarde. Não, estou enganado. Você foi comigo até bem próximo e retornou, lembra?

— Acho que sim, mas não vem ao caso. Ele me surpreendeu é muito bom. Estou acostumada a lidar com músicos e sei reconhecer um talento. Há quanto tempo Adam está na França?

— Sei pouco sobre ele. Eu o conheci na taberna pedindo emprego, acabou ajudando um jovem que se apresentava lá. Depois descobri que haviam alugado um pequeno apartamento no prédio ao lado do estúdio. Conheci as meninas na calçada, estavam brincando sozinhas, sentadas na escada. São lindas e chamam a atenção por ser idênticas. Ficamos amigos e apresentou-me à esposa, desde então conversamos com frequência. Sei que eles sofreram, pois nem a família de Adam nem a de Éster aceitou o amor deles, por causa do preconceito. Os pais de ambos eram contra o casamento misto, por isso eles acabaram deixando a Polônia e indo morar em Viena. Adam estava bem lá, tocando em uma orquestra, mas pelo que contam, de novo, o preconceito atrapalhou-lhes os caminhos.

— Talvez eu possa ajudá-lo a encontrar trabalho.

— Na Companhia? Estão precisando de outro pianista?

— Precisando não é bem o termo. Mas, sem dúvida, acredito que seu amigo seja um profissional superior ao que temos e quanto melhor o grupo, melhor o espetáculo. Vou observá-lo. Se ele realmente for tão bom quanto estou pensando, poderei indicá-lo para Ivan.

Não era o primeiro profissional que receberia ajuda dela para se estabelecer na Companhia Stravinsky. A opinião dela opinião influenciava o maestro Ivan. Desde que ela se tornara a principal estrela levara muitos profissionais para trabalhar, a começar por Thierry, que se tornara responsável oficial pela equipe de maquiadores e cabeleireiros e extraoficial pela equipe de fofoqueiros do teatro, seguindo-se jovens costureiras, sapateiros, pintores, iluminadores, profissionais de produção de palco e vários músicos. Daí o comentário de Irina não surpreender Gaultier.

***

Ao cair da tarde, Marguerite observava, como em outros dias, a infinita paciência e carinho com que Marion, a patroa, cuidava da mãe enferma.

— A velha é rabugenta. Implica com tudo. Se arrumamos o travesseiro não fica bom, se lhe acomodamos os pés se renega, mexer nos lençóis e cobertores, por Deus, é melhor nem pensar. Reclama e chora pelo menos uns dois dias na semana. É uma cruz é tanto na vida de madame Marion, não sei onde ela arranja tanta paciência. Podia muito bem contratar uma pessoa para cuidar da madame Amélie. — resmungava Marguerite.

— Mamãe, passe os braços em torno do meu pescoço. A água da banheira já está esfriando, não vai lhe fazer bem — pediu Marion delicadamente.

Madame Amélie estava com os longos cabelos grisalhos soltos e úmidos, colavam-se em sua cabeça. Os grandes olhos cinzentos guardavam os traços de sua beleza quando jovem, mas estavam opacos e cobertos por rugas. Os traços do rosto eram finos e se tornavam mais delicados com a magreza da senhora doente.

— É, você tem razão, minha filha. Mas é tão bom na água! As feridas das costas não doem. Como elas estão?

Marion havia observado as escaras enquanto banhava a mãe. A infecção estava cedendo, mas melhorariam se a paciente contribuísse aceitando ficar sentada e ao ar livre. No entanto, madame Amélie desde que ficara "inválida", como ela se denominava, não gostava de ser vista pelos vizinhos e muito pouco permitia que a transportassem à rua. Uma ou outra vez, aceitava ser levada ao pátio, nos fundos do sobrado, onde Marion cultivava alguns canteiros com ervas de chá, temperos, flores, poucas árvores frutíferas e os grandes varais de secar roupa.

— Melhores — respondeu Marion fazendo um gesto para que a empregada se aproximasse ajudando-a a retirar a doente da banheira.

Reunindo esforços, as duas mulheres conseguiram colocá-la em uma cadeira de madeira estrategicamente colocada ao lado da banheira e cada uma apanhou uma toalha macia, imaculadamente branca, e secaram cuidadosamente a pele da velha senhora.

— Aplicaremos o bálsamo, não só nas escaras, mas em todo o seu corpo. Fique enrolada na toalha seca e segure bem firme, vamos começar pelos pés e pernas. É bom que essas escaras recebam um pouco de ar, vai ajudar na cicatrização.

— Elas doem muito, minha filha, nem queira saber... Eu não entendo porque ainda não morri. Não sirvo para nada nesta vida e só lhe dou trabalho. É só sofrimento, ninguém devia ficar velho. Para que serve perder a visão, os dentes, os cabelos, e eu que nem caminhar posso mais? Eu não entendo, para que tanto sofrimento?

Marguerite, em silêncio, aplicou unguento na perna direita de madame Amélie e intimamente concordava com ela. Compadecia-se de suas dores, colocando-se no lugar da enferma, também dizia que Deus devia mudar essas "coisas da vida", não era preciso passar por aquele martírio.

— Não diga bobagens, mamãe — repreendeu Marion tranquila massageando a outra perna enquanto aplicava o bálsamo. — Cada minuto da vida é útil. Tudo o que passamos tem a sua razão de ser, é para nos ajudar a crescer, tornando-nos criaturas melhores.

— Útil?! Não sei para quê? Só que seja para você não esquecer suas artes de enfermeira.

— Já é uma ajuda — concordou a filha sorrindo. — Conhecimento que não se exercita é inútil. Portanto, a senhora é útil à minha vida. Além disso, sempre podemos e estamos aprendendo algo, queiramos ou não. Deus é tão sábio que nos faz crescer e desenvolver nossa inteligência e capacidade até quando não queremos e desdenhamos da oportunidade. Por isso, cada minuto de vida é útil, mamãe. E só depende de você torná-lo mais útil ajudando esse trabalho da natureza, esforçando-se por empregar bem o seu tempo.

— Você quer me consolar. Sempre foi uma boa filha, uma menina doce e meiga. Não merecia a vida que leva, devia ser mais feliz, se Deus fosse mesmo justo.

— Chega de reclamações, mamãe — ralhou Marion. — Entendo e aceito que temos momentos em que precisamos reclamar um pouco. Faz parte do processo de aceitação um pouco de revolta antes que se compreenda as coisas, e mesmo que se precise chorar de autopiedade, mas isso é só um pouco. Não fique se lamentando o dia inteiro e um dia depois do outro. Valorize o que tem de maior — a sua lucidez, a sua razão, o quanto ainda se pode fazer com essa saúde da alma! O corpo oferece limitações e nos causa dores, mas isso são limitações, não impedimentos de produzir. Já a convidei para fazer trabalhos manuais para os meus amigos da cooperativa. Iria lhe ocupar as horas e seria extremamente útil. Eu a convido para ir lá comigo ensinar o que a senhora sabe e ainda não me deu o prazer de me acompanhar um dia sequer. Olhe, tenho certeza de que o senhor Duvernoy teria prazer em ajudar-nos a transportá-la. De automóvel tudo fica mais fácil, mamãe.

— É um bom homem, esse senhor. Ele gosta de você, por que não se casa com ele? Devia refazer sua vida, seu marido morreu faz tanto tempo... É triste envelhecer só. Se seu pai ainda vivesse, eu seria mais feliz. Senhor Duvernoy é um pouco mais velho do que você, mas isso não é problema. A sua tia Eunice, casou-se com senhor Gustave, e ele era quase vinte anos mais velho do que ela, e ainda a enterrou. A vida tem decisões estranhas, só porque ele é mais velho, você não precisa temer enterrar outro marido. Sei o quanto dói enterrar um companheiro.

Marion suspirou resignada. Compreendia que as pessoas veem e ouvem somente o que lhes interessa. Por mais que explicasse à mãe o seu desinteresse em relacionar-se com outro homem, ela não entendia. E menos ainda que houvesse um pretendente, afável, honesto e como ela não se cansava de lembrar "com boa estabilidade na vida", querendo dizer que poderia sustentá-la com conforto e ela o mantivesse na condição de um amigo.

Dona Amélie não entendia que a filha amava o trabalho, a independência e a liberdade de dedicar-se às causas sociais. No contato com outros seres humanos que a amavam e que amava, recolhia e dava todo amor de que precisava para sentir-se bem, equilibrada e satisfeita.

Aproveitou a lembrança de familiares queridos e começou a conversar com a paciente sobre suas antigas recordações. Lembrando-a de momentos felizes e alegres que viveu, sabia que isso era uma necessidade dela e ao recordar os ditos "bons tempos" banhava-se em bons sentimentos que a renovavam intimamente restabelecendo a serenidade. Esquecia-se das limitações que, pela falta de aceitação, se tornavam mais dolorosas.

Pouco depois, dona Amélie estava limpa, penteada e medicada, sentada em sua cama, arrumada e confortável, tomando chá com biscoitos amanteigados na companhia da filha e da empregada, conversando sobre vários temas dos jornais do dia que liam e comentavam.

Auxiliar enfermos é uma grande arte, pouco apreciada pela sociedade em geral. São poucas as pessoas com habilidade de entender e se relacionar com alguém atingido pela dor. Essa ilustre mestra do ser humano é uma dama envolta em negros e temidos véus. A maioria não a deseja por perto e aqueles que não podem fugir de suas aulas, nem sempre sabem encontrar a beleza e o proveito das suas lições.

Se alguém vê essa imponderável senhora aproximar-se, foge, como se ela fosse obra do demônio. Saber receber é mais difícil do que saber dar, especialmente saber receber a dor, entendê-la em sua forma de ensinar, acolhê-la e amá-la.

Ah! São poucos os que entendem a verdadeira resignação, aquela que é o fruto amadurecido da aceitação, que é a aceitação com o coração livre de revolta com a vida. Bem viver a dor, não a negar e não se negar. Não há coragem em fugir da dor, assim como não há lucidez em dizer: eu não sofro, eu não choro, eu jamais reclamo. É da natureza gemer diante da dor. Ouça uma tempestade e me replique, se não ouvir os lamentos e gemidos das águas, dos ventos, das plantas e dos animais.

Assim como todos sorriem, todos choram, todos lamentam. E esses estados são transitórios se forem bem vividos, são estágios e as sábias regulagens da vida — aqueles mecanismos que jazem lá no fundo de cada um de nós, funcionando inconscientemente — trabalham com perfeição marcando o passo e o compasso dos ciclos necessários à evolução.

Somente se lançarmos os grãos de areia da nossa rebeldia — em geral aquelas convicções de que somos os maiorais da Terra e tudo podemos passar sem sofrer abalos, que também respondem pelo nome de orgulho e arrogância — emperramos as engrenagens. Temporariamente, esse relógio natural irá parar, estacionar, trabalhar lentamente, com esforço e pouco resultado.

É quando se instalam estados patológicos no ser e o corpo adoece. Depressão, autopiedade, revolta, irresignação e um temerário "testar limites" a todo instante se evidenciam no comportamento do enfermo. Esforçar-se é um ato penoso, enquanto buscar força é encontrar uma causa capaz de levá-lo a agir, de produzir um efeito.

Enquanto um é gasto constante de energia o outro é produção constante. Quem gasta tenderá à falta, à escassez, à depressão; quem produz vive ativamente, ainda que com limitações. O que é bem recebido, aceito e assimilado, traz em si a causa que leva a ação.

Pense comigo: como se dá o aprendizado? É posto a nossa frente um desafio; temos a opção de aceitá-lo e resolvê-lo, incorporando aquela experiência ou de rejeitá-lo. É interessante ver que todos aceitam num primeiro momento, a rejeição acontecerá quando surgirem às primeiras dores. Quando rejeitamos automaticamente paramos o fluxo de algo, estacionamos, e começamos, sem perceber um o penoso de nos esforçarmos para viver. É um ato vazio, desgastante.

Se aceitamos a dor, vivenciamos, nos entregamos a ela, estamos fadados pelos mecanismos da vida a encontrarmos forças novas que nos impelirão à ação, à produtividade. Elas fecham um ciclo e nos lançam em outro. Animais necessitam passar por ciclos de dor para refazimento, por exemplo, as águias, os pinguins, enfrentam momentos de dor extrema, em que de fato precisam arrancar, sozinhos, partes de si mesmos para se renovarem e prosseguirem vivendo. Os que não enfrentam essa etapa morrem.

Nós, não morremos, mas estagnamos, paramos no tempo, e sofremos muito mais, quando tangidos pela dor não arrancamos o que nos faz sofrer. Jesus ensinou: se tua mão é motivo de escândalo é melhor chegar ao céu sem ela. Não assimilamos a lição da dama dos negros véus.

Saber acompanhar esse momento na vida de alguém exige delicadeza de sentimentos. Delicadeza não é frouxidão. O diamante é delicado, mas poucas coisas têm a mesma têmpera.

Estar ao lado da dor exige paciência e a compreensão de que reclamar, irritar-se, ficar mau humorado é um direito do paciente.

Portanto, não é bom não tornar a situação pior com palavras falsas. O silêncio e o gesto afetuoso fazem mais e melhor nestas horas. É preciso saber o limite do direito de queixa, pois ultrapassado agravará as dores, e saber intervir com precisão, até com severidade, chamando a pessoa a abandonar o esforço ou a inatividade que resultam no mesmo, para procurar as alavancas da existência.

Não pense saber melhor do que o doente como ele deve se acomodar no leito ou na situação. Cada um sabe a melhor posição e a busca instintivamente, como as galinhas chamam os pintos abrindo as asas e se remexendo nos ninhos, se poderia dizer para ela que inventasse outra forma de agir, ou que simplesmente erguesse as asas, sem ficar ciscando e cacarejando, mas do modo que ela faz funciona. Deixe as pessoas à vontade, aceitando a forma como elas se posicionam para viver a sua dor.

Ajuda-te e o céu te ajudará. Quem acompanha o aprendizado pela dor precisa entender essa lei: cada um resolve a sua dor, o seu problema, a sua dificuldade. Quem se dispõe a auxiliar toma o caminho do céu, está nas trilhas da caridade. Portanto, lembre-se: a primeira ação é do interessado, a cooperação é coadjuvar a ação, não ser a estrela.

Por esses e outros "insignificantes detalhes" é que poucas pessoas são artistas na enfermagem aos aflitos.

Marion aprendeu e continuava aprendendo, diariamente, a desenvolver esta lide sagrada da beneficência e da consolação aos aprendizes da dama dos negros véus. E, de tanto vê-la atuar, onde até os alunos não prestavam a devida atenção, envolvidos que estavam nas consequências das suas aulas, que aprendeu a reconhecê-la e admirava-lhe a beleza e a sabedoria. Para ela, essa mestra se mostrava despida dos véus.

As lamúrias de madame Amélie não a agastavam, tampouco seus pontos de vista tão divergentes quanto ao papel da mulher e a necessidade de um marido a tiracolo, como as bolsas da moda, tiravam-lhe a paciência. Ela deixava-os passar lembrando o ensinamento do apóstolo João de apenas reter consigo o que fosse bom e verdadeiro.

***

Em Berlim, Ludwig enfrentava as dificuldades naturais ao início da carreira. Graças a influência do pai e do tio conquistou uma vaga no grupo de pesquisas médicas da universidade, envolvido em estudos de genética, assunto que fascinava o jovem médico.

Irritava-o ver-se subordinado a um grande número de superiores hierárquicos, respeitados e competentes profissionais, de origem judia. As teorias disseminadas de Gobineau[17] e mesmo do excêntrico e perturbado Chamberlain, apesar dos anos decorridos desde a sua primeira publicação, enfestavam a mente de gerações de jovens estudantes, sendo repassadas nos centros formadores de opinião do país.

Palavras exigem cuidado extremo ao serem postas sobre o papel. São sementes lançadas diretamente na mente do leitor, aí reside a responsabilidade do escritor, o poder da palavra, da formação do conhecimento e da opinião repousa em suas mãos enquanto se entrega à sua arte. Que tipo de colheita produzirá suas sementes? É a questão que deve se propor quem escreve.

Chamberlain, Gobineau e outros escritores e artistas — formadores de opinião, não poupavam esforços em divulgar suas ideias e teorias a respeito da superioridade da ração branca em relação às demais raças humanas. Diziam que a pureza das raças era o caminho de evolução e desenvolvimento das sociedades e, que, o cruzamento das raças era o fator responsável pela decadência social.

Gobineau defendia entre os anos de 1853 e 1855 quando publicou um extenso trabalho em quatro volumes intitulado *Ensaio sobre a Desigualdade das Raças Humanas*, no qual a raça branca era a superior, que dela se havia originado toda civilização e que nenhuma outra poderia prescindir da colaboração desta raça.

Afirmava que a "joia" dentre os membros desta raça eram os arianos, seus mais nobres membros. Preocupava-se e julgava uma desgraça que os arianos do sul da Europa — naquele tempo — tivessem se misturado a outras raças; e, apontava, a noroeste uma linha que corria aproximadamente ao longo do Sena e a leste da

---

17 - Gobineau – aristocrata francês, esteve em Hanôver e Frankfurt como diplomata e deste contato com alemães resultaram suas teorias sobre a desigualdade racial. Houston Stewart Chamberlain – escritor inglês, que dizia trabalhar sob a direção de demônios que o faziam escrever febrilmente, a temática de seus últimos trabalhos versava sobre a raça e a História, era membro da Sociedade Gobineau.

Suíça, onde embora houvesse alguma mistura os arianos ainda sobreviviam como uma raça superior e que provavelmente, segundo suas teorias, os alemães, especialmente os do Oeste, eram os melhores dentre os arianos.

Conforme expressa o título de sua obra ele defendia a ideia básica de que a questão racial dominava todas as questões da História e a desigualdade racial explicava o desdobramento do destino dos povos.

Chamberlain, em 1899, publicou *Os fundamentos do século XIX.* Seguia a mesma linha explicativa da história e da destinação dos povos baseados em critérios raciais, exortando a pureza da raça. Para explicar o século 19 e o mundo contemporâneo, primeiramente era preciso considerar os três principais legados da humanidade, a saber: a Filosofia e a arte gregas, o direito romano e a personalidade de Cristo; eram os legatários: os judeus e os alemães, as duas raças puras, segundo seu entendimento e os povos latinos considerava uma meia-raça. Defendia abertamente que só os alemães mereciam essa gloriosa herança e via neles a única esperança da Terra.

Esta obra foi um sucesso editorial cuja vendagem cresceu ao longo dos anos, adotada pelas classes altas e governantes da Alemanha que nela encontraram exatamente aquilo em que queriam acreditar. Teve picos de vendagem e aceitação após a deflagração da Grande Guerra e anos mais tarde — além do momento narrado nesta história — quando durante o regime nazista *Os fundamentos do século XIX* floresceu novamente no mercado editorial conquistando novos leitores.

Envolvido com tal literatura e discussões em torno dela, Ludwig tornou-se um fanático apreciador da raça. Acreditava-se superior, por isso irritava-se em vê-los ocupando cargos e posições que julgava terem sido usurpadas, e não legitimamente conquistadas, aos profissionais alemães.

Sua paixão por Irina fortalecera-se. Na beleza dela via a perfeição da raça ariana, os seus traços denunciavam que ela provinha de um dos povos arianos que habitara regiões da Rússia. A pele incrivelmente branca, os olhos azuis, o cabelo ruivo, o porte, a estatura, aos olhos de Ludwig, ela era a personificação da beleza da mulher ariana. Lembrava as personagens míticas presentes nas composições de Wagner e nas lendas germânicas.

A lembrança dela o assombrava durante a noite, quando deitava a cabeça no travesseiro para repousar e a mente o traía, trazendo-lhe a visão das cenas longínquas vividas em Paris. Revivia-as intensamente, bloqueando a recordação de que Irina, após a noite de estreia no Teatro de Variedades, o evitara e apaixonou-se por um de seus companheiros.

Quando, furando o bloqueio mental autoimposto, esta memória retornava, tornava-se mais um incentivo a suas convicções em relação às raças: Gaultier era um traidor, indigno, inferior, pertencia a "quase-raça" dos povos do mediterrâneo. O fato de ele estar com Irina e não ele representava a usurpação de um direito natural.

Mantinha contato com Marion, a quem ele via como alguém sem raça, uma apátrida. Escrevia-lhe com regularidade. E mantinha-se atualizado com as notícias da França por meio dos jornais que ela enviava, sem saber que o único móvel do pedido era manter-se a par da vida da bela artista russa.

Pensamentos com teor racial semelhantes aos de Ludwig, imbuídos em conceitos de Chamberlain e Gobineau, infestavam a população alemã, ferviam no caldo de cultura da revolta com a miséria, da irresignação com a derrota e os ressarcimentos de guerra, no quadro político instável. Nem mesmo a recuperação econômica, que se ensaiava com o surgimento de novos planos e de renegociações do tratado de Versalhes e das reparações, era capaz de apagar este rastro de pólvora das ideias fanáticas e preconceituosas.

CAPÍTULO 10
Tempo de passagem

Vós que conheceis o preço do tempo, vós a quem
as leis da eterna sabedoria são pouco a pouco reveladas,
sede nas mãos do Todo-Poderoso instrumentos dóceis
servindo para levar a luz e a fecundidade a essas almas
das quais foi dito: "Elas têm olhos e não veem, ouvidos
que não ouvem," porque estando desviadas do facho
da verdade, e tendo escutado a voz das paixões,
sua luz não é senão trevas no meio das quais o Espírito não
pode reconhecer a rota que o faz gravitar para Deus.[18]

A luz suave do abajur iluminava o quarto de Irina. Lá fora, o vento varria as ruas de Paris, agitando ao longe as águas do Sena e as copas das árvores que margeavam o lindo rio próximo à ponte de Alexandre III.

As luzes dela pareciam chamas dançantes aos olhos dos primeiros trabalhadores, topando, aqui e ali, com notívagos a perambularem embriagados ou apaixonados a cantar, esquecidos da hora, ouvindo o eterno som das gaitas de fole.

Gaultier acordou no meio da madrugada e não conseguiu mais dormir. Recostou-se nos alvos travesseiros de cambraia. Prestou atenção aos sons da rua e imaginou a cena. Olhou Irina que ressonava ao seu lado. Adorava vê-la adormecida. Parecia uma deusa, serena e sensual. Os cabelos ruivos esparramados sobre a fronha, o braço muito branco em contraste com o azul do cobertor.

---

18 - KARDEC, Allan. Revista Espírita 1868, pág. 52, IDE, tradução de Salvador Gentille, 1ª edição.

A alça fina da camisola de seda levemente caída chamava atenção para a graciosa curva do ombro.

A face plácida, tranquila, voltava-se para ele como se mesmo adormecida ela precisasse saber que bastava abrir os olhos para tê-lo diante de si. Era o que lhe dizia todas as noites ao adormecer. Ele era sua última e primeira visão de cada dia e por isso era feliz.

Alguns anos haviam passado desde que tinham assumido publicamente o relacionamento. Não poderia sentir-se mais realizado. Temia essa felicidade, às vezes. Nem nos seus sonhos mais malucos imaginara sentir-se tão completo ao lado de alguém como se sentia com Irina. Muito menos que ela corresponderia a esse sentimento com igual intensidade. Que ventura!

Inebriado com seus pensamentos, as imagens surgiram-lhe na mente. Evitando fazer ruído que pudesse atrapalhar o sono de sua amada, sorrateiramente, ele alongou-se para apanhar o bloco de desenho e o carvão que ficavam sobre o criado mudo. Acomodou-o sobre os joelhos e pôs-se a desenhar pela centésima vez — sem exagero algum — o rosto de Irina.

Esboçou-lhe os contornos da face, a expressão de serenidade e plenitude, desenhou sobre o fundo do travesseiro coberto com os cabelos diversas cenas da madrugada inspiradas pelos sons. Ainda desenhava quando sentiu que Irina o observava. Ela acostumara-se as crises noturnas de inspiração e quando o via absorto no trabalho, nem se mexia para não interromper.

— Psiu! — alertou Gaultier sem levantar os olhos da folha.

Ela sorriu preguiçosa, bastava aquele simples "psiu" para saber que ele sentira seu olhar. Encantada e segura, envolta naquela sensação intraduzível de enlevo que só os amantes sabem conhecer e experimentar, ela deixou-se ficar regozijando-se na simplicidade do amanhecer.

Algum tempo depois, Gaultier abandonou sobre o tapete o bloco e voltou-se abraçando e beijando a mulher que o esperava. Acariciando-lhe o nariz com o seu próprio, sorriu e cumprimentou-a:

— Bom dia, madame.

— Bom dia, monsier.

— Em que gastou as preciosas horas da madrugada, minha amada? — indagou Gaultier apertando-a ternamente e sussurrou-lhe no ouvido: — Perdoe-me, mas eu não consigo perder o hábito de trabalhar a qualquer hora. Não a acordei, espero.

— Não — respondeu Irina lânguida, contente com o calor do abraço como se fosse uma gatinha manhosa enrolada ao calor do sol, suspirando de contentamento com o tratamento carinhoso. — Eu senti que estava acordado e despertei para lhe fazer companhia. Não vai me mostrar o esboço?

— Depois. O dia não clareou, porque desperdiçar uma madrugada tão encantadora analisando um esboço. Humm, adoro o cheiro dos seus cabelos, da sua pele. Humm, que delícia!

Os raios do sol invadiam as persianas, iluminando o ambiente. Irina tinha em mãos o esboço e o analisava detidamente. Aprendera a conhecer artes plásticas e em especial o trabalho e o talento do companheiro. A imagem era sugestiva, falava de como as pessoas viviam o fim da noite.

A expressão serena e sensual da face adormecida contrastava com a atividade, assim como o trabalho com o vício, o calor com o frio, a luminosidade delicada do rosto com as figuras que se moviam no escuro emaranhado dos cabelos e pareciam se perder nas bordas do papel.

— Ficará lindo — disse Irina beijando-o. — Qual é o recorde de retratar uma amante?

— Não sei, por quê?

— Acho que ele será seu — respondeu Irina sorrindo. — Você será o pintor que mais retratou a própria amante. Eu sou sua fonte de inspiração.

— Convencida! Sabe que são poucas as pinturas nas quais a retrato que deixo expor e nunca vendi nenhuma.

— Ah, é verdade. Temos pouca parede sem tela nesse quarto, até no quarto de vestir temos algumas.

— Isso é uma reclamação? — indagou Gaultier fingindo-se ofendido.

— Imagine! Eu compro outro apartamento que servirá apenas para ser nossos aposentos, não terá cozinha, sala, nada. Será só nosso. Então você poderá me pintar de quantas formas quiser e teremos muitas paredes para decorar.

— Não me desafie, eu posso enchê-lo em alguns meses. O que fará então, madame? Brigará comigo?

— Jamais. É tão simples, comprarei outro. Juro que paredes não lhe faltarão. Olhe, quem sabe você faz um mural? Grande, imenso, só com o meu rosto. Que lhe parece?

— Uma ideia genial! — respondeu Gaultier entusiasmado. — Pensarei seriamente na proposta.

Irina riu da expressão de euforia de Gaultier.

— Você é um louco com um pincel na mão e uma maleta cheia de tintas...

Gaultier pôs-se a repetir as palavras dela em tom de deboche até elevar a voz, abafando e dela e completando:

— ...e..e que você adora, ama. Negue.

— Eu não — respondeu Irina rindo.

— Então diga que me ama.

— Por quê? Para deixá-lo ainda mais convencido — retrucou ela e com a expressão séria e profunda, prosseguiu: — Você me faz feliz. Mostrou-me que pode existir paz, felicidade e liberdade no relacionamento entre um homem e uma mulher. Eu pensava que isso fosse impossível.

Emocionado, Gaultier estreitou-a nos braços, lágrimas lhe umedeciam os olhos. Ela nunca lhe dissera: "eu te amo". Só em seus sonhos ele a ouvia dizer essas palavras, mas não duvidava, um minuto sequer, do amor ou da fidelidade dela. Sabia que desde que estavam vivendo juntos ela não se envolvera com outro homem. Era uma atriz e dançarina que mantinha seu espaço por seu talento e beleza.

"Um dia eu a ouvirei dizer que me ama.", pensou, mas não tinha coragem de verbalizar esse desejo, temendo magoá-la por pedir o que ela não estava pronta para dar.

Não existiam segredos entre eles. Conheciam o passado e o presente um do outro. O futuro era uma construção diária feita a quatro mãos. Ele entendia as razões de ser de Irina.

— Nestas férias iremos visitar a cidadezinha onde você nasceu e cresceu — decidiu Irina, naquele momento, retomando a conversa.

— Assim de repente, o que lhe deu para querer ir até lá?

— Vontade de ver e estar nos locais em que você viveu quando criança, de conhecer a casa onde cresceu, de visitar o túmulo da sua avó.

— O quê? Mas que desejo mais disparatado.

— É a sua família. Se tudo que posso conhecer é isso, o que eu posso fazer?

Gaultier pensou alguns momentos, entendeu que Irina buscava uma família para pertencer, queria ter raízes. Lembrou-se da cândida e doce avó, ela não se negaria a receber a mulher que ele amava, mesmo que ela tivesse um passado sombrio.

A figura amorável encheu-lhe o pensamento e repentinamente ele a sentiu muito próxima, quase podia vê-la ao pé da cama, sorrindo, enquanto repetia uma frase que ele cresceu ouvindo:

"Menino, não dê mais valor ao que já passou, do que a oportunidade que tem agora, ela não virá duas vezes. É uma só."

Notando o silêncio do companheiro, Irina indagou-lhe o que aconteceu e Gaultier relatou o que pensava. Ela ouviu. Havia momentos em que daria tudo o que tinha conquistado em troca de haver nascido no momento em que o encontrou às margens do Sena. Mas não era assim.

**

Marion caminhava entre as mulheres observando as atividades no grande prédio em ruínas que servia de sede à informal cooperativa de trabalho e serviços que dirigia com outras amigas. O teto alto era sem forro e com goteiras. O piso surrado resumia-se quase ao contrapiso, tão gasta estava a cerâmica. As paredes descascadas mostravam a passagem do tempo e as várias cores que as haviam colorido ao longo dos anos, agora eram borrões desbotados. Em muitas janelas faltavam vidraças, outras estavam rachadas ou exibiam vidros quebrados.

Entretanto, as mulheres não davam importância às precárias condições e a total falta de comodidade. Prédios como aquele eram comuns nos arrabaldes da cidade. Ainda eram as "feridas da guerra". Nas vidraças quebradas, a lembrança dos tiros. Nas paredes e no interior, a miséria da guerra e dos primeiros anos do pós-guerra.

A situação emocional do povo melhorava, afinal o tempo é o senhor das novidades e lança o pó sobre o passado, mudando o rumo dos pensamentos e favorecendo os sentimentos daqueles que o acompanham abrindo novos horizontes.

Elas trabalhavam concentradas. Algumas costurando, tricotando, bordando, cosendo roupas de cama, enxovais de bêbes, toalhas de banho e cortinados. Outras, sob a supervisão de Marion, estudavam noções de anatomia e higiene, aprendiam a aplicar injeção, ler termômetros, tesouras, bisturis, gazes e medicamentos diversos. Enquanto as aprendizes respondiam as atividades propostas, ela se afastara para observar outros grupos.

— Passeando, Marion? — perguntou Claire, uma de suas melhores amigas que dividia com ela a orientação das interessadas em capacitar-se como acompanhantes de enfermos. — E nossas companheiras, como estão hoje?

— Oh, Claire, não a vi chegar — disse Marion sorrindo. — Elas estão tentando fazer algumas tarefas que propus. Cada uma tem seu desafio pessoal, assim se obrigam a encarar as situações sozinhas. É bom que se acostumem à ideia, pois na prática diária precisarão tomar decisões rápidas e sem consultar terceiros. É preciso que tenham segurança em seus conhecimentos. Acredito que devam estar com dificuldades, a julgar por um alarido de reclamações que tenho ouvido.

Claire retirou o chapéu mostrando os cabelos castanhos claros presos em um coque na altura da nuca, alisou o vestido colorido e com intimidade tomou o braço de Marion acompanhando-a na ronda pelos grupos. Alegres, conversavam com as aprendizes, elogiando-as e estimulando-as a prosseguir. Elas falavam das encomendas, de como seria bom se elas pudessem trabalhar mais horas por dia, aumentando os rendimentos empregados nas despesas domésticas.

— Precisamos conversar com Catherine — respondiam e brincando lembravam: — Ela é a nossa administradora. É a mulher do dinheiro. Se ela disser que podemos, que temos condições, então veremos mais horários. Até lá, continuem levando para casa e adiantando o trabalho conforme já combinamos, está bem.

Visitaram a cozinha reformada no fundo do prédio, onde Eugenia trabalhava incansavelmente na orientação e supervisão da confecção de geleias que ferviam em grandes tachos de cobre, exalando um aroma doce que atraia algumas abelhas e muitas moscas. Uma mulher lutava para espantá-las do ambiente com um guardanapo de louça, na vã tentativa de enxotar os insetos. À distância, trocaram um sorriso com a roliça Eugenia, que enxugava o suor da testa com uma pequena toalha que carregava sobre o ombro direito.

— Ela é um encanto — disse Claire referindo-se a Eugenia.
— Foi para nós uma verdadeira bênção. Você viu como o faturamento das cozinheiras melhorou desde que ela está nos ajudando. Seu conhecimento de culinária é ótimo.

— Melhor são os relacionamentos dela com proprietários de restaurantes, padarias e confeitarias. Isso foi excelente, pois ampliou a comercialização dos doces. Claro que qualidade conta pontos, mas sem ter quem compre...

Conversando, retornaram ao grupo que orientavam e separaram-se, iniciando a supervisão da execução das tarefas. Encerrada a conferência, reuniram as alunas em um círculo e começaram a expor e conversar sobre as atenções e cuidados diários exigidos pelos pacientes, usando experiências pessoais e reais para ilustrar os ensinamentos.

Rapidamente a tarde se escoou e elas viram suas assistidas se despedirem. Cansadas, mas gratificadas, se reuniram na cozinha para compartilhar um chá de maçã preparado por Eugenia, um ritual do grupo de amigas. Era o momento de compartilharem os avanços dos grupos, as perspectivas de colocação no mercado dos produtos ou das aprendizes em empregos.

Animadas não notaram a chegada de Duvernoy trazendo sequilhos e biscoitos amanteigados. Ele batera na porta anunciando sua chegada, mas não foi ouvido e como era conhecido, ignorou as regras de etiqueta. Afinal, o prédio as dispensava por si só, o que não significava desrespeito ou menosprezo as atividades, ao contrário, dava-lhe um quê de nobreza e elevação, entretanto impunha informalidade.

Claire o cumprimentou e logo ele estava integrado ao clima de alegre e sadia amizade que ali o trabalho unia.

Duvernoy mudara muito nos últimos anos, encontrara um destino à própria existência e uma razão de viver que o levava a preencher as horas em atividades úteis, construtivas. Apegara-se a Marion, chegara mesmo a julgar-se enamorado, mas ela não correspondeu nem o encorajou, assim, a relação deles era uma profunda e respeitosa amizade. Trocou as noitadas nos teatros e cabarés pela companhia daquelas senhoras e de outros amigos de Marion.

Saía para se divertir, assistia a espetáculos, mesmo eróticos, mas sem aquela frequência anterior. Descobriu que os frequentava motivado pela solidão e pelo vazio. Agora, com os dias ocupados e o coração preenchido por afetos, não sentia necessidade de ir aos cabarés.

— Lamento não ter conhecido o mundo dos espíritos anos antes, assim como lamento não ter encontrado antes amigos tão incomuns. — refletiu inúmeras vezes, ora contemplando Marion, ora Claire ou quaisquer das outras e até mesmo de Gaultier, ou, ainda, lançando olhares à sua coleção de livros espíritas.

— Tudo tem o seu tempo — consolou-se e lembrou-se de que os espelhos de seu apartamento não lhe deixavam dúvidas quanto a isso quando se fitava neles, mas o importante era aproveitar o tempo. Cada dia na Terra guarda a sua lição, aprendê-la é o compromisso, não importa a idade.

O devaneio de Duvernoy não comprometeu o entusiasmo do grupo; somente Claire, sentada ao seu lado, percebeu e indagou:

— Que houve, Duvernoy?

— Nada. Por quê?

— Você não me engana. Vamos, diga: em que pensava? Devia ser importante, você ficou sério, calado, nem ouvia a conversa.

Duvernoy sorriu. Claire era uma das pessoas mais ternas que ele conhecia, era impossível não se render a seus apelos.

— Apenas pensava, querida amiga, nada mais. Coisa de gente velha. Recordava o passado e julgava que sou mais feliz agora e devo isso ao conhecimento espírita. Compreendi muitas das chamadas "desgraças da vida". Agora as entendo como lições duras ou difíceis de ser aprendidas, mas necessárias, por isso nada as afasta de nosso caminho. Sabe, antes eu me iludia muito. Achava-me um homem justo, correto, dizia a todos que aceitava a vida e procurava viver bem. Demorei muito a reconhecer minhas amarguras e o meu cinismo. Pensava que era bom e correto por não fazer mal a ninguém, mas eu ignorava que não fazia o bem para mim mesmo.

Ele fez uma pausa fitou as tesouras de madeira que sustentavam o alto telhado.

— Eu não era bom. Demorei a entender que não pensava em Deus com seriedade e meu comportamento era um reflexo direto da visão que eu tinha a respeito Dele e da vida. Depois que comecei a ler Denis e a filosofia espírita, eu mudei. Passei a pensar sobre Deus, a vida e eu mesmo de outra forma, mais harmônica, integrada, racional e amorosa. Pensava nisso, amiga. Dizia a mim mesmo o quanto teria sido bom se tudo isso houvesse acontecido antes, muito antes, na minha vida — concluiu sorrindo e tocando-lhe delicadamente a mão, acrescentou: — Teria sido ótimo ter conhecido vocês antes. Como viu, eram pensamentos sem importância.

— Sem importância para você — retrucou Claire fingindo indignação. — Eu adorei conhecê-lo. É muito bom ouvir que somos queridos e que ajudamos a tornar a vida de outra pessoa melhor, mais feliz. Obrigada.

— Ei! — chamou-os Eugenia. — Podemos saber a razão dos cochichos?

— Cochichos!? — retrucou Claire em tom de brincadeira, fazendo expressão de inocente. — Não ouvi cochichos. Alguém ouviu?

— Não. Imagine, que injustiça! Claire, você nunca cochicha — ironizou Marion. — Você fala em particular, em tom baixo e em paralelo ao assunto dos demais. Só isso.

— Invejosas! — acusou Claire olhando o gupo com um sorriso que desmentia a acusação. — Está bem, explicarei. Eu e Duvernoy estávamos trocando algumas ideias. Lindas, por sinal. E pelo comportamento de vocês não merecem compartilhá-las. Não é mesmo, Duvernoy?

Ele olhou para as amigas como se dissesse: "Sou o único homem, como posso discordar ou concordar? Aliás, de que valerá?"

A expressão dele tinha um toque indisfarçável de deboche, eram discussões e contendas alegres, motivada pela amizade e por pura diversão. E ele participava fazendo a sua parte de "bendito o fruto". Optou por erguer as mãos, em um mudo pedido de paz, declarou que por nada no mundo desejava ser o motivo da discórdia no grupo e que se penitenciava por sua falta.

A tarde caiu, deixando em seu rastro vivências saudáveis que fortaleciam os vínculos de amizade. Duvernoy conduziu em seu carro Marion e Claire, prolongando a conversa. Claire foi a primeira a ser deixava em seu destino, prosseguindo os outros.

Ao chegarem ao pensionato, com o cavalheirismo peculiar, Duvernoy acompanhou Marion a sala, para certificar-se que a deixaria bem e em segurança. Entretanto, deparou-se com situação diversa.

Marguerite correu ao encontro deles, nervosa, chamando por Marion. Os sons indicavam que ela vinha dos aposentos de madame Amélie.

— Madame Marion, graças a Deus a senhora chegou! Já ia mandar alguém à cooperativa para chamá-la.

Marion olhou preocupada para o amigo, largou a bolsa sobre uma poltrona, tirou as luvas, o casaco e o chapéu jogando-os por cima, e foi ao encontro de Marguerite.

— O que aconteceu?

— É Madame Amélie. Ela não está bem. Mandei chamar o médico. A princípio julguei que não fosse nada sério, mas agora...

As explicações de Marguerite eram entrecortadas de justificativas dos próprios atos, típicas de alguém que se sente culpado.

Marion acelerou o passo, passou pela ajudante e empurrou a porta dos aposentos da mãe. O quadro com que se deparou não a agradou. Acercou-se do leito, tomou o pulso da enferma constatando a lentidão, chamou-a pelo nome e não obteve resposta.

— Há mais de hora ela não responde — adiantou-se Marguerite. — Eu pensei que ela estivesse dormindo. Só me preocupei quando passou da hora de ela acordar. Então vim vê-la, a chamei, mas ela não respondeu.

Marion forçou a abertura dos olhos em um exame superficial, verificou o estado de inconsciência. Resignada, suspirou, tomou as mãos da doente e orou, pedindo auxílio e amparo a Deus e aos protetores espirituais. Após a prece, sentiu-se tranquila e fortificada. A Providência Divina dá a todos o melhor, embora nem sempre entendamos ou aceitemos as suas decisões ante a dor.

Duvernoy seguiu o exemplo, suplicando a Deus paz para aquele lar e suas habitantes no momento de separação que pressentia se aproximar.

Marion encarou a empregada indagando:

— Faz muito que mandou chamar o médico?

Marguerite abriu a boca para responder, mas o som da campainha a calou e a resposta foi substituída pela expressão:

— É ele! — que Marguerite pronunciou em voz alta saindo do quarto para atender a porta.

Duvernoy aproximou-se de Marion. Olhou madame Amélie, ela estava pálida, tinha expressão serena, parecia dormir, e comentou:

— Não me parece que ela esteja sentindo dor.

— Acho que não. Ela está inconsciente, o coração bate muito lentamente, podem ser as horas finais desta existência.

Penalizado, compreendendo o momento doloroso que a amiga enfrentava, ele calou-se. Não sabia o que dizer e acreditava que não havia o que ser dito. Limitou-se a afagar-lhe o ombro com carinho e transmitir-lhe assim a sua solidariedade.

O médico invadiu o ambiente. Apressado, dispensou formalidades, partindo para o trabalho em busca de um diagnóstico, ainda que provisório. Informou suas suspeitas e recomendou cuidado especial, o quadro era grave. Não deu esperanças a Marion, pois reconhecia a competência dela e por isso avaliaria o quadro com sensatez, mesmo sendo a paciente sua mãe.

Madame Amélie não recobrou a consciência e faleceu nas primeiras horas da noite.

Dias após o sepultamento, Marion perambulava pelos corredores da casa, sentindo o vazio da ausência da enferma a quem se dedicara nos últimos anos. Meditava sobre os rumos que daria à sua existência. Era, de novo, a morte a lhe traçar caminhos. Nada mais a prendia a Paris, nada a impedia de realizar sua vocação natural de trabalhar em situações limítrofes. Parou sua perambulação em frente ao seu antigo uniforme da Cruz Vermelha, exposto na sala, e decidiu alistar-se ao corpo de voluntários.

No dia seguinte, iniciou os preparativos. Sua única preocupação era a casa e os inquilinos. Não podia, de uma hora para outra, fechar a pensão colocando-os na rua. A solução acabou sendo inesperada.

Expondo suas decisões e problemas a Duvernoy em uma das suas visitas para jantar, mais frequentes após a morte de madame Amélie, ele ofertou:

— Eu administro a pensão para você.

Ante o olhar surpreso e intrigado de Marion, questionou:

222

— Acha que não sou competente? Pode ser que no início eu não faça tricô ou crochê tão bem como você, mas me esforçarei. Logo nem a cadeira da sala sentirá a sua falta.

Ela riu e aceitou. Naquela semana Marion compareceu na Secretaria do Posto da Cruz Vermelha, onde foi recebida com alegria.

***

A pequena e bucólica cidade natal de Gaultier revelava-se o sítio ideal para as férias do casal. Há vinte dias estavam em uma pequena chácara, conservada, confortável e encantadora na sua simplicidade. Jardins, gramados, muitas árvores, canteiros de rosas e caramanchões floridos, convidativos ao descanso nos fins de tarde respirando o perfume das flores e sentindo a leve e refrescante brisa do campo. Mais além, ficavam os currais, os galinheiros. Ouviam-se os sons dos animais domésticos e o trinado dos pássaros.

Irina andava descalça pelo jardim, em elegantes e confortáveis trajes tipo pijamas — recente moda das estrelas para as horas de lazer e descanso. Roupa que ela elegeu como uniforme para aquela vida campestre. Sentia-se livre, bem-disposta, descansada. Desde que assumira o romance com Gaultier esqueceu o passado, jogou-o para o fundo da mente e lá estava sepultado. Suas belas feições haviam adquirido traços de doçura, tornando-a suave. Transmitia uma sensação agradável, coisa da qual antes não se podia falar. Ela era uma beldade, entretanto seu esplendor se resumia a perfeição dos traços, da pele, dos olhos, dos magníficos cabelos ruivos, de um corpo de linhas harmoniosas e em comunhão com o ideal de beleza que iniciava seu império naquela época.

Ela não resistiu ao encanto das rosas. Não pensou no arranjo que faria, simplesmente colheu as que lhe agradavam a vista e o olfato, acabou com um buquê colorido. Passava as rosas na face feliz em sentir-lhe a suavidade das pétalas em contato com a pele. Sua mente estava relaxada, ocupada apenas na singela e prazerosa tarefa que realizava, isto lhe dava uma inigualável sensação de paz e bem-estar, de integração perfeita com o universo. Estava onde deveria estar pensando no que deveria pensar, vivendo o presente.

Quantas vezes vivemos fora de sintonia com o momento! E nos surpreendemos em não achar graça em nada, em sermos "vítimas" de constante mau humor, em acabarmos nos tornando criaturas com poucos ou com frágeis vínculos afetivos. Ao depararmos com esta situação, ainda nos perguntamos por que e como pode que alguém ache que viver seja uma experiência fascinante ou como pode ser que algumas pessoas vivam sempre cercadas de amigos e de afeto.

O segredo é muito simples: cada coisa no seu tempo, cada experiência no seu momento, e vivê-los com entrega, sem querer assenhorar-se das horas, das pessoas ou das oportunidades. Elas passam e não pertencem a ninguém, senão a si mesmas. Podemos usufruir. Usufrua o momento, viva-o, seja ele qual for, com quem for, mas lembre-se que deixá-lo passar é vital para a saúde mental e emocional. Ir é a única forma de poder voltar. Tentar o impossível é porta larga por onde muitos se perdem do roteiro de crescimento e bem-estar.

Irina descobriu nos anos ao lado de Gaultier a viver essas verdades simples, mas ainda guardava no íntimo velhas feridas. O amor as protegia, mas não estavam curadas. Ele encobria a multidão das dores que ela carregava na alma desde a infância e adolescência.

Ao ouvir som de passos atrás de si voltou-se e um amplo sorriso se estampou em seu rosto. O grande cão São Bernardo, que atendia pelo nome de Jaques abanava a cauda com energia, a língua para fora da boca, os olhos muito brilhantes contavam que ele vinha de um longo exercício. Com um pouco mais de observação notava-se nos pelos das pernas a vegetação ressecada e pelos enredados na barriga.

— Jaques! Onde você andou? — Indagou Irina, alegre.

Apegara-se ao cão descobrindo uma paixão pelos animais. Ao som da voz amistosa, Jaques balançou mais, sacudia-se e latia alegre.

Irina abaixou-se para acariciá-lo, enquanto olhava à volta.

— E o seu amigo onde está? Gaultier o deixou passear sozinho? Não acredito.

Passaram-se alguns minutos na comunicação dos dois com linguagens tão diferentes, mas demonstrando entendimento e interação, provando que há várias formas de nos comunicarmos. A aproximação de Gaultier foi percebida por Irina. Ele vinha com

Duval em animada conversa, chegando, beijou-a carinhosamente acompanhando-a nos carinhos ao animal.

— Por onde andaram? Jaques está imundo.

— Andamos pelos campos. Ele adorou, você precisava ter visto. Não quero ser estraga prazeres da sua amizade com nosso amigo grandalhão e peludo, mas acho que ele estava cansado de caminhar a passos curtos pelo jardim. Correu felicíssimo pelos campos, diante de tanta alegria, eu considerei que ele não me ouviria se o mandasse parar e, para dizer a verdade, eu não quis fazer isso.

— A velha teoria da alegria e do prazer de viver — comentou Irina resignada com o estado do animal. — Bem... Se o estragou foi por uma causa justa, espero que tenha valido a pena.

Ela lançou um olhar ao animal notando o brilho intenso nos olhos dele e a alegria que a atividade proporcionara, foi o suficiente para convencer-se.

— É, valeu a pena.

Gaultier abraçou-a e disse:

— Duval levará o automóvel ao mecânico da cidade.

— Mas já!? Ainda falta mais de uma semana para o término das férias — protestou ela.

— *Mademoiselle*, não estamos em Paris ou em alguma grande cidade. Aqui há poucos automóveis, se precisarmos trocar uma peça demorará a conseguir — objetou Duval. — É melhor sermos previdentes, do que correr riscos de atraso desnecessários.

Os argumentos do motorista eram irrefutáveis. Não havia considerado os transtornos de viver em uma cidade pequena e isolada como aquela, deixara-se levar pelos encantos. Concordou, autorizando o motorista a levar o carro à cidade na manhã seguinte.

Duval satisfeito se afastou levando o buquê de rosas para pôr no vaso, não conseguiu evitar um sorriso ao ver que tinha uma de cada cor e com tamanhos de caules diferentes, deixou o casal brincando com o alegre São Bernardo.

Dias de pacata alegria, de simplicidade e prazer de viver, noites e tardes de amor, carinho e respeito seriam as lembranças daquela temporada no campo.

A última semana transcorreu célere e prazerosa. As horas e os dias de perfeita harmonia davam ao casal, especialmente a Irina, a impressão de sonho. Temia acordar a qualquer momento e retornar à realidade bruta na qual vivera por anos a fio.

Por mais dourada que seja uma gaiola, ela sempre será uma prisão e quem nela vive um prisioneiro cerceado da liberdade e do uso de seus direitos. Alguém que, não poucas vezes, violenta a própria personalidade e é violentado pelos outros. Rica ou pobre, toda prisão carece de respeito. A prostituição dourada ou marginalizada não é exceção à regra.

As marcas do passado eram visíveis em Irina, aliás, somos transparentes, é apenas a falta de atenção no agora, em si, e em quem está ao lado que nos ilude quanto a impossibilidade de conhecer o íntimo de alguém. Concordo que pensamentos são domínios, por vezes, inacessíveis, mas sentimentos transparecem. As marcas que carregamos são conflitos emocionais, ninguém carrega traumas de pensamentos, apenas de vivências com altas cargas de emoção em seu bojo.

Irina trazia da infância e da adolescência grandes marcas. Frequentemente seus olhos se nublavam, tornavam-se opacos, sem vida, a expressão de inocência se esvaia momentaneamente. Era tragada por uma força interior, abstraia-se e assustava-se quando era tirada desse transe ou quando despertava tinha necessidade de sacudir os ombros e remexer os cabelos. Sentia um peso, um mal-estar, uma necessidade de banhar-se demoradamente. Então se amenizavam os padecimentos que a haviam feito dura, amarga, cínica, descrente do amor e do bem na vida, psicologicamente precisava limpar-se das impurezas.

Por isso aquelas férias assemelhavam-se à visão das portas do paraíso. Brincara despreocupadamente nos jardins que antecediam este paraíso desconhecido chamado "simplicidade de viver" e gozar da vida em seus mínimos e singelos momentos com a intensidade de alguém consciente de si. Uma camada protetora envolvera suas marcas. Era um tempo de passagem preparatório de mudança, um tempo de apagar o ontem e estabelecer o hoje, desfazendo antigos conflitos. Um tempo para libertar-se.

CAPÍTULO 11
Partidas e encontros

*Na morte violenta, as condições não são exatamente
as mesmas. Nenhuma desagregação parcial pode trazer
uma separação preliminar entre o corpo e o perispírito;
a vida orgânica, em toda sua força, é subitamente detida;
o desligamento do perispírito não começa, pois,
senão depois da morte, e, nesse caso como em outros,
não pode se operar instantaneamente. O Espírito, apanhado
de improviso, está atordoado; mas, sentindo que pensa,
se crê ainda vivo, e essa ilusão dura até que
tenha se conscientizado de sua posição.*[19]

Duvernoy encontrou no trabalho um motivo de felicidade e, ao aproximar-se da velhice, sua vida, paradoxalmente, se renovava. Os anos de solidão e inconformidade com as deliberações da vida tinham terminado.

Apesar do apoio incondicional que dera à Marion em sua decisão de partir, retomando seu trabalho profissional e humanitário, temeu sentir sua falta. Tinha grande amizade por ela, apreciava-lhe a companhia digna, alegre e inteligente.

Ao seu lado, aprofundou-se na sua própria espiritualidade, aprendeu que dar, por pouco que fosse, era um gesto imprescindível para se sentir realizado. Testemunhando o exemplo dela de doação porque o trabalho executado a gratificava, apegou-se àquele novo sabor do prazer — o prazer de servir, de se sentir útil. Descobriu que viver cercado de pessoas que recebiam carinho e

---

19 - KARDEC, Allan, *O Céu e o Inferno*. 2ª parte, cap. I, item 12, IDE.

melhoravam material ou espiritualmente, ele próprio acabava recebendo e refletindo esse crescimento.

Naquela tarde, ele recostado na poltrona da recepção do pensionato, onde permanecia até ser servido o jantar. Depois, um funcionário por ele contratado, zelava pela propriedade. Recordou os últimos anos e se surpreendeu com as transformações que sentia em si. Misturando-se as reflexões surgiram fragmentos de lembranças de um poema que dizia que o homem não é uma ilha, recordava de tê-lo lido muitas vezes. Esforçava-se por reconstituir os versos na memória.

— Que coisa! — resmungou com o olhar perdido nos pedaços do céu alaranjado do fim de tarde. — É tão lindo! O conheço há tantos anos e somente agora compreendi a essência. Mas que coisa! De quem é mesmo? Se lembrar do autor, lembrarei os versos. Como pode que eu não me lembre dos versos e sinta que agora lhes captei a profundidade? Que coisa!

E cismou um bom tempo, lutando com a traiçoeira memória. Cansou-se, decidindo mexer nos livros de Marion, sabia que ela guardava o poema entre eles. Lembrou-se de quando ela arrumou as gavetas antes de partir, deu-lhe ampla liberdade para vasculhá-las e permissão de usar a sua biblioteca. Calmamente, subiu as escadas. Entretido na busca pelo poema, perdeu-se nas lembranças ao ver fotografias, cartões, pequenos textos e recortes de revistas e jornais espíritas que Marion colecionava.

Assustou-se ao ouvir a campainha. Estremeceu, de súbito. Ouviu uma voz feminina e delicada sussurrar-lhe:

— Seja forte! Confie em Deus. Mantenha a paz de seu espírito.

Sacudiu a cabeça, uma sensação de pesar invadiu-lhe o coração. Identificando o velho sentimento que fora seu companheiro por muitos anos, fechou a gaveta. Tinha encontrado o poema e deixou-o sobre o lustroso tampo da escrivaninha.

— Vou descer e procurar o que fazer, nem que seja ir incomodar Marguerite na cozinha. Estou ficando nostálgico, não gosto disso. Evocar essas lembranças me deixaram suscetível. Nunca ouvi espíritos, creio que não vou começar hoje. Foi impressão minha — decidiu Duvernoy, falando alto consigo mesmo, rechaçando a presença da entidade amiga que o observava.

Desceu os primeiros degraus quando avistou Marguerite atendendo a um homem baixo, magro, trajando termo marrom e um chapéu negro. Entregava a ela um cartão de visita. Apressou o passo e, ao aproximar-se, dirigiu-se à empregada indagando:

— O que deseja este senhor, Marguerite?

— Quer vê-lo — respondeu a criada, fitando-o assustada ao oferecer-lhe o cartão com as insígnias de uma conhecida funerária. Estava escrito: Miguel Foussant — agente funerário.

Devolvendo o cartão ao visitante, Duvernoy perguntou:

— Em que posso lhe ser útil, senhor Foussant?

— Desculpe se minhas palavras venham a feri-lo, não tenho essa intenção, é apenas meu trabalho — declarou o senhor Foussant, segurando o chapéu de encontro ao peito.

Entendeu que não seria convidado a entrar, e prosseguiu:

— Fomos chamados hoje ao hospital de Saint-Étienne. Houve um sério acidente, com vítimas fatais, na estrada que liga a cidadezinha a Paris. Um automóvel desgovernou-se em uma curva e colidiu com uma árvore.

Duvernoy o olhava incrédulo, entendia as palavras, mas não atinava a razão para ser o destinatário da mensagem. Olhou aflito para Marguerite, ela também não entendia o porquê da visita. Então, em segundos repassou os jovens que moravam na pensão. Estavam todos em seus aposentos preparando-se para o jantar. Marion? Estava no interior do país a trabalho, mas era possível que tivesse viajando de surpresa, a última notícia que tinha dela era de alguns dias atrás, poderia haver mudanças. Afligiu-se, encarou o senhor Foussant e o inquiriu com firmeza:

— Aconteceu algo a Madame Marion Lescault?

— Marion Lescault? — repetiu o agente e sacando do bolso um papel com nomes escritos, leu-os e respondeu: — Não, senhor, ela não é uma das vítimas. Na verdade, viemos ao seu endereço porque além da identificação pessoal encontramos apenas um cartão com seu nome e este endereço entre os pertences deles.

— Por Deus, diga logo quem são as pobres criaturas? — intimou Duvernoy, pensando que talvez fosse uma das senhoras assistidas pela cooperativa.

— São dois homens e uma mulher. Senhores Duval e Paul Gaultier, e senhora Irina. Ela é conhecida e o hospital fez contato com a Companhia Stravinsky.

Duvernoy cambaleou, foi amparado por Marguerite e pelo agente. Acomodaram-no em uma das poltronas e a criada correu à cozinha em busca de um copo com água e açúcar. O senhor Foussant esclareceu a situação ao notar que fora o susto que o desequilibrara.

— Seja claro, por favor. O que aconteceu? Quem são as vítimas fatais? O casal é meu amigo e o senhor Duval é o motorista da senhora Irina. Ele não tem familiares, é de uma devoção total à patroa — falou Duvernoy atrapalhado com o choque da notícia do acidente envolvendo seus amigos.

— Como queira, senhor Duvernoy. Vim aqui para comunicar-lhe a morte dos dois cavalheiros que acompanhavam a senhora Irina e pedir-lhe informações sobre onde localizar os familiares das vítimas para que sejam tomadas as providências necessárias ao sepultamento.

Duvernoy levou as mãos ao rosto. Pálido, sentiu o peito oprimido, a sensação de pesar que sentira há pouco se instalou e lágrimas rolaram por sobre as rugas que lhe marcavam o canto dos olhos.

— Gaultier morto. Não é possível!

— Lamento dar-lhe a notícia, mas se faz necessário um portador de tristes notícias — falou o agente observando as reações de Duvernoy. Estava tão acostumado àquele trabalho que poucas circunstâncias o afetavam, repetia frases decoradas com educada frieza. Duvernoy remoía a notícia quando Marguerite voltou à sala com a bandeja e o copo de água com açúcar que lhe estendeu dizendo:

— Beba, senhor Duvernoy. A patroa me ensinou que água com açúcar é bom para susto. Beba, eu já bebi lá na cozinha. É bom. O senhor vai melhorar, beba.

Duvernoy apanhou o copo e sorveu alguns goles, respirou fundo e voltando a encarar o agente declarou:

— Gaultier não tem familiares. Sou seu melhor amigo, tomarei as providências necessárias. Preciso de alguns minutos e partirei com o senhor para Saint-Étienne. Pode me dar notícias da senhora Irina?

— Infelizmente, o que sei é que foi encontrada desacordada e com várias fraturas. Era delicado o seu estado de saúde.

Duvernoy abaixou a cabeça, abatido. Todo seu corpo se vergou sob o peso daquela trágica notícia, nem de fazer uma prece lembrou-se. Somente quando passou pela porta do antigo quarto de madame Amélie foi que a benevolente entidade, que o acompanhava desde minutos antes de receber a notícia, conseguiu inspirar-lhe a ideia, fazendo-o lembrar-se da atitude de Marion.

Ele apoiou-se na parede do corredor, ergueu os olhos, como se quisesse ver Deus, face a face, com o rosto banhado de lágrimas, endereçou uma sentida súplica de assistência espiritual para os amigos que partiam e pela saúde de Irina.

Pegou os documentos, o dinheiro e um agasalho e voltou à sala. Encarregou Marguerite de transmitir a notícia aos amigos do pintor e do motorista.

— Tão logo as formalidades sejam cumpridas e os corpos liberados, os trarei a Paris para o sepultamento.

Senhor Foussant aproximou-se e principiou a dar recomendações, orientações profissionais, visando à realização das exéquias.

Duvernoy o ouviu com a paciência que ultimamente o caracterizava, mas seu olhar tinha um ar de crítica e lamento, intimamente indagou:

"Sei que este homem não faz mais do que cumprir o seu ofício, mas será que não era possível fazê-lo com sensibilidade, com humanidade? Será que ele não vê que neste momento minha alma chora e não quero ouvir falar em documentos e custos?"

No carro, dirigindo-se à saída da cidade, o agente insistia até que Duvernoy encarou-o e pediu educadamente:

— Senhor Foussant, entendo que me acompanha a trabalho nesta triste viagem, entretanto vou lhe pedir que guarde todas as informações para o momento em que eu as solicitar. Agora, quero e preciso ficar em silêncio. Meu coração dói, estou triste. Gaultier é um grande amigo, ajudou-me muito ao longo dos anos tê-lo próximo. Sei que o senhor não sabe disso, tampouco quer saber, mas para mim é mais importante do que toda essa arenga que está fazendo desde que me encontrou. O senhor está contratado para tratar dos funerais. Eu lhe direi o que e como quero que seja feito, está bem?

Não era a primeira vez que o homem recebia reclamação sobre sua conduta, mas o que interessava era conquistar o cliente.

Dali em diante, calou-se, literalmente emudeceu e acabou adormecendo com o balanço do veículo.

Duvernoy, aliviado, entregou-se a suas reflexões.

A morte tem o dom de cristalizar as últimas cenas tanto na mente daquele que segue para o outro lado da vida, quanto para os que permanecem na esfera material. São sempre as últimas lembranças, os últimos momentos que vivemos junto ao morto os que vêm à mente, os que são alvo de comentários, daqueles que desejam saber como foi. E no espírito que parte são também os últimos momentos na carne que se fixam na memória até que a consciência do desenlace se dê plenamente e seja aceita.

Por isso, a repercussão do estado psicológico e físico dos últimos momentos da existência carnal prossegue no plano espiritual, gerando a ilusão de que o tempo parou e que a morte física — se temida ou se negada pelo espírito liberto — não ocorreu, julgando ainda "estar vivo", ou seja, na posse da existência corporal.

Chegando a Saint-Étienne obrigou-se a acordar o agente, solicitando que desse as orientações ao motorista para alcançarem o endereço do necrotério onde estavam os corpos e do hospital.

Pigarreando, senhor Foussant deu as informações, com atenção guiou o motorista pelas ruas da cidade.

Pouco depois, o veículo estacionou em frente a um prédio discreto e com fraca iluminação. A noite era abafada e escura. No céu nublado se via a lua em meio a um nevoeiro, nenhuma estrela era visível.

— A noite combina com meu estado de ânimo — comentou Duvernoy contemplando o céu ao descer do carro.

É uma tendência natural em momentos difíceis erguermos o olhar ao firmamento buscando forças, somente quando a depressão e a descrença nos flagelam as forças do ser é que nosso olhar volta-se para baixo, para o solo. Há no nosso imaginário — fruto de anos e anos de ensino religioso baseado em crenças de céu e inferno — a ideia de que forças vêm do alto, mas se queremos desaparecer é a mãe terra que tem a inglória tarefa de nos tragar para suas profundezas.

Aos ditos sentimentos negativos, aos quais foi dado o título de antinaturais — como se tal coisa fosse possível na criação divina onde segundo nosso entender tudo é natural, faz parte da natureza — e que deveriam ser banidos da experiência, são relacionados à terra. Há quem associe as cores do marrom avermelhado do solo terreno a conotação de inferioridade.

Da mesma forma, dão inenarráveis ilusões de superioridade e, por que não dizer milagreiras e angelicais, a tudo que supostamente venha do alto. O azul celeste é a cor da pureza, simboliza bons sentimentos, no imaginário popular.

A realidade é outra, não há acima ou embaixo, para o homem que vive na Terra, assim como não há céu ou inferno. Há o espaço e a vida desenvolvendo-se por todo o infinito. Há as maravilhas da natureza em evolução no interior e no exterior de todas as criaturas. A Providência Divina nos envolve tal qual o ar que respiramos, não a vemos, mas sentimos.

É vital. Olhemos para baixo ou para cima, fiquemos com olhos fechados ou abertos — posturas são atavismos seculares e como tal frequentemente irrefletidos — o certo é que se nossa mente se liga a Deus a ajuda é facilmente sentida.

Duvernoy não estava só, a seu lado a serena entidade que o acompanhava, desde minutos antes da chegada da notícia, prosseguia sua tarefa de auxílio, facilitada pela conduta de Duvernoy que buscava sintonia com as forças da vida, ainda que marcada por alguns atavismos inconscientes.

O agente funerário ciente de que se iniciava o seu trabalho apressou-se, tomou a frente e entrou no recinto e falou a um funcionário que encarou Duvernoy com ar de compreensão e entendimento, dirigiu-lhe apenas uma palavra:

— Siga-me.

Andaram por um corredor estreito, no fim do qual havia uma porta dupla, que cedeu ao empurrão das mãos do homem, descortinando-se à vista de Duvernoy várias macas estreitas com corpos cobertos por finos e gastos lençóis, alguns brancos, outros verdes ou azuis.

O funcionário deslocou-se até o meio da sala e destapou o rosto de dois corpos para identificação.

Duvernoy contemplou os amigos com o coração apertado. Calado aproximou-se, as lágrimas correram pela face. Encarou o funcionário e acenou afirmativamente com a cabeça. O homem voltou a cobrir o rosto dos mortos.

Quando regressavam pelo corredor, indagou:

— Sabe as lesões que causaram as mortes?

— O motorista teve um ataque cardíaco fulminante, não sabemos se antes, durante ou depois do acidente. O fato é que foi encontrado morto pelos moradores do local. Tem algumas fraturas, mas não seriam bastantes para matá-lo. O outro rapaz, pelo que ouvi falar no hospital, era um pintor conhecido, teve muito azar, quebrou o pescoço, morreu na hora, sem dúvida.

Realizados todos os acertos e cumpridas as formalidades, Duvernoy encarregou o agente funerário do translado dos corpos à capital, deu-lhe as ordens do que desejava que fosse feito e surpreendeu o homem requisitando um enterro civil, sem assistência religiosa.

Após, foi ao hospital inteirar-se da situação de Irina. Andou pelos corredores, praticamente vazios, dado o adiantado da hora. Apenas as enfermeiras circulavam carregando bandejas com medicamentos, alguns acompanhantes postavam-se do lado da porta ou nas janelas dos corredores. No silêncio, os passos de Duvernoy ecoavam e o som de sua respiração parecia alto demais.

Identificou o maestro Stravinsky parado ao lado de uma porta alta, conferiu o número do quarto por precaução. Era o informado pela portaria.

— Boa noite, senhor Stravinsky. Sou amigo particular de Paul Gaultier, me chamo Gaston Duvernoy. Fui chamado, infelizmente, para tratar do sepultamento dele.

O maestro estendeu-lhe a mão dizendo palavras de pesar.

— Vim saber notícias de Irina. Posso vê-la?

— Ela não está no quarto, ainda está sob cuidados médicos e em observação. Informaram que sofreu várias fraturas e está desacordada. Recobrou os sentidos reagindo aos primeiros socorros, mas na ambulância perdeu a consciência. Não a vi. Mas um dos médicos falou comigo e o estado dela é grave, não sei o que podemos esperar.

A expressão de aflição do homem à sua frente tocou os sentimentos de Duvernoy. Ele tinha um relacionamento amistoso, mas superficial, com Irina. Gostava dela, simpatizava seria o termo exato, pois pouco a conhecia. Surpreendera-o a felicidade que ela dera ao amigo e a própria evolução do relacionamento deles.

Naquela hora amarga, envolto em seu pesar, reconheceu que pensou exclusivamente na dor que sentia pela morte do amigo e na falta que sua ausência lhe traria. Mas a aflição do maestro obrigou-o a reconhecer que a incerteza da situação que o outro vivia em função da amiga e antiga amante era pior do que a sua, se é que aflição tem gradações.

Conversaram alguns minutos, Duvernoy disse-lhe que havia tomado as providências para o funeral do senhor Duval e pediu-lhe que o mantivesse informado do estado de saúde de Irina.

— Agradeço-lhe a atenção com o motorista de Irina. Confesso que não pensei no infeliz, tal a minha preocupação com ela. Tome todas as medidas necessárias para o sepultamento de Gaultier. Não adiantará protelar as cerimônias, se foi pensando nisso que também veio à procura dela. Irina não terá condição de comparecer, ainda que recupere a consciência, as fraturas a impedirão de deixar o hospital.

Duvernoy abaixou a cabeça, amassando o chapéu entre os dedos.

— É minha obrigação, não há razão para agradecer-me, maestro. Ela sofreu muitas fraturas?

— Muitas e seríssimas para uma dançarina. Suspeitam que ela não possa mais andar — respondeu Ivan emocionado. — Estou rezando, espero que Deus ouça um infiel, e ela se recupere, que não sejam tão extensas as lesões. Não consigo imaginá-la inválida. Para ela será a morte em vida.

Foram horas de dor e solidariedade entre os muitos amigos de Paul Gaultier. Não tinha família consanguínea, entretanto deixava pesarosa uma numerosa família constituída por afinidades, escolhida e construída em toda a sua existência.

**

No cemitério, em Paris, em torno de sua sepultura amontoavam-se flores amarelas, símbolos de amizade. Duvernoy, quiçá por ser o mais o velho e o mais próximo, conduziu os atos e antes do sepultamento, proferiu um sentido discurso de despedida do amigo.

— A vida é cheia de estranhas surpresas, que são pequenos nadas a nos chamar a atenção para uma vida maior, para a vida de um ser, com "S" maiúsculo — dizia ele em certo momento. — Descobrir e conhecer esse Ser é a nossa tarefa como criaturas, como seres menores. A vontade de Deus patenteia sabedoria, inteligência e amor em todas as suas decisões. Não será a de nos afastar temporariamente do querido Paul Gaultier que fugirá à regra. Senhores e senhoras, quando bateram à minha porta para informarem-me deste triste acontecimento, eu divagava sobre o sentido da vida. Pensava eu sobre as relações, as teias invisíveis que unem todos os nossos destinos fazendo com que geremos com nossas ações repercussões nas vidas uns dos outros e em futuras existências. E, com esses pensamentos me veio à mente a recordação de um belíssimo texto que me apresentou nossa companheira Marion, na verdade, eu remexia os seus pertences quando fui chamado à porta. Era um dos muitos nadas a me falar da ação de Deus em nossas vidas, era um recado lembrando-me de que eu não estava só, e não estaria nas horas de dor que se sucederiam. Falo das maravilhosas palavras de John Donne, em *Devoções XXVIII*. Entre nós, seguidores da doutrina dos espíritos, não são os sinos que dobram anunciando a morte; libertos das mãos da Igreja, somente nossas vontades se dobram e nossas lágrimas anunciam que nos resignamos ante a vontade superior do nosso Pai, ainda que contrarie os nossos desejos. E agora, frente a frente, com o último portal da vida física, lamentando a dor que nos causa a partida do amigo, embora entendendo que ele se liberta, vejo ainda o quanto nosso amor é egoísta e confesso que ao longo destas horas conscientemente eu chorei por mim. Chorei pelas horas futuras em que sentirei falta da alegria de Gaultier, chorei por não mais vê-lo com as mãos tisnadas de tintas a falar entusiasmado sobre um novo quadro, por não mais compartilhar seus planos para uma nova exposição, por não tê-lo mais ao meu lado, tão próximo e acessível, como o foi até alguns dias atrás. Chorei, meus amigos, por mim, pela minha dor.

Uma lágrima escorreu pelo canto do olho. Duvernoy a enxugou com as costas das mãos e prosseguiu:

236

— Como lhes dizia, eu tinha em mãos o texto de Donne e sei que são nas horas de dor e de aflição que amadurecemos. Entendo hoje o que há séculos Donne escreveu: "E quando enterra um homem, essa ação me compete, toda a humanidade pertence a um só autor e é um só volume, quando um homem morre, um capítulo não é arrancado do livro, mas, sim traduzido a outro idioma melhor, e cada capítulo deve ser traduzido. Deus emprega muitos tradutores, alguns trechos são traduzidos pela idade, alguns pela enfermidade, alguns pela guerra, alguns pela justiça, mas as mãos de Deus estão em cada tradução e suas mãos encadernarão novamente todas as nossas horas dispersas, para aquela biblioteca onde cada livro estará aberto junto a outro..." Jamais ficamos sós, nem aqui, nem no outro lado da vida. Zelosamente, Deus nos cuida e prova nossas necessidades. Tudo que nos cerca é para nós. A vida e sua natureza exuberante contêm a morte, a destruição, e elas são necessárias portas de transição. Gaultier não foi arrancado do livro da vida, mas traduzido para um idioma melhor ou, como ele talvez preferisse, pintado com cores mais vivas, exuberantes de sentimento e amor. Todos cremos e sabemos disso, mas aqui nos reunimos pelo sentimento de perda que nos irmana e por que não somos ilhas, somos trechos de continente, uma simples parte de um todo maior. Nesse momento, nos sentimos diminuídos, porque a humanidade se diminui com cada homem que morre. Por isso, Donne dizia nesse texto-recado, para mim, que não envie ninguém a saber por quem os sinos dobram quando eles ressoam pelos ares com dobra de morte, eles dobram por nós, por mim, por vocês. Eles não choram os que foram traduzidos, mas os que ficam diminuídos de um trecho."[20]

O grupo de amigos ouvia Duvernoy em respeitoso silêncio, cortado, vez ou outra, por um suspiro ou um lamento discreto e sincero. O orador ergueu os olhos ao céu nublado e prosseguiu:

— O céu está cinzento, isso é típico da nossa cidade. Mas essa cor mista, de preto com branco, retrata nossos sentimentos. Sinto-me um misto de pureza — pois sei que meu amigo vive do outro lado, que as barreiras entre estes dois planos da vida, portanto entre nós dois, não são intransponíveis e que lá amigos que

---

20 - Nota: O texto faz referência ao teólogo inglês John Donne, vinculado à Igreja Anglicana no século 16.

choraram ao vê-lo retornar à Terra anos atrás, hoje se regozijam por vê-lo regressar, por que abrigo com sinceridade esta crença comigo a esperança e a fé me consolam — porém sou também impuro e já confessei as razões do meu pranto e da minha dor. Novamente, *Devoções XXVIII* me socorre e inspira, lembrando-me que a atribulação é um tesouro natural cujo uso na viagem da vida me prepara e me aproxima de Deus. Muitas vezes desprezamos a nossa e a aflição alheia, jogando fora oportunidades benditas de crescer e compartilhar solidariedade, fazendo-nos amparadores da miséria de nossos semelhantes. Amparar não é se apossar da experiência alheia, mas é oferecer nossa cota de humanidade, nossa compreensão de que somos partes de um todo, para ajudar, pois se uma morte me diminui, também a dor de qualquer um me aflige. Gaultier deixou-me um exemplo de vida e humanidade, mostrou-me que o homem é capaz de amar e ser feliz quando se liberta de tolos preconceitos. Ele não viveu a minha vida, mas foi muitas vezes à minha casa carregar a minha aflição ou pedir-me que o ajudasse com a sua. Nós dois escrevemos lindos trechos, o livro dele será traduzido, o meu e o de vocês, prosseguirá. Contemplemos este último portal da vida física como um espelho para cada um de nós, analisemos essa imagem e não perguntemos qual é a sua mensagem, pois tal quais os sinos dobram por nós, também a mensagem é para nós. Vá em paz, Gaultier! Sigamos todos com Deus, meu amigo[21].

Uma salva de palmas acompanhou o fim do pronunciamento de Duvernoy. Enquanto os coveiros baixavam o caixão, Adam, ao lado da esposa, empunhava um violino executando uma das sonatas de Chopin emocionando os presentes com a lembrança do amor do falecido pela atriz que jazia entre a vida e a morte no leito do hospital, que aquela música embalara.

Enxugando as lágrimas, Duvernoy olhou o caixão ser coberto com pás de terra e dizia baixinho:

— Segue em paz, Gaultier! Você foi um homem feliz, conheceu o amor e foi amado com devoção. Segue com as lembranças e emoções que essa música evoca.

---

21 - Nota do autor espiritual: *Devoção XXVIII* é um dos famosos textos de John Donne — teólogo inglês do século 16, vinculado a Igreja Anglicana, cujos trechos citados foram livremente traduzidos e adaptados.

***

Distante de Paris, numa pequena cidade na fronteira com a Suíça, assolada por uma calamidade, Marion aproveitava a hora de descanso sob a proteção de uma barraca para fazer preces pelo amigo cujo desencarne lhe fora participado por um atencioso telegrama de Duvernoy.

Após o momento de recolhimento, ficou deitada sobre o catre velho e limpo, ajeitando o travesseiro no qual reclinava a cabeça. Em seguida, mirando o teto de lona, refletiu:

"Precisamos valorizar a vida. Como distorcemos conceitos, Deus do céu! E é tudo tão claro, tão óbvio, aos olhos de quem se dispõe a ver, a descobrir. Não há nada misterioso, tudo está literalmente posto ao alcance de nossos olhos, das nossas mãos. A vida ensina a cada passo o seu valor, nós é que desfocados da hora não valorizamos as coisas verdadeiras, perdendo-nos em valores ilusórios. O que foi, meu Pai, aquela criança que enviaste às minhas mãos esta manhã? Donde veio aquele anjo? Eu, entretida com tantas ocupações, me julgando muito útil e feliz, e continuo crendo que fui, mas não valorizando o real, o verdadeiro, ou melhor, não valorizando a causa e, sim, a consequência. Como pude viver até hoje, mais de quarenta anos e não me dar conta de que fazia tal confusão de conceitos na minha mente? Justo eu que me orgulho de procurar ser atenta e cultivar o espírito de aprendiz. Seja como for, obrigada, Deus, porque hoje eu descobri e desfiz esse equívoco. Que eu possa repassá-lo às minhas atitudes doravante é o que lhe peço. Que lição!"

"Pai, como você é inteligente! Quando menos esperamos a sua ação para nosso crescimento salta aos olhos. Como eu iria esperar que aquele menino, que foi se achegando ao meu lado e pedindo para distribuir comigo a comida e os agasalhos, e que trabalhou como uma sombra ao meu lado, fosse ao fim da jornada me mostrar que tenho por décadas cultivado uma noção e uma conduta — pois entendo que não pode ser diferente, se eu pensava assim, eu agia da mesma forma — despropositadas, divorciadas dos meus anseios profundos. O que senti quando lhe agradeci a ajuda, beijei-o e lhe ofertei uma dose extra de comida e ele me olhou muito terno e retrucou no alto da sabedoria dos seus prováveis doze ou treze anos que o trabalho vale por si mesmo, sem precisar retribuição, tocou-me fundo. Dei-me conta, intimamente, do porque procurava retribuir o trabalho dele. Ele não tinha me pedido isso, ofereceu-se para ajudar. O meu ato me fez considerar que eu, no lugar dele esperaria uma retribuição. Mesmo que fosse um beijo, a admiração para adular-me a vaidade, isso seria uma retribuição."

"Quantas coisas fazemos sem valorizar a causa, mas valorizando a retribuição. O trabalho profissional talvez seja o maior exemplo. Ouço muitas mães orientando os filhos a buscarem um trabalho que lhes dê uma boa remuneração. Não valorizam a causa, a virtude de gostar do trabalho e fazer algo em que se sintam bem, realizados, gratificados, mas sim algo que seja bem retribuído. Estão valorizando a consequência e, a lógica me diz que se uma causa não é boa, a consequência também não o será, e a causa que alimentam é a ambição, o orgulho. Portanto... a morte de Gaultier me entristece, pensei muito nele nos últimos dias. Como não fazia antes, agora reflito: estou valorizando a morte dele, mas a morte é uma consequência da vida e, quando ele vivia aqui, não ocupei dois dias pensando, valorizando a presença dele. Que coisa! Como isso não me chamou a atenção: onde de fato está o valor das coisas e como podem os meus atos andar em descompasso com os meus desejos, por pura inconsciência, irreflexão das minhas ações? Sou, sim, capaz de pensar e falar uma coisa, e em meus gestos demonstrar a preponderância de algo muito velho que eu julgava morto e sepultado, mas que eu não abriguei inconscientemente no pensamento nesta vida. Veio comigo, é fruto de atitudes irrefletidas e impede-me de por para fora a singularidade de um pensamento próprio, novo."

"Por que queremos sumir na mesmice de ser igual aos outros? Isso é impossível. Será que nisso estou valorizando mais a consequência do que a causa, ou seja, é mais importante a necessidade de ser aceita como igual do que a valorização da minha individualidade? Quanta bobagem, afinal a criação divina nos fez únicos. Obrigada, Deus, por esse anjo me advertir. Aliás, ficarei atenta a Jean Paul. A vida me afasta de um e me aproxima de outro Paul. Leva um homem notável, me traz um sábio menino. Só a imortalidade da alma e a reencarnação explicam como em meio a tanta dor e miséria floresce uma inteligência madura e brilhante como a do meu amiguinho. Não conheci esse vilarejo antes da calamidade, mas não é difícil perceber que é um povo de pouca escolaridade, que cultivam o solo e ordenham vacas. Por certo, não seriam as maçãs nas árvores que lhe falariam com tanta maturidade sobre observação do comportamento humano."

Marion relaxou e acabou adormecendo. O cansaço da longa jornada de trabalho cobrava seu preço, o corpo reagia à atividade e pedia repouso.

Marina, uma jovem que servia pela primeira vez nas fileiras da Cruz Vermelha e tinha eleito Marion por mestra, encontrou-a adormecida e descoberta, sorriu e cobriu-lhe o corpo com um velho cobertor. Precisava de uma orientação e correra à sua procura, era a maneira mais fácil de obter o que desejava, mas não iria acordá-la, sabia o quanto ela trabalhara, encontraria outra forma de solucionar sua dúvida.

***

— Gaultier..., Gaultier... — murmurava Irina remexendo-se no leito do hospital e chamando a atenção de Liana, a enfermeira contratada pelo maestro Stravinsky.

A enfermeira ergueu os olhos do livro, e observou a paciente. Os olhos permaneciam fechados, não fora desta vez que ela acordara. Ela estava inconsciente há três dias, mas balbuciava o nome do amado várias vezes.

Liana compadecia-se. Não conhecia a história, mas fora informada das circunstâncias do acidente e da morte da pessoa que ela chamava. Ivan Stravinsky não suportou ficar no hospital. Não tinha coragem de dar-lhe a notícia da morte de Gaultier e temia conhecer a extensão das sequelas do acidente na enferma. Fugiu pretextando compromissos de trabalho. Depositou uma soma em dinheiro no hospital, contratou uma profissional para cuidar de Irina e partiu. Em Paris, informou e instruiu Nanine e não voltou a fazer outros contatos.

Nanine recebeu as notícias com profunda tristeza. Ninguém conseguia aceitar a hipótese de que a Divina Irina se reduzisse a uma mulher inválida, presa a uma cadeira de rodas, que nunca mais a visse a dançar, cantar, tocar ou representar em lindos espetáculos. E choravam por ela. Lidando com o desespero e a grande quantidade de fãs, antigos admiradores que buscavam informar-se sobre sua saúde, além da imprensa que estava dando ampla cobertura à tragédia que tirava de cena dois importantes artistas, ela pediu ajuda à Lilly e a aguardava ansiosamente. Tão logo recebeu o recado, Lilly correu ao apartamento de Irina inteirando-se dos acontecimentos.

— Que horror! Por que tamanha desgraça na vida dessa menina? — questionava Lilly encarando Nanine que balançava a cabeça desconsolada e sem resposta. — Essa vida é mesmo cheia de injustiças. Irina não é perfeita, ninguém é, mas tem gente bem pior do que ela. A Divina não merecia passar por isso.

— É uma injustiça. E o pior, não sei o que dizer a toda essa gente. A coitadinha está lá no hospital nessa cidadezinha, dizem que não podem trazê-la para Paris, que é melhor aguardar que se recupere por lá. Mas não sei... Coitada! Sozinha, nenhum conhecido, numa hora dessas... É muito duro!

— Eu irei para lá — decidiu Lilly e olhando para os trajes que usava, um vestido justo, decotado e escarlate, enfeitado com plumas, viu que precisaria retornar ao café. — Se tivesse sonhado que o caso era tão sério teria trazido uma muda de roupa. Precisarei voltar em casa para me trocar.

— Madame Lilly, não é preciso. Ficaram algumas roupas suas aqui, a senhora as deu para mim, useia-as poucas vezes, se não se importa, pode levá-las.

— Ora, Nanine, deixe de bobagem. Imagine que vou me importar. Arrume já essas coisas. Escreverei um bilhete para as meninas explicando a situação e deixando as ordens para o tempo em que estarei fora. Elas são muito boas, mas é preciso ter o olho atento, se não os negócios não andam. Aprendi com Irina, se nenhuma outra razão houvesse, para eu ir, essa já seria suficiente. Sabe, mesmo com o estilo diferente do dela, depois de viver aqui posso dizer que me tornei uma mulher de negócios. Chique, não? Lembra-se de um velho amigo de quem eu falava muito, o Fantasma?

Nanine andando pelo corredor apressada para recolher os pertences e enviar Lilly à Saint-Étienne balançou a cabeça afirmativamente. Foi o suficiente para incentivá-la a falar.

— Pois é, está conosco no Café Graville. Aliás, não é mais um simples café, mudou bastante, agora é uma casa de espetáculos. Fantasma conhecia tudo do Moulin Rouge. Também viveu a vida toda lá! Acredita que ele sabe de cor várias coreografias, músicas e apresentações inteiras? O diabo do velho se lembra até do guarda-roupa de muitos espetáculos, especialmente os mais antigos. Ele nunca disse por que, mas se afastou de lá e me descobriu no Graville, ficou alguns dias comigo e me propôs montar apresentações. Eu e ele fizemos tudo no início, desde criar até ensaiar as meninas, costurar o guarda-roupa, montar o cenário. Foi uma loucura! Ulalá, só de lembrar fico cansada. Mas veio a recompensa, a freguesia é outra, a casa vive cheia, as meninas estão ganhando bem, trabalham satisfeitas e nós mais ainda.

Nanine foi às dependências nos fundos do apartamento, abriu um dos armários, repleto de roupa, e pôs-se a escolher rapidamente, colocando os vestidos sobre a cama, depois se abaixou e apanhou uma mala.

Observando o silêncio e a rapidez da outra, Lilly notou o quanto ela estava nervosa e percebeu o próprio nervosismo. Encostou-se ao batente da porta e indagou:

— Como direi à Irina que tudo acabou? Santo Deus, que diabo de tarefa infeliz! Pobre coitada, não merecia. Dá pra fazer um chá de camomila Nanine, acho que estou muito nervosa. Não sei o que fazer, mas sei que preciso ir até ela. Daí pra frente...

— Já é alguma coisa, madame Lilly — consolou Nanine terminando de arrumar a mala em tempo recorde e sem muitos cuidados, enfiou de qualquer jeito a manga de uma blusa para dentro e fechou a tampa. — Lamento não poder fazer mais. O maestro mandou-me ficar aqui e encaminhar toda essa gente que faz contato para o teatro. Hoje mal tive tempo de comer uma fatia de pão com queijo como almoço. Eu queria ir com a senhora, mas não posso. Senhora Irina é muito boa comigo e o senhor Gaultier, a senhora sabe que ele viveu aqui nos últimos anos, era um homem com um grande coração. Ela vai sofrer muito, pode ter certeza, quando disser que ele... — não conseguiu concluir a frase sufocando-se com as lágrimas.

Lilly aproximou-se, abraçou-a e choraram juntas, enquanto pensava que jamais imaginou que aquilo aconteceria. Várias vezes pensou em Irina nos últimos anos. Não tinham se encontrado depois que partiu do apartamento antes da morte de Graville. Ela bem podia avaliar o quanto a antiga protegida sofreria com a morte do companheiro, tinha essa experiência. Não seria fácil, ainda mais daquela forma brusca.

À tarde, quando Lilly chegou ao hospital, encontrou a enfermeira, num imaculado uniforme branco, perfeitamente engomado, os cabelos bem arrumados, presos em um coque, sentada numa cadeira ao lado do leito. A surpresa com Lilly parada na entrada do quarto com seus trajes berrantes coloriu as faces de Liana, entretanto suas maneiras mantiveram-se irrepreensíveis. Educadamente atendeu a visitante certa de que era um dos muitos e frequentes enganos de quarto que costumam ocorrer em hospitais. Afinal, não era ingênua, aquela mulher era uma prostituta, sem dúvida.

— A quem procura, senhora? — indagou Liana.

— Por Irina.

Lilly se assustou ao ver as pernas da enferma enfaixadas, erguidas por um aparelho, e os braços cobertos por curativos, um deles enfaixado, além de soro e sonda.

"Está toda quebrada!" — constatou Lilly sem dar a menor atenção à enfermeira.

— Aqui é o quarto de senhora Irina, a atriz que sofreu um acidente. Seria a mesma pessoa?

— É, somos parentas. Vim assim que soube do acidente, vou ficar com ela — esclareceu Lilly.

— Entendo. Eu fui contratada pelo maestro Stravinsky e ele me informou que ela não tinha familiares na França, ele deu essa mesma orientação à direção do hospital, portanto, senhora, me perdoe, mas não posso deixá-la ficar.

— Vá pro inferno, moça! — resmungou Lilly aproximando-se do leito de Irina e tomada de compaixão. Sentiu o coração apertado ao ouvi-la chamar por Gaultier. — Ivan deve ter esquecido de mim, faz alguns anos que não o vejo. Como está ela? Já sabe do acontecido?

— Os médicos dizem que clinicamente ela está se recuperando. Tem muitas fraturas, porém o que preocupa é a inconsciência, embora tenha que se considerar que ela está tomando uma grande dose de sedativos — esclareceu Liana olhando em dúvida para Lilly.

— Coitada! Ela tem razão em não querer acordar e enfrentar a realidade, eu também preferiria não saber — respondeu Lilly encarando a enfermeira.

Notando que era observada com receio, Lilly pôs as mãos na cintura e disse:

— Olha aqui, moça, se não está acreditando no que eu falei, vá correndo perguntar para o maestro Ivan se ele me conhece. Eu deixo. Vai, anda, xô, xô. Eu não quero alguém me olhando atravessado. As coisas já estão ruins que chega. Não preciso desse tipo de careta. Vá se acostumando, porque eu não irei embora. Só saio se a própria Irina me mostrar a porta da rua, está bom?

Liana assustada e constrangida com os modos da visitante, tentando apaziguá-la, justificou:

— Fui contratada para cuidar da doente, é meu dever zelar por sua segurança e bem-estar. Não fui informada da sua visita, por favor, entenda.

— Eu entendo muito bem. Não sou burra. Você está achando que estou mentindo e que quero tirar proveito, porque uma mulher como eu, uma vagabunda — ante o espanto da enfermeira um sorriso de deleite se estampou no rosto de Lilly. — É isso mesmo! Sou vagabunda, sim, senhora. E sou parenta de Irina, somos amigas, para sua informação. Talvez eu seja a única amiga que essa coitada tem no mundo. Então, me faça o favor de telefonar para o maestro, pois só assim acreditará em mim. Ah, por gentileza, diga a ele que avise Nanine que já estou aqui.

Liana fez mais algumas observações com o intuito de explicar sua posição e atitude profissional, para depois chamar uma das enfermeiras do hospital pedindo que ficasse com a doente, enquanto ela faria alguns telefonemas e falaria com a direção do hospital sobre a chegada do familiar.

Lilly ignorou a enfermeira. Com total falta de cerimônia, acomodou sua mala no armário do quarto, pegou a cadeira de Liana, aproximou-a mais do leito e sentou-se. Observou o rosto de Irina e murmurou:

— Pelo menos não há nenhum sinal de lesão grave no rosto, só hematomas e inchaço. Nada que deixe cicatrizes. Se ainda ficasse com o rosto deformado seria muito pior.

***

Mais um dia se passou sem alterações no quadro da enferma. A situação de Lilly esclareceu-se e ela e Liana se entenderam amistosamente, embora a enfermeira fosse reservada.

Pequenos raios de sol da tarde invadiam o quarto do hospital através das janelas venezianas, emprestando-lhe uma agradável e suave luminosidade. Irina remexeu-se no leito tornando-se consciente de que tinha limitações em seus movimentos. Com dificuldade abriu os olhos, a luz lhe feriu a visão e fechou-os. Piscou para acostumar-se à luminosidade. Movimentou a cabeça, de um lado para o outro, estranhando o local.

Não sabia onde estava. Não tinha lembranças daquele lugar ou de qualquer outro, a mente estava vazia. Os membros entorpecidos, as costas desconfortáveis. Moveu os dedos das mãos tocando nos lençóis de algodão, ásperos, engomados. Estranhou a cama, pois esperava algo macio, sedoso. Estava em um ambiente estranho.

Tentou sentar-se, ergueu os ombros, o pescoço e a cabeça, sentiu uma forte tontura, deitou-se e gemeu alto, chamando a atenção de Lilly que, após a refeição, envolvida no tédio da rotina hospitalar, não havia resistido à sonolência. Liana era quieta, preferia a companhia do livro a dela. O silêncio dominava o recinto.

Liana que observava a paciente se remexer, tão logo percebeu a tentativa de movimento, correu à beira do leito. Encantou-se com a beleza dos olhos de Irina e sorriu com simpatia, tocando-lhe delicadamente na mão recomendou:

— É melhor não se mexer.

Irina fitou-a com estranheza, do mesmo modo como observava o local. Era visível que ela despertava confusa.

— Você está no hospital Saint-Étienne de la Croix. Eu sou Liana, sua acompanhante.

— Hospital? — repetiu Irina baixinho e os sons da movimentação de Lilly atraíram-na, viu a amiga e franziu o cenho, ainda mais confusa. — Lilly, o que está fazendo aqui?

Lilly não sabia como conduzir aquela conversa, estava tão ou mais confusa do que Irina.

"E agora, que faço? Conto tudo do meu jeito nu e cru? Espero? Não digo nada? Conto aos poucos? Santo Deus! Que situação dos diabos, eu nunca vivi coisa igual. Nem ao menos sei se essa coitada vai voltar a caminhar, mas sei que o mundo dela virou de cabeça para baixo e está tudo fora do lugar. O que eu faço?" — questionava-se Lilly em pensamento.

Liana, experiente socorreu a estranha companheira que a vida lhe ofertava naquele emprego e explicou pausadamente:

— Sua amiga veio ajudar-me em sua recuperação. A senhora foi vítima de um grave acidente de automóvel, foi socorrida por moradores de um vilarejo à beira da estrada e trazida para este hospital. Madame Lilly está aqui há alguns dias.

"Que bom! Parece que essa criatura sabe o que fazer. Aqui, eu sou novata, vou deixar que ela faça as coisas." — decidiu Lilly.

— Como se sente, Irina? — indagou Lilly em tom moderado.

— Estranha. Tenho sede — e olhando para cima viu o soro pendurado em um suporte, baixou os olhos e empalideceu ao ver as pernas engessadas, suspensas por correntes e com pesos. Reunindo forças, movimentou os braços, espantando-se por vê-los com arranhões e curativos.

No rosto de Irina se mesclavam o espanto, a incredulidade e a confusão, enquanto a sensação de autopiedade se imiscuía em seu íntimo.

— O que é isso? Minhas pernas... o que houve?

— Senhora, sofreu várias fraturas — informou Liana, chamando a si a tarefa de dar as notícias a paciente, acompanhando e monitorando seu despertar. — Mas, logo estará boa. Confie em Deus.

— Acidente... fraturas? – repetia Irina sem entender.

— Senhora, não se lembra?

— Não. Há imagens confusas na minha mente. Estou confusa, muito confusa.

— Procure ficar calma — orientou a enfermeira. — Chamarei o médico para examiná-la.

Liana não aguardou autorização, apenas olhou Lilly e saiu do quarto.

— Lilly, o que você está fazendo aqui? Há anos que eu não a via — surpreendeu-se Irina. — Sabe alguma coisa desse lugar, desse acidente? Não consigo lembrar-me de nada. Só me vêm à memória algumas pessoas, lugares...

— Não se agite, Irina — repetiu Lilly, imitando a enfermeira. — Você esteve muitos dias desacordada, deve ser por isso a sua confusão. Faça o que Liana pediu: fique calma. O médico virá atendê-la, ele saberá ajudá-la, confie.

Contornou o leito a caminho do criado mudo, serviu um copo com água e cuidadosamente aproximou-o dos lábios de Irina que repousava com os olhos fechados.

— Beba — incentivou Lilly. — É fresca, trouxeram com a nossa refeição.

Sedenta, a doente sorveu o líquido, mas foi o suficiente para cansá-la. Lilly erguia-lhe a cabeça e ao notar-lhe o empalidecimento deitou-a, indagando assustada:

— Você sentiu alguma dor?

Irina negou com um gesto. Não tinha vontade de falar, embora sua mente fervesse de indagações. Pressentia que as explicações seriam mil vezes piores do que a dúvida e a ignorância dos fatos que a levaram aquele hospital.

Mais algumas lembranças surgiram. O carro voltara da oficina, senhor Duval dizendo que tudo estava em perfeitas condições, os consertos necessários haviam sido feitos e, embora o empregado manifestasse dúvidas quanto à competência do mecânico do vilarejo, constatara, no retorno à chácara, que o veículo funcionava bem. A chácara!

Recordou a propriedade, as férias, Gaultier, a viagem de retorno, o clima alegre no carro. De repente, o desgoverno do veículo em uma curva. Os gritos de Gaultier e a sua tentativa desesperada de assumir a direção do carro tentando ir para o banco da frente. Por fim, a batida contra as árvores que margeavam a estrada. A voz de Gaultier chamando-a desesperado, e depois o silêncio, a escuridão...

— Gaultier — falou Irina. — Como está ele? E o senhor Duval? Feriram-se muito? Trouxeram todos nós para cá?

Lilly sentiu os olhos arderem com o esforço para conter as lágrimas. Respirou fundo para controlar as emoções, a hora da verdade não aguardaria pelos profissionais. Encheu-se de coragem e tomando a mão de Irina entre as suas, sentou-se na borda do leito.

— Sim, trouxeram todos para cá. Vejo que recobrou a lembrança do acidente, então já entendeu o que está se passando. Você teve muitas fraturas, ficou dias desacordada, precisará ser muito forte para recuperar-se.

Irina abriu os olhos, encarou Lilly, notou as lágrimas que ela tentava conter.

— Como ele está, Lilly? Não minta para mim, por favor.

Lilly apertou com mais força a mão de Irina e não conseguiu reter as lágrimas. Sustentou o olhar da amiga em um silêncio eloquente. No olhar de Lilly via-se uma grande tristeza, um profundo e sincero pesar. Admirava Gaultier e sua ousadia em tornar público o seu amor por uma mulher prostituída, ainda que famosa.

O pavor, o pânico, tomou conta de Irina. Soube que pressentia algo muito doloroso. O peito ardia, a garganta secou e pronunciava apenas uma palavra, repetidas vezes:

— Não! Não! Não!

Lilly aproximou o rosto do da amiga, na tentativa de abraçá-la oferecendo conforto, mas Irina estava insensível, em choque. Os grandes olhos azuis estavam abertos, fitava o teto e espelhavam uma dor intensa. Dos cantos, rolavam grossas lágrimas e murmurava a sua inconformidade:

— Não! Não, vocês estão enganados... Gaultier não! Não é possível, não com Gaultier.

A porta abriu-se e Liana entrou conversando com o doutor Vincent, o médico que socorrera e acompanhava a atriz desde a sua hospitalização. Era um homem de meia-idade, atraente, magro, grisalho e com olhos castanhos esverdeados, com salientes linhas de expressão denunciando um tempo considerável empregado em estudos e muitas noites trabalhando.

O médico aproximou-se, chamou-a pelo nome, mas Irina não respondia, murmurava a não aceitação da morte de Gaultier e chamava-o desesperada, negando a realidade dolorosa.

Vincent examinou-a, falava como se alguém lhe pedisse informações sobre o estado de saúde da paciente, dando-se por satisfeito voltou-se para as acompanhantes, especialmente para Lilly e falou:

— Sua amiga está em estado de choque. É uma reação frequente diante de uma morte inesperada, ainda mais se for de alguém a quem se ama muito. Ela está tomando sedativos, evitarei drogá-la mais, porém, se ela não reagir em algumas horas, serei obrigado a intervir. Por enquanto, vamos observar, quaisquer mudanças, me chamem — e encarando Liana, completou: — A enfermeira do plantão tem como se localizar a qualquer hora, não hesite em acioná-la.

A enfermeira baixou a cabeça acatando a orientação.

Lilly acompanhou o médico com o olhar quando ele saiu do quarto ocupado com o prontuário que tinha em mãos. Registrou as palavras dele, a reação de Irina, típica na situação e própria de quem perdia um amor tragicamente. De certa forma, isso a aliviou, se culpara julgando que não deveria ter dado a notícia, que devia tê-la preparado e coisas do gênero.

Observou Irina, grandes rodas úmidas marcavam a alva fronha do travesseiro, o pranto rolava por suas faces. O olhar dela continuava perdido, refletindo mil lembranças, mil emoções, todas marcadas pela tristeza.

"... alguém a quem se ama muito", dissera o médico. Lilly recordou-se daquelas palavras e elas despertaram-lhe reflexões. Lembrou-se de Dolly e sua incansável leitura de romances. Era só ela ter alguma hora livre durante o dia e lá estava Dolly, pequena, frágil, loira, enrodilhada sobre a cama coberta com uma colcha de retalhos coloridos, mergulhada em seu mundo de faz de conta. Não sabia explicar a razão, mas não se esqueceu de uma ocasião quando a parceira leu encantada, emocionada, e imitando uma atriz dramática, interpretou um texto de Dumas Filho, do romance *A Dama das Camélias*. Aquele livro colocara Dolly em lágrimas desde as primeiras páginas. Ainda conseguia ouvir a voz rouca da amiga recitando trechos:

"Estou simplesmente convencido do seguinte princípio: para as mulheres às quais a educação não ensinou o bem, Deus abre quase todos os dias caminhos que para Ele as levam; esses caminhos são a dor e o amor. São difíceis; as que decidem percorrê-los sangram os pés, rasgam as mãos, porém deixam ao mesmo tempo nos espinheiros do caminho os adornos do vício e chegam ao final com aquela nudez que não as faz corar diante do Senhor.

Aqueles que encontram essas viajantes corajosas devem dar-lhes apoio e dizer a todos que as encontraram, pois é tornando pública a sua ação que mostrarão o caminho.

Não se trata de simplesmente de colocar dois cartazes no ponto em que a vida se divide em duas vias com as inscrições, num deles, Caminho do bem, no outro Caminho do mal, e de dizer a quem se apresentar "Escolha". É preciso, como fez o Cristo, mostrar atalhos que levem da segunda via para a primeira, aquelas que caíram em tentação; sobretudo, não é preciso que o começo do caminho do bem seja doloroso demais e nem que ele pareça impenetrável.

O cristianismo aí está com a sua maravilhosa parábola do filho pródigo para nos aconselhar indulgência e perdão. Jesus tinha muito amor por essas almas feridas, pelas paixões humanas e gostava de curar as chagas retirando delas próprias o bálsamo que iria curá-las. Assim, dizia ele a Maria Madalena: 'Muito te será perdoado porque muito amaste'. Sublime perdão este que despertou uma fé sublime."

É a dor ou o amor que conduz Irina agora? Não sei. Mas é tão fácil ver que ela está nua, que não só seus pés e mãos estão feridos, mas que toda ela sangra, tem suas entranhas diaceradas, além das fraturas do corpo. Se Deus existe, e creio que sim, ao menos nessas horas é Dele que me lembro, espero que a esteja recebendo junto de si. O amor dela por Gaultier era muito grande! Nunca pensei que ela fosse capaz de amar assim. Vivia repetindo que não havia coisa mais idiota que uma vagabunda apaixonada. Como iria adivinhar que era tudo da boca para fora, que no fundo ela queria amar. Que bom que amou, mas que triste que tenha terminado desse jeito! É. Irina está nua. Tão nua como nunca esteve em toda sua vida, seja no palco público ou privado. A dor rasga-lhe os véus da alma, arranca-lhe os adornos do vício, não vejo mais nenhum. Ela é apenas uma mulher em sofrimento. Realmente, a dor e o amor santificam até mesmo nós, as vagabundas. Nunca fui dada a religião, e tenho horror à batina de padre, mas, se Deus existe mesmo, essa é uma hora em que ela está precisando Dele. O romance que Dolly adorava dizia que o caminho não podia ser doloroso demais no início. Bem... este está sendo terrivelmente doloroso, é preciso que Deus diminua um pouco esse sofrimento."

Refletiu Lilly entregue às suas lembranças. E surpreendendo a enfermeira, absorta na leitura, Lilly perguntou-lhe:

— Você sabe rezar, Liana?

— É claro, madame.

— Por favor, me ensine.

Lilly se aproximou da enfermeira, na expressão do rosto via-se toda piedade que ela era capaz de sentir. Isso tocou os sentimentos de Liana, que revia alguns valores e opiniões naqueles dias de convivência com Lilly.

Liana fez o sinal da cruz, depois segurou delicadamente o braço de Lilly, apoiando o rosto de encontro ao ombro dela, e recitou uma ave-maria. Lembrou-se de que a mãe de Jesus compartilhara momentos de dor por amor a um homem que partia com uma mulher desprezada pela sociedade.

Se a santa Mãe Maria não havia se negado a conviver com a pecadora, se o amor e a dor as haviam unido, qual razão ela teria para ser mais rígida do que a mais valorosa das mulheres, segundo lhe ensinava a crença católica? Aquela foi a primeira vez que questionou a forma como lhe haviam ensinado o Evangelho.

Por que nunca a lembraram da importância de observar a conduta dos personagens da maior história que o mundo ocidental conhece e admira? Precisou passar aqueles dias em um quarto de hospital na companhia de duas mulheres perdidas para pensar no quanto de humanidade e semelhança havia entre elas. Justo ela, que primava por uma conduta severa e virtuosa. Desejava ser um exemplo de virtude feminina, e em poucos dias se dava conta de que todos os anos de pregação ruíam diante da força da vida. Percebeu que nas lições que foram ensinadas os exemplares de virtude feminina eram destituídos de sentimentos e não se dera conta disso antes.

Lilly ouviu a rogativa à Maria, em silêncio. As palavras cheias de emoção pronunciadas pausadamente por Liana caíam-lhe como bálsamo sobre feridas. Notava que a outra pronunciava cada palavra com muita fé e sentimento.

— Repita comigo — convidou Liana.

Com a voz embargada Lilly a acompanhou na prece, buscando com o olhar o rosto de Irina, na clara intenção de transmitir paz à dor da enferma.

— Como se sente? — indagou Liana ao final da oração. — Não é difícil.

— Estou melhor, menos aflita — respondeu Lilly ignorando o comentário, pois apesar de ter recitado com toda atenção e sentimento as palavras, não se lembrava mais de alguns trechos e entendeu que a enfermeira lhe perguntava se aprendera as palavras.

— Se quiser, posso lhe passar por escrito a oração. Assim, quando você quiser a terá à disposição. Leva muito tempo até que se saiba de cor, a menos que se tenha tido a oportunidade, como eu tive, de frequentar a igreja com minha família na infância e, a contragosto, naquela época, me ensinaram a decorar as principais orações. Você talvez não tenha ido à igreja na infância?

— Acertou — respondeu Lilly lacônica. — E nunca pergunte a uma vagabunda por sua infância ou por seu passado, dói lembrar-se de coisas mortas e enterradas há muito tempo, ninguém gosta de desenterrar velhos ossos.

A sinceridade crua da prostituta desarmou Liana, que sem os jogos da boa educação ficava sem saber como agir. Uma desconfortável sensação se alojou em seu íntimo, despertando-lhe questionamentos. Entregou-se ao silêncio e às reflexões e Lilly fez o mesmo, mas ambas se mantinham atentas a Irina, que chorava. As lágrimas alargavam as manchas úmidas sobre a fronha do travesseiro. Os cabelos molhados pelo pranto colavam-se às laterais do rosto.

***

Alheio aos acontecimentos que se desenrolavam em Paris, o jovem Schroder seguia os passos do pai no exército alemão, em Berlim. Seu país após experimentar um surto de crescimento, de ter suas instituições falsamente estabilizadas, graças a grandes empréstimos e a investimentos estrangeiros, especialmente capital norte-americano, dava sinais de desequilíbrios políticos internos. Havia uma infindável, complicada e comprometedora rede de intrigas cercando os partidos políticos e o gabinete do governo. A chancelaria era um cargo que passava de mão em mão, ao sabor da intriga do momento.

Nesse contexto, o partido nazista voltava a crescer. Derrotado que fora nas últimas eleições, naquele final da década de 1920, ressurgia, com vigor ampliado e renovado. Sua força paramilitar já suplantava o próprio corpo do exército na proporção de quatro homens para um.

O seu excêntrico líder, Adolf Hitler, despontava no cenário político chamando a atenção de Schroder com sua retórica e teorias sobre uma Alemanha forte, independente, valorização da raça ariana como a melhor de todas. Sentia sacudir o pó de tradicionais conceitos que recebera na infância, renovando-os, lembrava o avô, orgulhoso em seu uniforme impecável de oficial do exército. A cultura ancestral surgia aos seus olhos como raízes fortes que haviam sido relegadas e com elas a lição de que um passado de glória se devia a um governo não republicano, não democrático.

Fácil extrair daí as consequências de que a culpa do descalabro após a perda da Grande Guerra — a chamada traição de novembro — que os fizera sofrer horrores morais e materiais, mergulhando o país em um estado caótico, era culpa da odiada república de Weimar.

Schroder se juntava para engrossar as fileiras do partido nazista, embora contrariando a posição oficial da organização a que pertencia que "para todos os efeitos" não se envolvia com política. Mas a ala jovem do exército dava mostras de engajamento político e de simpatia às ideias nazistas, sutilmente infiltradas nas tropas.

CAPÍTULO 12
A bancarrota

O homem não possui de seu senão
o que pode levar deste mundo.[22]

A porta do pensionato abriu e fechou-se. Uma lufada de ar gelado invadiu o ambiente da sala de recepção. Duvernoy chegava para mais um dia de trabalho. Desenrolou o cachecol e pendurou-o no cabide com o pesado sobretudo de lã escura; alguns flocos de neve ainda eram visíveis sobre as botinas pesadas que calçava. O rosto estava vermelho do frio que fazia lá fora.

— Bom dia, senhor Duvernoy — cumprimentou Marguerite aparecendo no vão entre o corredor e a recepção. — Recebemos inesperadas visitas esta manhã. Fiz café, temos *croissant*, o bolo de nata, frutas e queijo fresco...

— Chega, Marguerite. Se continuar, me afogarei na saliva. Não troco seu desjejum pelo que se faz em meu apartamento, sabe disso — interrompeu bem humorado.

Ele e a criada haviam desenvolvido uma grande camaradagem. Marguerite não poupava esforços para agradá-lo, todas as manhãs o esperava com um de seus doces favoritos para a primeira refeição.

— Aliás, o seu café é incomparável. Quem chegou para nos visitar? Algum dos rapazes que moraram aqui?

— Madame Marion e o jovem Jean Paul — informou Marguerite com um amplo sorriso.

— Que maravilhosa notícia! — exclamou Duvernoy apurando o passo em direção à sala de refeições onde deduzia se encontrava

---

22 - KARDEC, Allan. O Evangelho Segundo o Espiritismo, cap. XVI, item 9, IDE.

a amiga. Então, parou, Marguerite quase tropeçou nele, e indagou em tom de cumplicidade: — Quem é Jean Paul? É algum conhecido comum que eu tenha esquecido? Sabe como é a minha memória... Cada dia pior.

— Acalme-se. É um novo, um encanto de rapaz.

— Ah! Melhor assim, fico tão constrangido quando não reconheço alguém.

Marion ouvindo a voz do amigo abandonou a mesa e veio saudá-lo à entrada da sala. Um carinhoso abraço selou o encontro e após as costumeiras expressões de afeto e preocupações com o mútuo bem-estar, ela voltou-se em direção à mesa chamando a atenção de Duvernoy para o rapazote sentado em uma das cabeceiras da mesa que os observava serenamente.

— Duvernoy, quero lhe apresentar um novo amigo, Jean Paul.

— É um prazer conhecer os amigos de Marion. Seja bem-vindo — cumprimentou Duvernoy estendendo a mão ao rapaz. — Marguerite me falou de você.

Jean Paul correspondeu ao cumprimento, sustentando o olhar e o exame atento feito pelo amigo de sua protetora, em completo silêncio.

— Um belo jovem — declarou Duvernoy ao final — Que idade tem?

— Doze anos, senhor — respondeu o menino.

Duvernoy lançou um olhar indagador à Marion, que lhe respondeu com um sorriso divertido, reiniciando a refeição, obrigando-o a acompanhá-la.

— Teremos tempo para conversar depois. Tenho muitas experiências para contar e esses poucos dias que passaremos em Paris não serão suficientes, mas prometo esclarecer as mais relevantes. Agora, me conte as novidades. Aqui em casa, Marguerite já me pôs a par de tudo. Você está de parabéns, é um excelente administrador de pensionatos. Portanto, conte-me de nossos amigos. Como estão?

Duvernoy iniciou a longa exposição falando sobre as atividades e companheiras de trabalho na cooperativa. Entusiasmado declarou que haviam conseguido a propriedade do prédio, por meio de uma doação dos antigos proprietários e começavam as reformas e em muitas partes já estava irreconhecível. As melhorias refletiam num aumento de interesse nos produtos e serviços elevando os coletivos e individuais das cooperadas.

— Excelente! Eu tinha certeza de que isso aconteceria. Basta confiarmos, trabalharmos com amor e sensatez que o bem gerará frutos. Mal posso esperar para ver as reformas.

— Algumas de suas primeiras alunas tornaram-se excelentes acompanhantes de enfermos e estão colaborando na formação de novas profissionais.

Marion bateu palmas, radiante com as notícias. Jean Paul sorriu, apreciando-lhe o semblante alegre, descontraído, tão diferente da expressão serena, firme e compenetrada com que ela desempenhava suas funções no acampamento onde vivia. Entendia que os adultos falavam de coisas e pessoas desconhecidas, por isso observava as reações de Marion e Duvernoy. Facilmente, o atento e precoce menino notou o brilho se apagar do olhar de Duvernoy e sua voz calou para retomar o diálogo com uma inflexão preocupada e dolorida.

— Já se passaram seis meses da morte de Gaultier. Parece que foi ontem! Sinto tanto a falta dele — lamentou Duvernoy. — Especialmente quando me sento para ler e estudar às segundas-feiras, não é mais a mesma coisa.

— Você continua com as reuniões? — perguntou Marion surpresa.

— Sim, eu continuei. No início, sozinho, como quando Gaultier estava em férias, mas o sentimento era diferente, antes eu esperava a volta dele, agora não mais, ao menos não fisicamente. Mas, continuei. Como sabe, as transferi para cá e as fazia na sala de recepção. Sentava-me em sua poltrona, pegava os livros, lia, meditava, ouvia música, fazia minhas preces, enfim, confortava minha própria dor. Depois, Marguerite me pediu se eu podia ler para ela e lhe explicar sobre espiritismo. Adorei o pedido, senti-me um mestre com a primeira discípula. Continuamos nos reunindo aqui e depois observei que um de nossos jovens inquilinos sempre descia e ficava vagando pelos arredores na hora do estudo. — trocando um olhar significativo com Marion, piscou e sorriu completando: — Convidei-o para participar, ele aceitou. Eu exultei, tinha dois discípulos.

Para minha maior surpresa dois rapazes se interessaram e também nossa vizinha, que estava muito revoltada com uma doença que lhe surgiu no caminho. Uma manhã conversávamos sobre nossas dores e lhe falei como estava superando a minha perda e das dificuldades que tinha enfrentado para superar outras mortes de entes queridos, pois creia, não só conquistei a amizade da simpática senhora como também ela frequenta as nossas reuniões domésticas. Assim, a dor me mostrou que trabalhando por mim e pelos outros ela acaba por se transformar em prazer. Ah! Marion como é bom conversar com você! Senti a sua falta.

— Não exagere. Você fez coisas maravilhosas com as experiências que a vida lhe ofereceu. Não tem tempo nem razões para lamentar a minha ausência. Estou bem, saudável e feliz. Todas as noites peço a Deus por meus amigos.

— Concordo. Sem pretensão, eu acredito que tenha me espiritualizado bastante nos últimos tempos. Felizmente, tudo acontece no tempo certo, caso contrário, se eu tivesse sofrido o baque da perda de um amigo tão querido anos atrás, teria mergulhado na inconformidade e na autocomiseração.

— A vida é sábia ao nos colocar frente às provas, meu amigo. É sempre no tempo certo, não duvide. E como se encontra senhora Irina?

A expressão de Duvernoy que demonstrava tristeza pelas lembranças dolorosas do passado recente, fechou-se. Piscou algumas vezes, olhou o teto, como se nunca houvesse visto antes o delicado lustre que enfeitava a sala. Lutava para dominar a piedade que sentia por Irina e que várias vezes o fizera chorar. Não queria chorar diante de Marion.

— Irina. Que posso eu dizer desta infeliz mulher? Nem sei por como começar a narrar-lhe o que tem sofrido a pobre criatura. É muito triste. É desolador viver sem fé. Acho terrível viver sem esperança, mas ela vive.

Marion o ouvia emocionada, faziam uma breve viagem aos meses passados. Tão vivas eram as tintas com que Duvernoy narrava o martírio de Irina que Marion enxergava as cenas.

Ele visitou Irina no hospital quando soube que estava lúcida. Encontrou-a terrivelmente abatida. Disseram-lhe que era pelo choque de ter recebido a notícia da morte de Gaultier. Por três dias e três noites ela chorou sem parar. Recusou os alimentos, somente o soro a mantinha. A alta dosagem de analgésicos era ineficaz para fazê-la adormecer. Em alguns momentos delirava, mas tão logo os efeitos cediam, ela voltava ao pranto. Lembrou-se daquela visita, como se fosse ontem.

Ela estava muito pálida. Os belos olhos raiados de sangue, rodeados de enormes olheiras. O rosto inchado. A voz rouca, torturada pela dor, deitada naquele leito de hospital, com as pernas imobilizadas e os braços machucados mostrando a violência do acidente, não sairiam facilmente de sua memória. Não reconheceu a mulher que seduzira as plateias no Teatro de Variedades, estava despida de qualquer traço de sensualidade ou luxúria. Ao reconhecê-lo, ela estendeu-lhe as mãos e perguntou com lágrimas descendo dos olhos:

— *Gaultier se foi... por quê?*

— *Nenhuma vontade é superior aos desígnios de Deus, minha amiga* — respondera-lhe. — *E a ele compete a vida e a morte. Pensemos que Gaultier vive, apenas está sem o corpo e afastado do nosso olhar por uma cortina, mas ele sobreviveu como todos nós sobreviveremos à morte. Ela não é o fim. É uma separação temporária. Nosso querido Gaultier continua nos amando e sendo a mesma pessoa alegre e bondosa que nós amamos. Por isso, vamos pensar nele nesse momento. Ele também sofre com a separação e há de sofrer ainda mais se nós nos deixarmos levar pelo desespero. Ele tinha muita fé no futuro e uma linda sensibilidade para ver a beleza das obras de Deus, vamos recordá-lo com amor e confiança de que nos reencontraremos quando as névoas da ilusão se desfizerem e for o momento certo de nos revermos.*

Irina o fitou com aqueles grandes olhos cheios de contrastes, desde as cores que mesclavam azul e vermelho, até os sentimentos que refletiam: queria, precisava crer, mas a dor e a descrença que alimentara por tantos anos não permitiam.

— *Como eu gostaria de acreditar no que me diz! Ver Gaultier novamente... Que sonho bom! Mas ele está morto. Não quero acreditar nisso, às vezes acho que enlouquecerei, penso mil coisas, ante o meu próprio estado penso que exista algo, não sei o que, alguma coisa que tenha acontecido. Mas não a morte dele e que estejam me escondendo a verdade. Não posso aceitar que ele morreu e que nós nem ao menos tenhamos nos despedido, que nem ao menos eu pude cuidar do corpo dele. Eu já perguntei, mas não me respondem como foi, eu preciso saber. Por favor, senhor Duvernoy, me conte o que sabe. Não me esconda nada, eu não poderei sofrer mais do que sofro. Por favor, entenda: eu preciso saber. Talvez, sabendo de tudo, eu me convença e deixe de criar fantasias, talvez, então, eu possa aceitar que não o verei mais.*

Olhara as acompanhantes de Irina, ambas espantadas ergueram os ombros deixando-os cair ao mesmo tempo, como a dizer:

— *Que se há de fazer, conte-lhe.*

Contou-lhe todos os fatos que o ligavam ao episódio do acidente. Falou-lhe sobre as reflexões de Donne que lhe inspiraram o discurso fúnebre. Repetiu-lhe a *causa mortis*, onde, quando e como ele fora enterrado. Procurou de todas as maneiras tranquilizá-la, dar-lhe esperanças, mas sabia que pouco tinha feito, além de assustar a enfermeira com suas ideias.

Dez dias depois da visita, Irina fora transferida para o hospital de Paris. Então passou a visitá-la diariamente. Aliás, apenas ele, Lilly, Thierry, Nanine e Adam a visitavam. O maestro Stravinsky prosseguira as atividades da Companhia e partiu para uma grande turnê pela América e Europa. Não tinha previsão de retorno à França. Abandonara sua estrela, no leito do hospital.

A recuperação estava sendo lenta, contou Duvernoy compadecido. Felizmente, ela voltaria a andar em breve, entretanto era improvável, quase impossível, que voltasse a dançar.

— Diziam ser uma boa atriz — lembrou Marion. — Os artistas amam o que fazem, talvez sejam os mais devotados profissionais, esse amor que tem pelo que fazem lhes dá imensa força. É de se esperar que quando voltar aos palcos, seu ânimo melhore.

Duvernoy refletiu sobre o que Marion lhe dizia, concordava em parte com as colocações da amiga.

— Deus permita. Que realmente o amor à arte, aos palcos e às plateias devolvam-lhe a vontade de viver. Porque dá piedade vê-la. A todos os dissabores ainda se somam dificuldades financeiras. Os gastos com o tratamento são muito altos. E sem trabalhar, as economias que haviam feito estão se esvaindo rapidamente. Eles não se preocupavam com o futuro, não foram previdentes guardando dinheiro. A semana passada eu mesmo me encarreguei de vender os últimos quadros de Gaultier. Ela tem inúmeras pinturas, que se vendesse dariam uma excelente ajuda, porém não admite vendê--las. Prefere desfazer-se das próprias joias, crê nisso?

Um sorriso compreensivo se esboçou no semblante de Marion.

— É preciso ser mulher para entender atitudes deste tipo, meu caro Duvernoy.

— É, são totalmente passionais.

— Em alguns casos, meu amigo, apenas em alguns casos. Uma mulher sofre e suporta uma grande dor, e, mesmo em meio a maior das tristezas, ainda prevalece um senso de valores ditado pelo sentimento mais do que pela razão. Irina pode ter vendido o próprio corpo muitas vezes, mas jamais a sua alma ou o seu coração. Ela preferirá qualquer coisa antes de fazer tamanha violência consigo.

— Não havia visto a situação por este enfoque — confessou Duvernoy. — Mas tem lógica.

— Tem a lógica da alma da mulher — retrucou Marion com firmeza e tranquilidade, enquanto servia-se de mais uma xícara de café e continuava a ouvir as histórias sobre Irina.

Notou que Duvernoy visitava a atriz com regularidade, admirava-o por essa conduta.

— Os quadros refletem a alma dela, além, é lógico, de ser a lembrança dos momentos vividos com Gaultier. Que mulher não ficaria com as lembranças de alguém tão carinhoso como ele! Era um homem adorável.

— É — concordou Duvernoy com tristeza. — Ele é um ser adorável. Meu bom amigo ensinou-me alguns valores que como homem eu jamais havia cogitado.

— Diz isso se referindo ao relacionamento dele com Irina?

— Sim. Eu ainda recordo o dia em que torturado por seus sentimentos ele foi procurar-me... Quando contou que aquele arroubo de sentimentos era por uma mulher prostituída, uma dançarina de cabaré, lhe confesso que lamentei a ingenuidade dele, vi maus caminhos à frente. Julguei e condenei Irina sem conhecê-la. O passado dela me afligia, eu me tornei cego e não fui capaz de enxergar a mulher e o presente. Só me fixava no passado escabroso. Este sim, imagino que ela tenha vivido.

Duvernoy fez uma pausa, olhou a sala e esquecido que estava da presença do menino, assustou-se ao vê-lo com os braços apoiados sobre a mesa, calmo, a fitá-lo com o olhar atento e perscrutador. O rosto miúdo mostrava concentração, sua expressão dizia que ele entendia o que tinha sido exposto.

— O que foi que seu amigo lhe ensinou, senhor Duvernoy? — indagou Jean Paul interessado e sério, aguardava a resposta como se a conhecesse.

Duvernoy olhou o menino, depois para Marion, que apenas sorriu incentivando-o a responder.

— Coisas muito sérias, meu jovem. Coisas que eu, um homem velho, não sabia e que, talvez, você seja jovem demais para entender.

— Minha mãe era dançarina, senhor Duvernoy. Foi morta numa briga no cabaré onde trabalhava. Alguém começou a dar tiros e uma das balas a acertou — informou o garoto o encarando.

— Lamento muito — disse Duvernoy, desconcertado com o olhar direto de Jean Paul. — Você vive onde? Com sua avó?

— Eu não conheço meus avós. Não tenho ninguém. A única pessoa que era minha família era ela. Desde que ela morreu eu vivo só. Trabalho nas ruas. Quer dizer, vivia só e trabalhava nas ruas, agora não faço mais isso, sou ajudante das enfermeiras no acampamento próximo da cidade.

O menino falou com segurança. Era maduro para a sua idade.

— Conheci muito bem a vida que a senhora Irina deve ter experimentado. Cada vez que minha mãe via uma menina nova chegar ao cabaré sorria para ela, fazia festa, muito barulho, mexia nas roupas, nos cabelos, até que ela parecesse outra pessoa, entende? Tarde da noite eu a via chorar. Uma vez eu lhe perguntei por que e ela me disse que era por piedade pelo destino da moça. Depois eu aprendi que todas as vezes que chegava uma menina nova, ela chorava e nunca mais perguntei. Eu sabia. Ela não era feliz trabalhando lá, mas ninguém lhe daria uma oportunidade, pois todos a conheciam e sabiam o que ela fazia. Não a queriam fora dali. Ainda que ela quisesse sair, as pessoas não deixavam. Seu amigo não era assim. Ele o ensinou a pensar diferente?

— De onde você tirou este menino, Marion? — inquiriu Duvernoy espantado.

Marion sorriu ternamente para Jean Paul e respondeu:

— Eu não o tirei, ele é que me tirou.

— Não mesmo — retrucou o garoto. — Saímos juntos, foi assim que combinamos, não pode mudar.

— Tem razão, eu esqueci — comentou Marion e voltando-se para Duvernoy, esclareceu: — Jean Paul e eu nos conhecemos em uma situação de calamidade. Eu o tinha visto pelas ruas da cidade, mas não tínhamos conversado, tampouco ele havia se aproximado do acampamento da Cruz Vermelha ou de mim. Entretanto, certo dia quando tínhamos muito trabalho, ele começou espontaneamente a ajudar a organizar a fila de pessoas que precisavam ser atendidas, acalmava-as, providenciava pequenas coisas como: um copo d´água ou um caixote para alguém sentar-se. Notamos que o pouco que ele fazia, ajudava-nos muito, pois as pessoas ficavam menos impacientes, então fui orientá-lo na distribuição de alimentos e agasalhos. Trabalhamos juntos e no final do dia quis pagar e ele não aceitou e me disse que quem trabalha porque gosta e sente prazer no que faz, não espera outra coisa além do prazer de trabalhar.

Marion fez uma pausa e prosseguiu:

— Ficamos amigos e a cada dia mais próximos, então solicitei à corte da cidade a guarda de Jean Paul até a sua maioridade. Já que ele não quer ser legalmente adotado.

— Eis aí a razão de sua visita. Eu tentava entender o que a trazia a Paris.

— Também isso. Mas, não só. Também sinto falta dos meus amigos, da minha cidade. Sempre fui assim: adoro o meu trabalho, mas reservo algum tempo para outras atividades — esclareceu Marion.

Duvernoy sorriu, entendia o que era essa necessidade de mudança de hábitos, de rotina, e o quanto tais práticas ajudavam a melhorar o estado de espírito, a disposição, e concluiu:

— Então, ficará algum tempo conosco.

— Ficaremos por mais ou menos um mês.

— Que maravilha! — exultou Duvernoy. — Poderemos fazer muitas coisas neste tempo. Essa criança conhece Paris?

— Não, senhor — respondeu Jean Paul sério, com o olhar brilhante, contrariado por falarem dele como se não estivesse presente.

— Temos muito para conhecer, meu jovem — respondeu Duvernoy notando a contrariedade do menino, abandonou o guardanapo sobre a mesa e daquele momento até o final da refeição que se estendeu muito além do costumeiro, conversou com ele sobre as muitas atrações que agitavam a cidade.

***

No apartamento de Irina, o som do piano demonstrava facilmente o estado de ânimo que tomava conta da pianista, ora dedilhava as teclas com extrema leveza, extraindo notas suaves, débeis, melancólicas, para em seguida bater com força, com raiva, com revolta, quebrando a harmonia da música que executava.

Nanine, a única empregada que restava, desdobrava-se nos afazeres domésticos e nos cuidados com a saúde da patroa, a quem idolatrava. Sofria como ela a perda, a doença, a tristeza e somente a existência na pobreza a preparava para suportar as privações e davam-lhe uma força de vontade férrea, a disciplina necessária para dar suporte material naquela hora de provação.

Selecionava os vestidos de Irina, roupas que ela não usava mais para Lilly vender. A situação financeira tornava-se dia a dia mais complicada: as joias estavam no penhor, restavam poucas peças no apartamento; as obras de arte mais valiosas já haviam sido vendidas e dos quadros de Gaultier restavam somente os do acervo pessoal de Irina, aqueles que nunca haviam sido expostos e que ela se recusava a negociar para venda.

A campanhia anunciou a chegada de alguém, e nos últimos meses eram tão reduzidas as visitas, naquele que já fora um endereço muito frequentado que Nanine suspirou, ajeitou os fios de cabelo que estavam fora do lugar, arrumou o avental e tentava descobrir, por exclusão, quem seria o visitante.

— O senhor Duvernoy não há de ser, visitou senhora ontem e costuma vir duas vezes na semana. O senhor Adam também não é, pois deve vir mais tarde. Madame Lilly saiu faz pouco, só se ela esqueceu alguma coisa. Não sendo ela, só pode ser um cobrador...

— concluiu Nanine, irritada. — As pessoas não têm o direito de ter problemas... Há alguns que não respeitam a dor e o sofrimento, só querem dinheiro, dinheiro... Ah! Se soubessem que em algumas situações ele não serve para nada, que mais vale a solidariedade de um gesto que uma nota malcheirosa, seriam um pouco mais humanos. Não aguento mais esses cobradores! Sei que estão trabalhando, mas tudo tem limite. Quero ver se, como dizia o falecido Gaultier, houver mesmo uma continuidade da vida e cada um for responsabilizado pelo que faz ou deixa de fazer. Quero ver a cara deles. De certo vão ficar... — a pessoa do outro lado da porta insitia nervosa em apertar a campanhia perturbando o rumo do monólogo da empregada que gritou irritada: — Calma!

Apressou-se em ir abrir a porta, pronta para dar as justificativas de praxe para o atraso das contas e pedir um prazo maior para saldá-las, implorar paciência e complacência do credor, lembrando a tragédia que se abatera sobre a patroa e a tirava dos palcos. Não suportava a pergunta:

— Se ela não tem dinheiro de reserva, precisa trabalhar.

Não adiantava explicar as impossibilidades e a lenta recuperação de Irina, eles não entendiam que ela estava, acima de tudo, doente da alma e não conseguia forças para se erguer.

Respirou fundo na tentativa de controlar-se e abriu a porta, com cara de poucos amigos, fechada.

— Cruz-credo! — exclamou Thierry escandaloso ao ver-se, frente a frente, com Nanine e entrando no apartamento. — Eu, hein! Que bicho a mordeu hoje, querida? Que cara mais azeda! A Divina está tocando e pelo visto não está nos seus melhores dias.

Aliviada por se tratar da visita do cabeleireiro, Nanine sorriu, descontraindo a face e comentou:

— Eu esqueci de você, Thierry, me desculpe a maneira como o recebi, mas pensei que era mais um cobrador. E a senhora não está bem hoje. Que bom que veio vê-la. Ela está...

— Não precisa dizer onde, é fácil descobrir, querida, Não sou um jumento. Seja boazinha, e leve um chazinho para nós lá, de maçã, bem gostoso, bem docinho, como eu gosto. Ah! Se tiver aqueles doces que o velho, amigo da Irina, traz, leve também, porque são deliciosos.

Era impossível não rir da maneira despojada do cabeleireiro. Nanine riu e foi à cozinha preparar a bandeja. Thierry era escandaloso, mas naqueles dias provava que sabia ser amigo. Atendia Irina como fazia antes, e agora em domicílio, sem cobrar. Ficava algum tempo conversando, mesmo quando ela não respondia, não se dava por achado e insistia na conversa, contava casos engraçados até vê-la sorrir e participar.

Só muito tempo depois, quando notava que ela se cansava, lhe dava um beijo na face, lembrando-a de que os seus fãs a esperavam ansiosamente. O que era mentira, pois o público é volúvel e nem todos veem o artista como um ser humano, amam o que ele faz e o que julgam que ele seja, não quem ele é. Depois, partia.

No corredor dirigindo-se à cozinha, Nanine ouviu a voz esganiçada dele se anunciando na sala onde Irina tocava. O piano silenciou e ela deu graças a Deus, pois o som alto e pouco harmonioso estava lhe dando dor de cabeça, além de pôr a sua paciência à prova.

— Divina, até esta hora da tarde de camisola! Não, não. Assim não pode ser. Tudo bem, se fosse uma daquelas lindas, de seda ou cetim, com um penhoar cheio de plumas. Mas essa daí? Perdoe-me, querida, mas está simplesmente horrível — ouvia-se por todo apartamento a voz alta de Thierry advertindo Irina para o desleixo com a aparência. — Meu Deus, nem os cabelos você escovou decentemente. Deixe-me ver esse rostinho lindo... arc! Divina, nem um risquinho de maquiagem. Ah, não! Você precisa se cuidar.

Irina balançou a cabeça negando, seus olhos azuis fuzilaram o amigo. Queria paz, sossego para viver a sua dor. Que se danasse o mundo! Ela pouco se importava se a achassem feia ou linda.

— Não tenho vontade, Thierry. Estou bem, me deixe, hoje não tenho vontade de nada.

— Só de ficar encerrada neste apartamento martelando o piano, descarregando a sua revolta e frustração — falou Thierry firme. — Não vou deixar isso acontecer. Não, não. De jeito nenhum! Você é jovem, belíssima, talentosa, não pode morrer em vida. Ande, levante-se. Mandarei Nanine preparar um banho para você, escolherei suas roupas, vou arrumá-la, deixá-la pronta para enlouquecer os homens e vamos passear. Ande, ande, ande. Basta de ficar enterrada

266

entre estas paredes! Daqui meu bem, você só verá as coisas partirem, porque a vida corre lá fora, nas ruas, no meio das pessoas, é lá que tudo acontece. Quem fica à margem, querida, vira água parada, barrenta, podre e pobre. Esse não é o seu destino.

Como ela não reagiu e voltou para o piano, apoiando a cabeça entre as mãos, escondeu o rosto e chorou. Thierry enlaçou-a pelas costas, erguendo-a do banquinho e carregou-a pelos corredores, sob protestos, que ele ignorava, enquanto berrava ordens para Nanine.

Irina não teve forças para lutar, protestou, resmungou, repetiu suas lamentações, mas foi ignorada pelo decidido Thierry que contava com integral apoio da empregada. Ele:

— Vai ser muito, *mademoiselle,* sair deste apartamento. Desde que voltou do hospital não sai de casa. Quando estava quebrada ainda dava para entender, mas agora... Já faz mais de uma semana que nem faixas são usadas, suas pernas estão perfeitas. Graças a Deus, tanto pedimos que ele foi bondoso e nos atendeu e *mademoiselle* caminha, tememos tanto que isso pudesse não acontecer. Precisa valorizar essa bênção.

— Não me fale em Deus, Nanine — repreendeu Irina seca — Muito menos na sua pretensa bondade. Tudo isso não passa de fantasias de pessoas que não querem ver como são os fatos nus e crus.

Ele lançou um olhar preocupado para Nanine. A amargura de Irina era profunda, corroia até o cerne do ser. Reconhecia que ela sempre tivera uma dose de amargura bem visível, quando disfarçava na forma de agressão ou indiferença no trato com as pessoas, mas declarações como àquela era a primeira vez que ouvia.

Nanine assustada, parou em frente ao banheiro da suíte que Irina ocupava no apartamento, sem saber o que fazer.

— Vá logo, Nanine, faça o que mandei — ordenou Thierry resolvendo ignorar o acontecido.

"Ela que pense de Deus o que quiser, não é a nossa forma de pensar, dessa ou daquela maneira, que mudará a existência Dele. Isso vai passar, faz parte da revolta pela morte do amante. Entendo o que a coitadinha deve sentir, era um homem e tanto, um encanto e a amava com devoção, não há quem possa negar. Mas a vida continua. Se ela seguir desse jeito, se não voltar a trabalhar, logo,

logo, vai acabar mendigando." — refletia Thierry enquanto forçava Irina a obedecê-lo, adotando atitudes de exagero e indiferença à dor que via em seu rosto.

Duas horas depois, a imagem exterior da Divina Irina ressurgia, mas faltava o brilho do olhar, a chama que dava vida àquele lindo corpo poderia se dizer que estava quase se extinguindo. Thierry fizera um trabalho impecável de recuperação exterior. Até mesmo a perda de peso acentuara a beleza de Irina, dando-lhe um ar de fragilidade, salientando as maçãs do rosto, chamando a atenção para os belos olhos.

***

Dias de grande perturbação política se desenhavam nos horizontes da Europa. Aparentemente, e só aparentemente, havia paz no Velho Mundo. O continente era um caldeirão em plena fervura, a borbulhar ideias, teorias, experimentos sociais; transbordavam sentimentos exaltados por todos os lados.

A sociedade mostrava sua face dual. Extremos políticos davam o tom do momento; de um lado, a extrema direita; de outro, a extrema esquerda. Em nenhum dos dois o equilíbrio ou a liberdade, pelo contrário: em ambos, a intolerância, a arrogância, o desejo do poder absoluto, a pregação utópica de uma sociedade justa segundo a concepção que mais beneficiasse a facção, não segundo a noção moral de justiça e liberdade.

Os interesses próprios eram, e ainda são, a pedra de tropeço que retarda a evolução social, fazendo-a andar a passos lentos. Os homens alçados ao poder, infelizmente, com frequência, se esquecem do sonho coletivo que regaram e com o qual se comprometeram. Mas após tornarem-se detentores do poder temporal, relegarem esses ideais maiores em prol da realização dos próprios desejos. Atitude infantil que lhes espelha a pouca consciência dos compromissos assumidos, afinal há mais de dois mil anos é sabido que muito se pedirá àquele que muito recebeu.

Os ensinos de Jesus vieram alertar o homem para a descoberta de si mesmo, da sua individualidade, do seu papel, sua importância pessoal e coletiva, chamam-no a tomar consciência de si e motivos íntimos de cada uma de suas ações.

É necessário questionarmos a sociedade. É justo saber o emprego dos bens, mas para que isso não passe de retórica é imprescindível ao homem questionar-se para saber por que emprega suas energias nisto ou naquilo, para não ser surpreendido por forças desconhecidas nascidas em si mesmo a exigirem satisfação acima de quaisquer outras.

Essa era a Europa do fim da década de 1920, repleta de retórica e ilusão. O progresso e a estabilidade econômica eram tão falsos quanto as imitações de joias, então em moda no guarda-roupa feminino.

A Rússia vivia sob forte regime ditatorial. Arrasada, reprimida, fora esmagada qualquer oposição ao regime comunista, haviam ocorrido mudanças superficiais de mentalidade, embora tenham sido drásticas na aparência. Bandeiras vermelhas se erguiam e as notícias que vazavam eram de um regime ideal, de justiça e igualdade; da insatisfação, dos rigores, do policiamento ideológico, das revoltas pelas ilusões perdidas, esses não eram noticiados. E ao povo se negava voz.

Na Alemanha, havia a insatisfação com a república de Weimar, embora amainada pelos investimentos americanos que davam a ideia de prosperidade econômica, fazendo o povo sonhar, talvez devanear fosse mais correto. Adulavam-lhes os egos e os conduziam por onde desejavam.

A classe política manipulava a população composta, em sua maioria, por pessoas incultas e ignorantes, que viviam nos campos e, de uma população urbana dividida entre defensores da extrema direita e da extrema esquerda. Uns acusando aos outros de serem a causa da preocupante hora que viviam.

França e Inglaterra guardavam as marcas da Grande Guerra latentes, não abrindo mão de uma política internacional bastante austera e rígida em relação à vizinha Alemanha.

Enquanto discutiam o desarmamento, a indústria bélica se desenvolvia rápida e vigorosamente. Um paradoxo, se não entendermos a inconsciência daqueles que adotam comportamentos de mera retórica. Podem possuir um exemplar conhecimento das causas, consequências, medidas de corrigir rumos de desastre social, entretanto, quando testados face a face com o poder, eclode, no íntimo destes governantes, os interesses pessoais pondo por terra os argumentos.

Por toda parte se via o caldo de cultura de onde nasceriam os regimes totalitários que dominariam o cenário nas próximas décadas.

Comunistas *versus* não comunistas ocupavam o solo. Enquanto muitos sonhavam com as utopias, outros tantos se desiludiam e milhares morriam por conta de ideias, temores, emoções e interesses pessoais contrariados.

Nesta briga insana despontava a descoberta do uso da propaganda ideológica. A condução do povo, visto como massa, altamente manipulável por hábeis formadores de opinião dava seus primeiros passos na construção de um monstro devorador de vidas.

E o interessante era notar que ambas as partes brigavam, agrediam-se, discordavam ferrenhamente, e usavam dos mesmos expedientes na luta, sinalizando para quem tivesse olhos de ver que as diferenças não passavam do pantanoso mundo das formas.

***

— Extra! Extra! Quebra a bolsa de valores de Nova Iorque. Extra! — berrava um jovem jornaleiro na movimentada esquina próxima ao apartamento de Duvernoy que se deliciava na sacada, sentado sob o sol morno do outono.

Ele ouviu os primeiros gritos do jornaleiro sem abalar-se, absorto em seus íntimos pensamentos, entretanto, a voz alta do moço continuou a retumbar e a repetir-se em seu cérebro como um disco arranhado, até que a mensagem: "Extra! Extra! Quebra a bolsa de valores de Nova Iorque", fez sentido. Ele sobressaltou-se preocupado com as desastrosas consequências da notícia. Ergueu-se de um salto, apressado no afã de adquirir um jornal. Precisava, com urgência, informar-se da situação das bolsas de valores, mesmo por que, tinha seus investimentos e acompanhava o mercado.

Na rua, reparou no olhar de censura de uma vizinha que subia o último lance de escadas. Aquele breve segundo o fez refletir sobre a sua conduta, ainda usava o roupão puído e chinelos velhos, roupas confortáveis, porém incompatíveis com a pretensão de descer do edifício e adquirir o exemplar. Bastou ter aberto a porta inadvertida e apressadamente para ver os olhares de reprovação que lhe dirigiram algumas senhoras.

— Danem-se! — resmungou ele, decidido a afrontar as normas de elegância. — Que importa ao mundo como estou vestido? Velhas desocupadas! Que aproveitem, terão o que falar por dias. Sei que nos próximos segundos toda a vizinhança saberá que Gaston Duvernoy saiu à rua em trajes "indecorosos". Saberão disso, mas garanto que não ouviram a manchete do jornal que afetará milhões de pessoas em muitos países. Faladeiras!

Resmungando e apressado desceu os lances de escada até o térreo. Logo viu pessoas em torno do jornaleiro afoitas para terem o jornal, algumas liam a matéria ali mesmo, na calçada, comentando com os outros a bombástica notícia. Sentia-se o nervosismo pairando em torno do grupo, como se sente a agitação em torno de um ninho de camoatins.

As mais diversas opiniões já se formavam, a maioria expressava incredulidade diante do fato mesclada ao temor das consequências da bancarrota da bolsa.

— Um exemplar do jornal, por favor — pediu Duvernoy, estendendo ao jornaleiro alguns francos.

Não resistiu, imitando os demais se pôs a ler a notícia, esquecido dos trajes que usava, porém não demorou muito para que se sentisse desconfortavelmente observado por alguns cavalheiros, que sob as abas dos chapéus o olhavam de cima a baixo, sem esconder um ar de riso. Duvernoy dobrou o jornal, colocou-o sob as axilas, irritado retornou ao seu apartamento.

— Desocupados! Ora vejam só, estoura uma tragédia econômica de proporções alarmantes e estas criaturas têm tempo e disposição em reparar como um velho insignificante está trajado. Gente! Gente! Quando compreenderei a minha raça? A atenção está sempre voltada ao que se passa ao redor do umbigo, parece que esta mente não é capaz de ir um pouco além ou será que eu é que não entendo e essa coisa louca é demonstração de capacidade? Ah, não sei de mais nada — murmurava revoltado ao longo do trajeto, rápido alcançou seu destino e retomou seu lugar na cadeira da sacada.

Bem acomodado, leu a notícia na íntegra, e meditou primeiro em seus interesses pessoais e imediatos, essa bancarrota não afetaria somente os seus investimentos em papéis, mas a comercialização de muitos produtos agrícolas da safra estava comprometida. Tinha boa quantidade de produtos armazenados em suas propriedades rurais aguardando melhor preço para venda, isso perdia completamente o sentido. Seus grãos estavam valendo muito pouco.

O mundo capitalista sofreria um profundo e drástico empobrecimento, as consequências sociais e políticas seriam dramáticas. Miséria, desemprego, falências, desespero semeado em abundância no seio de uma grande população. Politicamente a situação se complicaria, sem dúvida.

Essa gama de insatisfações, esse brusco e vasto contingente de desempregados e falidos que surgiam pressionariam a situação, exigindo e trazendo mudanças. Restava saber se agiriam preocupados com o umbigo ou com um universo maior.

Por todas as suas dores, passadas ou presentes, o ser humano só tem a si mesmo como principal e maior causador. É certo, que sempre surgem nomes que se destacam, mas ninguém é inocente num processo social. Ação e omissão são as hipóteses de conduta, ambas geram efeitos.

Relembrando Donne: o homem não é uma ilha. Se uma parte do continente é arrancado, todos sofrem indistintamente. Tudo aproveita a todos na grande teia que liga os destinos humanos.

Duvernoy ainda refletia sobre todas essas coisas quando a insistente campanhia do telefone o fez erguer-se para ir atender a chamada.

***

No apartamento de Irina, a notícia da bancarrota em Nova Iorque desceu como mais uma nuvem agourenta. Uma semana após o evento, Nanine repetia as notícias e comentários que ouvia. Apática, Irina não demonstrava afligir-se, parecia que não a atingiria. Lilly que tomava café com elas recordava os tempos difíceis após o fim da Grande Guerra.

— Vai ser dureza. Mas já enfrentamos tempos difíceis, esses serão mais alguns dias pavorosos e com o dinheiro desaparecendo de nossas bolsas — filosofou ela. — Não concorda, Irina?

— O quê? — jogada sobre o sofá, de camisola e penhoar, Irina não dava sinais de querer arrumar-se, sair, ou mesmo de prestar atenção a conversa.

Afundava-se num mundo de melancolia, recordações e silêncio. Sua face pálida, seus olhos sem vida, até seus gestos eram débeis. Vivia o passado. A irresignação com o presente a consumia, desencadeando um processo preocupante de depressão. As tentativas de Thierry de alegrá-la e tirá-la daquele estado mórbido de sentimentos surtiu um resultado fugaz, durou poucas horas.

— Irina, você não presta atenção em nada — ralhou Lilly fingindo severidade. — Estamos falando da bancarrota, aliás, é só o que se fala. Os clientes do café não têm outro assunto. As meninas não aguentam mais, acho que já são mais informadas do que os jornalistas.

— Tudo nesta vida morre — respondeu Irina. — Os melhores e os piores dias morrerão da mesma forma e terão as mesmas horas. Não adianta ficar discutindo. É bobagem.

Lilly olhou assustada para Nanine, era como se lhe dissesse:

— Ih, ela não melhorou nada. Não chora como no início, mas nem por isso está melhor, ao contrário, parece que ela está virando uma estátua de pedra, dura e fria, por dentro e por fora.

Em resposta, Nanine balançou a cabeça em sinal de concordância. Seu rosto externava preocupação pelo estado da patroa.

Enquanto as mulheres bebiam o café e conversavam, duas entidades espirituais as observavam à pequena distância.

— Ela não está bem — constatou Laura observando Irina, sua tutelada, carinhosamente.

— Se as pessoas soubessem o valor da fé e da esperança as cultivariam com zelo. Sonho com o dia em que todos conseguirão olhar o futuro e sorrir, ver o presente e confiar — filosofou Ryane com o olhar brilhante pousado na face pálida de Irina. — Nossa amiga não cultivou essas sementes e agora não tem a árvore da fé para se abrigar, falta-lhe até a autoconfiança.

— O momento é doloroso, crucial na existência dela. Essa sucessão de perdas tem o potencial de fazê-la progredir muito, mas dependerá das reações dela. Por hora, preocupa-me. São poucas as oportunidades que tenho tido, desde que ela chegou à fase adulta, de aproximar-me. Quando era menina foi diferente, semeei muito, porém a adolescência foi arrasadora e inesperada. Seus pais equivocaram-se no uso do livre-arbítrio, surgiram situações gravíssimas totalmente desnecessárias e imprevistas que abalaram a preparação de Irina, arrojaram-na num turbilhão, acordaram em seu íntimo as facetas de uma personalidade que ela lutava para modificar. Por muitos anos perambulou pela vida, prostituiu-se, depois quis dinheiro e fama, conseguiu tudo. Entretanto, se nestes anos nunca fez mal a ninguém, é certo que se pode contar nos dedos de uma mão as suas atitudes desinteressadas. Avalio que tenha se mantido estacionária. Agora poderá acontecer uma grande virada, penso mesmo que esteja acontecendo e preocupa-me ver que tem preponderado o seu lado insensível e cético.

— Guardemos a paz interior — recordou Ryane. — Pedindo ao Pai Supremo que ilumine o pensamento de nossos protegidos. Paul Gaultier também tem me preocupado. Teve um despertar difícil, a separação de Irina é um fato que ele ainda não aceita, sente muito, recorda demais o passado, o que não é bom. Está triste, embora tenha perfeito entendimento da situação em que se encontra. Os conhecimentos espíritas estão lhe valendo na luta, porém o pensamento depressivo dela o perturba. Tenho enfrentado dificuldades para tirá-lo daqui, quando menos espero eis que os temos novamente juntos a chorarem a separação. Gaultier sabe que assim se une mais a ela, que essa separação é ilusória, o problema é que ele não encontra forças para vencer a paixão e a tristeza. Somos criaturas muito possessivas em nossa forma de amar. E ele é um ser passional, aliás posso dizer eles.

— Eles, sem dúvida. A simbiose da paixão que algema almas é o que vemos. É romântico como um drama shakesperiano, mas na realidade lamentável, por que é fruto de um comportamento que reflete ainda um estado de inconsciência profunda de si mesmo e das leis da vida. Sofrem.

— E como! — reforçou Ryane. — A mestra preferida das pessoas é a dor, há uma grande resistência ao aprendizado com prazer, com alegria e liberdade. Ainda temos que fazer o parto do bem em meio aos vícios, quando poderíamos optar por comportamentos que nos conduzissem naturalmente no caminho das virtudes, sem dor no aprendizado.

— Liberdade. É um anseio e um temor no ser humano. Viver com liberdade plena equivale a ter plena responsabilidade por tudo e consciência de que não podemos nos esconder sob alegações de que fomos forçados a ter este ou aquele pensamento, adotar uma crença em vez de outra, abrigar sentimentos destrutivos por própria escolha. Ao mesmo tempo em que anseia por cruzar a linha divisória e abraçar as responsabilidades, vem o temor das consequências, o medo. É um comportamento adolescente. Quando encarnados, nesta idade aspiramos freneticamente a conquistar a liberdade do uso das horas e das coisas materiais; quando desencarnamos e contemplamos não só a existência finda, mas a vida imortal e a sucessão de retornos à matéria, começamos a analisar o grau de maturidade dos nossos sentimentos e essa falta de habilidade em usar a liberdade entendo como sinal de adolescência.

— Concordo. Nossos protegidos pelo estado de escassez da consciência do que é liberdade e do que é amor, em essência, me parecem que estão construindo algemas bem fortes e aparafusadas. Tenho conversado com Gaultier, quando julgo que ele entendeu os conceitos que lhe transmiti e, de fato, intelectualmente ele acompanha com perfeição, temos tido excelentes diálogos, mas deixo-o algum tempo só e pronto, ele é vencido pelas próprias forças emocionais. Sintoniza com o pensamento de Irina, a lhe evocar a memória a cada instante. Sente o desespero e a solidão que ela vem alimentando e se desestrutura, caindo ao lado dela, vítima de um amor que o faz sofrer.

— Ambos pioram. Veja — chamou a atenção Laura. — Ela conseguiu atraí-lo novamente. Como chega desatinado!

Naquele momento, Gaultier aproximou-se de Irina, tinha a aparência saudável, agradável, mas o olhar denunciava tristeza e melancolia. Acercou-se da mulher, abraçando-a com intimidade, acariciou-lhe os cabelos, beijou-lhe as faces com carinho, murmurando em seu ouvido.

— Meu amor, você precisa reagir, não pode sofrer assim. Se você chora, eu choro por você e por mim e ficamos nessa situação estranha, separados aparentemente, mas próximos, chorando um pelo outro e por nós mesmos.

Sentindo a presença do amado, entretanto sem reconhecer-lhe a visita, Irina revivia as emoções de quando estava nos braços dele, a mesma ternura, o calor, julgava que era a saudade que a fazia sentir com tal intensidade. E irrompeu em pranto, as lágrimas jorravam copiosas, e não resistindo, ela dobrou-se sobre si mesma abraçando-se — como se quisesse reter alguém junto de si — e soluçou dolorosamente. Em seu pensamento o rosto de Gaultier, seu sorriso fácil e meigo, ocupavam inteiramente seu pensamento, em meio a sua dor e ignorância das verdades espirituais, ela julgava ouvir a sua voz a sussurrar:

— Minha amada, não fique assim, não chore.

Gaultier abraçado a ela desesperava-se. No entanto, não dominava as próprias emoções e a apertava soluçando também.

Lilly e Nanine trocaram olhares aflitos e correram para o lado da poltrona de Irina. Lilly tentou confortá-la, quis abraçá-la, ela recusou o contato, parecia surda aos chamados da amiga, alheia à realidade. Para elas que assistiam à cena da realidade material, aquela era uma reação incompreensível e preocupante, pois eram crises despropositadas. Ela estava, repetimos, aparentemente bem, serena, triste, mas calma, quase conformada, e de repente irrompia naquele desespero.

Ryane olhou Laura e, decidida, andou até o casal. Aproximando-se de Gaultier, enviou-lhe pensamentos de calma e serenidade. Tal qual Irina recusava-se a reconhecer a presença das amigas, também ele nem ao menos visualizava a presença da benfeitora espiritual. Paciente, Ryane continuou envolvendo-o em calma, tentando apaziguar as emoções descontroladas do casal.

A crise perdurou por quinze ou vinte minutos, até que Gaultier registrou as vibrações de Ryane e o chamado à razão o socorreu. Envergonhado, ergueu o olhar confrontando-se com a benevolente amiga a fitá-lo, em silêncio.

Afrouxou o abraço em torno de Irina, enxugou as próprias lágrimas com as costas das mãos, esforçando-se por recuperar o domínio, encostou a cabeça no ombro dela, somente quando se apaziguou voltou a falar. Observando-se a cena na integralidade da vida, era interessante notar a força da simbiose dos pensamentos e emoções reagindo um sobre o outro. Conforme Gaultier serenava-se, Irina sentia a dor acalmar. Nela o cansaço físico e emocional acarretava a debilidade após a crise.

— Precisamos ter calma, amor. Durma, durma. Eu vou fazê-la dormir. Venha vamos para o quarto, vamos deitar.

Imediatamente ela transmitiu o desejo de descansar às amigas que em vão tentavam acudi-la com água com açúcar e chá calmante. Elas receberam o pedido com alívio. Amparada por Nanine, ela deitou-se. Gaultier a seu lado a acariciava, como fazia quando encarnado até que ela adormecesse em seus braços, confiante, para acordar na outra dimensão da vida, temporariamente.

Lilly e Nanine sentavam-se aos pés da grande cama de casal, observando Irina que rapidamente adormeceu.

— Morro de pena da senhora Irina. Ela não encontra forças para superar a morte do senhor Gaultier — falou Nanine olhando comovida a patroa.

— Jamais esperei ver a Divina neste estado. Quando eu a conheci, ela era muito decidida, firme, dissimulada. Esta mulher já sofreu muito nesta vida, confio que isso a tenha feito realmente forte. Ela precisa voltar a ganhar dinheiro, senão logo, logo vai acabar de volta em alguma esquina. Tenho evitado falar com ela sobre isso, mas não posso deixar de pensar. Sabe, Nanine, ela e Dolly — a minha parceira que já é morta, acho que estou envelhecendo, quando começo a falar de meus amigos, todos já morreram — tem em comum o gosto de ler romances sobre nossas colegas de profissão. Eu penso que elas tentam é dourar a realidade, os escritores pintam as prostitutas com alguma piedade e as fazem parecer melhor do que são e com um glamour que não existe. Irina me falava muito de uma que eu não recordo o nome agora, a dita cuja tinha um medo enorme do futuro, pois temia ficar velha, feia, esquecida pelos seus admiradores e terminar como uma outra que já tinha sido famosa — uma tal de Carabina — e depois de velha ficou irreconhecível a mendigar pelas ruas de Paris. A conheciam porque usava uma rosa vermelha nos cabelos trançados. Qualquer hora destas vou lembrar Irina de ler este romance de novo. Pode ser que ela desperte para as coisas necessárias.

— É — concordou Nanine ouvindo interessada a conversa de Lilly, adorava a franqueza da velha prostituta. — Nossas contas não têm mais como serem cobertas, só por piedade que ainda nos vendem comida.

— Irina tem condições físicas de voltar ao trabalho. Terei que arrumar algumas visitas, mas ela não pode estar com essa cara de morta-viva e ter esses rompantes de choro. Que chore depois, a vida inteira se quiser, mas não o dia todo, precisará reservar algumas horas para ganhar a vida. Tudo que lhe resta é a beleza, precisa usá-la enquanto ainda a tem. Pois você sabe, Nanine, mulheres feias como você tem o dom de ser permanente parece que não sofrem o desgaste do tempo, são sempre iguais. Mas as belas como Irina são passageiras e o tempo é impiedoso para nós. A feiura é eterna, a beleza é temporária, já ouvi alguém dizer isso em algum lugar, não lembro onde.

Nanine encolheu-se ofendida. Tinha muitos complexos por causa de sua aparência física, pouco atraente. Voltou a olhar para Irina e buscando consolar-se pensou:

"De fato sou feia, não despertei amores, nem paixões, mas ao menos não sofri como ela está sofrendo. Ela arde nas chamas do inferno, eu cozinho em fogo lento, sofro um pouco a cada hora, como quem tem um espinho na carne e aprende a conviver com ele, ajeitando para cá e para lá, enganando a dor."

— Vamos deixá-la dormir — falou a empregada. — Ainda há chá na cozinha, Thierry nos trouxe alguns biscoitos. Aceita, madame Lilly?

— Só o chá, Nanine — respondeu Lilly. — Vou ver a despensa do café e amanhã trarei algumas coisas para vocês. A crise está terrível, os homens gastam cada vez menos... e reiniciou a ladainha sobre a crise e os efeitos terríveis que estavam sentindo com a bancarrota em Nova Iorque. Não percebeu que havia ferido a sensibilidade de Nanine, pois não tivera a intenção de magoar, falara do seu modo, sem cuidado algum com o que dizia.

CAPÍTULO 13
Livres para escolher

*Aqueles, ao contrário, que fazem mau uso
da liberdade que Deus lhes concede,
retardam seu adiantamento;*[23]

Nanine a Lilly se retiraram do quarto apagando a luz. A penumbra do cair da tarde com sua luminosidade suave dava ao ambiente um clima sereno, propício ao descanso.

Gaultier enlaçava delicadamente Irina. Ryane aproximou-se dele e convidou:

— Gaultier, meu caro, afaste-se um pouco de Irina. Ela se tranquilizou, você também. Precisamos conversar com calma, não concorda?

Ele anuiu. Em seu rosto via-se vergonha e cansaço. Ryane, compreensiva, deu-lhe tempo para reunir as forças necessárias para vencer-se.

Laura acompanhou o diálogo, sem interferir, acercou-se deles. Depois, sorrindo, tocou as mãos de Gaultier e disse-lhe:

— Meu querido amigo, ela dorme. Está muito debilitada, vou deixá-la descansar, depois prometo que a levarei para encontrá-lo, e tenho certeza de que iremos nos esforçar para este encontro ser benéfico para ambos.

— Cuide bem dela, Laura — pediu Gaultier encarando a protetora espiritual de Irina.

— Faço o que ela me permite.

---

23 - KARDEC, Allan. *O Evangelho Segundo o Espiritismo*, cap. IV, item 25, IDE.

— Eu sei que ela é muito difícil. É temperamental, teimosa, mas é incrivelmente meiga e frágil. Ela era tão solitária quando a conheci...

— Por que não diz que os dois eram solitários? Essa é a verdade, Gaultier, nascemos sós, vivemos essencialmente sós. Temos inúmeras companhias, infinitos afetos se somam e se multiplicam ao nosso redor. Mas, não se iluda: ninguém o completa, ninguém é imprescindível à sua existência, assim como você não o é para alguém. Cada um de nós é um ser inteiro, único, individual, completo, por si só. Não precisamos de complementos. Deus nos criou inteiros e indivisíveis, portanto não somos pedaços de seres, nem temos a possibilidade de deixar partes de nós. O amor não leva nada de nós, nem nos deixa algo. Conosco ficam as marcas da experiência. Você e Irina têm um bonito sentimento: o amor. Entenda que ele nasce nas fontes de seu íntimo e o amor que você sente neste minuto é muito diferente do amor que nasceu às margens do Sena. Ele cresceu, evoluiu, e sabe por que aconteceu?

Gaultier a fitava sob o encanto da tranquila vibração com que ela o envolvia. Havia em Laura uma alegria delicada, constante, contagiante. Ela irradiava liberdade e confiança. Seu semblante calmo, a aparência delicada e firme, bela na sua simplicidade, infundia-lhe um sentimento de respeito quase reverente.

— Porque nós damos espaço a ele em nossas vidas. Tanto Irina como eu, não resistimos à força que nos atraía e deixamos que ela agisse, apenas nos harmonizando ao sentimento.

— Espaço, liberdade, harmonia, ceder sem resistir. Eis, em poucas palavras, conceitos importantíssimos nas nossas relações interpessoais e muito especialmente amorosas. Nenhum relacionamento afetivo sobrevive quando alguém se anula. É ilusão crer na doação absoluta ao próximo, todos necessitam de tempo, de espaço, de liberdade para a própria individualidade num contexto coletivo, senão não há harmonia, não há equilíbrio. Um se sentirá tolhido, prejudicado, a falta de si mesmo o desnorteará e fará ruir a beleza do afeto, pois nele imiscuir-se-á sentimentos naturais de raiva. Atribuirá culpa ao outro por encontrar-se intimamente descontente, se tornará ansioso e mesmo revoltado, julgando ser sempre aquele que tem de ceder, que tem de doar, sentirá esgotar-se e não se renovar as fontes do amor. É uma das razões pelas quais é comum se dizer que amor e ódio andam de mãos dadas e se alternam numa mesma pessoa, manifestam-se em uma relação. É por isso que, uma mãe pode amar e odiar o filho, dependendo do momento; que os amantes podem amar-se com ternura e matar-se violentamente noutro momento. Você é um artista, é sensível, dedicou-se à pintura, sabe que para haver harmonia é preciso espaços definidos onde cada coisa ocupe o seu lugar, sua luz e sua sombra, que brilhe sozinha e no conjunto.

— Entendo. Ryane tem conversado muito comigo, de outra forma, bem mais direta. Sei que estou errado, aumentando o meu sofrimento... — Gaultier tinha dificuldade em coordenar os pensamentos, lutava para dominar a emoção, para encarar a necessária separação de sua amada que ficara presa a vida material. — Mas é muito difícil. Eu li muito sobre o depois da morte. Isso tem me ajudado, creia. Pode até não parecer, mas sem o que aprendi, seria ainda mais difícil. Nunca pensamos que as emoções não morrem, damos pouca importância ao cuidado delas quando encarnados. Se são boas e nos dão prazer nos entregamos sem pensar; se são ruins, bem, aí queremos é nos livrar, como se isso fosse possível. Eu passei a existência sentindo, sem perceber do quanto isso era importante e que aí, nesse mundo emocional, é que estavam as minhas forças e as minhas fraquezas. Eu simplesmente não vi isso, Laura. Estou pagando o preço. Consegui, enquanto estive encarnado, não ter ciúme do passado de Irina, nem mesmo quando sabia que ainda a dividia com outros, justamente por que tinha convicção de que a amava como um ser inteiro, não apenas um corpo bonito, mas não me dei conta de que nós criávamos um sistema de dependência, de isolamento, um mundo nosso a parte de tudo e de todos e que era ilusório acreditar que nunca iria mudar. O grande teste do amor é resistir à separação. E eu sei que estou falhando, mas juro: eu tenho me esforçado. Não sei se você já viveu algo parecido, mas saiba é uma luta exigente, e o pior é que o inimigo é íntimo e desconhecido ao mesmo tempo: sou eu com tudo o que sei e o muito que não sei de mim mesmo.

Laura sorriu e apertou afetuosamente a mão de Gaultier sob a sua.

— Insista, é caminho para a vitória. Você é consciente e interessado, isso é muito bom. Não pense que sou uma criatura diferente na natureza, passei por todas as experiências de que precisava para aprender. Necessariamente não são iguais às suas, mas, digamos, que muito semelhantes. Posso avaliar o que está sentindo e continuamos sentindo mesmo depois de abandonarmos o corpo. Portanto, analise, pense, não fuja, ainda que seja ruim. A vida sempre nos dá tempo de aprender as lições, faça agora o que admitiu não ter feito antes: encare descobrir a força ou a fraqueza dos seus sentimentos. Verá que há um universo fascinante à sua espera, todinho dentro de você. Lindo, cheio de contrastes, de luz e sombra, de consciência e inconsciência, onde nada, absolutamente nada, é vergonhoso, pernicioso ou motivo de desespero, mas lá tudo é descoberta e aprendizado. Pense como se fosse uma criança aprendendo a equilibrar-se e caminhar, cair é natural e esperado, se machucar, também. Se doer, chorar é consequência natural, foi traçada por Deus em você, não resista, chore, mas levante e tente outra vez.

Gaultier abaixou-se e beijou as mãos da benfeitora, prometendo:

— Tentarei.

Afastou, beijou as faces e a testa de Irina, acariciou-lhe o rosto com o dorso da mão, sorriu triste, resignado, suspirou afrouxando o abraço e ergueu-se do leito.

Em seguida, informou a Ryane que estava pronto para partir. Despediram-se de Laura reiterando votos de harmonia e serenidade para o próximo encontro, ainda naquela noite, quando Irina estivesse em condições de participar.

***

Em torno de uma grande mesa de carvalho, cujo tampo polido brilhava refletindo a luz que entrava através de uma alta janela, reuniam-se altos oficiais do pequeno e combalido exército alemão.

— General Scheringer — disse o coronel Schroder. — Temo que haja exagero quanto à preocupação com a infiltração de ideias nazistas em nosso exército. A corporação é fiel à sua tradição, acima de tudo. Os nazistas são arruaceiros, violentos, parece uma gaita de fole que ora se estufa, ora se esvazia. Não tem equilíbrio esse movimento político.

— Diz isso porque, como sabemos, o seu filho está engajado com eles — retrucou o general, um homem forte, de físico avantajado, que aparentava bem menos do que os seus cinquenta e cinco anos. Tinha as bochechas vermelhas, a boca levemente torta pelo hábito de fumar cachimbos e charutos, os cabelos ruivos com fios brancos estavam perfeitamente penteados. A sua aparência era impecável, sobressaindo o peito coberto por medalhas.

— Ludwig é jovem. Ele voltou da França um doidivanas. As promessas nazistas o seduzem. Isto é típico da juventude, é um fenômeno sazonal como a colheita do trigo, tem tempo certo para ceifar. Esse entusiasmo nazista, nele tem tempo certo para acabar. O partido deles reanimou-se, precisamos admitir, estavam praticamente mortos, mas ressuscitaram e não podemos ignorar que Hitler é um orador carismático. Ele diz o que o povo quer ouvir. Cega e surda, a população não julga se há razão ou verdade no discurso, simplesmente crê. É só esperar alguns meses e os nazistas estarão novamente liquidados. Não sobrevivem à próxima crise política, e sabemos que nesta república ainda haverá muitas. A Alemanha precisa da monarquia restaurada, na época do czar não tínhamos esses problemas.

— Todos os pais de jovens vinculados ao movimento nazista dizem a mesma coisa, coronel Schroder. Eu os entendo, eles são jovens, ambiciosos, querem construir uma carreira. A república acatando os termos de Versalhes, mantém nosso efetivo reduzido. Hitler tem em seu partido um efetivo paramilitar superior a nossa força, promete-lhes quebrar com os termos desse acordo e restaurar o exército. Obviamente isso passa por uma ampliação considerável do quadro e também por maiores chances de promoções, ascensão na carreira, meu caro. Como vê, estes jovens, não são tão loucos como você pensa, eles querem simplesmente aquilo que eu e você conquistamos em outras épocas. Politicamente é bem provável que o pensamento deles e o nosso não seja assim tão divergente. Eles pregam um governo centralizador, autoritário, forte, em suma uma ditadura; nós sonhamos com o passado com a restauração da monarquia, que me parece ter algumas características semelhantes.

— Com o devido respeito, general Scheringer, não aceito o que disse. Os nazistas são um bando de aventureiros. Nacionalistas fanáticos. Não consigo enxergar em que eles possam contribuir para estabilizar o país, quanto mais para reconstruir o histórico império. A monarquia, e só ela, pode nos dar essa estabilidade. É a força da tradição.

Scheringer tirou outra baforada do cachimbo e pôs-se a observar a fumaça que se evolava em círculos acima de seu nariz. Seus olhos tinham uma expressão pensativa.

— Ainda assim, coronel. Ainda que sejam aventureiros e talvez por isso mesmo, é que precisamos defender nossos jovens oficiais. São ambiciosos, inexperiente em causas políticas, provavelmente nem todos tenham perfeita consciência de que apesar do sucateamento ainda temos uma grande influência política, um nome e uma tradição a zelar. Deixam-se levar pelas promessas nazistas, embebedam-se com suas críticas mordazes ao momento atual e não enxergam que isso não passa de retórica, de bravata. Veja o *Putsch* da Cervejaria, que fiasco! Mas diga isso a eles, negarão e o farão ver como o líder deles se sobressaiu no julgamento. Andam com o *Mein Kampf*,[24] embaixo do braço, como se fosse uma arma — e sorrindo com desdém provocou: — Aliás, é uma arma, um livro daquela grossura só pode ser uma arma. Não posso crer que o tenham lido de capa a capa.

— Bem, devo entender que está mantida a ordem de transferência dos cabos, sargentos e tenentes.

— Sim, está. A algo mais que o senhor queira discutir, coronel?

— Não, senhor.

— Está dispensado.

O coronel bateu continência e rodando nos calcanhares, andou ereto e firme, em direção à alta porta que dava acesso ao corredor no amplo prédio que servia ao Quartel General em Berlim.

---

24 - *Mein Kampf* [em português: *Minha luta*] é o título do livro composto por dois volumes, escrito por Adolf Hitler, no qual ele expressou suas ideias antissemitas, de raças e nacional-socialistas então adotadas pelo partido nazista. O primeiro volume foi escrito na prisão e editado em 1925; o segundo foi escrito já fora da prisão e editado no ano seguinte. *Mein Kampf* tornou-se um guia ideológico e de ação para os nazistas, e ainda hoje influencia os neonazistas, sendo chamado por alguns de "Bíblia Nazista".

Schroder ia pensando no filho. Desde o retorno definitivo do jovem à Alemanha, ele o preocupava. Reconhecia que o filho era um estranho em casa, embora aparentassem ser uma família exemplar. Ficou feliz com a decisão dele de seguir a carreira militar, para isso o educara desde menino, eram a quarta geração da família servindo ao país, entretanto muitos comportamentos do filho lhe tiravam o sono.

Para completar, se envolvia abertamente com os nazistas. O exército sempre fora engajado politicamente, mas para todos os efeitos, era neutro. Ele mesmo serviu ao partido conservador, ajudou a preparar os Corpos Francos, mas nunca deu mostras, quanto mais provas de suas simpatias políticas.

"Esses jovens são inconsequentes. Só têm a perder nesse movimento nazista. O que conseguiram foi uma bela transferência para a guarnição de Ulm. Pode ser exagero a preocupação de von Scheringer, mas algum tempo entre as montanhas, distante da agitação da capital, vai fazê-los pensar melhor e aprenderão a reconhecer a disciplina e a autoridade" — refletiu.

A movimentação das tropas no pátio era intensa, por algum tempo o major se deteve a observar-lhes a aparência, eram jovens saudáveis, bonitos, altos, louros, fortes, o uniforme impecável. Aliás, a expressão impecável fazia parte de um vocabulário quase religioso dentro do exército alemão. A rigidez de conceitos, a estreiteza de ideias, levava a um comportamento maquinal, sem raciocínio, um campo fecundo a todo tipo de preconceito e de insanidade.

Ser impecável tornava a todos neuróticos, nervosos, seres humanos reprimidos que acabavam por se desgovernarem no manuseio das próprias paixões. Resultado da paranoia de ser "impecável". Aspiravam ao impossível. Ser intimamente impecável equivale a dizer-se um ser puro, condição impossível ao atual grau de desenvolvimento da humanidade terrena.

Somos cheios de conflitos, nos caracterizamos por uma multiplicidade de comportamentos marcados por vícios e virtudes, erros e acertos, o que nos leva a reconhecer que temos a peneirar em nossas personalidades para aspirarmos a uma condição de pureza. E essa pureza não se faz de fora para dentro, mas seguindo a rota inversa. Hoje envergamos corpos que apodrecem, infeccionam, são atacados e carcomidos por vermes, reflete o nosso interior comprometido a expurgar-se na matéria densa; quando este interior for puro, nossos corpos serão livres dessas marcas, serão belos, saudáveis e leves.

Nos idos da década de 1920, porém, os oficiais alemães tinham em alta conta a "impecabilidade". Um fio de linha, uma mancha de pó, uma costura imperceptivelmente enviesada, um calçado menos brilhoso, uma mecha de cabelo fora do lugar, eram motivos de incêndios apaixonados. Gritavam, humilhavam, puniam, destilavam raiva e fel em virtude de coisas e situações sem importância. Gerando um ambiente de cobrança, insatisfação, e onde o ego de muitos ocupava quarteirões inteiros.

Não é preciso muito para entender que se espiritualmente isso é impossível, com mais razão o é materialmente. A natureza do planeta acompanha as condições evolutivas da população espiritual encarnada. Ela é agressiva e selvagem. Não há como viver aqui e ser imune à sujeira, ao desarranjo da aparência. Desejar essa impecabilidade é colocar-se em luta contra a natureza interior e exterior, que nos dá exemplo e nos pede o aprendizado da flexibilidade e da aceitação.

Mas, o major Schroder dava-se ao luxo de desperdiçar tempo em sua existência observando o lustro de coturnos, os botões das fardas, o barbeado e o cabelo dos subordinados, sem falar no engomado dos colarinhos. Enquanto, desperdiçava os dias, esquecia-se de si, de joeirar a própria personalidade e dar-se a oportunidade de conhecer as experiências, expectativas e frustrações das pessoas com quem convivia, o que de resto era regra no exército.

O domínio das vaidades, o maior derrubava o menor na escala de progressão da carreira. Assim, a vaidade e os recalques do primeiro da fila chegavam ao último com o peso e o somatório de todos que haviam caído até chegar a sua vez. Não escapava um, ou melhor, havia honrosas exceções como o tenente cuja tropa desfilava naquele momento.

Enquanto marchava mecanicamente à frente dos homens, dedicava-se, em pensamento, a interesses mais elevados. Tratava-se de Richard Von Scheringer, filho do general.

Schroder observou a execução perfeita do exercício, o perfilamento e a disciplina dos soldados.

286

"O rapaz faz um bom trabalho, apesar de ser muito estranho. Na cantina não se junta aos oficiais graduados, mantém-se numa linha de conduta de independência. Jamais o vi tentando agradar um superior. É obediente, não posso negar. É disciplinado, não falta ao respeito com os de patente maior, entretanto é desinteressado de promoções e apoios."

Acompanhou com o olhar a tropa dirigida pelo tenente encerrar sua atividade, marchando unida para fora do pátio. Notou que após o comando de dispersar, um grupo de soldados cercou o jovem oficial e o interrogavam interessados. A conversa era animada, os sorrisos espontâneos, embora não houvesse algazarra. Era a alegria pura e simples que contagiava aqueles que o acompanhavam.

Curioso, o major deu a volta ao pátio, postou-se à pequena distância do falante grupo. Invejava a rápida carreira e a aceitação do filho do general, contrariado, reconhecia que o rapaz a construía por mérito pessoal e não por influência paterna, apesar de julgar esquisito o seu comportamento.

— É irônico, mas é muito bom o trabalho do pensador francês que você tanto admira. Aliás, é difícil entender que aquele país tenha produzido um gênio, entretanto me curvo as evidências — comentou um dos soldados.

— Não diga isso, Frank — advertiu o tenente de forma amena. — Espíritos como Voltaire não se prendem a noções de território e fronteiras, eles produzem para a humanidade, para quem os queira conhecer. São perenes, meu amigo, tais quais os rios que descem as montanhas. Suas vidas deixaram pegadas tão profundas no planeta que o tempo não conseguirá apagar. Penso neles como construtores da mentalidade humana, vão lançar bases e assentarem pedras na infinita escada de crescimento do ser humano. Francês, alemão, turco, grego, que importância tem?

— O senhor considera sem importância as questões do nacionalismo? — indagou outro soldado mais afastado, provocando a discussão do tema do momento.

— Sem importância não seria uma definição correta. Deixe-me pensar numa forma de explicar-lhe como vejo o nacionalismo — pediu Richard, coçando o queixo e deixando seu olhar vagar pelas nuvens, além dos rostos ansiosos que se agrupavam a seu redor.

— É importante amar a pátria, a terra onde nascemos, crescemos e vivemos, possivelmente onde morreremos. Porém, eu poderia lhes perguntar: o que é amar a pátria? Como identificamos esse amor em nossas atitudes? Que tipo de amor é esse? Ouço e leio muitos discursos nacionalistas, amantes da pátria, entretanto o que me transmitem é que são redigidos por criaturas preconceituosas, arrogantes e fanatizadas. Não é amor o que eles pregam, é vingança. Semeiam rancor. Não entendo que alguém que ame o seu país e o seu povo, alimente no seio dessa nação sentimentos destruidores. Amor à pátria, para mim, se demonstra através do amor às pessoas que compartilham esse pedaço da terra conosco. Dar-lhes desenvolvimento social, boas condições de viver, trabalhar e prosperar com dignidade. Educar o povo para uma vida de responsabilidade e liberdade, isso é patriotismo. Espicaçar ânimos, rebaixar o que não seja nosso, culpar outros países pelas nossas desgraças internas — ainda que eu entenda a ligação que se estabelece entre todos os países e as questões de política externa — ainda assim, vejo isso como manifestação de revanchismo, de despeito.

— Tenente, mas e a traição de novembro? E o maldito tratado de Versalhes? E os norte-americanos que com a bancarrota da bolsa esvaziam o país de recursos e nos jogam de volta a uma situação econômica caótica? O senhor acha que tudo isso é mero revanchismo? Então, eles nos usurpam, destroem o nosso orgulho e não devemos fazer nada?

— Devemos fazer algo sim, Albert. Pensar em como chegamos a este momento. Refletir com maturidade sobre a nossa postura como nação integrante de um contexto internacional, meditar o que fizemos para recebermos de retorno esse descalabro todo. Veja bem, se eu esticar o elástico das suas roupas ao extremo e não conseguir mantê-lo sob o meu controle, ele vai voltar para você com força redobrada, certo?

O soldado e o restante do grupo que o ouviam interessados, assentiram com a cabeça. Schroder estranhou não ver neles reação de espanto pelas palavras do tenente, pareciam acostumados àquela conduta liberal, porém disciplinada como exigia a corporação. O exemplo não poderia ser mais pobre, nem mais claro, qualquer um entenderia o raciocínio do jovem oficial.

288

— Eu vejo isso nos acontecimentos do passado recente, dos idos de 1920 ou 1925, e de hoje. A vida é uma lavoura, cada ato nosso seja interior, como os pensamentos e os sentimentos; ou exterior, como as nossas ações físicas, são sementes que lançamos. Plantamos com liberdade, escolhendo quando, onde e como, todavia, não teremos escolha quando se tratar de receber os frutos dessa plantação.

— Em suma o senhor crê que sejamos os únicos responsáveis pela crise.

— Eu diria o principal responsável, Frank. O principal. E mais nessa linha de raciocínio pensar em revanche é continuar subordinado a acatar as consequências que são fadadas, melhor seria uma boa reflexão, principalmente dos governantes, buscando uma comprensão mais abrangente de como vive e se relaciona a maioria dos alemães. Nossos líderes políticos, com facilidade, se sentam em torno de primorosas mesas de madeira, com uniformes e coturnos impecáveis, para decidir os destinos da nação. Olham mapas, números, documentos e esquecem a face sofrida do povo nas ruas, decidem seus destinos como se estivessem em uma mesa de jogos de azar — retrucou o tenente.

— Então, os culpados não somos nós, mas os nossos governantes — replicou o soldado. — Agora começamos a nos entender. É por isso que o povo precisa ser engajado na política, um cidadão não tem o direito de não se envolver, como fazem conosco, proibindo-nos de militar em partidos ou mesmo de manifestar nossas tendências.

Os demais soldados que acompanhavam o debate informalmente travado, com a característica liberdade que o tenente dava a seus comandados de lhe dirigirem a palavra, tendiam a apoiar o companheiro sem patente.

— Que sina triste essa de procurar um culpado, um bode expiatório, um judas qualquer. Milhares de coisas se passam anônimas na vida do povo, mas o culpado precisa de um nome e que este nome seja o mais enxovalhado possível — tornou o tenente com calma. — É paradoxal. É o povo que põe o governante no comando, cada um de nós participa e o escolhe, vivem uma lua de mel por poucos dias e depois a criatura é alvo de chacotas e rebeliões. Eu digo: que se assuma a responsabilidade por aquele que está no poder, somos os responsáveis por ele e não o contrário. A monarquia acabou, mas as pessoas ainda buscam no governante o "pai". Há uma mera substituição de figuras, uma liberalização de costumes, mas os conceitos interiores permanecem inalterados. Tanto me parece ser esse o caso, que o presidente Hindenburg apesar de sua avançada idade não encontra um substituto. O povo reclama, mas o reelege. Não é isso o mesmo que o kaiser?

Desarmado, o soldado calou-se por alguns segundos, pensativo, entretanto não cedendo à argumentação do superior, proclamou em tom que não admitia contraponto e mostrava o seu fanatismo e cegueira políticos.

— Isso vai mudar, tenente. Espere o governo do partido nacional socialista. Quando chegarmos ao poder, faremos um governo forte, não essa vergonha que é a república. Precisamos de um governo forte, decidido, que desenterre a Alemanha, que reacenda o orgulho da nação. Nós somos os melhores e é preciso que tenhamos consciência disto, que não nos rebaixemos para qualquer país de impuros. O senhor verá, tenente, assim que acabarmos com o tratado de Versalhes, o senhor verá o nosso exército retomar o prestígio, crescer, e com ele, nós cresceremos também. Agora, na atual situação, há de convir comigo, não podemos aspirar a muitas promoções com uma força tão reduzida. Para chegarmos as patentes mais altas só quando estivermos muito velhos ou se acontecer de morrer todos os nossos superiores, de resto, teremos no máximo a possibilidade de chegarmos ao posto de tenente ou um pouco mais. Pense, senhor: é bom olhar o futuro e esperar apenas um dia depois do outro, sem qualquer possibilidade de avançar ou é melhor olhar para ele e descobrir novos caminhos? O nacional socialismo é o caminho.

O tenente ouviu as colocações do soldado, reconheceu o fanatismo, que não enxerga nada além das próprias convicções e que não se integra ao contexto. Era fácil notar o grande elemento fanatizador agindo no inconsciente, o interesse pessoal. A doutrina que prega as vantagens pessoais e faz o ser humano se reconhecer como o melhor diante dos outros, o que mais sabe, o que melhor entende e interpreta os fatos, o de maior conhecimento, é inegavelmente fanatizante. Usa as paixões desgovernadas e inconscientes da criatura humana para conduzi-la.

O coronel assustou-se com as atitudes e as ideias do soldado.

"O general pode estar certo", pensou. Nasceu em seu íntimo o medo do crescimento da influência nacional socialista nas bases da corporação.

A tradição de instituição, sem vinculação política, mas nitidamente simpatizante, quando não defensora, era ao lado das teorias políticas dos partidos de direita. O nacional socialismo não fugia a regra geral, porém diferenciava-se por buscar raízes entre as classes trabalhadoras da sociedade e ser radical em seus postulados.

O tenente voltou a falar aos soldados e foi fácil ao major notar que deixou alguns pensativos, talvez os indecisos, pois aqueles que se confessavam partidários do movimento nazista não arredavam pé de suas convicções. No olhar deles havia um brilho raivoso e em suas condutas uma forçada tolerância.

— Pensem, meus amigos — convocou o tenente Von Schringer. — Não se deixem levar por promessas. Não somos uma ilha isolada no meio do oceano, fazemos parte de um continente e de um mundo. É natural e previsível que aquilo que afeta aos meus vizinhos, me afete também. Nenhum líder, por maior que seja, terá o poder de extinguir fatos basilares, não vivemos sós, e uma cabeça não é capaz de comandar o mundo. Não nos iludamos com teorias de superioridade racial, são ideias excêntricas. O tempo e os fatos demonstraram que não têm fundamento. Vemos povos, que eles chamam de impuros, nos derrotarem nas armas, na economia e no desenvolvimento social. Penso que precisamos aprender com eles, e não os exterminar. Aliás, essas ideias violentas me dizem que há muitas bestas humanas em nosso meio, muitas cabeças cheias de falsas teorias, falsos conhecimentos, cegos na sua ignorância como seres humanos. Agora basta desta discussão. Voltem aos seus alojamentos.

Os soldados mais exaltados saíram resmungando contrariados, outros saíram cabisbaixos, sem saber qual ideia apoiar. Neles a consciência que aflorava lutava contra o orgulho. Entre eles, o coronel Schroder, que ficou escorado a coluna do prédio pensativo. Seus brios haviam sido severamente feridos quando o tenente chamou a muitos de "bestas humanas". Sentira-se ofendido, agredido. E a raiva brilhou em seu olhar ao fitar as costas do tenente andando em direção à saída do quartel.

— Os tempos mudaram — resmungou consigo mesmo. — Ludwig não tinha pior hora para meter-se em confusão política.

— Não entendo porque não arruma uma boa moça, de quadris bem largos, que possa lhe dar muitos filhos e sossegue um pouco a cabeça doidivanas. O desgraçado quando se envolve com mulher é com uma vadia. São boas, mas só para sexo. Não se pode constituir uma família com mulheres dessa laia, quando muito usá-las como amante durante um tempo. E o camarada já vai arrumar incomodação. Mas, que eu saiba, nem isso ele faz, é frequentador de bordel, de espelunca. Deu para se envolver com política, isso é falta de uma mulher que lhe traga preocupação. Não posso fazer muito por ele, esse tenente é protegido, o pai é general. Eu sou coronel e obrigado a reconhecer que o soldado falou a verdade, mas disso não passarei. Preciso ter uma conversa séria com Ludwig, antes que ele vá para a Guarnição de Ulm.

Assim pensando dirigiu-se à saída, na memória, ruminava os eventos recentemente.

***

Era noite em Paris. As luzes bruxuleavam, iluminando a cidade. As águas do Sena refletiam as luzes da Ponte Alexandre III, sobre a mureta de guarnição da construção se apoiavam Ryane e Gaultier.

— Essas cenas me despertam a inspiração e o desejo de pintar.

— Que bela notícia! — comemorou Ryane. — Nada o impede de voltar a pintar. Realize-se.

— De fato, nada me impede — concordou Gaultier.

Recordou que viu muitos espíritos desenvolvendo diferentes atividades no local que o abrigou após o desencarne, entretanto ele não desejou a companhia deles. — Posso lhe fazer uma pergunta, Ryane?

— Lógico.

— Prometa que não irá rir, nem ficar zangada comigo.

Ryane o encarou sorrindo pacientemente e fez uma declaração formal.

— Não é a primeira vez que essa vontade desponta, mas fico pensando, quem verá a minha arte? Produzir para quem, e para quê? Fiquei confuso e julguei sem sentido preocupar-me com isso — desabafou Gaultier olhando a benfeitora.

Ryane manteve-se em silêncio, o mesmo sorriso pairava no rosto quando minutos depois dando mostras de impaciência, Gaultier cobrou-lhe uma resposta.

— Meu querido, se você não sabe para quem e para que produzir sua arte, mesmo estando desencarnado, fiquei em silêncio para que pensasse e descobrisse sozinho. Mas já que me pede uma resposta, digo-lhe: a vida existe para você, para cada um de nós. É uma experiência de evolução, uma aventura de crescimento e descoberta da sua individualidade. Responda-me: Quem se realiza é o que faz ou o que observa?

— É o que faz.

— Quem cresce: é o que pensa, estuda, experimenta ou aquele que vê os outros fazerem?

— Sem dúvida, é o que se lança na atividade.

— Quem ganha mais: o que se atreveu a fazer e a errar ou aquele que fica sentado sobre o que conquistou?

— O que se lança ao novo. Mas por que tantas perguntas?

— Já que concordamos que os objetivos da vida são sempre realizados para quem faz, responda-me: para quem é a sua arte e a sua realização? A quem serve o trabalho que realiza?

Gaultier ouviu atentamente Ryane, acostumou-se à sua maneira direta de mostrar-lhe as verdades, de fazê-lo refletir. No início, se sentiu um bobo nas mãos dela, magoou-se por que ela colocava a descoberto as suas carências e necessidades de evolução, justo dele que julgara saber alguma coisa com relação à espiritualidade, mas agora gostava desses diálogos. Compreendeu o quanto o ajudava a melhorar, ela tinha a intenção de ajudá-lo a descobrir as próprias capacidades.

— Entendi. Quando voltarmos ao abrigo começarei a pintar. Você me ajuda com o material? Não sei como consegui-lo.

Ryane balançou a cabeça afirmativamente.

— Eu dependo de mim mesmo. É isso, não é, Ryane? Trabalhar no que gosto é fator de realização e crescimento, independente se terá ou não quem admire a minha obra. Creio que sabia que era assim, mas todo artista produz para ser apreciado, sentimos uma necessidade de público e com isso inverti os padrões de importância, valorizei os outros muito mais do que o eu. Humildade ou modéstia, o que me faltou?

— Pense mais um pouco. Você tem condição de fazer a distinção. Mais tarde tornamos ao tema, é muito interessante. As nuances das emoções me fascinam, agora precisamos solucionar o impasse que você e Irina estão vivendo. Veja, Laura se aproxima com ela.

Na cabeceira da ponte era possível ver as duas entidades. Irina tinha o olhar confuso de quem não define nitidamente o que está vivendo, ainda assim caminhava ao lado de Laura, ouvindo-a com certa atenção. Entretanto, bastou erguer o olhar e ver Gaultier alguns metros à frente, para que o seu olhar brilhasse radiante e corresse para ele.

Ryane tocou no ombro de Gaultier, encarou-o com firmeza e disse convicta:

— Vá, meu amigo. Lembre-se do que conversamos. Ajude-se e a ajude, o estado em que vivem não pode continuar para o bem de vocês. Que seja a despedida.

— Temporária, Ryane — lembrou Gaultier sorrindo com confiança e ternura, e afastou-se indo ao encontro de Irina.

Laura permaneceu na cabeceira da ponte observando à distância. Ryane fez o mesmo, ficando mais ao centro da construção.

Irina corria ao encontro de Gaultier com os braços estendidos e o olhar apaixonado, irradiando felicidade, em seu rosto um amplo sorriso. Ele a esperava pronto para abraçá-la pela última vez. Aquele momento era limítrofe, um espaço entre o material e o espiritual e lhes possibilitava o contato, ele tinha consciência, precisava aproveitá-lo transmitindo à amada todo o conforto possível. Era uma daquelas ocasiões na vida em que alguns segundos precisam valer por anos.

Abraçaram-se emocionados, murmurando palavras de amor e saudade. Ela sorria e chorava, sem entender a razão de seus sentimentos. A consciência de seu estado de emancipação do corpo não era clara, tudo o que sabia era que estava com o homem que lhe ocupava o pensamento e os sentimentos. Nada mais a interessava.

Conseguia senti-lo, tocá-lo, acariciá-lo, podiam conversar. Ele novamente vivia. Ela não sabia como, mas não queria explicações. Os porquês não tinham significado. Era verdadeiro, estava nos braços de Gaultier, sentia a ternura dele a envolvê-la, isto bastava. Explicações não lhe dariam aquela felicidade.

— Gaultier, Gaultier, meu amor... — murmurava Irina cobrindo-lhe o rosto de beijos.

Ao ouvi-la declarar-se, o que nunca fizera, ele sorriu e apertou-a. Desejou que se fundissem em um único ser.

— Boba, egoísta — xingou-a docemente ao ouvido — Por que não me disse isso antes? Esperei tanto ouvi-la me chamar de meu amor. Chame de novo.

— Meu amor, meu amor, meu amor, mil vezes meu amor — retrucou ela, alegre, entre beijos e carícias.

— Hum, que delícia sentir seu cheiro, sentir seu toque outra vez. Eu sinto muito a sua falta, minha amada. Mas precisamos conversar.

Notando que Gaultier controlava a emoção que os dominava e lutava por agir conforme a consciência lhe determinava, ainda confusa e não querendo romper o idílio que vivia, ela reagiu recusando-se a afastar-se dele, abraçava-o, beijava-o e o acariciava com desespero.

— Calma, minha amada — pediu compreendendo que ela fugia da tomada de consciência. — Nada mudou, nossa realidade de seres separados pela morte continua. Estamos apenas vivendo um breve encontro, para que possamos nos ambientar a esta situação. Eu e você precisamos encarar a realidade, embora ela doa terrivelmente, não podemos continuar nos lamentando, remoendo o passado. Devemos olhar o presente e o futuro e tecer novos sonhos, será mais saudável.

— O que está dizendo? Quer separar-se de mim? Por quê? Meu Deus, acabei de lhe dizer que o amo, nunca amei outro homem e quer deixar-me quando nos reencontramos, não o entendo.

— Minha amada, não é o que está pensando — disse Gaultier baixinho, pegando-lhe as mãos e puxando-a para perto. — Olhe, este é um breve encontro, talvez possamos ter outros no futuro, não sei. Nada mudou. O acidente aconteceu. Eu perdi a vida do corpo, mas somos espíritos, e espíritos não morrem. Lembra-se dos livros que eu estudava com Duvernoy e madame Lescault? Pois é, não são utopias, mas a pura e simples verdade. Leia-os quando acordar, irá ajudá-la. A morte é apenas um fenômeno da vida física, do corpo material, o ser inteligente, que pensa e sente, enfim, aquilo que cada um de nós é continua vivendo. Olhe para mim. O que vê?

— Que pergunta! Eu vejo você. Está usando sua roupa favorita, a que vestia quando nos conhecemos. Guardou-a, eu sei. Você não quis se desfazer dessa camisa, não a deu aos pobres que a sua amiga ajuda.

— Exatamente. Eu não sofri mudanças, continuo o mesmo. Penso e sinto do mesmo modo como quando tinha um corpo. Passo por experiências novas em outra dimensão da vida. Uma dimensão que permeia a vida material — explicou Gaultier falando-lhe ao ouvido, e depois lhe beijou os cabelos despenteados pela brisa. — Você se liga a mim pelo pensamento, querida. Cada vez que você chora, que se revolta com a minha morte, eu sinto. E também sofro. Outras vezes, sou eu que não suporto a separação, que anseio por vê-la, por saber de você e corro ao seu encontro, mesmo sabendo que não me verá, mas eu sei que sentirá a minha presença. Meu amor é egoísta, sei que busco a minha satisfação apaziguando o que sinto.

Irina tinha repentes e começou a dar-se conta do que estava vivendo. Enquanto ouvia o desabafo de Gaultier lembrou-se de fragmentos de diálogos com uma mulher desconhecida, mas com quem sonhava com frequência desde o acidente. Aflita, agarrou-se ao pescoço de Gaultier.

— Não, não, psiu... Fique quieto, não diga mais nada. Eu não quero ouvir, por favor... — e lágrimas desciam-lhe dos olhos nos quais se lia uma tristeza e solidão infinitas.

— Minha amada, não faça esse momento ser sofrido. Ele é doce e amargo, eu o sei. Mas, vamos nos esforçar por ficar com o que há de doce, de consolador. Com o tempo entenderemos o que vivemos agora e esclareceremos o que nos parece injustiça. Confie na sabedoria da vida, Irina. Vamos aceitar a separação. Eu sei o quanto é difícil o que estou propondo, não pense que eu não a amo, é o contrário. Uma amiga, deste lado da vida, me ensinou que o amor só é verdadeiro quando resiste à separação. Eu sei que o meu amor é verdadeiro. Ele resistirá o tempo que for preciso, até que possamos nos reencontrar e não me importa em que condições, se serei seu amigo, seu filho, seu pai, seu empregado, seu irmão, eu a amo e estar com você me fará feliz.

Irina agarrou-se a ele desesperada. Mas não chorava mais. Entendeu a mensagem dele, entretanto, emocionalmente se recusava a assimilar a separação iminente. Limitava-se a abraçá-lo, queria viver intensamente as sensações de paz e ternura que a envolviam ao lado de Gaultier. Queria dizer as palavras de amor que antes não falou e ao longo daqueles meses de separação que lhe queimavam a consciência.

Ficaram abraçados um longo tempo até que Laura aproximou-se, tocou suavemente com a mão a fronte de Irina, enviando-lhe energias que lhe trouxeram imediata sensação de sonolência, torpor. Ela lutou negando-se a ceder à vontade da benfeitora, entretanto estava fraca e cansada. Gaultier a beijou ternamente entregando-a aos cuidados de Laura.

— Leve-a — pediu ele, cabisbaixo. — Não conseguirei acompanhá-la. Minhas forças estão no limite. Pode parecer bobagem e mesmo um despropósito, mas, por favor, cuide bem dela. Prometo que não voltarei a visitá-la até estar equilibrado. Sigo com Ryane. Voltarei a pintar, estudar, vou cuidar da minha vida, até que possamos nos encontrar outra vez.

— Vá em paz, Gaultier. Siga o seu caminho. Quem sabe um dia você não me substituirá nesta tarefa? — comentou Laura, brincando para amenizar a carga emocional do momento, tornando-o mais fácil para Gaultier que estava lúcido.

Ele sorriu, olhou Irina pela última vez. Andou alguns passos de costas, olhando as duas entidades femininas paradas sob a luz do poste, envolvidas pelas brumas do amanhecer, tendo ao fundo os prédios seculares e cinzentos da velha Paris, adormecida àquela hora.

Depois, decidido, virou-se e foi, sem olhar para trás, ao encontro da mentora espiritual que o aguardava emocionada com a vitória de seu pupilo.

Abraçou-a, em silêncio, e partiram.

CAPÍTULO 14
Começar de novo

Nada vale mais do que o preço
que nós próprios nos damos.[25]

— O que houve, Nanine? — indagou Lilly quando a criada abriu a porta. — Chamar uma mulher que trabalha durante a noite, a estas horas da manhã, não se faz. Olha que pode até ser pecado!

— Entre, madame Lilly — convidou a empregada. — A senhora a espera na sala.

— E o que quer Irina?

— Não sei, mas madame tem que concordar comigo que ela está reagindo. Eu não a vejo mais chorar. Claro, ainda noto que há dias em que ela amanhece com os olhos vermelhos e inchados, deve chorar na madrugada, mas é tudo. Nunca mais a ouvi dizer o nome do falecido. Só que bebe muito, demais.

— Isso é normal — retrucou Lilly recordando-se das muitas mágoas que afogou em litros de álcool da mais ordinária procedência. — E amigos? Ela tem recebido alguns?

— Homens?

— Claro! Ricos de preferência.

— É, tem. Faz quase quinze dias que todas as noites ela tem companhia. Coitada! Sinto tanta piedade dela — disse Nanine baixinho, segurando Lilly pelo braço no *hall* de entrada.

— Coitada, nada! Está ganhando a vida. Pior ela estava quando se deitava a chorar nos sofás. Pelos diabos, achei que ela não fosse superar. Estava ficando preocupada. Ainda bem que reagiu já se foram dois meses daquela última crise horrorosa.

---

25 - SHAKESPEARE, William. Tróilo e Cressida. Ato II – Cena II: Tróilo.

— Coitada sim, madame. Ela sofre se vendendo como faz. Eu vejo. Nenhuma dessas noites ela estava sã, a pobre caía de bêbada. Parece que quer se matar. Atirou-se na vida feito louca. Ela não era assim, mesmo antes do romance com o falecido. Ela tem feito coisas de assombrar. Ah, se as paredes desse apartamento falassem!

— É, as paredes não falam, não é, Nanine. Mas a língua das criadas fala por elas — censurou Lilly. — Deixe a sua patroa em paz. Ela está lhe pagando o salário, não está? Então, meta-se com a sua vida. O que queria que ela fizesse? Por acaso, você pensa que as vadias não têm sentimentos? Pois fique sabendo que têm sim, e muito fortes. Para seu governo, Irina está se matando sim. Cada vez que ela vai para cama com um homem, ela morre um pouco, por isso se embebeda, para suportar a dor.

— Mas é isso mesmo que estou lhe dizendo. Sempre fui amiga dela e da senhora — replicou Nanine. — Mas ela está abusando, ontem dançou nua na sala, precisava ver.

— Ótimo! — aprovou Lilly. — Quantos convidados na festa?

— Não contei, mas havia bastante gente. Alguns ficaram com as moças que a senhora mandou, só foram embora quando estava amanhecendo.

— É, Irina ainda sofre por Gaultier, mas ao menos está reagindo como pode e como sabe. Não faz ideia do que ela quer comigo tão cedo? Ei, espere um pouco, você falou que Irina dançou. Tem certeza?

— Absoluta. Ela dançou sim. Isso é outra coisa que me preocupa: ela tem feito exercício de dança todos os dias e não quer mais as aulas de piano. Senhor Adam vem aqui só para conversar com ela, que nem o senhor Duvernoy. Mas ela os trata tão mal. Acho que não quer mais recebê-los.

— É compreensível, agora que voltou a trabalhar. Além do mais, eles lhe trazem lembranças que ela deseja evitar. Chega de conversa, falarei com a Divina.

Lilly adiantou o passo e deixou Nanine arrumando a sala apagando os sinais da noite anterior. Andando pelo apartamento notou que havia mudanças, cores mais quentes e sedutoras, dominavam o ambiente antes terno, sereno e luxuoso. Acometida por uma súbita curiosidade parou em frente aos aposentos que Irina dividia com Gaultier, pôs a mão na maçaneta e a girou:

— Fechada.

Foi fácil entender que Irina encerrou as lembranças do passado, afastá-las de seus olhos era um caminho natural.

Lilly ajeitou os cabelos, enrolando no dedo os cachos da testa que Thierry lhe permitira voltar a usar no novo penteado. As cabeleiras encaracoladas voltavam a moda, depois da longa dominação do à *la garçonne*.

Encontrou Irina na antiga sala onde ficava o piano, que havia desaparecido, e pelo qual não perguntou. Também ali havia mudanças na decoração, mais sensual, com um bar repleto de copos finos e boas bebidas. Aliás, o cheiro de álcool e de fumo impregnava o local.

— Então, Divina, o quer comigo a esta hora da manhã? Também trabalhei ontem.

— Eu sei — respondeu Irina olhando friamente a companheira. — Eu a chamei para comunicar-lhe a minha partida. Vou embora e quero deixar este apartamento aos seus cuidados. Proponho uma parceria em relação às meninas e a renda que se pode conseguir aqui. Não é uma espelunca qualquer, é um lugar chique e bem frequentado. As meninas que mandou são habilidosas e aprenderam rápido, podem manter uma boa qualidade e acredito que isso será bom para todas nós.

A surpresa tomou conta de Lilly, jogou-se em um sofá em frente ao em que se reclinava Irina, largou a bolsa e encarou a anfitriã incrédula.

— O quê? Vai partir, para onde?

— É uma história longa. Vou resumir dizendo que não consigo viver em Paris. Essa cidade está me sufocando, preciso de ares novos, de conhecer gente nova. Quero retomar minha vida como atriz e aqui tudo será mais difícil, entende?

"Deveria dizer, querida, que todos os homens que podem ajudá-la conhecem o seu passado e a sua paixão por Gaultier. Nenhum, por mais que a deseje, vai querer as sobras que pode lhe dar. Não seria fácil iludi-los de que o que lhes dá não é meramente uma sobra muito cara", pensou Lilly, porém em voz alta disse:

— Entendo, Divina. E para onde vai?

— Para a Áustria.

— Vai com alguém? Digo, já tem um trabalho ou como se manter por lá?

— Irei com um diretor de teatro austríaco que conheci há alguns dias. Ele não sabe de nada. Está em Paris formando o elenco para a montagem de uma peça. Interessou-se por minha experiência e ofereceu-me um dos principais papéis femininos. Não sei quanto ganharei, por isso gostaria de acertar detalhes com você, se isto aqui continuar, ao menos terei algum rendimento certo até que esteja estabelecida.

— Sem dúvida. Será um começo melhor do que quando chegou a Paris. E claro que me interessa a manutenção desta casa e não será problema administrar aqui e o café. Nanine fica ou vai com você?

— Ainda não decidi.

Ao longo da manhã acertaram os detalhes da sociedade e uma única exigência foi feita por Irina:

— Jamais use o quarto fechado ou o abra. Só eu posso abri-lo, ninguém mais.

— O quarto que era seu, aquele que nunca foi usado com os clientes?

Irina balançou a cabeça afirmativamente e seus olhos fugiram fitando o céu pela vidraça da janela. O rosto enrijeceu, traindo as emoções que ela, com supremo esforço, sufocava.

Quinze dias depois, ela partiu com o diretor Max Reinhardt. Levou uma imensa bagagem, um novo visual, de acordo com os padrões da moda, Nanine e um coração endurecido cujo miolo sangrava. Mas ninguém via. E os novos amigos se encantaram com a sedutora e bela atriz recém-contratada.

Mais uma vez, Irina não tinha passado.

***

— Quando será que verei novamente bons tempos neste país? — questionava-se Duvernoy lendo o jornal do dia, na sala do pensionato. Cansado das manchetes e matérias que falavam de desemprego, de disputas político-partidárias internas, do aumento incessante dos preços, largou as folhas sobre o estofado. Com uma mão afastou o forro da cortina que encobria as vidraças e pôs-se a admirar as crianças barulhentas que se divertiam na rua com jogos e correrias.

Despreocupado, consultou o relógio de bolso. Faltava um quarto de hora para as doze, Jean Paul não devia demorar a chegar da escola. Ouviu a movimentação de Marguerite tampando e destampando panelas, cortando a massa. O cheiro do molho temperado com ervas finas invadia a sala e lhe enchia a boca d´água. Estivera tão envolvido com a leitura, irritara-se tanto, que não havia percebido o aroma que vinha da cozinha.

Ergueu-se e decidido a esquecer das notícias, procurou a empregada para verificar o cardápio do almoço.

Marguerite sorriu ao vê-lo à porta, enquanto com o rolo abria mais um pedaço de massa.

— Teremos macarrão. Que delícia! Ninguém faz massas como você, Marguerite. O que vai ser? Posso ajudar? Adoro cortar.

— Eu sei. Já deixei as massas abertas ali em cima do balcão, estão bem farinhadas é só cortar as tiras, tipo talharim, larguinhas. A faca está junto. Sabia que não demoraria para o senhor vir aqui.

— Não consigo ficar sem fazer nada. Estava lendo, mas as notícias me irritaram, não quero perder minha paz de espírito. Temos milhões de desempregados no país, infelizmente não posso ajudar a todos. Então, de que adianta me afligir? Quando lembro o início deste século, quantas promessas, quantas esperanças! Como se falava em mudança! Lá se foram três décadas inteiras, estamos em 1930, e nada das tão faladas melhorias. Vivemos uma Grande Guerra, duas grandes crises econômicas, muitas querelas aqui e ali gerando mortos e feridos. Temos melhorias nas comunicações, nos transportes, temos o rádio, o automóvel, as mulheres podem exercer profissões e recebem um salário mais justo do que antes. Mas cabe perguntar: de que vale tudo isso se o povo não tem trabalho?

— Calma, senhor Duvernoy. É preciso ver que podia ser pior e isso não é querer se iludir, é só tentar ver com equilíbrio. Se ficar só olhando o que há de ruim, meu Deus do céu! Pode-se fazer uma lista imensa. Mas é o senhor mesmo que lê para nós e fala que a lei da vida é progredir, que nada, nem ninguém dá pra trás. Então, já foi pior ou quando muito igual ao que é agora, não é assim?

Duvernoy foi pego de surpresa com as colocações de Marguerite. Sorriu, feliz, por notar que ela estava aprendendo os ensinamentos dos espíritos superiores, esqueceu a irritação com o noticiário.

— É, é exatamente assim, Marguerite. Não pense que por que estava reclamando eu não acredito no que estudo. Creio, é só pensar e conhecer um pouquinho da história para saber que muitas coisas melhoraram e ainda melhorarão. É que o mal grita, e grande parte do povo ainda se compraz nele. Eu tenho que admitir, horroriza-me muitas coisas que são comentadas, mas corro para saber do que se trata. Ligo o rádio, compro o jornal, tudo para quê? Só para adular o lado mais denso de mim mesmo, aquele que até hoje ainda não fez nenhuma barbárie nessa vida, mas que antes, em outras, deve ter sido bem malvado. É a propensão ao mal que ainda domina nossas personalidades, isso é a prática daquilo que estudamos na outra semana.

— A escala espírita? A que classificava as pessoas? — ante a concordância de Duvernoy, ela prosseguiu: — Muito interessante aquele assunto. É bom a gente ler, parece que ajuda a se enxergar melhor. Eu até me julgava boazinha, antes de estudar o assunto. Depois vi que tenho muito que aprender.

— Tem razão, Marguerite. Desde que comecei a estudar *O Livro dos Espíritos* com Marion, anos atrás, se recorda? Pois é, desde aquele tempo, que, de vez em quando, eu dou outra lida naquelas questões e fico pensando, no que tenho feito, como tenho agido, para ver se avancei um pouco e faço o mesmo com a minha forma de ver o que se passa no mundo.

— E qual é o resultado?

— É lento, muito lento. Atrevo-me mesmo a dizer que há situações em que estacionei e não consigo vislumbrar quando voltarei a me movimentar, andar alguns passos à frente.

— Por isso que sofremos igual a essa massa aqui embaixo do meu rolo. Tem que juntar, amassar, sovar, passar um rolo pesado por cima, ser cortado em pedacinhos e cozinhar em água quente, para que a gente se transforme em algo bom. Não devia ser assim.

Pelo que entendo, do que se estuda, ninguém é obrigado a sofrer ou a ser mau, é a gente que escolhe. Fazer o quê? Aguentar, né.

— Escolhemos tudo, até nossa forma de ser — completou Duvernoy atento e interessado na conversa com Marguerite. — Você tem lido bastante. Isso é muito bom.

— Aprendi a gostar de ler. Antes eu não tinha paciência, nem me interessava. Foi na doença da falecida Madame Amélie que fui tomando gosto pela leitura, mas não lia os livros espíritas para ela. Depois que comecei a ler os livros de Madame Marion foi que posso dizer que aprendi a gostar de ler, por prazer. Comecei a encontrar explicações e ideias novas a respeito de muitas circunstâncias que se vê ou que se vive e que antes me afligiam. Então, ficou bom, parece que estou conversando com os autores, eles me respondem, me fazem pensar. Nem vejo as horas passarem. Torno-me um pouco menos medíocre, eu espero.

— Medíocre?

— Não é isso que diz no texto de que estamos falando? Que a humanidade em sua maioria é inclinada tanto para o bem quanto para o mal? Eu acho isso algo bem medíocre.

— Sim, é verdade. Allan Kardec diz isso quando fala dos espíritos neutros, dizendo que eles são a maioria dos encarnados na Terra — comentou Duvernoy.

— Pensei bastante, quando li não gostei, depois vi que os espíritos tinham razão. Pensei: preciso me tornar consciente de muitas coisas que ainda não sei. Como fazer? Estudando, lendo, meditando e é isso que tenho feito. Todo dia, antes de dormir, eu leio um pouco. Depois fico pensando no que li, tentando ver aquele ensinamento na minha vida ou de alguém próximo — disse Marguerite após uma pausa na qual observou Duvernoy correr a mão com faca pela extensão da massa e elogiou: — Muito bom, vamos fazer um belo talharim. O menino vai adorar.

— Essa criança é uma bênção em nossas vidas — falou Duvernoy contente, e entusiasmado com o carinho com que Marguerite se referira ao menino.

Ela não deixava dúvida de que era pela alegria dele que ela se esforçava naquele momento.

— Madame Marion sabe o que faz. Escolheu uma beleza de menino para ser o filho que ela não teve, faz a caridade acolhendo ele aqui e ainda todos nós felizes.

— Este é o sentido da caridade, Marguerite: ser e fazer alguém feliz. Caridade é muito mais do que dar, é um comportamento, um modo de ser que desenvolvemos quando nos tornamos mais conscientes da vida, de nós mesmo e do por que da vida, que naturalmente nos traz felicidade. Não é preciso um grande gesto. Nem ser o salvador da humanidade, é só fazer aquilo que temos possibilidade. Deus não nos pede o impossível, mas que façamos uso de tudo segundo as nossas possibilidades. Marion fez duas grandes caridades para mim. A primeira me deixando trabalhar aqui; a segunda, quando adotou Jean Paul. Fico ansioso esperando que passe logo as horas quando ele vai para escola, a alegria dele me contagia. Como é inteligente e maduro para sua pouca idade! Os filhos, adotados ou não, são frutos da lei de afinidade. Não havia outra mãe possível para esse garoto, nem outro filho que se parecesse mais com Marion do que ele.

Marguerite sorriu referendando as palavras de Duvernoy. Pensou nas mudanças que aquela casa sofrera em poucos anos. Sempre fora alegre, mas antes era pacata e havia as rabugices de Madame Amélie e, em virtude da doença, muitas pessoas se afastaram ou se vinham visitá-las o assunto era a vida da doente, como se vivessem excluídas do mundo e daquilo que o cerca, com se fossem alguma coisa a parte e só existisse a enferma. Agora, era alegre, vibrante, movimentada. Várias pessoas vinham se reunir e conversar nas salas, em diferentes horas do dia. Havia a reunião semanal de estudo, o riso e a vitalidade de Jean Paul. Madame Marion estava mais descontraída, mais feliz. Valorizavam a vida muito mais do que antes, concluiu Marguerite em silêncio.

***

O coronel Schroder não acreditava no que os olhos lhe mostravam, só podia estar sendo vítima de alguma cruel brincadeira do filho. Em primeiro lugar, Ludwig não devia estar em Berlim, devia estar servindo na guarnição de Ulm; em segundo, deveria envergar o uniforme do exército alemão, não o dos camisas pardas nazistas.

Seu filho com uniforme das S.S., só podia ser uma brincadeira muito infeliz, mas Ludwig não tinha um destacado senso de humor, ao contrário, era carrancudo.

— O que é isto, Ludwig Schroder? Não gosto de brincadeiras, você devia saber. Além disso, não poderia ter escolhido uma pior. Faz ideia do que pode acontecer se for visto por um oficial, que não seja eu e não o perdoe pela insanidade de envergar este uniforme infame?

Ludwig recebeu a reprimenda paterna sem que um de seus nervos se encolhessem ante as veladas ameaças. Permaneceu, firme, um brilho estranho lhe iluminava o olhar.

— Nada pode me acontecer, papai — respondeu com voz fria e calma.

— Como nada? Está louco, por acaso? Não recorda dos deveres como oficial do Exército? Esse procedimento é proibido.

— É proibido para um oficial do exército, é verdade. Mas não para mim.

— Você é o novo protegido do presidente Hindenburg? — ironizou o coronel recusando-se a entender a declaração do filho. — É a única chance de fugir a uma exemplar punição.

— Não tenho carreira no exército, senhor — anunciou Ludwig mantendo a postura.

O pai andou em círculos a volta dele analisando os mínimos detalhes da impressionante farda das S.S. Analisou o filho de alto a baixo: estava imaculado, impecável. Apresentava-se como um exemplar de caprichosa e bem cuidada juventude nazista.

O coronel jogou-se na poltrona, apoiou os braços sobre os joelhos e escondeu o rosto entre as mãos. Dobrava-se sobre si mesmo, à maneira de alguém que acolhe um violento golpe, encolhendo-se para se proteger.

— O que você fez, rapaz estúpido? Não acredito que jogou o seu futuro pela janela! Não. A janela é muito honrada, pela descarga da privada, é mais justo.

O coronel empertigou-se, levantou-se e zangado falou:

— Explique-se, eu exijo. Está proibido de dar um passo para fora de casa com esse uniforme medonho.

— É muito simples: eu abandonei o exército. Não creio nele, da maneira como está, nem para arcar com responsabilidades particulares, quanto mais para garantir o governo do país. Sou membro do Partido Nacional Socialista, de Hitler, e há uma semana integro orgulhosamente a polícia política do partido. Já somos uma força superior ao exército.

— Você tornou-se realmente um S.S.? Não! Meu Deus, o que fiz eu para merecer tamanha vergonha? Um filho desertor e ainda por cima que se torna um S.S., vinculado a um bando de marginais, assassinos e perturbados mentais. Na melhor das hipóteses são um bando de loucos, fanáticos.

— O partido ficaria satisfeito se o senhor, major, guardasse suas impressões errôneas para si mesmo. Não o aconselho a divulgá-las, pois como para o senhor é uma vergonha ter um filho nazista, para mim igualmente é vergonhoso ter um pai servindo a esse regime irresponsável que lança o nome do país, a nação e toda a nossa história na sarjeta do caos moral, econômico e político. O partido restaurará a ordem e a dignidade da nossa raça. Quando isso acontecer e está muito próximo, me dará razão — Ludwig mantinha a postura corporal inalterada, mas o vermelho do rosto e a rispidez da voz denunciavam a sua raiva.

O coronel, por sua vez, tinha o rosto rubro, os olhos rajados de sangue e as narinas se dilatavam e se retraiam, denunciando a tempestade emocional que se desencadeava em seu íntimo.

— Nunca, jovem tolo. Idiota, imbecil... — e desfiou uma lista de impropérios contra o filho.

Ele necessitava expressar-se com as palavras mais grosseiras e ofensivas que conhecia, pois eram as únicas que se afinavam com a força destruidora dos sentimentos que o assaltavam, eram elas ou a agressão física, os meios para dar vazão à energia em seu interior.

Numa atitude comum quando o correto seria atacar a causa do desgosto, o coronel pego de surpresa perdeu a razão e se deixou levar pela fúria atacando a pessoa do filho e não seus atos, potencializando perniciosamente a situação e, com isso, ampliando a probabilidade de danos.

E pela imprevidência do homem que não se aplica ao estudo de si mesmo, se cumpria o que a espiritualidade ensinou quanto ao trato com os sentimentos desde os idos do século 19: "As paixões são alavancas que decuplicam as forças do homem e o ajudam na realização dos objetivos da Providência. Mas, se em lugar de as dirigir, o homem se deixa dirigir por elas, cai nos excessos e a própria força que, em suas mãos poderia fazer o bem recai sobre ele e o esmaga."[26]

O coronel e Ludwig estavam sendo esmagados pela força desgovernada dos sentimentos. Irados, se engalfinharam em uma discussão sem precedentes, ofendendo-se e agredindo-se mutuamente. Velhas mágoas e ressentimentos vieram à tona. A discussão dos xingamentos chulos passou aos gritos e destes aos berros, até que o coronel empurrou o filho contra a parede.

Era inadmissível a um oficial das S.S. que alguém o tocasse, ou o agredisse. Havia uma severa doutrinação dentro dos quartéis nazistas incutindo na mente desses jovens o quanto eles eram especiais, escolhidos para a reconstrução do país. Usavam todos os argumentos que lhes lisonjeava a vaidade e o orgulho, cortejando-lhe as forças mais negativas da alma, a fim de que se fizessem guerreiros frios e destemidos, capazes de não só silenciar, mas amordaçar a própria consciência, no intuito de que nas cenas e nos atos mais violentos dos quais participassem não influíssem no chamado moral da tropa.

Essa doutrinação explodiu no interior conturbado de Ludwig assim que sentiu as mãos do pai em seu peito, empurrando-o. Era inadmissível aquele ultraje. Ele reagiu empregando o máximo de sua força e de sua perfeita forma física, lançando o pai de volta a cadeira que se quebrou pelo impacto do corpo jogado sobre ela. O coronel caiu na sala.

Ludwig aproximou-se, cutucando-o com a ponta do coturno, para humilhá-lo, com o olhar lançando chispas de fúria, despediu-se do pai com uma saudação nazista, sem preocupar-se se ele havia se ferido ou não. Afastou-se da sala com passos firmes. Ouviu-se a forte batida da porta da residência e o som de um carro partindo.

Caído sobre o tapete, uma dor aguda dilacerava o peito do major, tirando-lhe a fala. Inutilmente tentou gritar, chamar os criados que dormiam no fundo da casa, distante o suficiente da sala para que

---

26 - KARDEC, Allan, *O Livro dos Espíritos*, questão 908, IDE.

os débeis sons que conseguia pronunciar não fossem ouvidos. Eram disciplinados demais para se envolverem numa briga familiar de seus patrões, fingiram não ver, nem ouvir a violenta briga.

O coronel ficou caído no chão da sala, atacado por uma dor inenarrável e vítima dos próprios conceitos de distanciamento social que alimentou em sua casa. Ninguém o socorreu. Na manhã seguinte, um dos criados o encontrou morto sobre o tapete.

Um fulminante ataque cardíaco desencadeado pela força das emoções envolvidas na discussão com o filho o levou ao desencarne. Literalmente, elas o esmagaram.

Nós atribuímos nosso próprio valor e a forma como seremos valorizados pela sociedade, assim como atribuímos valor a tudo que nos cerca, seja em um universo conceitual ou real. Cada um se coloca e recebe da vida conforme se dá ou não valor.

CAPÍTULO 15
A ascensão

O que importa não é viver,
*mas **viver bem** e, por isso, tornar-se culpado*
de injustiça é pior que a morte.[27]

A plateia na penumbra e em reverente silêncio assistia transportada à montagem do clássico *Romeu e Julieta*. O luxuoso figurino de época, o belo cenário, a atuação perfeita dos atores, contribuíam para transportar a assistência ao drama romântico que atravessa os séculos emocionando os apaixonados pela dramaturgia.

Entretanto, era a primorosa interpretação de Irina, vivendo a adolescente transbordante de paixão e dor, que comovia os espectadores. Levava-os a transportes de amor e nostalgia revivendo antigas emoções ou fazendo-os sonhar com paixões ainda não vividas.

Contaminavam-se da emoção que fluía da bela atriz, estavam imersos nos gozos e nas alegrias das descobertas do amor e da paixão, mas, era nas cenas de dor que ela arrancava soluços da plateia emudecida, tal a força dos sentimentos que expressava.

Naquele instante iniciava-se o quarto ato da peça. Irina trajando um belíssimo vestido branco com detalhes dourados ostentando uma cabeleira loura que alcançava a altura dos quadris, com sua silhueta esbelta e delicada era a própria imagem da pureza e juventude. Ela entregava-se ao seu personagem e dava tal veracidade a sua atuação que conquistou a capital austríaca rapidamente. A cena passava-se na cela do frei Lourenço e nela extravasava sua dor e revolta, chorando por um amor contrariado e a iminente separação.

---

27 - SÓCRATES, *Sócrates, Vida e Pensamento*., Ed. Martin Claret.

Ela andou até próximo da borda do palco, colocou-se com maestria sob as luzes que lhe davam um ar etéreo, diáfano, e cegava-lhe, impedindo-lhe a nítida visão da plateia. Era o metro quadrado do mundo em que se sentia só e livre para envergar personagens consumidos por paixões e dores humanas, expressar o seu próprio universo emocional, escoando as emoções que a atormentavam.

Ninguém ali conhecia o seu passado. Não sabiam que sob o nome de Julieta a atriz revivia os dias de ventura ao lado de seu amado e que a intensidade das cenas de dor e revolta não eram apenas fruto do dom de interpretar, mas tal qual o fiel que expressa sua fé e devoção por meio de textos decorados, ela colocava nas palavras decoradas dos textos dramáticos ou românticos que encenava os seus mais profundos e verdadeiros sentimentos. Por isso, contagiava-os de profundas emoções, despertava-lhes anseios, dores, paixões, e conquistava-lhes a simpatia.

Para aqueles que trabalhavam com ela, era uma diva sem outra palavra que a pudesse descrever e atribuíam ao talento dramático, pois a mulher que conheciam fora do palco era muito diferente: barulhenta, vivia cercada de pessoas e festas, divertia-se, era sedutora e inconstante, tinha dúzias de amantes a seus pés e não se fixava a nenhum, parecia ter prazer em ver os homens disputar-lhe a companhia e bebia muito, muito além da conta.

Desconheciam a verdadeira Irina — para eles era Julieta — que exclamava com profunda dor:

— Ah, feche a porta! E, depois que a tiver fechado, vem chorar comigo. Não vejo esperança, não vejo solução, estou sem nenhum socorro.

Tal qual Julieta não se sensibilizava com as palavras de consolo do frei Lourenço, também a diva dos palcos de Viena não encontrava consolo para suas dores morais e pedia para morrer, matando-se aos poucos.

A dramaticidade e a força das paixões narradas no texto tinham nela um diapasão perfeito, fazendo vibrar cada célula do seu ser, até revivendo o que julgava ter sido um sonho. A despedida sob as luzes do amanhecer na ponte Alexandre III, era buscada e revivida intensamente em sua memória quando interpretava a cena final do suicídio de Julieta.

Ante o corpo morto de seu amado ela recusava ajuda, afastava com brusquidão o bondoso frei e sozinha aproximava-se do corpo de Romeu.

— O que é isso? Um cálice, que meu verdadeiro amor segura em sua mão? Vejo que o veneno foi seu fim prematuro. Avarento! Bebeu tudo e não deixou nem uma gota amiga que depois me ajude? Beijarei teus lábios. Pode ser que ainda encontre neles um pouco de veneno que me faça morrer.

Esquecida de qualquer pudor beija seu companheiro de cena pensando em Gaultier e as lágrimas lavam-lhe o rosto comovendo o público, extraindo soluços e suspiros das damas presentes, enquanto que os homens invejam o ator que recebeu os beijos calorosos.

Em lágrimas, ela toca, surpresa, os lábios do Romeu inerte:

— Teus lábios estão quentes!

Ouve-se o som da voz dos guardas aproximando-se do cemitério.

— Barulho de gente chegando? Então serei breve. Ah, punhal feliz!

Declama tomando nas mãos a arma que encontrou nos trajes de Romeu, acariciou a lâmina da adaga, ergueu-a e apunhalou-se dizendo com tal intensidade o texto shakesperiano que muitas pessoas assustavam-se e sentiam a dor que afligia a desnorteada personagem e que atormentava a atriz, numa simbiose emocional.

— Esta é a tua bainha; enferruja dentro de mim e deixa-me morrer.

É a última fala de Irina, após ela tomba mortalmente ferida sobre o cadáver de Romeu num abraço eterno. A cortina desceu. O ato verdadeiramente trágico.

Entretanto, era o brilho de prazer e felicidade nos olhos da atriz no momento em que a personagem se lançou aos braços da morte na esperança de reencontrar o seu amado que a plateia comentava após o espetáculo, e derramava-se em elogios à atriz que roubava a cena por melhor que fossem seus colegas de palco.

As cortinas voltavam a abrir-se e o elenco da peça voltava ao palco para agradecer os aplausos. Irina era a última a retornar, ainda com a maquiagem desfeita pelas lágrimas e a expressão de dor e prazer impressa nos lindos olhos azuis. Entrava conduzida pelas mãos do diretor e do ator que interpretava Romeu.

Ao vê-la esgotada e ainda exibindo as marcas das emoções vividas no palco, o público erguia-se das poltronas e a aplaudia de pé.

Não sabiam que ela vinha por último porque precisava beber grandes doses de bebida alcóolica no gargalo da garrafa no camarim, tal a sua ânsia por anestesiar a dor evocada e que precisava, desesperadamente, de um meio de extravasar. Transformando suas interpretações em vivências estabelecera um ciclo que a fazia ascender na carreira teatral e consumir-se ao mesmo tempo. Tampouco sabiam que ela participava e se envolvia em festas e relacionamentos sexuais desregrados numa louca tentativa de esgotar as próprias forças e de nunca estar só.

Nanine era a única a ler aqueles fatos e relatá-los confidencialmente ao seu diário guardado no fundo de uma gaveta de sua cômoda, no quarto de dormir, em meio a outros romances e livros de orações. Somente ali, em uma péssima caligrafia e com muitos erros gramaticais se lia a verdade sobre Irina.

Naquela noite ela escreveu:

Fevereiro de 1934. A senhora continua vivendo a Julieta. Temo que essa peça vá levá-la à morte. Várias vezes, ela fala sobre suas inquietações quanto a escolha de Julieta, parece dar razão à tresloucada moça. Tem bebido muito e quando não bebe abusa dos remédios para dormir. Seus dias, para mim, são um tormento: dorme até tarde, não se alimenta bem, trabalha bastante, gasta as noites — após os espetáculos — em bebidas e com muitos homens, nunca chega só em casa, apenas quando está 'doente'.

Então, dorme só, mas abusando dos remédios. Só a bondade de Deus para com algumas mulheres explica que ela ainda mantenha sua beleza, aliás, Ele é tão injusto nessa distribuição que parece mesmo que ela está mais bela, há qualquer coisa de misteriosa, de intrigante, de fascinante na expressão de seu rosto.

Pobre senhora, eu a entendo, afinal sou a única aqui que sabe o por que de tudo isso, só eu entendo porque ela desenha páginas e páginas com a letra "G" ao longo de muitas manhãs, mas ela não fala e eu também não. O luxo, a fama, o dinheiro, todas suas roupas e joias valem nada para o que ela realmente quer. É triste! Muito triste.

***

A luz do sol se derramava sobre o gramado do campo de golfe. Aqui e ali se viam as marcas do frio, em manchas amareladas no tapete verde. O inverno não perdoava a alegria da grama e a castigava, mas ainda assim sob a luminosidade da morna, quase primaveril, tarde de domingo, Richard e o pai caminhavam a longos passos com seus tacos sobre os ombros, elegantes em seus trajes esportivos e descontraidamente trocavam ideias.

— No culto desta manhã o pastor lembrou o aniversário de falecimento do major Schroder. Assustei-me quando ele mencionou o fato, já se foram três anos. O tempo passa rápido demais — comentou o general Von Scheringer, fitando o campo ao longe.

— Ouvi e confesso-lhe que há muito não me lembrava do major, mas depois da oração do pastor, esta manhã, tenho pensado nele e em seu desmiolado filho. Era uma família pequena, o major tinha apenas um filho, era viúvo, a mãe já havia morrido se não me falta à memória. É isso?

— *Frau* Schroder era morta há anos. Morreu poucos dias depois que o filho do major abandonou os estudos na França. Não lembro se Schroder tinha irmãos, ao que me consta resta agora apenas o S.S.

— Jovem tolo. Inteligente, mas tolo. Estivemos juntos no exército e eu sempre o achei estranho. Não tinha um comportamento normal, havia qualquer coisa de diferente nele. Era frio, desinteressado pelas pessoas, sorria raramente. O senhor sabe que nunca o vi com uma mulher ou pelo menos cortejando uma moça. Formou-se em medicina, dizem até que com distinções, mas nunca demonstrou interesse em exercer a profissão e poderia ter se colocado muito bem. Tinha poucos amigos. A única vez que vi brilharem seus olhos foi quando estava envolvido numa conversa com outros oficiais e soldados nazistas. Ele me parecia não ter uma vida pessoal, privada, me entende?

— Claro, filho — afirmou o general. — O pai dele era um bom amigo, mas também era rígido, inflexível, bastante frio também. Era bom médico e adorava mulheres, depois que enviuvou, os companheiros comentavam que ele tinha um romance com uma prostituta. Em se tratando de política, meu pobre amigo, era um ingênuo. Creio que julgava que os nazistas não eram uma ameaça ao governo e que a monarquia tinha chances de ser restaurada. Ilusões! Tolas ilusões!

— De fato, a cada dia eles controlam mais o país. Goebbels é um propagandista eficiente. Seus seguidores são mais fanáticos que aqueles que lutaram nas guerras religiosas do passado, fazem tudo pelo partido e por seu líder, e ai daquele que se atreva a falar-lhes de que são vítimas de uma tremenda manipulação. Só uma propaganda muito boa pode fazer que milhares de pessoas vejam em alguém despreparado como Hitler a esperança para a salvação da pátria. Eu não vejo essa possibilidade. Peço a Deus que esteja enganado, porque agora estamos nas mãos dele. Depois de todas as tramoias políticas envolvendo a chancelaria e o gabinete de governo, ele é o chanceler e com o velho marechal não podemos contar, ele já deu à nação sua contribuição. Hindenburg está muito velho e doente, não tem força para conter a vontade do chanceler. E isto eu admito: Hitler tem uma vontade férrea, é persistente e firme em seus ideais, e vem esmagando a oposição — Richard fez uma pausa para recuperar o fôlego e administrar as ideias que expunha.

— A vida tem me ensinado a esperar, meu filho. A paciência é boa conselheira quando se quer a vitória. Talvez esse estado de coisas que vivemos acabe sendo bom para a Alemanha. Em um ponto eu concordo com Hitler: precisamos de um líder e de um governo fortes.

— Eu o entendo, mas não concordo. O pensamento do exército sempre foi conservador, tradicional e cauteloso quanto a mudanças, entretanto esta mentalidade, por vezes, se torna paradoxal e temerária. A sociedade é dinâmica, modifica-se, por que o pensamento e o sentimento humanos são coisas em transformação, ou melhor, em elaboração, em amadurecimento. As regras sociais são frutos da mentalidade do povo, existem instituições, que o povo amadureceu o suficiente para não mais aceitar, e a monarquia é uma delas. O sistema republicano parlamentarista democrático veio na esteira da derrota na Grande Guerra e da ameaça comunista. Seguindo a mentalidade tradicional de entre os males escolher o menor, o exército apoiou, na época, os sociais democratas e sufocaram as esquerdas, ao longo destes anos da república de Weimar se arrependeu. Pois bem, a meu ver, o fato se repetiu, pois validaram a indicação de Hitler para a chancelaria. Temo que o futuro nos mostre novamente o erro da falta de firmeza em atitudes e posições.

— Já falamos sobre isso — tornou o general pensativo, fitando as nuvens no céu azulado. Seu rosto expressava o respeito que tinha pelas ideias do filho e também a incerteza que o assaltava quando se tratava dos assuntos políticos do momento.

— É, eu sei, mas me aflige muito ver por onde andamos. Beiramos um regime autoritário e caminhamos rápido demais para ele. Não vejo quem possa parar este homem, a não ser o próprio exército e o presidente.

— Desaguaríamos numa sangrenta guerra civil, filho. O país tem sofrido muito nestes últimos anos, é preciso ter cautela. O partido nazista ultrapassa o conceito de partido político, você bem sabe do que estou falando. E Hindenburg está velho, não é justo que encerre seus últimos anos de uma vida dedicada à nação sob o tiroteio de guerra interna.

— Os nazistas são fanáticos armados. Admiro o presidente, mas a idade dele deveria ter sido avaliada na época da eleição. Esse argumento não me convence, nem justifica a inércia do comando do exército. É conivência, não há outra palavra para definir a situação.

— Com eles é prudente lidar com cuidado, toda cautela é pouca. A posição do exército é justamente monitorá-los de perto, temos grandes homens no comando, eles serão capazes de trabalhar com os nazistas.

— Que os anjos abençoem suas palavras, por que há momentos em que só a religião me conforta e me dá esperança.

— De qual religião você está falando? — indagou o general mudando completamente a expressão com um sorriso descontraído e levemente malicioso.

Richard sorriu matreiro, uma luz brilhou em seu olhar, trazendo alegria ao rosto de linhas harmoniosas e fortes. Não respondeu ao pai, mexeu o taco que carregava sobre o ombro.

— Sua mãe continua desconfiada. *Frau* Helga tem uma intuição muito forte — provocou o general risonho.

— E o senhor o que me diz?

— Acho o rabino Józéf van Beck um homem excepcional, uma grande inteligência e uma alma sincera. Seu filho, Saul, é meu amigo de infância. Aprecio conversar com eles, têm uma visão clara da vida, admiro os ensinamentos do rabino. Mas confesso que os traços de sua neta são encantadores, é uma jovem sensível e muito bonita, lembra a mãe.

— Bateseba — murmurou Richard recordando a bela jovem de longos cabelos lisos escuros e grandes olhos castanhos. Ela era pequena, delicada, tinha os traços do rosto e o corpo frágil. Ágil e graciosa, herdou as características orientais de seus antepassados.

— Pobre menina, o avô a tortura com esse nome, prefiro chamá-la, como todos a chamam: Miriam.

— Pois eu concordo com o rabino e a chamo pelo segundo nome.

— E quem lhe deu tamanha intimidade com a família van Beck para você escolher como chamar a menina? — prosseguiu provocativo o general, sem esconder a alegria.

Apesar das diferenças, os von Scheringer e os van Beck eram famílias amigas, os segundos de origem judia pertenciam a classe alta. Eram proprietários de bancos e indústrias na Alemanha e na Polônia tinham um sólido patrimônio e uma família exemplar. Bateseba era a filha caçula de Saul van Beck, seu maior afeto, a criara sozinho desde os nove anos quando a esposa havia falecido. A ideia de que os filhos caçulas se unissem não tinha nenhum impedimento, uma vez que as famílias não radicalizavam questões de raça e crença.

— Eu os visito desde a infância, papai. O senhor me levava a casa deles, está lembrado.

— Mas faz muitos meses que não vou à casa de *her* Saul, encontro-o aqui ou na hípica. Enquanto você, pelo visto e, pelo que diz *frau* Helga, tem se avistado amiúde com o rabino. A cabala é assim tão interessante? Será que o velho judeu depois de tantos anos vai ensiná-la a um alemão católico?

— Penso com minha própria cabeça. Somos seres humanos e nos entendemos neste vasto espaço, longe das limitações de crença e raça.

— Já que não é a cabala, então é a delicada menina que o leva a mansão dos van Beck — concluiu o general batendo malicioso no ombro do filho: — *Frau* Helga tinha razão!

Sem ter como negar o interesse e o afeto pela jovem filha do amigo de seu pai, Richard o encarou e sentindo-se estimulado pelo sorriso do pai, indagou:

— O senhor aprovaria a ideia?

— Lógico e fico muito feliz.

— Será que *her* van Beck também ficaria feliz?

O general coçou o queixo, apertou suavemente o ombro do filho e inquiriu:

— E Miriam, ela sabe do seu interesse? O que ela diz?

— Ainda não falei, mas pelo modo como ela me olha, pela maneira como me trata, acredito que retribua o meu interesse.

— Assegure-se do que me diz e se realmente for correspondido, pois *her* Saul não casará a filha contra a vontade, eu me comprometo a conversar com ele.

Richard sorriu, exultando de felicidade, abraçou o pai. A conversa tomou os rumos do interesse afetivo e o jovem confiou ao pai os sentimentos profundos que alimentava pela moça judia, deixando de lado as preocupações com o estado e a crescente nazificação da Alemanha.

Prosseguiram jogando e cumprimentando outros frequentadores do clube.

O som barulhento de um caminhão cortou o ar da pacata manhã dominical, uma tropa de assalto das S.A., ia acomodada nos bancos laterais em seus uniformes pardos. Ecoava sobre o ruído do motor a canção de Horts Wessel que entoavam a plenos pulmões:

"Desfraldemos bem alto as bandeiras!

Ombro com ombro permaneçamos unidos

As tropas de assalto marcham firmes, com passos tranquilos (...)"

— Passos tranquilos! Pois sim! — resmungou Richard, olhando o caminhão que se afastava pela estrada que ladeava o campo de golfe.

— Calma, filho — pediu o general ao notar o rosto do jovem crispar-se de raiva. — Eles passarão, confie. É preciso ter cautela. Sei o que é ter a sua idade e a mente cheia de ideais, mas o tempo nos traz a experiência e a paciência. Confie, os nossos comandantes sabem o que estão fazendo.

— Juro, pai, que me esforço, mas não mentirei: eu não acredito que "eles", esses vermes pardos e negros, esses monstros, passarão facilmente. Eu creio que haverá um preço e temo que seja caro demais. Nossos comandantes temem uma guerra civil, ao menos é o que dizem, talvez tenham medo de enfrentar as S.A., as S.S., as S.D., os Capacetes de Aço, a Gestapo[28] e tantas polícias como Goering tenha imaginação para criar todas filhas dessa mãe horrorosa que são as S.S. — respondeu Richard, irado, cuspindo as últimas palavras.

O general acompanhou com o olhar sério o rastro de poeira deixado pelo caminhão, se ouvia ao longe o som do motor. Mais uma vez o filho o colocava em xeque e ele se sentia confuso.

— Vamos continuar a nossa partida — convidou o general, desconversando e forçando um tom animado instigou o filho dizendo: — Hoje eu vou vencê-lo por uma larga diferença.

Richard encarou o pai, viu o esforço que ele fazia para demonstrar um interesse que não mais sentia pelo jogo, por isso, com sua costumeira autenticidade, retrucou:

— Já me venceu. Aumente em quantos pontos quiser a sua vitória, se a margem pequena que tem não agradar. Não posso mais jogar, não consigo.

— Por causa "deles"?

— E por que mais seria? Aqueles animais estão indo, cantando, sabe Deus fazer que tipo de atrocidade. Eles arrancam pais de famílias de seus lares e os espancam e torturam até a morte nos seus quartéis, por que o infeliz teve o azar de que algum deles sonhou que o pobre disse ou fez alguma coisa que não está escrito em *Minha luta*. Ou, quem sabe, vão importunar alguma família judia de classe média, tirando-lhes os empregos, os cargos, tripudiando

---

28 - Nota: Todas as siglas referem-se a polícias políticas do partido Nacional Socialista Alemão (Nazista). As S.D. ou a Sicherheitsdient, Serviço de Segurança, como as outras siglas infundiam terror aos alemães e mais tardes aos países ocupados. As S.D. inicialmente tinham a função de observar os próprios membros do partido e comunicar atividades suspeitas. Em 1934 se transformou em unidade de informação da polícia secreta, sob a direção de Reinhard Heydrich, mais tarde conhecido como "Heydrich, o Enforcador". Comandava uma força com 100.000 informantes que espionavam os cidadãos, informando ao governo atitudes "antinazistas".

sobre sua condição, como se alguém fosse culpado por nascer nesta ou naquela raça; ou, será que estão indo surrar um líder sindical; ou perseguir um infeliz remanescente e desgarrado membro do partido comunista que ainda não fugiu encarando a clandestinidade, aliás pode ser também um membro do partido católico de centro ou dos social-democratas, qualquer um serve para ser morto ou desaparecer de repente. Daqui a pouco, em algum lugar, mais um cidadão alemão estará sofrendo nas garras deles. Sangue estará pingando e tiros ecoando, enquanto isso o comando do exército me diz que espere, por que eles precisam evitar uma guerra civil e o derramamento de sangue dos cidadãos. Ora, por favor, me digam se o que está acontecendo já não é isso e, se, simplesmente, não estamos nos negando a defender o povo desses bandidos pardos, esses assassinos sanguinários.

— Richard! — advertiu o general áspero e severo. — Modere a linguagem.

— Por quê? Perdoe-me, mas não consigo. A consciência me tortura, não posso me calar. E me condena, por quê? Por dizer a verdade e isso incomoda ou por temer que atrás de alguma árvore do parque, dentro de um buraco ou embaixo da grama, exista um S.D nos vigiando. Danem-se todos eles!

Incomodado e resmungando impropérios ao governo do chanceler Hitler e seus ministros nazistas, Richard afastou-se deixando o pai parado, no meio do campo, com a mente fervendo cheia de indagações e a que mais o perseguia, a que parecia ter um eco profundo na sua consciência era:

"Será que o meu filho tem razão? Será que, por covardia, estamos sendo coniventes e omissos? Deus do céu, centenas de pessoas já morreram este ano e pouco do governo de Hitler. Milhares estão sofrendo sua tirania. Será que somos culpados?"

Depois veio a preocupação com a segurança do filho. O general não era bobo, sabia que não havia quem escapasse ao rígido controle dos nazistas.

Marchando apressado Richard chegou ao bar do clube apinhado de jogadores que descansavam ou se preparavam para uma partida. Aproximou-se do balcão e pediu uma caneca de cerveja que bebeu a grandes goles. Sobre o balcão um exemplar do jornal matutino *Voelkisher Beobachter*, obviamente de orientação nazista, ostentava manchetes que glorificavam o governo do *Reich* para maior irritação do jovem tenente que o fulminou com o olhar.

— Por favor, Otto — chamou Richard dirigindo-se ao garçom — se vir o general von Scheringer diga-lhe que fui embora. Estou indisposto.

O garçom aproximou-se do jovem tenente, fitou-o, secou as mãos com o pano branco que carregava sobre o ombro e respondeu:

— O senhor está incomodado. Vá para casa, dirija com calma. Ouça rádio, ainda não começaram as transmissões dos discursos.

Richard olhou desconsolado o garçom, sentia vontade de amassar as páginas do jornal matutino, fazer uma bola e acertar o rádio na prateleira, para derrubá-lo. As mãos crisparam-se, fechou os dedos com força, resistindo ao desejo de cometer o ato de vandalismo. Afastou-se pensando que sequer ler o jornal ou ouvir rádio era possível, pois estavam sob a censura nazista. Em um ano no poder "eles" haviam acabado com todas as garantias individuais dos civis, com a liberdade de opinião, de manifestação da palavra e da imprensa.

Sem responder ao solícito Otto, levantou-se e partiu. Dirigia devagar, mas sem concentração, seu pensamento não se desviava da situação política, recordava o dia que haviam noticiado a assinatura do Decreto pela Proteção do Povo e do Estado, em fevereiro de 1933, apenas um ano atrás.

"Desde esse malogrado dia os alemães vivem com medo. O *Reich* pode tudo, estamos em suas mãos. Nossa liberdade é restrita, a manifestação de opinião é fortemente censurada, qualquer um pode ter sua residência vasculhada, seus bens confiscados quando "eles" bem entenderem, não há mais estados federados, acabou-se a histórica federação dos estados, agora há interventores nazistas em todos e para completar a última ameaça é a pena de morte para vários crimes, inclusive para algo que "eles" entendam como "grave perturbação da paz" por pessoas armadas. O que é isso? Que conduta pode ser inserida neste conceito? Qualquer uma, afinal a maioria da população anda armada. Além do mais, uma faca de cozinha, uma navalha de barbear pode ser considerada arma. E quem não as tem? Não vou ligar o rádio porcaria nenhuma. Para quê? Para ouvi-los? Não, já basta.", conjecturava Richard, revoltado.

Sem saber como, se viu em frente aos portões de sua residência, abertos pelo jardineiro que fazia a conservação dos jardins que rodeavam o prédio de dois andares e esguias janelas.

***

Na residência de madame Lescault, em Paris, a atividade era intensa. Marguerite em trajes de festa revistava apressada os armários da cozinha verificando se não haviam esquecido um dos pratos de doces e salgados preparados para a festa. No andar superior, Marion admirava-se no espelho. Estava com o rosto corado, o olhar brilhante, as formas mais arredondadas e alguns fios de cabelos brancos elegantemente penteados num coque moderno.

Era uma mulher feliz e realizada. Aqueles últimos anos havia feito desabrochar uma alegria genuína, fruto da realização pessoal, do encontro com o próprio caminho, da vivência sincera do eu real, consciente. Ainda encarando o reflexo no espelho, falou com seus botões:

— Quinze anos! Jean Paul está completando quinze anos, que alegria! Quem diria que ele me faria tão bem. É hilário quando me apresento como sua mãe adotiva e as pessoas dizem que fiz um ato de caridade, que sou digna de respeito e admiração por acolher um órfão. Eu sou feliz por tê-lo comigo, ele é que fez a caridade de me adotar. Como somos egocêntricos! Pensamos que nós é que fizemos o bem para os outros, quando os outros é que fazem o bem para nós. Esses anos com o menino que está se tornando um adulto em minha casa me fez entender o que por anos eu lia sem sentir: caridade é todo ato que nos dá prazer, alegria e felicidade, que mesmo sendo difícil em alguns momentos não é pesado à minha economia emocional, espiritual ou material. Dá aquele sentimento interior de gratificação, de plenitude, que dispensa qualquer tipo de reconhecimento. Eu dou o meu amor a ele, isso não dói, não é arrancado de mim, eu o dou. Doação, entrega, caridade, verbos que exprimem comportamentos que falam de uma forma de viver e ver a vida.

— Madame Marion — chamou Marguerite ao pé da escada no andar térreo. — Chegou o carro de senhor Duvernoy.

— Estou pronta — gritou Marion em resposta e, na sequência, encarou a própria imagem uma última vez. — Ótimo! Ainda tem isto: uma pessoa feliz é mais bonita, não importa a idade. Beleza é algo que vem de dentro, por fora é só reflexo.

Apanhou um borrifador sobre a cômoda e espirou a delicada fragrância floral atrás das orelhas e na nuca. Alisou a saia evasê do vestido, ajustou o cinto preto e branco forrado com o mesmo tecido da roupa, verificou o pequeno laço que arrematava o decote do vestido e saiu satisfeita.

Marguerite a esperava ansiosa e avistando-a começou o relatório dos preparativos, seus movimentos supervisionando se nada havia sido esquecido e todas aquelas conversas que antecedem a preparação de festas, grandes ou pequenas.

Havia uma expectativa e ansiedade naturais e agradáveis no ambiente que faziam parte do espírito festivo. No carro, Duvernoy as esperava no mesmo clima de alegre inquietação.

Jean Paul ficava a semana em uma escola interna, preparando-se para ingressar nos próximos anos na universidade. Costumavam buscá-lo nos fins de semana, e naquele em especial, ele completaria quinze anos e haviam preparado uma festa surpresa. Seria realizada no salão da cooperativa todos os amigos do jovem e de Madame Lescault estavam reunidos.

Após deixar Marion com os amigos, Duvernoy retornou ao carro acenando aos convidados e falando alto e animado:

— Vou buscar o nosso diplomata. Volto logo.

Viver todos vivem, mas aproveitar as experiências e bem viver é diferente. Viver arrastando-se, viver cultivando mágoas, culpas, dores, perdas, enfim sentimentos destrutivos, não é viver, é condenar-se à tortura.

Viver em paz implica erradicar a violência de si, para que ela não circunde nossos ambientes. Muito mais que a violência explícita, a violência implícita é que faz com que vivamos mal. É essa violência interior, mental, emocional, que podemos lançar sobre os outros ou sobre nós mesmos, que cultivamos em ideias, exprimimos em palavras faladas ou escritas. Aquela que não dilacera corpos, que não faz jorrar sangue, mas que destrói com palavras, com olhares, com repressões e com preconceitos a paz pessoal ou de nossos semelhantes e faz com que a terra se inunde de lágrimas.

Por isso, a advertência de Sócrates ainda cala fundo: "O que importa não é viver, mas viver bem e, por isso tornar-se culpado de injustiça é pior que a morte".

***

Ryane escorada ao batente da porta observava a concentração de Gaultier pintando. De costas para ela, absorto, ele não se apercebeu da presença da benfeitora, que encantada sorria, lembrando os dramas do pupilo e sua luta para dominar os sentimentos e mudar a conduta.

Analisou-o e avaliou o passado, até que ele recuou alguns metros para ver o trabalho à distância e, então, notou a presença dela.

— Ryane. Não notei a sua chegada, me perdoe.

— Está perdoado — respondeu Ryane alegre sem sair do lugar. — Eu não chamei a sua atenção, percebi que estava se esmerando no trabalho e fiquei observando. É uma felicidade vê-lo trabalhando.

— Devo isso à sua bondade — declarou Gaultier aproximando de Ryane, apoiando-se no outro batente da porta, e apontando a pintura indagou: — O que acha?

Ryane meneou a cabeça para direita fixando a tela em tons de azul, branco e com detalhes de uma luminosidade prateada.

— Arte abstrata. Gostei. Dá uma sensação de plenitude e liberdade. Sugere o mar, à noite, iluminado por finos raios de luar ou o espaço e os jogos de luz dos astros.

— Não tinha nenhuma imagem na mente quando a compuz, mas suas ideias são sugestivas e a identificação dos sentimentos foi perfeita. Era o que estava buscando exprimir, era o que eu sentia.

— Hum, maravilhoso! — aprovou Ryane. — Declaração deste teor, é a primeira que ouço. Excelente! Seu trabalho é honesto, você realmente encontrou o equilíbrio, está em paz.

Gaultier olhou para ela e sorriu, por breves segundos se permitiu recordar algumas das lutas que travou. Não havia sido fácil entender-se como alguém possessivo, apegado e dependente, justo ele que se julgava liberal. Analisar o propósito de suas ações com o olhar e o entendimento límpido e consciente de Ryane fora uma decepção, um abalo em sua vaidade e o reconhecimento de que mascarava suas inclinações. O mergulho em si para conseguir separar-se de Irina fora profundo e solitário, embora visualizasse a mão de Ryane estendida para puxá-lo quando quisesse. Ela não o privou das dores e não esqueceria a advertência frequentemente ouvida:

— Meu caro, não posso privá-lo do conhecimento, da experiência pessoal, ainda que eu saiba que isto vá fazê-lo sofrer. Não tenho este direito. O que posso fazer é lhe dar a mão e deixá-lo chorar ao meu lado, caso queira. Peço-lhe que confie quando digo que vale a pena".

Já conseguia acompanhar a existência de Irina, sem tanto sofrimento, sem tanto apego, sem o sentimento de posse. Lamentava quando ela sofria, mas não cedia aos seus apelos. Aprendeu a orar por ela. Laura dava-lhe notícias da amada e também pedia por ela.

— É, estou. Demorei muito a perceber a importância da individualidade neste mundo, mas consegui.

— Sou só e isso não é o mesmo que estar sozinho.

— É.

— Antes, quando me diziam ou eu pensava: "sou só". A ideia que eu tinha era de solidão, de vazio, isso me inquietava. Só depois de conhecer Duvernoy e ele começar a me emprestar seus livros de filosofia espírita foi que descobri a real importância do eu e do próximo. Mas foi desencarnando que entendi o "sou só" como sinônimo de plenitude e liberdade. Quer dizer, sou inteiro, único, independente, capaz, as decisões são minhas; ninguém, por melhor que seja, pode tomá-las em meu lugar; não preciso de dirigentes para a minha vida, sou consciência, e por aí vai. Amo muitos seres e consegui dar-lhes liberdade, mas apenas quando a conquistei, quando compreendi minha individualidade. Amadureci e todas as minhas formas de expressão se modificaram. Para melhor, espero.

Ryane baixou a cabeça, balançando-a em assentimento.

— Sei do que fala. Existem sentimentos e ideias que ficam para sempre conosco.

— Bem, eu adoro conversar com você, mas creio que não foi para ver o que eu estava fazendo que veio até aqui. Qual é o motivo da sua visita?

— Um convite para você.

Gaultier o olhou surpreso e aguardou os esclarecimentos.

— Tenho muitos amigos que trabalham em diversas instituições. Pois bem, lembro-me de que quando lhe falei a respeito da Casa de Maria[29] você se mostrou interessado. Conversando com Marcos, o amigo que dirige o local, ele falou-me que tem ideia de desenvolver um trabalho relacionado à arte junto aos seus tutelados. Várias formas de expressão artística serão usadas, cada uma atraindo aqueles que se afinizam com ela. Marcos crê que estes exercícios venham a tornar mais rápida a recuperação de muitos pacientes. Espera que a arte sirva tanto como atividade para desenvolver a sensibilidade e como canal de expressão de sentimentos e ideias inconfessados que torturam muitos espíritos lá abrigados. Cada sessão seria acompanhada pelos terapeutas e os resultados levados à análise nos trabalhos de reflexão e autoconhecimento.

A benfeitora calou-se mantendo o olhar sereno pousado sobre o artista que a fixava com expressão compenetrada, meditava sobre a proposta que Ryane insinuou.

— Eu seria útil transmitindo-lhes conhecimentos de como se expressarem através da pintura — resumiu Gaultier.

A amiga apenas balançou a cabeça confirmando.

Ele andou até a tela sobre o cavalete, admirou o azul profundo e refletiu. Depois olhou outros trabalhos nas paredes e alguns apoiados no chão. Estivera ocupado pintando, aprendendo que o trabalho e a vocação exercidos tornam feliz o ser humano independente da apreciação de terceiros.

Seu olhar demorou-se nas primeiras, produzidas após consicentizar-se da necessidade de afastar-se de Irina. Eram pesadas. Expressavam insegurança, medo, angústia, a dor da "solidão", aquela que não compreende a individualidade dos seres, para quem ser só é doloroso. Depois passeou pelas etapas intermediárias, a característica marcante era a mistura, ou melhor, a alternância

---

29 - Nota do autor espiritual: Falamos a respeito dessa notável instituição em nosso romance *Dramas da Paixão*.

de estados emocionais e, por fim, o momento atual — um estado de paz e plenitude.

— Seu amigo é inteligente e sensível. Desde que o mundo é mundo, o homem expressa a sua realidade interior e exterior pela arte, especialmente pelo desenho, pela pintura. Claro que a música e a dança também fazem parte desde os tempos remotos. Mas poucas têm consciência desta verdade e da real utilidade. Quando encarnado era muito fácil ver o desprezo de pessoas que julgavam a arte uma futilidade, um passatempo, algo para os ricos se divertirem. E muitos pensam que para ser artístico tem que ser bonito, quando o necessário é haver uma mensagem. Estabelecer uma comunicação do íntimo do artista para quem que o aprecia, senão não vale o sacrifício. Criar é um misto de prazer e dor.

— Eu iria mais longe, Gaultier. A criança no seu processo lúdico de manifestação, entendimento e aprendizado usa os mais conhecidos tipos de arte. Ela canta, interpreta e compõe; ela dança e cria as coreografias; ela desenha, pinta, modela, esculpe. Nas representações e brincadeiras ela cria personagens, escreve textos e dirige cenas. Tudo para expressar suas vivências e ampliar seus potenciais criativos. Age naturalmente, por instinto, quer apenas a satisfação de suas necessidades psicológicas, emocionais e intelectuais. E amadurece, toma contato com a sua realidade pessoal. De fato, Marcos é um ser especial, de uma sensibilidade profunda e delicada e estas características se notam na Casa de Maria e no trabalho que ele coordena.

Gaultier a olhou tranquilo, um leve brilho de expectativa iluminava-lhe o olhar ao indagar:

— Antes de lhe dar uma resposta, seria pedir muito solicitar uma visita à instituição e uma entrevista com seu amigo?

Ryane sorriu, notou o interesse de Gaultier, bem dosado, sem arroubos de entusiasmo, ou delírios de que o convite era para um grande trabalho. Era uma oportunidade de servir, de contribuir e crescer usando o que mais prazer lhe dava e ao que se entregava com e por amor. Sinais de bom estado de lucidez e equilíbrio que a agradavam.

— Quando quiser. A Casa de Maria está de portas abertas, bastará pedir para Marcos poder ser avisado a tempo da nossa visita e sermos recebidos.

327

— Amanhã?

Ryane ampliou o sorriso e estendeu a mão selando o compromisso.

Gaultier finalmente estava bem, o trabalho só viria a completar e coroar o amadurecimento.

***

Na manhã seguinte estavam nas proximidades da Casa de Maria, quando Gaultier viu o extenso prédio quadrado, envolto em delicada luminosidade, em meio aos jardins, após a faixa de gramado que cercava a organização. As cores claras, a predominância do verde e o brilho da água das fontes encantaram-no. Era fácil notar a emoção que o local despertava nele.

— Linda! Dá uma paz tão grande! Sinto vontade de dar cambalhotas nesse gramado e correr como fazia quando era criança. Você não tem vontade de brincar aqui?

— Brincar?! — repetiu Ryane entre questionadora e surpresa com a proposta.

— É, correr, rir, olhar a natureza e ver as suas belezas, confiar em quem você encontrar, não ter ideias preconcebidas e não se por em guarda contra os outros. Alegria! É isso. Esse lugar me inspira alegria, me enche de paz. Deve ser por isso que tenho vontade de brincar.

— Não sabia que você era tão lúdico, amigo.

— Nem eu, acabo de descobrir. Estive tão pesado, tão voltado para minhas dores e aflições. Era impossível sentir paz e alegria. É uma consequência da minha conscientização de me sentir pleno, entender-me como alguém só, me tornou mais leve. Gosto cada vez mais da ideia de desenvolver um trabalho aqui. Pintar é arte, e arte é uma brindadeira séria — filosofou Gaultier.

Seu rosto simpático e calmo irradiava os sentimentos que descrevia.

Ryane acostumada a espontaneidade do tutelado segurou-lhe o braço e atravessaram o gramado e os jardins.

Sons de pessoas conversando e o suave murmúrio das fontes se misturavam. Gaultier observava os rostos, uns estavam marcados pelas lágrimas, outros eram inexpressivos, ou estampavam densos sentimentos, rancores, mágoas, e muitos pareciam alienados vivendo em um mundo próprio sem compartilhá-lo com mais ninguém, solitários e fechados.

Enfermeiros e atendentes se movimentavam entre eles, com calma e firmeza, acudindo aqui, sorrindo ali e dialogando acolá com os internos.

Ryane seguia em silêncio, desejava que Gaultier formasse suas próprias opiniões, extraísse as lições possíveis à sua compreensão. Confiava que desenvolveria ali um trabalho longo e durante este tempo apreenderia muito. Não havia razão para explicações apressadas e ele não questionou, apenas observava e pensava, recolhia impressões que amadureceria.

Conforme avançavam pelos jardins, recebendo sorrisos e cumprimentos dos trabalhadores, Gaultier registrava que suas sensações iniciais sofriam modificações. A alegria ainda vibrava em seu íntimo, a confiança também, mas havia serenidade. Brincar não era mais o seu desejo. Reconhecia-o, sim, como impulso de levar alegria, de despertá-la nas pessoas que encontrasse. Conforme observava os rostos, as expressões corporais e os olhos, mais se intensificava a vontade de despertar alegria neles.

"Como podem viver assim? Tão tristes, tão longe da realidade? Como fui egoísta julgando que o meu era o maior dos sofrimentos, entregando-me à depressão.", pensava Gaultier.

— É sempre bom sair do buraco — comentou Ryane quando alcançavam a larga calçada que rodeava a construção.

— Não entendi.

— Conhecer nosso íntimo é uma necessidade fundamental para termos equilíbrio e para a conquista de um segurança emocional, mas isso não é sinônimo de viver voltado para si mesmo. Conhecer-se é atividade diária. Em algumas ocasiões um mergulho mais profundo é preciso. Entretanto, olhar para fora, conhecer outras experiências amplia nossa consciência. Costumo dizer que quando passamos o tempo todo com a atenção voltada exclusivamente para nós, vivemos no buraco do umbigo. Podemos até conhecer as dobras, linhas e fissuras do buraco, mas não há acréscimo de elementos novos. Por isso, caímos facilmente num processo de exaustão das forças da criatividade que todos possuem, embora apliquem de diferentes formas. De preparar alimentos até desenvolver o senso estético, tudo é criatividade. Ocupar-se durante o dia exige criatividade, senão a rotina esmaga. E esmaga por que ficamos no buraco.

— Sei. Eu estava no buraco, Ryane, mas foi uma situação de mergulho necessário, agora sair e olhar para fora é a necessidade da hora.

Ryane riu e não respondeu, não havia necessidade, Gaultier entendera e diagnosticara o estado do qual estava saindo. Alcançaram a porta principal do prédio, estava aberta. O interior era elegante, porém simples, poucos móveis, o branco predominava. As roupas dos trabalhadores seguiam o padrão de simplicidade.

Interessado, Gaultier olhou para os lados. Das grandes janelas jorrava luz e calor para o interior da construção, a temperatura amena era agradável. Naquele momento, constatou que desde que entrou na organização, a luminosidade, a brisa e a temperatura eram agradabilíssimas, suaves, mornas.

Atrás de um grande balcão um homem com o uniforme do local, educado e amável, atendeu-os, cumprimentando Ryane com familiaridade.

— Este é Gaultier — apresentou Ryane após trocar algumas palavras com o atendente. — Viemos para conversar com Marcos. Será possível?

O homem sorriu como se a pergunta fosse desnecessária e lhe causasse incredulidade.

— Olá, Gaultier — disse ele estendendo a mão ao artista. — Aqui me chamam Amaral e sou desde porteiro a secretário especial de Marcos, nessa nossa grande casa. Sabe como é: tudo passa pela porta.

Simpatizando com o comunicativo enfermeiro, Gaultier apertou-lhe a mão sorrindo.

— Seja bem-vindo — completou Amaral e voltando para Ryane convidou: — Venham, Marcos é uma das criaturas mais disponíveis que conheço. Sabe que, às vezes, fico envergonhado, eu me atrapalho nas minhas funções e obrigo-me a pedir que esperem para dar atenção as pessoas em algumas oportunidades. Marcos, não. É só bater na porta e ele atende. Eu o invejo, por esta sala

330

passam nem sei quantas criaturas por dia e ele permanece tranquilo e disponível.

— Marcos ainda atende a alguns pacientes pessoalmente? — perguntou Ryane.

— Claro. Sempre antes de começar sua atividade na direção da Casa, ele visita os pacientes e dá atenção aos que trata diretamente, depois ele conversa com a equipe de trabalho e aí partimos para mais uma jornada — esclareceu Amaral com aprovação e admiração pelo diretor da Casa.

Gaultier tentava imaginar como Marcos seria, reunindo o que ouvira. Deve ser um velho experiente de barbas brancas e um meigo sorriso na face. Ao ouvir a ordem de "entre", ele depara-se com o indivíduo de branco recostado na poltrona alta, a surpresa do pintor fez com que seus olhos se arregalassem e encarasse deselegantemente seu anfitrião.

"De onde o conheço"? — era a pergunta que assaltava a mente de Gaultier ante a sensação de familiaridade que aquele rosto jovem e simpático, de traços comuns, lhe infundia na alma. Vasculhou as memórias de sua trajetória passada, não conhecera nenhum Marcos. De onde, então?

Como se soubesse da atrapalhação e da surpresa do visitante, Marcos sorriu. Erguendo-se com desenvoltura e leveza aproximou-se de Ryane, afetuosamente a abraçou, depois o cumprimentou com a mesma intimidade e olhando-o sorridente, disse:

— Você é o pintor. Gaultier é seu nome, certo?

Ante a muda concordância, prosseguiu:

— Sentem-se, vamos conversar. Temos muitas ideias a discutir, Ryane me assegurou a sua competência nos assuntos relativos a artes plásticas, pintura em especial.

Acomodados, Gaultier relaxou, deixando de lado a inquietação que a súbita consciência de reconhecer Marcos trouxe. Deixou-se envolver pela agradável conversa. Discutiram os planos para o trabalho que a direção da Casa de Maria pretendia implantar. Surpreendeu Gaultier os conhecimentos do diretor no terreno da arte como forma de expressão. A concepção ampla o agradou e ele não teve dúvida: aceitou o desafio.

CAPÍTULO 16
Cheiro de morte

*Quando, em outros tempos, me dava na
veneta compreender alguém ou a mim mesmo,
eu examinava não as ações, em que tudo é
convencionado, mas os desejos. Dize-me o
que desejas, dir-te-ei quem és.*[30]

O verão se avizinhava no continente europeu e a noite era
amena. Muitos carros estacionavam no caminho que cortava o
jardim desde o grande portão de ferro no estilo *art noveau* até a
porta de entrada. O som do jazz saía das janelas abertas.

O salão de festas estava lotado de convidados, muito bem-
-vestidos, dançando alegremente. As mulheres exibiam vestidos
com decotes profundos que deixavam as costas nuas, e seus sapatos de salto batiam ritmadamente no piso de madeira.

Dois empregados circulavam empunhando bandejas de prata com bebidas e em um canto do salão havia um bufê de finas
iguarias.

Irina recostava-se em um divã lateral cercada de admiradores
que insistiam para levá-la à pista de dança, quando Nanine —
governanta da casa — usando um discreto e elegante vestido azul-
-marinho de corte reto, com os cabelos presos num coque baixo
na altura da nuca entrou na sala. Suas concessões ao estilo de vida
da patroa eram limitadas e fizera questão de manter as características de sua personalidade, insistindo que era uma mulher feia, portanto não usava maquiagem. Aproximou-se falando ao ouvido de Irina:

---

30 - TCHEKHOV, Anton, *Uma história enfadonha, memórias de um homem idoso, Contos*,
pág. 211. Ed. Nova Cultural.Tradução Boris Schnaiderman.

— Senhora, chegou o senhor Rheingold, da embaixada alemã, acompanhado de alguns amigos. Hoje ele não era esperado, não foi convidado para a festa. O que devo fazer?

Irina pensou. Alfred Rheingold não podia ser desprezado, era o seu mais generoso "admirador". Tinham se conhecido há poucos meses, mas ele semanalmente a visitava e recebera dele mais joias e presentes caros do que podia lembrar-se, sem falar que muitas despesas da mansão eram pagas pelo influente alemão.

— Irei recebê-lo, é lógico. Não podemos dispensar Alfred. Essa festa não terá importância alguma para ele, você verá.

Nanine ergueu-se pronta a acompanhar Irina até a entrada.

Irina usava naquela noite um vestido longo branco justíssimo, bordado com fios prateados, na frente uma fenda que chegava a altura da coxa. Ela caminhou com leveza e graça, no rosto um grande sorriso de boas-vindas e recepcionou-o com os braços estendidos.

Alfred Rheingold era um homem com cinquenta anos ou mais. O corpo bem conservado, era alto, forte. O rosto quadrado, um pronunciado nariz aquilino, os cabelos grisalhos penteados como mandava a moda, e o bigode curto aparado. Adiantou-se ao ver Irina, por quem estava fascinado, e sem importar-se com os amigos, tomou as mãos da atriz beijando-as sofregamente e encostando-as ao próprio rosto beijando com intimidade as palmas das mãos e os pulsos.

— Você está linda — elogiou Alfred. — Não me convidou para sua festa, por quê?

— Ah! Querido, perdoe-me, lhe peço mil vezes perdão. Mas, sabe como é a minha vida, nada disso foi planejado. Hoje, após, o espetáculo se reuniu este grupo de amigos e decidiram estender a noite aqui em casa. Sabem como Nanine é rápida e que sempre tem com o que recepcionar meus amigos. Abusam de mim, essa é a verdade — respondeu Irina, desmanchando-se em olhares e sorrisos sensuais.

— Quem sou eu para perdoá-la, ainda mais por algo tão sem importância e natural. Estava com ciúmes. Sei que uma mulher com a sua beleza tem muitos admiradores, e sonho que seja apenas minha — retrucou Alfred beijando novamente as mãos de Irina, lançando olhares lânguidos, deixando claras as intenções para estar ali.

Irina riu, como riem todas as mulheres que se entregam àquela vida e não pertencem a homem algum. Usando de seu charme, fez o alemão, com uma pequena troca de olhares e um roçar em sua perna, esquecer o que disse. E foi com olhos brilhantes de desejo que Alfred apresentou-a aos cinco oficiais alemães das S.S. que o acompanhavam.

Com a memória anestesiada pela ingestão de boa quantidade de álcool e envolta nos ruídos da festa e no cansaço das apresentações teatrais, Irina não reconheceu no homem loiro, alto, de olhos azuis gélidos, trajando o imponente uniforme negro das forças especiais das S.S., as chamadas Unidades Caveira,[31] identificadas pelo uniforme negro com a braçadeira vermelha contendo a suástica preta num círculo branco e o quepe com a caveira em cor prata, o antigo estudante que frequentara por meses a fio o Teatro de Variedades de Paris, apenas para vê-la dançar. Ele, porém, reconheceu-a e embora mantivesse a face impertubável, o coração disparou de raiva, paixão e despeito.

— Prazer em conhecê-lo, *her* Ludwig Schroder — disse Irina, observando que o olhar do alemão a analisava de alto a baixo despudoradamente. Sorriu para ele e tocando o braço de Alfred prosseguiu: — Ele já havia me falado que esperava sua visita, disse-me maravilhas sobre sua competência no comando de unidades especiais. Está gostando de Viena? Precisamos conversar, adoro ouvir histórias de aventura e você deve ter muitas para contar-me.

— A alegria é minha, *fraullen* — respondeu Ludwig, não podendo furtar-se ao pensamento de que a vida novamente fazia seus caminhos se cruzarem.

Durante o restante da noite ele perambulou entre os convidados, bebeu e observou Irina. Os anos pareciam não ter feito diferença para ela, e notou que ela flertava com todos os homens, embora desse maior atenção a um grupo entre os quais estava

---

31 - Nota: Os oficiais das S.S. deviam possuir o perfil ariano, ou seja: mais de 1,80 m de altura, cabelos loiros, pele clara e olhos azuis. Possuíam treinamento especial e formação ideológica mais elaborada. Eram hierarquicamente superiores ao Exército e às S.A. Sua principal atividade era a guarda pessoal de Hitler, além de assassinatos, espionagem, confisco de terras e extermínio de pessoas. A partir de 1934, dividiram-se em Unidades Caveira e se ocupavam dos campos de concentração e especialmente dos campos de extermínio, Serviço de Segurança encarregado da espionagem ideológica e no Centro de Questões da Raça e Povoamento.

Alfred, que disputavam quem seria o preferido da noite, para depois da festa.

"Ela está sozinha. Esqueceu Gaultier, o idiota francês" — concluiu Ludwig no fim da recepção, enquanto acompanhado de seus quatro subordinados, caminhava em direção aos carros oficiais da embaixada que os aguardavam. Alfred iria mais tarde, mas nenhum homem pernoitava na residência de Irina e ela continuava com seu hábito de possuir dois dormitórios.

Enquanto servia-se de mais uma bebida e estendia outro copo ao acompanhante, ela comentou referindo-se aos oficiais das S.S.:

— Belos rapazes. Tão claros, tão fortes, o uniforme preto lhes assenta muito bem. Ficarão quanto tempo?

— Espero que apenas o necessário ao cumprimento da missão que os coloca em solo austríaco.

— Há qualquer coisa de demoníaco na aparência deles, nunca vi um uniforme militar igual. Preto e vermelho. Tem alguma razão especial ou são os meus olhos de artista que veem a combinação de cores associada a aparência de figuras míticas infernais? — perguntou Irina interessada e fazendo expressões e gestos teatrais enquanto se referia aos oficiais da S.S. que conhecera pouco antes.

Alfred riu da encenação dramática da atriz, que se tornava cômica naquele vestido sensual e à penumbra.

— Quase tudo que ocorre no *Reich* alemão obedece a um conceito que, segundo Goebbels e sua equipe, presta-se a atuar no imaginário das pessoas. Pelo que vi, com você funcionou. Realmente, eles usam um "manto de luto". Não é um mero uniforme de unidade especial, os S.S. e especialmente os caveiras cheiram à morte, minha doce Irina. Todo cuidado com eles é pouco, até mesmo para mim que sou membro do partido e ocupo um cargo de confiança importante.

— Interessante. E o que significa o uniforme?

— Força, virilidade, imponência, mistério e morte. O preto foi escolhido por ser uma cor associada ao divino, à religiosidade e a transcendência, se vista com bons olhos; no caso dos S.S. o motivo é que o preto lembra o aspecto negativo do divino: a morte, além de amendrontar e reprimir. A faixa vermelho-sangue é a sensualidade, a fertilidade. É a cor das sociedades guerreiras, pois irrita e excita. Combinada com o preto, adquire as qualidades satânicas que você identificou. A caveira em cor prata significa a primazia hierárquica dentro das S.S.

Irina sentou-se ao lado de Alfred no divã, acariciando-lhe lentamente a coxa, enquanto fingindo-se impressionada com a explicação insuflava o orgulho do alemão, demonstrando um falso interesse pelo país que ele representava, indagando:

— O uso da suástica, a cruz gamada, também tem caráter religioso, ou melhor, alguma significação de transcendência?

Retribuindo as carícias da atriz, Alfred afagava-lhe a nuca, massageando-lhe o pescoço e os ombros, enquanto respondia.

— Longe disso, Irina. Os povos germânicos antigos a usavam como um símbolo guerreiro, é muito antigo. É um símbolo de ação, tem movimento circular, indica regeneração. Ela atrai, hipnotisa quem a encara lembrando o ato sexual, o que é reforçado pelo vermelho, minha linda, uma cor tão sensual como você. Vou desenhar suásticas em suas pernas, no seu ventre... — a voz de Alfred se tornou um murmúrio rouco perdido entre os cabelos de Irina a proclamar a virilidade nazista.

Mais tarde voltaram a falar dos S.S., hospedados na embaixada. Irina ouviu, não deu importância ao saber que não eram apenas cinco alemães visitando a embaixada, mas cento e cinquenta homens e que lá estavam em sigilo, nem mesmo Alfred sabia as razões da visita, oficialmente era rotina.

Vestindo um penhoar de seda, Irina era conduzida pela mão do ilustre oficial alemão. Na cama da amante ele se esqueceu dos deveres de sigilo e julgando-a acima de qualquer suspeita ou interesse do *Reich*, Alfred, ingênuo, falou mais do que devia. Mas não corria perigo, sua amante, há anos, vivia na esperança de morrer. Se as notícias que chegavam da Alemanha nazista aterrorrizavam as nações vizinhas a ela eram indiferentes.

Confiou-lhe as ações do partido nazista austríaco, ela sabia que a Alemanha o patrocinava fornecendo armas e dinamites, além de lideranças. O reinado de terror instalado há meses em Viena, com atentados em série, era obra do *Reich* alemão. Aqueles que conheciam e tomavam a sério as palavras escritas no primeiro parágrafo de *Main Kampf* não ignoravam que a anexação da Áustria ao *Reich* alemão era a primeira ambição do autor.

Irina não se importava com as confidências do amante, nem quando tempos depois ouviu, insensível, a imprensa noticiar a ocorrência do fato consumado. Que perseguissem judeus, religiosos, políticos da oposição e líderes sindicais; que matassem, que proibissem as liberdades individuais, nem a censura lhe importava.

Nada disso era com ela. Seu íntimo era uma chaga aberta e infeccionada, não doeria nem mais nem menos. Pouco lhe interessava o que ouvia. Eles que fizessem o que bem entendessem, ela não tinha nada com aquilo, seguiria sua vida e eles a deles.

Ao longo de junho até os primeiros dias de julho, Alfred e os oficiais da S.S. foram presença constante em sua casa, em festas ou em visitas particulares. Ludwig aproveitou a oportunidade que a vida lhe negara anos atrás em Paris. Não sabia se Irina de fato não o reconhecera e isso abalou seu orgulho, ou se ela preferia fingir que não o conhecia porque estava na companhia de Alfred.

Enfim, interessava-lhe que ela se mostrava disponível e não recusava a sua companhia, era razão suficiente para sufocar a dor do orgulho ferido e entregar-se a longas horas de prazer na companhia dela, em quentes e preguiçosas tardes de verão.

A temporada de apresentações estava encerrada. Era tempo de férias e para Irina nada melhor do que se deixar mimar e cortejar pelo jovem e viril oficial comandante das S.S. Passavam muitas horas juntos, embora ela não desse a Ludwig nenhuma ideia de exclusividade e mesmo o rejeitara algumas vezes.

Ludwig Schroder dividia-se entre as atenções a bela atriz e a execução dos planos que o levavam à Austria. Ao contrário do ingênuo Alfred, ele não dissera a ela uma só palavra a respeito de sua missão. Dera-lhe aulas de ideologia nazista, falou como era a vida no *Reich*, qual era o seu trabalho — de acordo com o que oficialmente era divulgado — enalteceu o *Füher* e seu governo, apresentando-o como um messias para o massacrado povo alemão. Discorreu a ela sobre a vida cultural alemã, dos programas de incentivo governamentais e do grande interesse deles pelo cinema.

Estavam sentados nos gramados do jardim à sombra de uma árvore centenária, julgando-se pela espessura do caule e das raízes que se erguiam do chão... Ludwig deliciava-se acariciando os cabelos e o pescoço de Irina que, preguiçosamente, se deixava adular pensando que até lhe fazia bem um envolvimento com um homem mais jovem. Ele tinha menos dinheiro, dava-lhe menos presentes, mas era mais romântico e menos enfadonho que muitos de seus outros amantes, em geral, homens mais velhos, ricos e influentes.

Há muito tempo não se permitia ser cortejada, seus relacionamentos eram estritamente "profissionais". Repentinamente, surgia o jovem oficial alemão e reconhecia que ele era atraente, atencioso e terno.

Enquanto ela pensava em coisas sem importância, ele escolhia as palavras para fazer uma investigação de interesse pessoal que, conforme seus planos, minuciosamente traçados na noite anterior, poderiam ser importantes para o futuro de Irina, dele e do que o levava à Áustria. Ele se decidiu por uma abordagem mascarada, sem perguntas diretas, envolvendo-a em afagos e carícias para que não desconfiasse do interrogatório.

Decidido, baixou a cabeça, beijou a nuca da atriz, acariciando-a sensualmente, roçando-lhe o rosto no pescoço, fazendo-a rir baixinho, correspondendo a seus carinhos. Em meio a afagos que mantinha sob controle férreo de sua vontade treinada no *Reich*, indagou-lhe com voz rouca:

— Você não fala sobre a sua vida. Sei tão pouco a seu respeito, entretanto, você é a cada dia mais importante na minha vida. Não sei como farei para ir embora quando chegar a hora.

Irina riu, suas mãos passeavam pelas coxas do oficial, com intimidade.

— Venha me visitar quando desejar — convidou-o, fugindo às perguntas.

— Humm, isso é uma promessa ou um pedido?

— Como quiser entender, meu comandante — sussurrou Irina movimentando a cabeça para expor a face aos beijos de Ludwig.

— Alguém me falou que você vivia em Paris, antes de vir para cá. É verdade?

— É.

— Todos se apaixonam por Paris. Você abandonou a cidade. Não gostou de lá ou teve algum motivo especial?

— Sou alguém sem raízes, Ludwig. Não gosto de falar de Paris, vamos conversar sobre outro assunto.

O alemão fez uma expressão de pouco caso fingindo concordar que era um tema sem importância.

— Você tem amigos influentes em Viena, sua casa é frequentada por artistas, políticos, industriais... Se algum dia precisasse deixar tudo isso não sentiria falta?

Irina resignou-se à teimosia do companheiro que trocava o assunto, mas não o tema, continuava a indagar sobre a sua vida, isso a desagradava, porém respondeu:

— Não sinto falta do que deixo, se me vou é porque o lugar e as pessoas não me agradam mais. Sou como os gatos: escolho com quem vivo. Eles pensam que são meus donos, mas, quando me canso, eu parto e não lembro mais. Isso satisfaz sua curiosidade?

Ludwig riu, pois ao mesmo tempo em que falava, Irina fazia caretas e com as mãos imitava as patas de uma gata com as unhas expostas.

Rindo ele a puxou mais perto de si, desejando aprisioná-la e murmurou-lhe ao ouvido:

— Uma linda gata de pelo vermelho. Quero saber tudo, aprender tudo dessa gata e ter tudo que possa ser meu.

— Por isso tantas perguntas? Está se assegurando para um investimento futuro? Declaro que não estou à venda, meu comandante, sou apenas de aluguel. Não quero ninguém exclusivamente para mim e não me dou. Não se iluda para não sofrer. Soube que madame Chanel está escandalizando Paris e, claro, escândalo se torna moda. Imagine que ela mistura as joias recebidas como mimos de seus admiradores com imitações, dizem que usa grandes colares de pérolas falsas; corre a boca pequena que ela faz isso para que os seus homens tenham a certeza de que ela não é uma mulher que se compra com joias. Louca, não acha?

— A vida no *Reich* não me deixa tempo para me interessar por essas bobagens parisienses — respondeu Ludwig. — Voltando a falar do que me interessa: você. Pergunto por que queria saber se há ou se houve alguém importante na sua vida, apenas isso.

— Do passado não falo, não interessa a ninguém. No presente... — Irina relaxou, e preguiçosa, em sensual entrega lançou-lhe olhares sugestivos e declarou cuidadosa, puxando delicadamente a cabeça de Ludwig para perto de si, oferecendo-lhe os lábios a beijos lascivos. — No presente você me encanta, *her* comandante, me agrada muitíssimo.

Ele resistiu, afagando-lhe os cabelos e a face, encarando-a comentou:

— Fico feliz, muito feliz com o que me diz, mas gostaria de ter mais. Sou um homem influente no *Reich*, posso lhe oferecer o que tem aqui e talvez mais, depende de você, pense no assunto. Quem sabe a Alemanha não lhe abre as portas do cinema, tenho meios para conseguir isso. Será pretensão ou posso ter esperança?

Irina surpreendeu-se com a inesperada proposta. Mas a ideia se plantou em sua mente. Cinema era uma ambição, um desafio. Uma mudança seria algo a considerar, Viena estava ficando monótona.

— Pensarei no assunto, depois conversaremos. Não costumo responder nem pelo ontem, nem pelo amanhã, *her* Ludwig, conversaremos, mais tarde. Não engano meus admiradores, eu digo o que faço e que não sou exclusividade de nenhum. O assunto ficou claro?

Ludwig ignorou o que ela falou, confiando em si para fazê-la mudar de ideia. Tinha razões — pessoais e profissionais — para querer levá-la para o *Reich*. Desconfiava da fidelidade de Alfred aos planos nazistas e não poderia deixar que uma mulher como Irina ficasse longe dos mil olhos das S.S. e das S.D.

Era perigoso demais. Ao redor dela circulavam influências e interesses econômicos e políticos. Precisava ter certeza do quanto ela sabia, desconfiava que fosse além do necessário e do permitido. Além do mais, tê-la para si era a realização de um sonho de juventude. A antiga paixão não tinha sido sepultada e renascia forte sob o sol do verão de Viena.

O silêncio prolongado dele inquietou-a, e ele comentou:

— Uma mulher sem passado. Que dramático! E exagerado. Todos têm passado, por que não falar?

— Não, não é — retrucou Irina afastando-se para encará-lo, sem esconder a irritação. — Esta conversa não nos levará a lugar algum, é melhor mudar o assunto.

Soltando-se dos braços do oficial, ergueu-se limpando a roupa de algumas folhas de grama que se grudavam ao tecido de sua saia plissada. Graciosamente, apanhou o quepe de Ludwig do chão e colocou-o na cabeça, olhando-o marota, disposta a diverti-lo para que esquecesse o súbito interesse em sua vida.

— Como fico com as insígnias da sua unidade? É verdade que no *Reich* pretendem que todos usem uniformes?

Ludwig registrou a informação. Alfred Rheingold falava demais. O uso de uniformes era parte do projeto de nazificação em curso na Alemanha, mas ainda não era comentado fora dos círculos interessados e confiáveis.

— Linda — respondeu Ludwig observando-a. — Esse é o seu estado definitivo: ser linda. É linda vestida ou nua, arrumada ou não, é linda de manhã, à tarde ou à noite. Nada altera a sua beleza. E eu, humildemente, lhe rendo culto, é uma deusa da mitologia nórdica, magnífica em sua beleza, branca como o mármore, olhos azuis, cabelos ruivos. Você é a personificação da beleza feminina da raça ariana. Aliás, os russos possuem sangue ariano. Pelas suas características, você é um exemplar de raça pura. Uma deusa nórdica viva e deslumbrante, que fascina pela beleza.

Lisonjeada, Irina não deu atenção ao discurso racial, fruto da investigação que Ludwig procedera em sua vida e que não fora difícil, considerando o conhecimento prévio. Como não dava importância a nacionalidade, muito menos a descendência, ignorou as alusões à sua pátria e família. Imitou posturas militares, ressaltando a coragem dos membros das S.S., pois suas ações eram perigosas, punham em risco a própria vida atuando em assassinatos, explosões e atentados. Exaltou-o brincando com temas sérios, seduzindo-o falando de seu uniforme negro, falando da simbologia da suástica.

Ele cedeu aos apelos da sensualidade, habilmente manipulados pela atriz, mas guardou a lembrança de que ela possuía informações perigosas e conhecimentos da propaganda nazista. Esses conceitos não eram livremente divulgados no *Reich*, perderiam sua eficiência no imaginário popular se fossem conhecidos.

Mais tarde, entre uma taça de vinho branco gelado e outra, ele lançou alguns elementos na conversa para avaliar os conhecimentos da atriz sobre a política do *Reich*. Suas suspeitas aumentaram, levando-o a naquela mesma noite a relatar minuciosamente suas averiguações e temores a Goering — o segundo homem do *Reich*, comandante geral das S.S. Estabeleceram que era necessário manter vigilância sobre a atriz, e conter o imbecil Alfred, pois a missão em Viena estava próxima do desenlace e todo cuidado era pouco, para garantir o êxito, fundamental aos planos de expansão e dominação do *Reich* alemão.

***

O sol escaldante do verão contra os muros do quartel em Berlim fazia os jovens soldados suar. Usavam capacetes e sustentavam armas fazendo a guarda do prédio. O calor era-lhes insuportável, a cabeça parecia cozinhar em vapor. Em intervalos regulares, vistoriavam o prédio do quartel.

Eles comentavam o sofrimento que aquele dia de calor lhes impusera quando ouviram o ruído de veículos se aproximando dos portões, rápidos, retornaram aos seus postos para identificar os carros.

A tarefa era simples, eram carros oficiais utilizados pelos militares mais graduados. Identificando-os prestaram continência dando-lhes passagem.

Quando o último veículo passou os portões, os soldados olharam-se e correram para retomar a conversa interrompida.

— Está acontecendo alguma coisa — sentenciou o da direita.

— Eu diria que é coisa grande, importante. Todos os generais entraram, só faltou o Ministro da Defesa — disse o outro.

— Aí seria demais. Só se houvesse um golpe contra o governo.

— Será?

E ruminaram suposições, enquanto no interior do prédio os generais discutiam as divergências cada vez mais acirradas com as S.A. e as S.S., especialmente com Rohem, o comandante das S.A.

Von Schringer ouvia as exposições dos colegas fumando seu charuto, uma leve e aguda dor de consciência o assaltava. Ouvia os relatos e novas acusações contra as forças paramilitares do *Reich*, repugnava-o os comentários que circulavam a respeito delas: desde os mais altos oficiais até os principiantes eram alvo de falatórios em toda a Berlim, envolvido em corrupção, denúncias de licenciosidades sexuais e homossexualidade. Esta então, incomodava sobremaneira os oficiais do Exército. A denúncia de homossexualidade recaía pesada sobre Rohem, homem influente no *Reich* e amigo particular de Hitler de longa data. Eles haviam feito carreira juntos desde o NASDAP até chegarem ao poder.

Os oficiais inquietavam-se com o rearmamento sigiloso que a Alemanha estava empreendendo, era um assunto delicado, feria interesses nacionais e internacionais.

Para eles, compartilhar esse processo com as S.A e as S.S. era díficil, em face da rivalidade acentuada. Os oficiais não poupavam palavras como: peculários, bêbados, libertinos e pederastas, ao se referirem aos membros das forças políticas do *Reich*. Acusavam-nas de adquirirem metralhadoras pesadas o que os tornava uma ameaça ao próprio Exército e ao rearmamento sigiloso.

Os oficiais relatavam seus pleitos ao General von Blomberg, Ministro da Defesa, incubido de levá-las à consideração do chanceler. Cobravam consideração lembrando que se não fosse o aval do Exército os nazistas não estariam no poder.

Naquele final de tarde, a notícia era de que os pedidos seriam aceitos e as S.A. e S.S. sofreriam redução em seus efetivos.

Transpirava na reunião a ideia de tolerarem os nazistas apenas enquanto o velho presidente vivesse. A sua longa história militar, marechal de campo, herói de guerra o fazia credor do respeito dos generais, ele não merecia ter o seu mandato manchado com a deposição do seu governo. Mas quando ele fechasse os olhos pretendiam restaurar a monarquia dos Hohenzolhern.

Von Scheringer se apegava a essa esperança para acalmar a consciência, pois se lembrou durante a reunião das severas críticas que o filho fazia ao regime.

No ultimo mês, Richard estava menos revoltado vivendo o encantamento do namoro com a jovem Bateseba. Mas as sementes do descontentamento e da dúvida quanto à opção adotada germinavam no íntimo do conservador general.

A reunião terminou. Os oficiais mantinham o pacto silencioso de cautela e vigilância.

Sob a luz das primeiras estrelas, os carros saíram e os subalternos, após as continências, pensaram:

"Nada de golpe."

O clima político era dos piores, pipocava em toda parte suspeitas de conspiração e boatos de que até mesmo as tropas das S.A. e sob orientação do próprio Rohem conspiravam contra o chanceler.

O céu azul do verão berlinense escondia uma atmosfera densa e carregada, prenunciando dificuldades no porvir.

***

Alheio à convocação extraordinária do general Von Scheringer para uma reunião sigilosa, Richard entregava-se ao jogo de xadrez em companhia do rabino van Beck. Concentrados no tabuleiro e na movimentação das peças, esqueciam os maus momentos impostos pelo governo nazista.

O velho rabino, contava mais de setenta anos, apesar dos cabelos ralos amarrados na nuca, o rosto sereno mantinha os traços atraentes, embora o nariz fosse pontiagudo. Era um senhor de físico forte, que dava os primeiros sinais de perda do vigor que o caracteriza ao longo da existência.

— Vamos, filho, jogue ou vamos ficar a noite toda sobre esse tabuleiro. Bateseba não gostará — provocou o velho jocosamente observando o ar irresignado do companheiro que, num movimento em falso, pôs a partida em iminente perda.

— O senhor é impossível, *her* Samuel. O que tenho a fazer é entregar-lhe a minha dama — e olhando por sobre o ombro do idoso piscou o olho para a jovem que bordava numa poltrona próxima e explicou sorridente: — A do tabuleiro, é claro.

— Ora, ora, de certo era preciso esclarecer. Jogue, tenente, não tenho a vida toda para apanhar sua dama, ela não tem salvação.

Richard cedeu ao único movimento possível e abriu caminho para a vantajosa vitória do rabino que pouco depois ria, deliciado, com a vitória.

— Lute, meu jovem. Mas saiba perder com classe, nem tudo na vida são vitórias e muitas vezes sobreviver à derrota é a grande sagração.

— Quanta filosofia, vovô! — comentou Bateseba largando o bordado para sentar-se ao lado do noivo.

— Muitos anos de experiência, querida, faz de qualquer homem um filósofo.

— Não concordo, *her* Samuel — apartou Richard. — Conheço muitos homens com a sua idade e nem por isso têm sabedoria, ouso dizer que são mesmo imbecis, em que pese o respeito que lhes deva pela idade avançada.

— Pois é, meu caro jovem, eles não têm o sangue judeu nas veias — brincou o velho rabino, mas o riso não alcançou o olhar.

Samuel ficou pensativo, relembrando experiências dolorosas.

— É uma diferença pesada de se carregar, acaba por nos modificar, Richard.

Ele se referia à história de sua raça, às inúmeras perseguições e à alta carga de preconceito que sofriam na Europa.

Richard tinha entendido e respondeu:

— O senhor é especialista na arte de saber perder com classe. Confesso que não consigo entender a origem de tanta perseguição, de tamanha aversão.

O velho Samuel sorriu erguendo-se, colocou as mãos nos bolsos das calças, andou até a ampla porta-janela que dava vista para o gramado que rodeava a casa, afastou levemente a cortina e contemplou, através do vidro, o brilho das estrelas no firmamento.

— Meu caro, muitos dizem que nos perseguem em nome de Deus, mas, não sei a quem eles se referem. Quando vivíamos entre povos politeístas nos perseguiam por nosso amor e fé a Jeová, nosso Deus único. Depois, surgiram os cristãos, melhor dizendo, os católicos que dizem professar fé em nosso Deus, mas lutam pelo Messias Nazareno. Depois, nos perseguem pelo ouro, como se todo judeu fosse rico, o que não é verdade. O antissemitismo rendeu muito dinheiro à Europa, isso sim, pode ser provado, é só analisar quantas vezes já fomos espoliados de tudo que possuíamos. Os nazistas e sua política racial não fazem nada novo, reeditam uma história antiga cheia de preconceito e violência. Infelizmente, meu jovem, preconceito e violência, a meu ver, só são explicáveis quando entendemos que a besta humana pouco amadureceu ao longo dos séculos. Os preconceituosos e violentos abdicam do direito e do dever de pensar, de formar juízos e adotar condutas próprias, simplesmente se deixam levar pela turba. Basta ver os cartazes que proliferaram na cidade.

— Bateseba comentou comigo. É um horror, porque a comunidade judaico-alemã nunca foi radical — respondeu Richard segurando a mão da noiva e apertando-a com carinho no intuito de transmitir-lhe solidariedade.

— Pois é, você tem razão nossa comunidade é aberta. Há um grande número de casamentos mistos e muitas famílias são relapsas na educação religiosa de seus filhos, nas vivências domésticas de nossa fé. Como responsável por parte dela, eu nunca fui rigoroso, sempre pensei que se faz necessário uma integração também com o solo onde nascemos. Somos judeus-alemães, a Alemanha também é nossa pátria, lutamos para construí-la. Nosso trabalho, nosso suor e inteligência marcam esse chão, ele é nosso tanto quanto dos não judeus. Agora nos vemos expulsos de cargos que fizemos por merecer, não nos foram dados por favoritismo, não podemos exercer profissões para as quais estamos legalmente habilitados[32] e a única razão que nos oferecem é: você é judeu. Sabemos disso desde o nascimento, não é uma novidade. E eles também sabiam. Hoje, duas jovens senhoras muito aflitas me procuraram na sinagoga, por que não lhe haviam permitido adquirir alimentos em um comércio onde habitualmente compravam. Na porta havia um grande cartaz: "Não é permitida a entrada de judeus."

— Já vi alguns. Até em algumas estradas estão surgindo — comentou Richard revoltado. — A cada dia que passa estou mais assustado com a política nazista. A barbárie é lei, o desrespeito impera, somos reféns de um grupo de fanáticos armados. Sinceramente, não sei onde vamos parar, mas acredito que não seja algo muito bom.

O rabino voltou-se e encarou o jovem oficial que segurava a mão de sua neta, foi até eles, pôs sua mão cheia de manchas de idade sobre a deles, fixou o olhar em Richard e falou:

— Você é um jovem inteligente, sensato, lúcido. Fico feliz em vê-lo ao lado de Bateseba, sei que irá protegê-la. Também temo o futuro. Minha intuição diz que isto está apenas no começo. Meu filho tem esperança que a monarquia se restabeleça e tudo volte ao

---

32 - Nota: Referência a proibição nazista de os judeus exercerem cargos públicos e profissões como advocacia e medicina na Alemanha.

que era antes, eu não confio nesse desfecho. Os nazistas são fanáticos, eu concordo. Mas, são maquiavélicos e muito inteligentes, manobram com destreza as emoções do povo e apresentam-se como salvadores. Espere até que a grande população de desempregados e miseráveis tenha alguns marcos nos bolsos e verá a força nazista ser decuplicada. A cada dia, a sociedade perde força e tem menor condições de detê-los: os partidos políticos foram extintos; os sindicatos destruídos, a imprensa está sob censura e império deles. O Exército, talvez, ainda, possa fazer algo, mas não sei. O povo, entretanto, eu lhe asseguro: assim que tiverem alguns marcos em mãos esquecerão tudo e serão nazistas até as entranhas da alma.

— Vovô, que futuro sombrio! — interveio Bateseba. — Precisamos ter esperança ou como sairemos vitoriosos?

— Há pouco eu falei, minha criança, que sobreviver a derrota era uma grande vitória. Esse é o resumo de nossa história. Somos sobreviventes de grandes derrotas e se tenho alguma sabedoria, como disse ao seu noivo, é por esta razão: aprendemos a arte de sermos instruídos pelos nossos próprios erros de julgamento. E nascer judeu é sinônimo de ser alguém que precisa tornar-se muito ciente de seus caminhos e de suas escolhas, alguém que precisa aprender a conjugar o verbo tolerar.

Richard compartilhava as ideias de Samuel a respeito do *Reich* e ao futuro do país, colocou sobre a dele a outra mão e solenemente disse:

— Juro, *her* Samuel, que farei tudo para a felicidade e a segurança de sua neta.

Samuel sorriu e balançou a cabeça recebendo o juramento com um suspiro de alívio e gratidão.

— Você entendeu. Temo que a purificação da cultura alemã possa não se limitar tão somente à queima de livros e ao banimento de autores judeus-alemães como Marx, Freud e Einstein[33]. As coisas podem se tornar muito mais sérias e não seria o primeiro êxodo ou o primeiro massacre de nossa raça e, infelizmente a história pode se repetir.

---

33 - Nota: Referência ao Bücheverbrennung [Queima de livros] patrocinada por Goebbels em 10/05/1933.

Richard balançou a cabeça concordando, mesmo assim Samuel esclareceu:

— Já que se propõe a compromissos, peço-lhe que se o futuro se mostrar como o vejo, leve minha neta para longe da Alemanha e dos nazistas.

— Tenha a certeza disso, meu amor por ela é muito maior do que qualquer outro.

— Tudo o que temos será de vocês, poderão ser vitoriosos numa aparente derrota, meu caro amigo — completou Samuel.

Bateseba olhava os dois homens apreensiva com o diálogo. Não havia quem não sentisse medo na Alemanha de 1934, mas quem tinha sangue judeu sentia o cheiro da morte no ar.

Notando o ar assustado da noiva, Richard decidiu descontrair a conversa pedindo-lhe para servir-lhes chá, pois estava com sede, e falou de assuntos mais amenos. O velho patriarca van Beck, sorriu complacente, cedendo à orientação do jovem. O amor dele por sua neta era sincero e estes pequenos detalhes de poupar-lhe dissabores era para ele a prova de que, se necessário, ele cumpriria seu julgamento.

***

Acomodado em uma sala particular da embaixada alemã, que provisoriamente lhe servia de escritório, Ludwig passava os olhos sobre as informações recebidas em código, via telex, do Comando Geral das S.S. dando ciência das ocorrências do dia anterior.

Segurando o papel entre as mãos, tinha o olhar perdido na distância, visivelmente não se encontrava nem vivendo o presente, nem no local onde descansava seu corpo. Seu espírito, preso à matéria, buscava seus interesses, na distante Berlim.

"Perfeito — maquinava o alemão em pensamento. — Executaram o plano com precisão. Aqueles S.A. traidores caíram que nem moscas, os que sobreviveram aprenderam a lição de quem comanda. Adoraria ter estado presente a este fuzilamento. A Escola de Cadetes foi o lugar perfeito, ninguém desconfiou ao levarem para lá cento e cinquenta dirigentes das S.A. que deveriam ser sumariamente fuzilados. Os pelotões S.S. são leais, não vacilaram para executar antigos camaradas. Rohen, este sim, eu mesmo queria ter posto fim naquele crápula, traidor, miserável, tudo podíamos tolerar, mas conspirar contra Hitler, jamais. O chanceler foi muito bom mandando deixar uma arma sobre a mesa dele para que desse fim à existência sozinho. O miserável preferiu ser assassinado e ainda quis dar-se ares de herói, como se fosse alguém para desprezar um grupo S.S., entregando-se à morte de peito descoberto. Bom, o maldito está morto, não causará mais transtornos e servirá de lição a outros ambiciosos. Vejamos o que os covardes bastardos do Exército farão agora, com o que incomodarão von Blomberg. Eles também tiveram baixas, dois generais foram expurgados. É o recado que nunca há baixas apenas em um lado. As S.A. estão reduzidas e o comando do Exército também. É a justiça do *Reich*. As ocorrências com o vice-chanceler devem mostrar que não tememos nada, nem ninguém. Somos o poder e quanto antes eles se curvarem, melhor. Perdem tempo com suas reuniõezinhas sem sentido, cheias de sonhos infundados com a monarquia. Os tempos são outros e nós damos as cartas. Haverão de se entender daqui para frente conosco, a S.S., e a conversa é diferente do que com os S.A. Logo, logo devemos ter um novo *Reichsfüehrer*, porém, primeiro o Exército deve cumprir a sua parte no trato. Nós fizemos a nossa, as S.A. estão reduzidas, tanto no efetivo como no moral. Breve faremos, por aqui, a nossa parte, então as S.S. mostrarão o seu poder."

Voltando à realidade, ele escreveu em código a resposta congratulando-se com os companheiros de Berlim que brilhantemente havia executados com precisão cirúrgica o ousado plano de expurgo. Informou que reuniam dados para a ação planejada e tudo estava sob controle, exceto pelo problema do caso Julieta, como designavam a relação de Irina com Alfred Rheingold. Encerrava pedindo uma breve resposta a respeito da situação.

Até o fim de julho nenhum evento significativo se notou.

Na casa de Irina, com a habilidade que só ela desenvolvia naquele grau, seus vários amantes continuavam a circular cobrindo-a de joias, de caros presentes, pagando-lhe as vultosas contas e cumprimentando-se uns aos outros com fidalguia. Apenas Ludwig incomodava-se, era possessivo e ciumento, embora disfarçasse esses sentimentos. Iludia-se por vontade própria, pois ela não o tinha enganado.

Ludwig tinha um plano para atrair Irina a Berlim. Cumprida sua missão pretendia partir levando-a consigo para uma "curta viagem de férias". Recebeu do comando maior das S.S. liberdade de ação, o que em geral acabava em assassinato, de fato, o melhor e mais seguro seria matá-la, entretanto, entrava naquele perigoso jogo um sentimento que a doutrinação das S.S. não venceu: a paixão.

Dividido entre a fria e implacável execução dos planos das S.S. e a antiga paixão, agora satisfeita, ele alimentava planos de conciliar os interesses. Aproximando-se o prazo final de sua permanência em Viena, envolveu Irina em suas malhas, seduzindo-a com a ideia de uma agradável e luxuosa viagem de férias. Falou-lhe das belezas da Alemanha, pais que ela não conhecia, dos teatros, dos festivais artísticos, incitou-a para conhecer a indústria cinematográfica e ela, encantada com as atenções que o jovem oficial lhe prodigalizava, aceitou o convite.

Passeando pelos arredores de sua residência planejavam a viagem, quando Irina foi informada minuciosamente da partida:

— Esteja pronta antes das treze horas, do dia 25. Pontualmente, às treze horas um de meus homens virá apanhá-la com ordens de levá-la para fora da cidade. Eu a encontrarei lá. Não se atrase, é tudo o que lhe peço.

— Pensei que iríamos juntos todo o trajeto. Por que não virá me apanhar?

— Não posso, mas fique tranquila que você estará segura. Fará uma viagem curta e confortável.

— É estranho. Se fosse em Berlim eu poderia pensar que talvez a sua esposa não gostasse de me ver a seu lado e se justificaria a medida de partirmos separados.

— Eu não sou casado, Irina — informou Ludwig beijando-lhe a mão e encarando-a fixamente.

— Que surpresa! Sempre pensei que você fosse casado. É comum homens da sua idade estarem casados. Por que não se casou?

— Uma longa história. A mulher que me atraiu na juventude e que poderia hoje ser minha esposa, não me deu a atenção que eu esperava. Depois por muito tempo nenhuma outra me interessou, dediquei-me ao trabalho e ao Partido, fiz carreira e meu tempo era cada vez mais tomado pelas S.S. Nestes últimos anos, com a ascensão de Hitler, a Chancelaria e o Partido no poder, obviamente as coisas se intensificaram. Só aqui em Viena não pude resistir a viver um pouco fora dos estritos interesses do *Reich*.

— Quer dizer que só divido você com as S.S.?

— Não. Você tem inteiramente o homem, as S.S. tem inteiramente um de seus oficiais. São coisas distintas.

Irina balançou a cabeça sorridente. Estava habituada a ouvir declarações apaixonadas, a ter os homens a seus pés, não dava importância a estes arroubos de paixão. Ela representava automaticamente, agindo e falando como sabia que iria agradá-los.

Sua vida emocional continuava uma chaga aberta, embora não falasse, a ausência de Gaultier ainda lhe doía na alma, vezes sem conta sonhava com ele e acordava banhada em suor e aflita, pois acabava sempre com a mesma imagem dele se afastando envolvidos em brumas sobre a ponte Alexandre III. Não suportava sequer ver uma fotografia daquele lugar que, para ela, perdera a beleza e o encanto. Era um fantasma que a atormentava em sonhos.

Invariavelmente, depois desses sonhos, Irina sentia necessidade de anestesiar-se, pois a lembrança do amante morto a perseguia. Ela literalmente ruminava, escarafunchava sentimentos, chorava sozinha encerrada em seu quarto onde não tinha nenhum objeto que a lembrasse de Paris.

Mas não era preciso, carregava as lembranças consigo e embora negasse a si mesma, as conservava zelosamente e cultivava-as. O amor, a paixão que nutria por Gaultier, a memória dos anos que viveram juntos não se apagava. Entregava-se a elas e depois chorava o amargo fim que não aceitava. Isso causava uma dor insuportável, quase física, tal a sua intensidade. O álcool a aliviava segundo julgava, mas nos dias mais sombrios somente as injeções de morfina lhe traziam o esquecimento. E drogava-se na vã esperança de apagar o que ela mesma cultivava.

Gaultier sentia os pensamentos confusos de sua amada e esforçava-se para não correr ao seu encontro, abraçá-la e ficarem ambos perdidos num mar de inconformidade e depressão. Com muita garra conseguira desenvolver a consciência de sua individualidade, compreendendo alguns conceitos fundamentais da existência humana, mas ainda sofria. Compadecia-se com o estado de Irina e entregava-se à prece, suplicando forças para ela sair daquele caminho que a consumia.

Evitava visitá-la. Sabia o quanto ela era sensível à presença dele e que isso não era salutar, dada a irresignação com a separação. Recebia notícias dela por meio de Ryane ou de Laura, com quem mantinha contato.

Alheio à complexidade da vida emocional de Irina, julgando-a apenas uma mulher volúvel, Ludwig andava a seu lado pensando nos caminhos percorridos desde que deixara Paris, por sentir-se preterido por ela. Irina não demonstrava reconhecê-lo, recusava-se a falar do passado, não tinha certeza de que ela se lembrava dele.

Ao mesmo tempo, entendia agora, mais vivido e experiente, que em Paris tudo não tinha passado de uma paixão unilateral, de um relacionamento que ele construiu em seus devaneios, para ela realmente não tinha significado. No presente, pensava ele ter motivos concretos para alimentar pretensões a um relacionamento duradouro com ela.

Entre frases sem significado e carícias íntimas, mas que para ela eram banais, eles encerraram o encontro combinando a partida para a tarde seguinte.

O restante do dia, ocupou-se Irina em arrumar a bagagem. Partiria sem Nanine, levaria apenas roupas e objetos de uso pessoal. Não pretendia ficar na Alemanha mais do que dez dias.

Ludwig ocupava-se com a execução da missão em solo austríaco, repassava com os outros oficiais as informações que colhia, o material reunido, a forma de ação e a fuga dos S.S. clandestinos, a saída organizada dos cinco oficiais. Apenas ele partiria com os clandestinos, encarregando-se de comandar a execução da missão e a fuga sem rastros dos homens.

Exaustivamente eles analisaram o plano. Revisaram os disfarces, checando as réplicas dos uniformes do exército austríaco. Vistoriaram as armas, os documentos falsos para a fuga e demais apetrechos de disfarce. Tudo pronto, Ludwig arrumou a bagagem, sem maiores cuidados, separou dois uniformes militares, um do exército austríaco e o seu de comandante das S.S., unidade Caveira. Ordenou aos servidores da embaixada que providenciassem um carro para levar Irina aos limites de Viena no dia seguinte, às treze horas.

Pontualmente, buscaram Irina. Algum tempo depois, ela aguardava Ludwig, acomodada em uma cervejaria nos limites da cidade. Bebia uma caneca de cerveja, atraindo a atenção de algumas pessoas que frequentavam o lugar e cochichavam a seu respeito. Ela tinha experiência nessas situações e não se importava, até estranhava quando não era alvo de comentários.

Por isso, estava confortável se refrescando com a bebida, ia pedir que a servissem novamente, quando um avantajado atendente do estabelecimento correu para perto do rádio e elevou o volume do som. Houve burburinho entre os frequentadores que correram para o balcão esquecidos da bela ruiva e atentos à voz do locutor que noticiava um evento dramático na capital austríaca: a demissão do chanceler Dollfuss ocorrida ao meio-dia.

Vozes se ergueram espantadas, preocupadas, enquanto outras pediam silêncio para ouvirem o noticiário.

A porta se abriu e Ludwig entrou no salão da cervejaria, calmo e confiante, impecável em seu uniforme negro. Em meio à agitação, ele aproximou-se de Irina, sentando-se em um banco alto ao seu lado.

— Fiz você esperar muito, minha linda?

Surpresa com a chegada dele, Irina voltou-se para contemplá-lo, sorrindo ao responder ergueu a caneca:

— Apenas o suficiente para que eu pudesse tomar uma cerveja, agora estão em tal alvoroço que nem gritando serei atendida.

— São as notícias sobre o chanceler Dollfuss?

— Sim, informam que se demitiu — confirmou Irina desinteressada. — A menos que queira ficar aqui, nessa balbúrdia, de minha parte, podemos seguir viagem.

— Não tenho nada a fazer na Áustria. Vamos embora.

Ludwig largou algumas moedas sobre o balcão para pagar as despesas de Irina e pegando-lhe a mão saíram rapidamente.

A viagem foi agradável. Ludwig estava um pouco tenso, ansioso, mas Irina não deu qualquer atenção ao fato, tagarelando assuntos inofensivos.

Cansada, adormeceu embalada pelo sacolejar do veículo. Ludwig ajeitou-a o melhor que pôde deitando-a em seu colo até que chegassem à fronteira ainda distante.

353

— *Her* comandante, a *fraullen* adormeceu? — perguntou o motorista.

— Sim.

— Acompanhei o noticiário.

— Sim.

— Haverá festa?

— Esperamos que sim, tudo correu bem.

— Receba meus cumprimentos, *her* comandante. Eu me sinto orgulhoso em servi-lo.

Ludwig meneou a cabeça, aceitando calado a admiração de seu subordinado e indagou:

— Será que conseguimos sintonizar a rádio de Viena pelo aparelho do automóvel?

— Difícil, *her*. Mas tentarei — e pôs-se a mexer infrutifera-mente no *dial* do aparelho. Conseguiu apenas chiados e palavras esparsas, incompreensíveis.

— Desista, é irritante esse ruído. Junto da Legião, quando cruzarmos a fronteira para a Baviera, saberemos mais detalhes. Ande o mais rápido que puder.

Obediente, o motorista desligou o rádio e acelerou o veículo.

À noite, pararam em um restaurante de uma cidade próxima da fronteira. Ludwig acordou Irina e aguardou que ela penteasse os cabelos e retocasse o batom, então desceram.

O assunto que corria, de boca em boca, entre as poucas pessoas no local, apenas uma mesa ocupada, era o atentado ocorrido em Viena.

— Que atrevimento! É por isso que não gosto de militares. Eles carregam armas julgam que todos são seus reféns e que podem tudo. São inimigos da Igreja, sempre foram, essa é a razão desse atentado — bradava revoltado um dos integrantes da mesa, cha-mando imediatamente a atenção de Ludwig. E o homem prosseguiu:

— Vamos ver como será o doutor von Scguschning, ele se mostrou um herói hoje. Acabou com esses rebeldes desgraçados, não bastava serem militares, ainda tinham que ser nazistas. Deviam deportar todos para a Alemanha. Hitler é quem gosta deles, que fique com todos e não os espalhe pela vizinhança.

— É, mas o chanceler pagou com a vida. Eles fizeram um enor-me estrago e, pelo que estão dizendo no rádio, o homem penou

— falou outro. — Para ele não tem volta, nem que Hitler fique com todos os nazistas encerrados nas suas fronteiras daqui para frente.

— Tens razão — apartou um terceiro que usava um grande avental branco sobre as roupas e carregava um pano de prato sobre o ombro, responsável pelo atendimento. — Dollfuss foi baleado ou metralhado, não sei bem, na garganta, ao meio-dia, mais ou menos, e só morreu no fim da tarde. O movimento foi grande na capital, dizem que já prenderam alguns rebeldes e que nem são austríacos, são alemães. Quero ouvir o que a D.N.B vai noticiar hoje, está quase na hora.

Um rapaz sentado ao canto viu a entrada do oficial S.S. e da bela mulher que discretamente admirava e chamou a atenção do dono do restaurante:

— Frederic, você tem outros clientes —acenou com a cabeça em direção ao casal e em tom baixo alertou: — Vejam, a farda do homem, é um oficial S.S. dos mais graduados. Conheço aquele uniforme, há vários deles na fronteira com a Baviera, são perigosos, é bom tomar cuidado.

Irina sonolenta observou os homens e comentou com Ludwig:

— Parece que as coisas não foram como haviam sido noticiadas à tarde.

Com expressão impassível e o olhar sem brilho, ele respondeu friamente:

— É o que estou entendendo.

Foram atendidos e entre o tempo de serem servidos e fazerem a refeição, já beirava a meia-noite. Frederic sintonizou seu rádio na agência oficial alemã de notícias e junto com seus amigos, ouviu o pronunciamento oficial da chancelaria alemã que expressava o pesar do povo alemão pelo "assassinato cruel" do governante austríaco e declarava que não interviria no assunto, entendendo-o de total responsabilidade da Áustria.

— Bandidos! — resmungou Frederic. — É preciso ser idiota para achar que os fatos dos últimos meses são puro acaso. Querem nos fazer engolir essa de que "eles" não têm nada com isso. Por que não explicam a razão do acampamento militar na fronteira?

O mais jovem, outra vez, pediu cuidado considerando a presença do oficial na mesa vizinha.

Ludwig empalideceu ao ouvir a informação da D.N.B.

"Saiu errado. Os nazistas austríacos foram contidos pelas forças do governo. Isso não estava previsto. Deveríamos estar anunciando o surgimento da Grande Alemanha, com a anexação do território austríaco ao nosso. Preciso chegar logo a Baviera", pensou Ludwig, abandonando a xícara de café que bebericava.

Voltando-se para Irina, cansada, que se mantinha silenciosa e mais sonolenta pela grande quantidade de vinho que bebera na refeição, disse-lhe:

— Vamos, querida. Estamos perto da fronteira. Não há razão para ficarmos nesta espelunca, se podemos ter um bom alojamento na Alemanha.

CAPÍTULO 17
Graves comprometimentos

*O bem e o mal que se faz são produtos das boas
e das más qualidades que se possui. Não fazer o bem que
se poderia fazer é, pois, o resultado de uma imperfeição.
Se toda imperfeição é uma fonte de sofrimento, o Espírito deve
sofrer não apenas por todo o mal que fez, mas por todo o
bem que poderia fazer, e não fez, durante a vida terrestre.*[34]

Poucos quilômetros além da fronteira austríaca, rodando em solo alemão, Irina percebeu a diferença. Homens armados ostentando a suástica e as insígnias das S.S. eram vistos aos bandos, muitos caminhões de patrulha e grandes bandeiras vermelhas do partido nazista pendiam das sacadas dos prédios públicos.

A juventude dos recrutas chamou-lhe a atenção, não só pela aparência física, escolhida a dedo, que os fazia parecer um exército de gêmeos univitelinos, todos com mais de um metro e oitenta de altura, olhos e cabelos claros, físico desenvolvido e em impecáveis uniformes. Tornavam-se aparentemente iguais quando vistos à distância.

Haviam chegado na Baviera no meio da noite e pernoitado num hotel. Nas primeiras horas da manhã, a pequena cidade fronteiriça estava em plena atividade, entretanto havia poucas mulheres na rua, vira apenas duas: uma carregando um bebê e a outra acompanhando um casal idoso.

— As mulheres não andam na rua por aqui? — indagou Irina surpresa.

---

34 - KARDEC, Allan, *O Céu e o Inferno*, 1ª parte, cap. VII, item 6º, IDE.

— As mulheres do *Reich* trabalham, querida, em seus lares e algumas nas fábricas.

— E as moças, ou são todas casadas? Há uma obrigatoriedade de casamento?

— Nossos jovens concluem a educação nos acampamentos da "Força pela Alegria", por isso não os vê nas ruas se perdendo em vícios. O *Reich* tem muito cuidado com a infância e a juventude, mostrando apreço e zelo pelo futuro, eu diria. Nossos jovens crescem para acreditar no futuro; são sadios e fortes; creem em sua pátria e em si mesmos. Nos acampamentos, eles aprendem a importância da solidariedade e da camaradagem entre os membros da raça, independente de classes sociais. Acima de tudo são alemães e unidos — esclareceu Ludwig, bem-disposto.

— Acampamentos?! — surpreendeu-se Irina, tentando imaginar tais lugares e a vida que ofereciam. — Como assim? As moças também são educadas pelo *Reich*?

— Exatamente. Nossas jovens dos dez aos catorze anos pertencem ao movimento da Juventude de Hitler, usam uniformes, participam de marchas, recebem aulas de interesse do *Reich*, em igualdade com os rapazes, porém enfatizando-se o papel da mulher em nossa sociedade.

Assustando-se com que via e ouvia, mas mantendo-se relaxada com o pensamento fixo de que passaria ali no máximo dez dias, Irina não escondeu um sorriso amargo. Era fácil deduzir qual era o papel da mulher, se nas ruas não eram vistas, era por que preferiam que elas se mantivessem em casa. Aqueles conceitos despertam memórias da sua infância e adolescência, depois de anos, o rosto de sua mãe bailou à frente de seus olhos e ela reagiu sacudindo a cabeça. E comentou irônica:

— Educadas para servirem aos homens.

Notando-lhe a irritação, Ludwig calou-se, acreditava que com o tempo e conhecendo o nazismo, ela entenderia a própria importância como membro da raça ariana e sendo mulher. Ela encontraria prazer em cuidar do lar deles e dar-lhe filhos.

— E depois dos catorze anos o que fazem essas meninas? Continuam nas marchas?

— Não, elas participam da Liga das Moças Alemãs.

— E aprendem a fazer tricô, crochê, maravilhas da culinária e coisas do gênero? — indagou a atriz ironizando.

— Não. Elas vão para as fazendas até completarem vinte e um anos, lá trabalham tanto nas casas como nos campos.

— Dos catorze aos vinte e um anos. Que loucura!

Ludwig sorriu do espanto de Irina, convencido de que com o tempo, ela assimilaria as mudanças sociais implantadas na Alemanha e reconheceria seus benefícios.

Estacionaram o veículo no prédio militar de uso das S.S. Ludwig saltou ágil, caminhando apressado para o interior. Irina ficou no veículo. Ele não lhe deu satisfação do que faria, apenas ordenou que ela o esperasse, pois seria breve.

Ludwig apresentou-se na sala do comandante local das forças, que ao reconhecê-lo abandonou os afazeres para cumprimentá-lo.

— Tem notícias de Viena? — inquiriu Ludwig direto.

— Nada boas, senhor, aliás, péssimas.

— Conte-me.

— A notícia oficial é a negação de envolvimento no evento.

— Isto eu ouvi pelo rádio ontem, pode passar adiante.

— O embaixador teve que intervir. Prenderam treze alemães e os enforcaram, as forças do governo da Áustria controlaram a tentativa de golpe e estão no comando. O partido nazista austríaco está sob vigilância. O clima é tenso. Há homens presos, "sob suspeita", a embaixada está pedindo a deportação deles.

Nervoso, Ludwig passou as mãos nos cabelos e andou em círculos na pequena sala.

— Berlim tomou outras medidas, além da nota oficial?

— Von Papen está assumindo a Embaixada com ordens de Hitler para reforçar a política de paz e reafirmar o respeito do país à independência e soberania da Áustria, segundo foi divulgado internamente. Houve muitas demissões na Embaixada, Rheingold deve voltar à Alemanha e outros líderes do partido também.

Ludwig meneou a cabeça entendendo a manobra política do *Reich*. Ainda não estavam preparados para um confronto aberto. Não estavam suficientemente armados e aparelhados para invadir e anexar a Áustria ao território alemão. Contemporizar era imprescindível.

— Envie um telegrama a Berlim, informando que sigo daqui para Munique e somente depois para Berlim. Oficialmente, a partir de hoje, até apresentar-me a Goering, estou em viagem de férias, tratando de interesses pessoais.

— Será feito, senhor.

Ludwig cumprimentou-o e se retirou. Irina observava que o local funcionava sob rigorosa disciplina e surpreendeu-se ao vê--lo de volta. Ele deu um pequeno sorriso em resposta a tagarelice dela e ordenou ao motorista que seguisse para Munique.

Daquele momento em diante uma mudança se operou no oficial das S.S. Ele, que estivera tenso e distante durante a saída da Áustria, voltava a ser o encantador namorado de Viena e demonstrava alegria ao mostrar as belezas de seu país. Cumpria o prometido fazendo o máximo possível para tornar a viagem prazerosa. Pararam calmamente em todos os principais pontos turísticos e locais que ele conhecia, passeando e deliciando-se com as experiências novas que oferecia a Irina.

Hospedaram-se em uma requintada estação de águas termais para deleite da atriz que tinha todas as suas mínimas vontades atendidas pelo amante, que pretendia tornar-se seu único homem, depois daquela viagem.

***

A França e outras nações do Ocidente sofriam repercussões por conta da quebra da bolsa de Nova Iorque. O desemprego e a pobreza assolavam o povo, fomentando um clima de derrotismo.

Nesse ambiente, a equipe de voluntárias de madame Lescault se esmerava no trabalho da Cooperativa de Senhoras Parisienses, agora uma entidade legalmente organizada e mais atuante na sociedade.

O seu trabalho "de varejo" na divulgação dos ideais espíritas tinha bons resultados, o grupo embora pequeno, era seguro, bem orientado e produtivo. Os novos membros que se aglutinavam em torno dela, de Duvernoy e outras senhoras, encontravam bases firmes para desenvolverem uma visão da vida, de Deus e do Universo que lhes proporcionava paz e equilíbrio para enfrentar as adversidades do cotidiano, adquiriam forças para se autoconhecerem e transformarem-se em criaturas harmonizadas e conscientes.

Arrumando um vaso de flores para decorar a mesa da sala de visitas onde semanalmente se reuniam, Marion lembrava o passado e agradecia a Deus o dia em que tomara contato com os ensinamentos espíritas. O marido lhe presenteou os primeiros livros, através dos quais reformulou as próprias ideias, aceitando e compreendendo uma infinidade de grandes e pequenas coisas que antes a perturbavam, pedindo uma resposta que ela não tinha.

Daqueles tempos até o presente, quantas mudanças! Não pensara em criar um grupo espírita, entretanto a vida se encarregara de colocar ao seu redor o necessário para fazê-lo, apontando: Faça, este é o caminho. Siga.

E existia o grupo, pois sua família de amigos afins crescera consideravelmente. Toda vez que lia em *O Evangelho Segundo o Espiritismo* a respeito dos laços de família, enxergava a verdade a seu redor. Reunira-se uma família, nem mais, nem menos.

Recebeu um colorido buquê de rosas enviado por uma das integrantes para alegrar o local da reunião e se ocupava em colocá-lo no vaso.

— Que lindas! — exclamou Marguerite ao entrar na sala. — Há algo que precise ser feito para a reunião?

— Não, Marguerite — respondeu Marion sorridente, observando as flores. — São mesmo lindas. Catherine é tão delicada. Lembrou-se da reunião enquanto fazia as compras da Cooperativa e enviou-me as flores.

Marguerite sorrindo aproximou-se da mesa onde Marion colocara o arranjo. Encantou-se com os botões nas cores rosa, amarelo, vermelho, branco, cercados por folhas verdes.

— É a cara de senhora Catherine. Pura alegria e uma festa para os olhos. Deve ter comprado um pouco de cada cor que encontrou.

— Tem razão. É bom ver como todos no grupo encaram esse dia como de festa, de alegria. É tão gostoso! Eu acordo querendo que chegue a hora de nos reunirmos, trocarmos ideias e recebermos nossos amigos do plano espiritual. Quantas experiências ao longo destes anos! Parece que vivi em dobro.

361

— Acredito que todos se sintam assim. Senhor Duvernoy saiu cedo para concluir rápido o que tinha a tratar e voltar antes da hora da reunião. Deve estar chegando. E os outros agem igual, até se pode pensar que é combinado, mas não é. Veja o nosso menino. Jean Paul já está no banho para estar conosco assim que chegarem os primeiros convidados. Todos valorizam a hora do encontro.

— Por falar nisso, ele já está sofrendo pensando no fim das férias e que durante o período letivo não poderá participar das reuniões — comentou Marion.

— Será que não há uma escola onde ele pudesse frequentar diariamente e ficar em casa? — sugeriu Marguerite mais uma vez, pois nesse assunto ela se fazia de surda e desentendida, inconformada com o fato de o jovem frequentar uma escola interna.

— Nem pensar. Ele tem ambições para sua existência, para conquistá-las precisa estudar e nas melhores escolas. Teve a felicidade do senhor Duvernoy oferecer-lhe os meios de estudar nessa escola, não pode desperdiçar a oportunidade. É a melhor. Voltará no final das férias e será o bom aluno de sempre. Além do mais, daqui a dois anos ele deve estar na universidade e também terá pouco tempo para nós e nossas atividades. Sei que ele gosta das reuniões espíritas e fico feliz. Mas cada coisa a seu tempo.

Marguerite calou-se, esse diálogo sempre terminava do mesmo modo. Marion a olhou e sorriu afetuosa.

— Eu adoro o menino, é só por isso que continuo tentando ter ele em casa mais tempo, madame Marion.

— Eu também o adoro. Mas não o quero preso às minhas saias. Muito pelo contrário, ele deve crescer e viver a própria vida. Nós devemos ajudá-lo a caminhar sozinho, sem muletas. Além do mais, em breve seremos duas velhas chatas e resmungonas e ele nos trocará pela companhia de uma bela moça e virá nos visitar de vez em quando.

— É, isso é verdade.

A campanhia tocou e Marguerite apressou-se a atender. Era Duvernoy que chegava comentando as atividades do dia. E a campanhia soou vezes seguidas até que os membros do grupo estivessem reunidos.

***

Oito sonoras badaladas ecoaram pela sala. O velho relógio anunciava a hora da reunião e eles se encaminharam à sala, assentando-se em torno da mesa festivamente decorada.

Marion apanhou os livros e sorriu ao ver sobre a pilha o volume, bastante manuseado, de *Depois da Morte;* sem hesitar o pegou, era um velho e querido amigo. De tão usado, suas páginas eram viciadas e abriam-se sempre no mesmo ponto.

— Oh! *Depois da Morte!* — comentou Duvernoy sentado ao lado de Marion. — Poderíamos reestudá-lo, Marion. Tenho grande carinho por esta obra.

— Eu também. Foi de grande valia na minha vida. Eu não seria a pessoa que sou hoje se não o houvesse lido e estudado.

Nos olhos de Duvernoy uma expressão nostálgica, com uma nota de tristeza. Ele ficou pensativo recordando os tempos quando estudara pela primeira vez o livro. Saudoso recordou de Gaultier, seu primeiro companheiro de estudo espírita. Ele lhe fazia falta, mesmo tantos anos depois do desencarne dele ainda se pegava admirando uma cena ou o rosto de alguém e imaginando o que o amigo diria se estivesse ali. As longas madrugadas conversando e até as alegres quartas-feiras no Teatro de Variedades do Fredo.

Daquela época só restavam lembranças, a companhia de Marion e dos amigos dela. A vida fizera uma substituição lenta e gradual ao seu redor. Mudou seus interesses, seus conceitos e pensamentos novos acabaram por expressarem-se em atitudes, novos gostos, novas companhias, novos interesses e, agora estava rodeado de pessoas diferentes dos *bon-vivants* de outrora.

Alheio, não percebeu a manifestação do grupo interessado em estudar a obra, embora já a conhecessem, argumentando que os assuntos despertavam discussões ricas e proveitosas.

Notando-o dispersivo e com ar de tristeza, Marion tocou-o gentilmente no braço e chamou-o de maneira delicada:

— Duvernoy? Você está bem, podemos começar?

Percebendo que era alvo de atenção dos amigos e que os havia preocupado, sorriu e pousou a mão sobre a dela e brincou:

— Coisas de velho, minha querida, nada mais. Velhos são movidos por lembranças como os carros são a manivela. Quando eu era jovem não entendia como meus pais e avós podiam conversar, horas a fio, sobre fatos do passado, de gente que eu não conheci, ou, então quando mamãe me relatava seus sonhos em que se via mais jovem, menina e que eram inexpressivos, bobos. Achava tudo aquilo idiota, pois não é que agora me pego fazendo o mesmo? Estava pensando, recordando para ser exato, que esse foi dos primeiros livros que estudei com Marion e meu amigo Paul Gaultier, falecido há alguns anos — e voltando-se para encarar Marion prosseguiu: — Meu voto é favorável, não poderia ser diferente.

Marion fez um breve comentário a respeito do passado, situando os amigos a respeito do que falavam. E iniciou a reunião. Leram, comentaram, desligaram suas mentes das ocupações e das trivialidades do dia e após uma sincera prece entregaram-se a tarefa de intercâmbio com o plano espiritual, que realizavam há alguns meses.

Todo trabalho sério recebe assistência compatível. E o grupo doméstico tinha um amparo seguro e firme, produzindo bons frutos pela dedicação, responsabilidade e amor com que o realizavam.

O trabalho se desenvolvia com normalidade. Jean Paul, jovem, porém seguro, era médium psicógrafo, demonstrando uma faculdade desenvolvida e muito equilibrada, permitia a comunicação de diversos espíritos, reproduzindo-lhes o estilo e as particularidades de suas individualidades com fidelidade admirável.

Pegou a caneta e uma quantidade de folhas de papel, concentrou-se e sentindo o pensamento do espírito que desejava se comunicar pôs-se a escrever rapidamente. Sentava-se à cabeceira da mesa, onde tinha espaço e liberdade necessários para escrever sem atrapalhar os demais.

Marion sabedora de que as faculdades de seu filho adotivo eram para ditados espontâneos e se ocorresse alguma comunicação na qual fosse necessário dialogar com o comunicante, ele lhe alcançaria as páginas psicografadas, apenas observou-o sem interferir. No curso da reunião, entre os diálogos com os espíritos, ela olhava o jovem, que prosseguia escrevendo.

Poucos segundos, antes do término da reunião Jean Paul abandonou a caneta sobre as várias folhas escritas com letras graúdas e sem cuidado com o traçado das linhas. Perfeitamente legíveis, porém, se via que quem as escrevera o fizera às pressas, temeroso de que os pensamentos fugissem ou copiando um ditado muito rápido. Cansado, mas feliz, ele acompanhou a prece de encerramento.

Acenderam as luzes e os participantes comentaram as comunicações recebidas, extraindo as lições da experiência. Quando todos haviam exposto suas impressões, sensações e opiniões, Marion voltou-se sorridente para o filho adotivo e falou:

— Pelo que posso ver, são cada vez mais extensas as cartas que recebemos por seu intermédio.

Ele sorriu e olhou os demais ao responder:

— Hoje meu braço e minha mão cansaram. Era tão veloz o pensamento do comunicante que cheguei a sentir pequenas cãibras na palma da mão, mas nem assim conseguiria parar de escrever. Mas não é uma carta, nem um texto para reflexão, como os outros. É interessante e diferente dos demais. As vibrações do espírito, os sentimentos com que me envolveu eram estranhos para mim. O autor desse texto é alguém que desconheço e não quis assinar.

— Interessante, vamos analisar o teor — comentou Marion atenta. — Um dos benefícios dos médiuns escreventes é possibilitar ao grupo o exercício da análise, de debater ideias sugeridas pela espiritualidade, pois o registro da atividade mediúnica é integral. Eu lamento quando alguns amigos as leem apressadamente e sem questionamento. Vamos lá, Jean Paul, leia para nós.

— Diz assim:

"Certa ocasião eu perambulava por diversas regiões do mundo espiritual e depois vaguei sem destino em meio aos homens encarcerados na matéria e, em seu mundo, cheio de fantasias e ilusões.

Andei, andei muito, até me quedar extenuando e aflito à sombra de uma árvore. Poucos metros adiante, corria um rio caudaloso que refletia um céu de anil e a luz solar intensa pintava de prata as pequenas marolas nas margens. Lindas, elas encantavam-me, embora o pensamento logo se afastasse daquela beleza natural, voltando ao que me fazia correr o mundo como folha largada ao vento.

O pensamento me atormentava. Eu tinha um desafio: conhecer a paz e saber onde e como se vivia segundo essa virtude.

Pensei na caixa de Pandora. A paz era uma das virtudes que devia ter fugido e como as demais rolava pelo planeta, mas onde eu a encontraria?

Muitos pensavam que a paz chegaria após a morte. Vasculhei, palmo a palmo, as regiões espirituais que envolvem nosso mundo e nada. Entristeci-me à descoberta. Crer que a paz nos chegaria depois da morte, era uma ilusão. Eu vi espíritos revoltados, raivosos, belicosos clamando vingança e ansiosos por impigir dor e sofrimento aos outros, esquecidos de que os primeiros a sorverem essa taça de fel eram eles mesmos. Definitivamente, não tinham paz.

Outros sofriam por apego, afligiam-se, amarguravam-se também, não estavam em paz.

Vasculhei lugares. Eu precisava desesperadamente encontrar um recanto de paz. Encontrei lugares encantadores, mas logo chegava alguém e onde o espírito humano habita, há histórias diversas, e por mim passavam criaturas procurando coisas que nem ao menos sabiam o que era, moviam-se impulsionadas por uma força exterior que as arrastava a essa procura incessante. Com esse cortejo ia-se dali a paz que eu buscava.

Desci ao mundo da matéria, ao longe uma nuvem cinzenta com cheiro de pólvora me recepcionou. Olhei e vi, o homem prossegue vivendo em guerra. Matam-se como animais. Odeiam, mas não sabem por quê. E num estranho dominó, cujas peças nunca terminam e não param de cair, os exércitos se refazem e se mantêm em luta. Nos séculos que compõem a história da humanidade, as páginas são escritas com sangue, parece que não se perceberam a descoberta da tinta. Passei longe daquelas nuvens de pólvora, por lá, é certo a paz não estaria. Eu precisava ir adiante.

Pus meus pés em solos onde não havia guerra, mas olhando a terra, sob meus pés, notei manchas. Abaixei-me, um vento frio soprou lúgubre em torno de mim e perguntei: O que é isso?

Não sei de onde, talvez das forças da Terra, ou da natureza, não sei, mas ouvi claramente uma voz feminina magoada, ela disse-me:

— Essas manchas são do sangue dos meus filhos, por isso, meu som é lúgubre. Perdoe-me, mas aqui não tem o que procura.

Assustei-me, porém jamais esqueci aquelas frases. Rebelde, ignorei o alerta e segui a minha busca. Passou bom tempo, eis-me aqui sentado torturado por essa busca, por esse anseio que talvez seja infrutífero.

Perdi a noção das horas. Adormeci, e acordei tendo a meu lado muitas pessoas em atividade, algumas interagiam com grupos, outras se mantinham isoladas. Vi que se misturavam quase indistintamente os dois planos da vida. Vi batalhas nas quais se envolviam encarnados e desencarnados. Vi cenas de discórdia doméstica e estavam presentes os dois planos da existência. Mais além, brigas em ambientes profissionais. A um passo dali alguém sozinho, sentado em um canto, ruminava pensamentos rancorosos envolvendo outra pessoa mais distante e alheia, em densas emanações e sentimentos. Notei que isso fazia o pobre ser sufocar-se. Pasmo, vi uma criatura que odiava a si mesma e se autodestruía.

Que horror! Pensei. Aqui não há guerras, mas mata-se tanto quanto, as pessoas vivem com medo, dor e angústia, são revoltadas e se agridem. Quando não matam corpos, ferem sentimentos, o que pode ser bem mais danoso, pois atinge o ser espiritual, imortal.

Ergui-me e voltei a caminhar. Passei por um casal que passeava de braços dados. Estes vivem em paz. Apostei. Acheguei-me e descobri que eles discutiam ferozmente apesar das aparências. Corri deles. Entrei em um ambiente que me pareceu propício ao crescimento, creio que fosse uma escola. Várias pessoas se reuniam em uma sala e debatiam a preocupação com a paz. Exultei, enfim estava próximo o fim da minha busca. Qual nada! Logo esmiuçaram os interesses e as dúvidas por detrás de cada linha escrita. Duas pessoas assinavam pelas emoções, sentimentos, instintos e paixões de milhares. Não, aquele não era o caminho, afinal decisão na qual o coração não toma parte, dificilmente é obedecida.

Exausto, pensei em aceitar a derrota, eu nunca saberia o que era a paz e como encontrá-la. Afinal nada do que eu via ou conhecia, em nenhum lugar encontrei sua morada. Duvidei que existisse. Dali em diante passei a indagar aos seres:

— Você vive em paz? Conhece a paz? — ardia em saber como ela era.

— Eu? — diziam e olhavam-me incrédulos os meus interlocutores. — Claro que não! Que ideia! — e partiam.

Quando eu não acreditava mais, um ancião simpático e sorridente se aproximou e convidou-me a passear com ele. Eu fui. Reconheci que passava por lugares já visitados e lhe falei. Ele, muito calmo, me olhou e seguiu. Revisitamos tudo, nenhuma mudança. Eu somente estranhava o olhar imperturbavelmente firme e sereno do meu acompanhante surgido não sei de onde, e ao final, ele me disse:

— *A paz, meu filho, não está em nenhum lugar circunscrito, seja na matéria ou fora dela, e pode estar em todos, é preciso olhar dentro dos seres. Ela se esconde nos refolhos da consciência humana com a lei de justiça e amor que rege a vida. A paz é um fruto da consciência madura. A ignorância jamais a produzirá, pois ela não vive nesses ambientes incolores onde as pessoas são inconscientes. O que lá existe é imobilidade, inércia, mas ao menor agastamento, a besta humana se manifesta, bruta. Mas, ela é bela. Por mais feroz que seja, tem o caminho da evolução traçado por Deus a seu favor. Mais dia menos dia, adentrará os caminhos do conhecimento e da virtude, fará as escolhas mais difíceis, em vez das mais fáceis. Caminhará para dentro de si e não para fora, então encontrará a paz, entenderá que Deus e o universo do qual fazemos parte repousam em paz, enquanto muitos se desfalecem nas malhas da violência grosseira ou sutil que causam as guerras.*

Ante o olhar firme daquele ancião entendi que o que eu buscava não encontraria varrendo mundos, mas andando para dentro de mim mesmo, desenvolvendo conhecimento e virtude, pois sem conhecimento é fácil perder-se, perturbar-se por coisas sem significado real, sem ele eu jamais entenderia que o Universo repousa em paz, nas mãos do Criador, e nelas eu viajo rumo a plenitude."

— Sem assinatura — concluiu Jean Paul, encerrando a extensa leitura da comunicação.

Estavam pensativos, o teor do texto os surpreendera. Marion recebeu as folhas, numeradas e leu rapidamente algumas linhas.

— É preciso pensar no que diz esse espírito. Confesso que me julgo uma amante da paz e acreditava que vivia em paz, analisarei essa "minha verdade". Reconheci que tenho comportamentos violentos. O que significa que sou mais ignorante do que admitia.

— Eu também — tornou Duvernoy sério.

Os demais fizeram colocações e comentários que referendavam a experiência de autoconhecimento a que convidava o texto.

Duvernoy sorrindo, olhava com admiração para Marion e completou:

— Quando a conheci pensei que nunca havia encontrado uma mulher tão segura de suas verdades. Eu achava que você tinha certeza e domínio de tudo. E eu me deslumbrava, agora que conheço um pouco mais de espiritualidade e de você me fascino por vê-la admitir suas incertezas e dúvidas, por questionar-se continuamente.

Marion riu, balançando a cabeça compreensiva e retrucou:

— Que bom que se desiludiu a meu respeito. Só há duas possibilidades, algumas certezas a respeito de tudo: ou conquistar a evolução máxima ou estar no máximo da ignorância.

A frase bem-humorada despertou o riso e a reunião foi encerrada num clima de alegria e descontração, levaram consigo material para as próprias reflexões.

***

A viagem pelo interior da Alemanha encantou Irina. Foram dias de tranquilidade. A mudança constante pode ser também uma droga poderosa que impede o homem de refletir e muitas vezes anestesia temporariamente as dores mais profundas.

Apenas para dormir ela recorria ao uso dos barbitúricos e exigia ter uma suíte privada, recusando-se ao que chamava "excessiva intimidade" com seu acompanhante. Ele não gostou da ideia, porém acabou sujeitando-se as vontades da atriz.

— Eu não minto, Ludwig. Você é meu amante, mas não é o único. Não me prendo a ninguém, entenda e aceite isso, pois não haverá mudança. Na Alemanha ou na minha casa em Viena, eu sou a mesma pessoa — confessara a Ludwig na primeira noite que pernoitaram juntos quando ele tentara impor sua permanência na suíte dela. — Saia do meu quarto. Nenhum homem dorme e acorda na minha cama.

Desgostoso, mas vencido pela férrea vontade dela, Ludwig retirou-se magoado. Para ele a convivência com Irina era um motivo de tormento, pois ela o desprezava e feria seus sentimentos com a forma crua como expunha seu modo de viver, mas também o encantava e seduzia, levando-o as raias da loucura e por estes momentos ele esquecia tudo. E concedia tudo o que ela queria. Esqueceu a palavra "não". A única exceção eram os interesses nazistas que não compartilhava com ela.

Nos poucos dias de aventura e paixão ele gastou uma soma significativa, que sem a companhia dela por certo consumiria em um ano. Mas o que ela via e gostava se tornava seu novo objeto de desejo, e tinha prazer em ver os homens ansiosos por satisfazer-lhe as vontades.

Joias a fascinavam, pedras preciosas, metais nobres, eram valores, pois ela não ignorava o custo e não eram simplesmente deleite de mulher mimada, mas um patrimônio de fácil transporte e rápida transformação em moeda corrente. Garantia de independência e do futuro. Em Viena, tinha uma fortuna considerável depositada no banco, em seu nome. Os dias amargos de doença, dor, abandono e dificuldades financeiras que atravessara em Paris e antes em São Petersburgo, não se repetiriam.

"O dinheiro ajuda em 'quase' tudo. Se algo é ruim com ele, é mil vezes mais sofrido se acompanhado da miséria. Tudo, menos a pobreza", refletia.

Por isso, as vitrines das joalherias eram-lhe irresistíveis e o olhar treinado na escolha do mais valioso. Ludwig, como muitos outros antes dele, não percebia que ela o conduzia às joalherias, era uma "coincidência". Fazia-se de admiradora interessada na joia, mas sem possibilidade de possuí-la, pedia para ver de perto, experimentava, falava no quanto se encantara com a peça, sem dúvida, a mais linda que tinha visto.

Em seguida, ela a devolvia com tristeza ao atendente que desejoso de vender, era um auxiliar inconsciente e perfeito, pois dizia ao cavalheiro o quanto àquela joia enalteceia a beleza da dama, ficava perfeita, diziam eles. E valia qualquer argumento para convencer o candidato a comprador.

Se, porventura, o homem resistisse e não saísse da loja com a joia, ela se calava, amuada, fria e distante, espizinhando os desejos do amante até que ele lhe presenteasse com mais de uma, em busca da reconciliação. Entretanto, se isso não acontecesse, o homem tornava-se pessoa não grata em sua residência e alvo de seus ataques mordazes quando alcoolizada.

Ludwig descobria durante as férias o quanto custava ter uma mulher como Irina. Com muitas despesas e algumas arengas chegaram a Berlim.

Passavam os dias passeando pela cidade. Por toda parte bandeiras com a suástica nazista. O vermelho e o negro imperavam nas ruas e os uniformes ditavam a moda: os do exército, os das S.S. havendo distinções conforme as unidades representadas, os S.A., os da Gestapo, os da polícia, os da liga de moças, os da juventude hitlerista e os dos pobres que vestiam trapos e andrajos. Vestir um uniforme significava ascensão social e era o sonho de muitos jovens e de seus pais.

Nessa nação que se militarizava havia, obviamente, uma casta de ricos e poderosos que desfilavam o luxo, ostentando o melhor da moda europeia e eles atraíram a atenção de Irina. Havia um público com poder aquisitivo alto, começavam a despontar sinais de progresso econômico.

Em várias partes do país que tinham visitado, notou que o setor industrial retomava impulso. Escandalizou-se com a aberta repulsa aos judeus. Cartazes, jornais, revistas e programas de rádio os apontavam como o inimigo número um da Alemanha nazista e os culpados pela situação de perturbação social e miséria que haviam enfrentado por décadas após a Grande Guerra.

— Isto é um absurdo — disse Irina questionando Ludwig, recordando-se de seus amigos e admiradores de origem judia em Viena e da amizade com Adam e sua família em Paris, dos quais recebia notícias. — Judeus são pessoas como quaisquer outras. Conheço-os ricos e pobres, não têm diferença de qualquer outra cultura. Por que essa perseguição?

— Você precisa conhecer mais a história, minha linda. Estude e verá que essa raça inferior é um atraso para a humanidade. A mistura de raças é sempre prenúncio de decadência intelectual, moral e econômica de um povo. O sangue puro tem de ser protegido. É um patrimônio do qual as pessoas não têm consciência. Os países onde a miscigenação é uma prática são decadentes, fracos. A raça ariana é forte e deve se conservar pura para o bem da evolução. Vou lhe trazer alguns livros, depois de lê-los, suas ideias mudarão.

— Não perca o seu tempo. Detesto ler sobre ciência. E não serão livros que me farão mudar de ideia. Tenho amigos judeus, sei que são pessoas iguais a quaisquer outras.

Ludwig considerou a defesa aos judeus como um sinal de perigo para Irina e aconselhou:

— Guarde suas ideias para si. Aqui na Alemanha eles são malvistos, são uma peste e vamos exterminá-los.

Irritada, Irina calou-se. No balcão da recepção do hotel onde estava havia uma placa informando que o estabelecimento não aceitava hóspedes judeus e alguns olhares se voltavam para ela com uma frieza cortante. Não foi interpelada devido ao respeito e ao medo imposto pela farda negra das S.S. Caveira envergada por seu acompanhante.

— É melhor seguirmos para a visita ao ministro — pediu ela sentindo-se encurralada.

Entendeu que contra a ideologia racial nazista não havia argumento, era uma profissão de fé, um dogma. Era crer ou morrer, se discordasse.

"Prefiro voltar viva a Viena. Estou aqui em férias, não tenho nada com os problemas e crenças dessa gente. Elas que resolvam seus problemas.", pensou, dispondo-se a esquecer da breve discussão com Ludwig. Mudando o comportamento, se fez doce e alegre para acompanhá-lo a visita ao ministro Goebbels.

***

Próximo à entrada do prédio do Ministério da Propaganda, um homem vendia cartões postais com os retratos do Imperador Frederico, o Grande, Bismarck, Hindenburg e Hitler. No rodapé se lia: "O que o Rei conquistou, o Príncipe constituiu, o Marechal de Campo defendeu e o Soldado salvou e unificou."

Irina olhou os postais, estava acostumada a vê-los desde que haviam cruzado a fronteira e na capital sentia a força daquela massiva propaganda de idolatria ao chanceler, que contava com adesão entusiasmada da maioria da população.

Ludwig pegou-lhe o braço conduzindo-a no interior do prédio. A arrumação das salas e escritório era impecável, assim como o aspecto dos funcionários e a organização de suas mesas de trabalho. Não se via uma folha de papel, à exceção da que estivessem utilizando.

Irina precisou usar de seu talento como atriz para manter-se séria enquanto andava pelos amplos corredores, pois sentia uma incontrolável vontade de rir de tudo o que via. Estava cercada por bonecos falantes, pensou com refinada ironia. Era inteligente o bastante para entender onde estava pisando. Sabia, por informações de Alfred, o que se passava no regime nazista, mais do que era autorizado a qualquer estrangeiro conhecer.

Pararam em frente a uma pesada porta de madeira, primorosamente entalhada, identificada como: Gabinete do Ministro.

Ludwig abriu a porta para que Irina ingressasse na sala de recepção do gabinete. Uma senhora trajando um conjunto de saia e casaco escuros, meias e sapatos pretos, o cabelo preso num coque severo, sem maquiagem para alegrar o rosto, os recebeu encarando-os sobre os aros dos óculos.

O contraste com Irina era gritante. Uma era imagem da fria eficiência assexuada; a outra a imagem da sensualidade feminina em um alegre e vaporoso vestido, de decote profundo adornado por babados até a cintura fina realçada por um cinto largo, sapatos de salto alto, meias de seda, cabelos brilhantes e soltos até os ombros. A maquiagem ressaltava os olhos e a boca e um perfume delicado recendia à sua volta.

— A agenda do Ministro está atrasada, comandante Schroder — informou a funcionária. — Por favor, aguarde na outra sala. Quando a reunião terminar, será avisado.

Irina acatando a informação dirigiu-se ao local. Ludwig foi interpelado por um funcionário e levado a uma mesa no fundo da sala.

Algumas pessoas aguardavam. Um homem bonito, fumando displicentemente, chamou a atenção de Irina e ela sentou-se ao seu lado. Após cumprimentá-lo, sentou-se e cruzou as pernas, pondo-se a balançar nervosamente o pé. Fingiu ignorar o interesse com que ele acompanhava o movimento da sua perna. Após alguns segundos, abriu a bolsa sacando a piteira e um cigarro. Vasculhou a bolsa à procura do isqueiro. A estratégia era infalível.

— Posso ajudá-la? — perguntou o cavalheiro.

— Oh! Estou nervosa e quando fico assim preciso fumar — respondeu-lhe mostrando-lhe a piteira e o cigarro. — Mas, imagine, não encontro meu isqueiro. Devo ter esquecido no hotel.

Prontamente, o cavalheiro tirou do bolso interno do paletó um isqueiro de ouro e ofereceu-o à Irina.

373

— Obrigada.

Ela mantinha o corpo levemente inclinado permitindo ao homem vislumbrar um pouco mais dos seus seios pela abertura do decote do vestido.

Atraiu a atenção dele e sentou-se normalmente, encarando-o com os grandes olhos azuis demonstrando ansiedade.

— O senhor está esperando há muito tempo?

— Trinta minutos, um pouco mais, talvez. Estou acostumado. Estas reuniões da manhã sempre atrasam — comentou o homem resignado, mas disposto a conversar. — O que a traz ao Gabinete de Goebbels? É atriz?

— Meu Deus! Será que isso está estampado no meu rosto? — comentou Irina sorridente. — Sim, sou atriz, como soube?

— É uma mulher de extraordinária beleza. Movimenta-se com muita classe e domínio, tem a voz modulada, não foi difícil concluir que esses atributos não eram coincidência.

— Obrigada. É muito observador. O senhor deve estar acostumado a lidar com atrizes para identificar características que a maioria das pessoas não nota. Trabalha com arte dramática?

O homem riu baixinho envolvido pela voz e pelo charme de Irina.

— Não. Meu trabalho está tão distante desse mundo de luz e glamour quanto a Terra da lua — e percebendo a curiosidade de Irina, informou: — Sou industrial.

— Industrial? E o que faz no gabinete do Ministro da Propaganda? — imediatamente num gesto estudado ela levou a mão à boca e fez uma expressão consternada. — Desculpe-me, senhor. Falei demais. Por favor, esqueça. Sou estrangeira. É a primeira vez que venho à Alemanha e estou achando tudo tão... diferente.

— Há muitos caminhos no *Reich* alemão — respondeu o homem sucintamente. — De onde vem? Notei um leve sotaque francês, mas sua pronúncia do alemão é quase perfeita.

— Moro e trabalho em Viena há alguns anos, lá aprendi o alemão. É um idioma muito difícil.

— E o toque francês em sua pronúncia? De que região da França você vem? É francesa, não tenho dúvida. Só as mulheres francesas têm encantos tão zelosamente cultivados.

Irina riu chamando a atenção do acompanhante para seus lábios bem-feitos e pintados.

— Enganou-se. Vivi na França, em Paris. Mas sou russa, nascida em São Peterburgo.

— Não?! Mas absorveu muito da cultura francesa.

— É verdade. E o senhor, é de onde?

— Sou da região do Rhur. Conhece?

— Infelizmente, não. É a minha primeira visita ao seu país. Ingressamos pela fronteira com a Baviera e tudo que eu conheço se restringe ao caminho de lá até aqui.

O homem voltou a mexer no bolso interno do paletó, pegou uma carteira de couro e retirou um cartão de visitas que deu a Irina.

— Permita apresentar-me, sou Michael Waffen.

Ela estendeu-lhe a mão, respondendo ao cumprimento:

— Irina.

— Irina — repetiu Michael, saboreando o nome. — Onde está hospedada? Quantos dias ficará em Berlim?

O sorriso de Irina se ampliou, abriu a bolsa e tirou o cartão do hotel e o entregou a Michael, informando:

— Devo ficar até a próxima segunda-feira. Depois pretendo retornar a Viena. A temporada de teatro deve começar nos primeiros dias do outono. Há preparativos e trabalho a fazer, nossa vida não são apenas luzes e glamour.

Conversaram sem notar que eram observados por Ludwig Schroder, com um olhar fuzilante de ciúme. Ele usava o treinamento recebido nas S.S. e no exército para conter o ímpeto de esmurrar o rosto do conhecido industrial. Respirou fundo e foi ao encontro deles sentando-se ao lado de Irina, beijou-lhe os cabelos com intimidade e pegou-lhe a mão, antes de se voltar para cumprimentar Michael. Deixava claro sua posse sobre a mulher que despertou indisfarçável interesse no industrial.

— Como está, Michael? Pelo que vejo já conheceu Irina?

— Sua "amiga" alegrou-me a manhã — retrucou Michael, enfatizando a expressão amiga para aumentar a fúria do oficial alemão. — Além de esperar horas por Goebbels, vou muito bem e você?

— Retornando de férias.

375

Antes que pudessem prosseguir a conversa, a secretária chamou o industrial ao gabinete do ministro. Ele levantou-se e galantemente se despediu de Irina, acenando para Ludwig.

— Homem irritante — resmungou ele quando Michael se afastou. — Infelizmente, ainda precisamos de criaturas desse tipo.

— Pareceu-me um homem muito educado e agradável.

— Elite. É de uma das mais ricas famílias da Alemanha. São mineradores. Dominam a indústria do aço e estão se lançando na indústria química.

— Hum, então ele é um patrocinador — deduziu Irina. — São muito necessários, devem ser bem tratados.

Ludwig incomodou-se com o comentário. Um pesado silêncio caiu sobre o casal. Ele remoia o ciúme, ela observava a realidade ao seu redor sem manifestar interesse de compreender ou de solidariezar-se. Olhava e entendia o que se passava sob a flâmula nazista como se olhasse uma vitrine em que nada lhe chamasse a atenção.

Ao ouvir o som da porta do gabinete abrindo-se, Ludwig adiantou-se puxando Irina pela mão. Michael despedia-se da rígida secretária quando viu o casal e acenou sorridente para Irina, num flerte descarado ao qual ela retribuíu sem constrangimento.

Ela e Ludwig entraram no gabinete e a porta se fechou. Irina não viu a cobiça do industrial e nem ouviu o comentário da apagada funcionária em seu severo uniforme com a colega:

— Umas com tanta sorte com os homens e outras, como nós, enfrentando praga de madrinha.

— Deixe de ser boba. Os homens só querem se divertir com mulheres desse tipo. Apenas um tolo se casaria com uma delas — retrucou a outra. — Vamos trabalhar. É para isso que somos pagas.

— Pode até ser verdade. Mas, não venha me dizer que você não sentiu uma pontinha de inveja dela. A mulher é linda! Viu as roupas dela? E o batom? Bonito, não é? Pena que não tenho coragem de usar. Na minha casa dizem que é coisa de prostituta. Mas fica tão bem!

A outra resmungou renegada com as colocações da amiga de trabalho. Elas esbarravam em seus desejos reprimidos e tanto a outra insistiu em seguir falando de Irina, do perfume, das meias, do esmalte, que por fim ela acabou agredindo-a, pois não suportava mais a pressão do íntimo reprimido.

No interior do gabinete, Irina surpreendeu-se com a aparência do importante ministro do *Reich*. Esperava um fiel exemplar da raça ariana, louro, alto e forte, e se defrontou com um homem moreno, baixo, que se poderia chamar de nanico, jovem para o posto que exercia no governo. Ele estava sentado atrás de uma pesada e bela escrivaninha, ergueu-se para cumprimentá-la, demonstrando possuir maneiras refinadas.

A conversa foi a princípio sutil sobre teatro e cinema. Indagou da experiência dramática de Irina, exaltou sua aparência física, elogiando Ludwig por ter encontrado tão bela representante da beleza feminina ariana. E entendiaram Irina com a lenga-lenga a respeito da pureza racial.

Ela observava o político, notou seus gestos nervosos, repetitivos e os indícios de uma personalidade neurótica.

"É um louco!", avaliou em pensamento.

Porém, de repente, a conversa mudou e Goebbels comentou o destino das pessoas que sabiam demais acerca dos interesses nazistas, amendrontando-a. Ela argumentou desinteresse por questões políticas ou diplomáticas, enfatizou que era simplesmente uma atriz vivendo de seu trabalho. O ministro rebateu falando do envolvimento dela com Alfred Rheingold, afirmando que ela sabia demais, o suficiente para determinar-lhe a morte. O que não havia ocorrido apenas pela interseção do comandante Schroder que apontara elementos úteis nela e, por isso, fora poupada.

Em pânico, Irina entendeu que tinha caído em uma armadilha e odiou Ludwig com todas as suas forças. Jurou que ele pagaria caro aquela trapaça em que a envolveu.

Ao fim de um hábil diálogo intimidador ficou claro que ela tinha duas escolhas: servir aos interesses do *Reich* ou viver na incerteza de quando seria emboscada e morta.

Não havia tempo para pensar, era submeter-se imediatamente à única escolha viável. Apesar de ela buscar inconscientemente a morte, entregando-se ao consumo exagerado de drogas, temia a dor física. Em sua mente se formaram cenas dantescas. Via seu corpo crivado de balas lançado nas águas do Reno ou largado agonizante em um monte de lixo e infestado por moscas e ratos. Um arrepio frio desceu por sua coluna desde a base da nuca, as mãos e a testa estavam cobertas por minúsculas partículas de suor gelado, seu rosto pálido e os olhos tinham um brilho febril.

Analisando-a, friamente, Goebbels sorriu mordaz. Era visível que amedrontara a bela mulher. Era hora de acenar-lhe com uma alternativa mais promissora. Sem mudar de tom, para não a tirar do estado de pânico e impotência em que estava, passou a falar de como dirigia a cultura no país. Servindo aos interesses da formação de uma consciência alemã e contribuindo para a nova e forte nação ariana que ressurgia sob as mãos do Terceiro *Reich*.

Ao cabo de pouco mais de uma hora de ferrenha intimidação e doutrinação, Irina estava convicta de que se não assinasse os documentos comprometendo-se a trabalhar em sua arte segundo as normas do Ministério e aceitando a condição de prisioneira em Berlim, ela não viveria para ver o fim do dia. Aterrorrizada, assinou os documentos e declarou-se ciente também das condições não escritas daquele pacto.

Ao ouvir o influente ministro parabenizar Ludwig pela forma como conduzira o caso, trazendo-a a Berlim e convertendo-a numa peça importante da propaganda nazista, pois necessitavam de atrizes, o ódio ferveu nas veias de Irina. Nunca tivera um inimigo, alguém a quem quisesse destruir, agora tinha um chamado Ludwig Schroder.

Não lembrava como se encerrou a estranha audiência, apenas sabia que assinara tudo com mão trêmula de raiva. Não deu atenção às pessoas que esperavam do lado de fora, passou sem enxergá-las. Sentia um desprezo nunca experimentado por todos aqueles indivíduos louros, de olhos azuis, e mais de um metro e oitenta de altura, vestidos com fardas negras.

"Demônios miseráveis!" — xingava-os, repetidamente em pensamento. "Maldito alemão! Há de pagar-me muito caro por essa".

O rosto de Irina refletia seu transtorno, sua fúria. Impôs a Ludwig uma distância física considerável. Se antes tinha certo apreço pelo admirador, agora o odiava com todas as forças de que se sentia capaz.

Dentro do carro um pesado silêncio seguiu ao baque surdo da porta traseira se fechando após a entrada dele. Sentada no extremo oposto, a atriz se encolheu junto à porta, querendo diminuir seu corpo, se possível fosse, para aumentar a distância entre eles.

Desesperado com a reação de Irina, Ludwig estendeu a mão tocando-lhe o braço, foi o suficiente para fazer transbordar o sentimento que a dominava.

Ao sentir o calor do toque dele, o encarou com o rosto fechado, crispado, os maxilares enrijecidos. A expressão dela deveria tê-lo advertido que estava em maus lençóis. Entretanto, dominado pela paixão cega, ele não percebeu e insistiu passeando a mão pelo braço até os ombros numa carícia suave.

— Irina, não tema as ameaças de Goebbels. Eu a protegerei. Como minha esposa ninguém a tocará. Eu a amo há muitos anos, desde os tempos em que trabalhava no Teatro de Variedades, desde a sua estreia. Lembra-se de que dançamos um tango? Eu sou o rapaz que na época era um estudante em Paris...

A declaração de amor de Ludwig foi interrompida por uma cuspida de Irina em seu rosto que o pegou de surpresa.

— Porco! Miserável! Verme! Tire essas mãos sujas de mim, seu cretino. Quem você pensa que é? Ou o que você pensa que eu sou? A rainha das idiotas? — E cuspiu-lhe de novo no rosto.

O comandante das S.S. tão temido fazia figura patética com o cuspe a lhe escorrer pela face e o olhar atônito, perdido como uma criança em busca da mãe na multidão, a encarar a adorada amante que não escondia a violência do ódio e do desprezo de que estava possuída.

— Nunca mais, ouviu bem, nunca mais encostará um dedo sequer em mim. Prefiro morrer crivada de balas nas mãos desses fanáticos nazistas a deixar que você toque em mim... Sua esposa, pois sim! Caso-me com um dragão, com o diabo e vou reinar nos infernos, mas nunca, jamais, com um verme peçonhento como você. Covarde, idiota, imbecil. Cretino! Pensou que me fazendo prisioneira nesse país de... — e o xingou com todos os palavrões que conhecia desde os tempos em que se prostituía nos bórdeis de São Petersburgo, desfiando-os um após o outro, cada qual mais sonoro, como um rosário nas mãos de uma beata.

Constrangido e humilhado com o comportamento de Irina, ele recuperou-se, secou o rosto e ignorando a torrente violenta de palavras que ela lhe lançava, ordenou ao motorista que os levasse ao hotel.

Usando de todo seu autocontrole, Ludwig procurava ignorar o rompante de fúria da amante.

"Ela está sob estado de choque com a entrevista. Está surpresa. Assim que passar a raiva, pensará melhor e tudo ficará bem, como era antes. Mais tarde, durante o jantar falaremos do casamento. Não foi um bom momento", pensava ele, alimentando a esperança de que o que ouvia não passava de um desabafo de alguém que estivera tenso demais.

Xingando sem parar e com o pior vocabulário possível, Irina sentia a cabeça quente e uma dor no peito como se houvesse um buraco. Cansada, fez uma pausa para respirar e reconhecendo as proximidades do hotel tentou se controlar. Quando o carro estacionou na frente do estabelecimento, saltou, sem aguardar que o motorista abrisse a porta. Aliás, bateu-a com toda a força, fazendo o som ecoar pela rua pouco movimentada, chamando a atenção dos transeuntes.

— É louca! — murmurou o porteiro para o manobrista em frente ao *hall* de entrada do hotel.

— Não tem outra explicação. Bater de forma desaforada a porta na cara de um oficial graduado da S.S. É louca, só pode ser.

— E você viu a cara dele? Pareceu desolado.

O manobrista riu baixinho e disfarçadamente. Irina passou por eles altiva e furiosa como uma deusa desrespeitada, seus saltos martelavam com força sobre o piso de mármore.

— Que mulher! — disse o porteiro olhando-a cheio de admiração aproximar-se do balcão.

— Linda e furiosa — completou o outro. E o movimento do carro partindo lhes chamou a atenção.

Irina ao pegar as chaves de sua suíte no balcão, recebeu da funcionária uma caixa pequena, embrulhada artisticamente e acompanhada de um cartão.

Surpresa, ela olhou o cartão. Apreciando a caligrafia firme e graúda, tipicamente masculina, dizia apenas o seu nome no envelope.

380

Conteve a curiosidade e subiu até a sua suíte. Largou a caixa sobre a cama e correu para o banheiro, sentia-se suja, como nunca na vida, nem quando se prostituía nas ruas e bordéis ainda menina. Precisava de um banho demorado para acalmar-se e pensar no que fazer. Era uma situação inusitada, no mínimo.

Pela primeira vez desde que as palavras do ministro lhe soaram ameaçadoras nos ouvidos, lembrou-se de Nanine e de seus empregados em Viena.

— Será que correm perigo de morte? É quase certo. Preciso fazer contato com eles, mandá-los vir para cá.

Ergueu-se da banheira, enrolando-se em uma grande toalha branca e correu ao quarto pedindo uma ligação urgente para Viena.

Terminava de se vestir e estava a meio caminho do móvel onde colocara algumas garrafas de vodca das quais pretendia se servir, quando a campanhia do telefone a fez mudar de rota e a levou para o lado da mesinha de cabeceira.

— Irina — identificou-se pondo o fone no ouvido.

— Senhora, infelizmente não estão conseguindo concluir a ligação para o número solicitado.

— Qual é o problema? — perguntou preocupada, tomada de maus presságios.

— Ninguém atende, senhora. Quer que continue insistindo?

— Sim, quero.

— Volto a lhe falar. Boa noite.

Irina recolocou o fone no gancho e abraçou o próprio corpo. O medo instalava-se em sua vida e a mente formava quadros aterradores. Imaginava sua casa revirada, suas roupas e pertences pessoais vasculhados, jogados ao chão sem piedade. Seus empregados tinham os olhos esbugalhados refletindo pânico numa expressão vidrada, estática, estavam mortos atirados ao chão.

— Não. Não pode ser... — gritou ela recebendo a resposta do eco do ambiente. — Estou exagerando. Não há razão para terem matado Nanine e os outros. Melhor parar com isso. Vou tomar a minha vodca, verei as coisas com mais clareza depois de uns copos.

Entornava o segundo copo quando o embrulho e o cartão sobre a cama chamaram-lhe a atenção. Pegou o envelope, examinou-o e decidida abriu, no cartão estava escrito:

"Para se ter sucesso é preciso não perder tempo. Adoraria combinar um encontro com você. Espero uma ligação. Michael Waffen"

Abaixo o número de telefone do hotel onde ele estava e a suíte.

Um leve subir de sobrancelhas foi a reação dela. Após as emoções violentas da tarde esquecera-se do atraente industrial. Desembrulhou a caixa descobrindo uma bela e pequena orquídea natural presa a uma pulseira. Um adorno para um programa requintado.

Olhou indecisa para o cartão. Pegou o copo e observando a caixa transparente com o delicado presente, sorveu a bebida, sentindo-a queimar-lhe a garganta.

— E por que não? — indagou para sua imagem refletida em um grande espelho. — Querem que eu viva aqui, não é? Pois que se acostumem logo comigo. Por outro lado, o apoio e a proteção de um patrocinador serão úteis.

Serviu-se de mais uma generosa dose de vodca e pediu uma ligação para o número indicado no cartão.

Uma hora depois vestida e penteada para comparecer à Ópera de Berlim, Irina embarcou no automóvel em companhia do atraente e simpático industrial.

Por uma fração de minuto, Ludwig não a encontrou no saguão à espera do novo admirador. No balcão foi informado de que a hóspede não se encontrava, decidido a aguardar, crente de que ela houvesse saído para caminhar pelos arredores do hotel, ele acomodou-se em um sofá onde adormeceu. Foi acordado por um dos funcionários que trocava o plantão.

Consultou o relógio de bolso: três horas e quarenta minutos. Madrugada. Ela devia estar em sua suíte. Conversariam pela manhã, decidiu. Foi ao balcão para se certificar do retorno da atriz.

— Não, senhor — informou o atendente. — Ela não retornou. Quer deixar algum recado?

Sem dar resposta Ludwig se afastou do balcão indo para seus aposentos. A mente não lhe dava descanso e o ciúme construía mil imagens que o torturavam. Era apenas o prenúncio do futuro.

Irina se mostrou irredutível em relação ao amante oficial das S.S., cumpriu com os termos do que assinara junto ao ministro, aliás, dois dias depois da primeira entrevista, ela voltou ao ministério para encontrar Goebbels e tratar do trabalho na propaganda nazista para o qual fora "contratada" como também para esmiuçar qual seria sua vida e seus direitos na Alemanha.

Três dias após ela recebeu na portaria do hotel as caixas com sua mudança de Viena, documentos informando a transferência do depósito de suas joias para um Banco alemão, sua correspondência aberta, cópia da rescisão do contrato de locação da mansão, a liberação da companhia de teatro e uma carta fria assinada por um funcionário da embaixada alemã na Áustria dando ciência de que sua residência havia sido encontrada vazia, abandonada e que não sabiam informar o paradeiro de seus empregados, tidos como desaparecidos.

Ao ler o documento lembrou-se do medo quanto ao que poderia acontecer à sua residência e as pessoas que moravam com ela.

— Desaparecidos... Por que são covardes? Deveriam ter escrito logo: mortos sumariamente. Coitados! Morreram por trabalharem para mim. Alfred desgraçado, maldito Ludwig — praguejou Irina recebendo os pertences.

Na correspondência violada havia uma carta da moça que cuidava e explorava o apartamento em Paris informando que não havia mais condições de mantê-lo, as despesas estavam a descoberto e Lilly decidira fechá-lo. Os procedimentos haviam sido tomados e seu último vínculo com Paris se desfazia.

Duas semanas depois, com a ajuda de Michael, estava confortavelmente instalada em um apartamento em um bairro residencial de classe alta na capital alemã, recomeçando a vida.

Ludwig voltou aos tempos de Paris. Irina se recusava a recebê-lo. Por horas e horas, ele espionava a vida da atriz, remoendo o ciúme. Desaguava a revolta sobre os prisioneiros políticos do campo de concentração de Dachau[35] em atitudes cada vez mais cruéis,

---

35 - Nota: Os mais importantes campos de concentração foram os de Dachau, perto de Munique, o de Buchenwald, próximo de Weimar, o de Sachsenhausen que veio a substituir o campo que se localizava próximo a Berlim conhecido como Oranienburg — muito famoso nesta época inicial do período nazista e por fim o campo de Ravensbrück, em Mecklenburg exclusivo para mulheres. Todos estes ficavam em território alemão e se destinavam aos cidadãos da Alemanha acusados de antinazismo, de inimigos do regime, além de aterrorizar o povo e frustrar tentativas de resistência ao governo nazista. Foram implantados desde o primeiro governo de Hitler e proliferaram com rapidez, eram mais de cinquenta sob a guarda e responsabilidade das unidades Caveira das forças S.S. Posteriormente, estenderam-se por territórios ocupados como Áustria e Polônia.

sádicas e humilhantes. A personalidade psicótica se evidenciava. Ele se tornou frio e distante, imune a emoções, seu prazer era agredir, ferir, e seu comportamento era marcado por uma impenetrável máscara de frieza.

Irina estabeleceu-se na Alemanha, fez um círculo de admiradores. Não fosse por ver frequentemente Ludwig observando-a do interior de seu carro, estacionado à porta do edifício onde ela residia, teria esquecido como fora levada ao país. Tinha bons empregados, disciplinados, obedientes e eficientes. Dinheiro e trabalho não lhe faltavam, embora fosse muito limitado pela ação da censura.

As peças teatrais eram enfadonhas, o que levou Irina a interessar-se pelo cinema. Predominavam filmes épicos sobre o glorioso passado da nação germânica. A época de Frederico, o Grande, inspirava vários longas e ela ingressou no mundo dos estúdios, das gravações, dos cenários.

O envolvimento com novas atividades e com pessoas que não a conheciam teve, por algum tempo, um efeito positivo sobre Irina. Consumiu menos drogas e álcool. Seus personagens exigiam que ela representasse, diferente do que fazia em Viena. Portanto, apesar do modo como foi parar entre os nazistas, ela ambientou-se muito bem, tanto que em poucos meses não era mais vista como uma ameaça aos interesses do partido, mas como uma leal colaboradora.

Seu apartamento se transformou em um dos endereços mais alegres e concorridos de Berlim, por ali transitavam patrocinadores e patrocinados. Era um local onde os poderosos se reuniam informalmente e muitos assuntos e negócios importantes eram tratados. Entre seus admiradores, Michael Waffen era o preferido, além de ser seu amigo.

Fatos marcantes sucederam-se em uma velocidade recorde na política alemã. Em agosto daquele ano o Marechal Paul von Hindenburg faleceu; era a oportunidade que o exército havia esperado e os generais ansiavam o inverno, quando impigiram-lhes o uso da suástica nazista nas fardas.

Entretanto, não foram rápidos, e horas após a morte do presidente, o chanceler apresentava uma lei assinada no dia anterior que reunia em suas mãos o poder de chefe de estado, chefe de governo e comandante supremo das forças armadas. Era o senhor absoluto e atribuia-lhe o título de *Führer* e Chanceler do *Reich*.

Fracassou a última oportunidade de deter a ditadura nazista. Esperaram demais para tomar uma atitude e o preço seria sentido, mas não imediatamente. Eles sentiram-se compensados pela devolução ao povo, ao país e à nação da sua "honra", palavra extremamente usada.

O *Führer* e seu governo faziam o que nenhum outro fizera: devolvia a honra à Alemanha. E fez isso quebrando as cláusulas do acordo de paz de Versalhes. A Alemanha se armaria, o Exército aumentaria seu efetivo, a Marinha e a Aeronáutica voltavam a existir, embora ainda não oficialmente e a expressão "Estado Maior" era formalmente evitada.

As indústrias de aço trabalhavam a todo vapor servindo ao *Reich* e enriquecendo com a produção de armamento bélico. O mesmo se dava com as químicas que buscavam a autonomia do país em dois materiais sem os quais uma guerra não seria bem-sucedida, na época: a gasolina e a borracha. Empenhavam-se na produção de gasolina sintética extraída do carvão e borracha ou a buna, como denominaram a borracha sintética proveniente do carvão de pedra fartamente encontrado no solo alemão.

E os generais se sentiam honrados em servir ao *Führer* e cumpriam com lealdade o juramento de fidelidade que Hitler exigiu do Exército e de todos os oficiais das forças armadas. Eles juraram fidelidade não ao país ou à Constituição, mas, sim a Hitler.

A exigência do *Führer* determinou o fim da carreira do jovem tenente Richard. Após uma séria discussão com o pai, comunicou que desertava do Exército, não pactuaria com o regime nazista, muito menos juraria fidelidade a Hitler.

— Vou embora deste país depois do meu casamento. Conto os dias para chegar essa data. Até lá trabalharei no banco com *her* Samuel, assumirei qualquer posto que ele me julgue capaz de exercer. Mas não pronunciarei esse juramento por nada neste mundo — declarou Richard, convicto, respondendo ao general que indagava do que ele pretendia viver abandonando a carreira.

Ante a resposta do filho e conhecendo o temperamento decidido, arrebatado e o seu sentimento de antinazismo, o general calou-se. Von Scheringer deixou cair as mãos ao longo do corpo, aproximou-se da poltrona, correu o olhar pelas estantes cheias de livros da biblioteca de sua casa e sentou-se. Richard continuava de pé, empertigado com sua farda impecável.

Percebeu que o pai duvidava de que cumpriria suas palavras, por isso levou uma das mãos à altura do outro braço onde estava a suástica nazista e arrancou-a com força, rasgando o tecido da casaca.

Ergueu-a até o rosto, apertando-a entre as mãos como se fosse algo vivo que desprezava profundamente e desejava esmagar. Poucos olhares conseguem transmitir tanta emoção quanto o de Richard naquele instante. Seus olhos brilhavam, demonstrando toda a revolta contra os atos nazistas que sua alma se sentia capaz. Amassou-a até formar com o tecido um monte na palma da mão, jogando-o ao chão enquanto reforçava o gesto declarando:

— Nunca mais carrego esse símbolo maldito. Basta! O Exército fez a sua escolha: segue com Hitler. Eu esperei, sonhei e acreditei que ele não faria tal insanidade, agora quem não segue com ele sou eu. Jamais assinarei por ação ou omissão um ato nazista. Se pouco posso fazer diante da situação, vou embora, mas não sirvo a essa pátria de assassinos.

Os argumentos do general alegando que o *Führer* estava cumprindo sua palavra de devolver a honra do país morreram, quando compreendeu que o filho não conseguia mais viver em sua terra natal. Não estava feliz ali e engrossaria a leva de imigrantes. Era um direito dele e, antes de ser general, se entendia como pai. Assim, serenou seu estado de ânimo e, coerente à educação livre e responsável que dera ao filho, balançou a cabeça concordando e buscando a paz doméstica, afirmando:

— Se é assim que se sente, meu filho, está certo em desertar. Peça a exoneração amanhã, eu a encaminharei para que seja homologada antes do juramento. Samuel ficará feliz, muito feliz. Tenho certeza de que sua nova vida lhe dará mais satisfação e menos questionamentos do que a vida militar.

A atitude paterna de respeito e acatamento à sua vontade foi um balde de água fria apagando a ira que consumia Richard. Sentiu-se aliviado, temera a reação dele à sua decisão. Suspirou e após um minuto de silêncio foi à poltrona onde o pai estava sentado e o abraçou fortemente, não tinha palavras para expressar o que sentia, os gestos falavam mais alto.

Permaneceram abraçados e emocionados, cada qual acalmando seu interior, trabalhando suas expectativas e frustrações recíprocas, cientes de que o afeto deles suplantava as convicções políticas.

— Obrigado, pai.

— Seja feliz, meu filho. É o que eu desejo, você escolhe os meios e os caminhos. É um homem adulto, é certo que siga a sua consciência e se ela lhe aponta outro rumo, longe dos quartéis, vá com ela. O maior patrimônio de um homem é a consciência em paz, por isso, viva conforme as suas crenças.

Richard balançou a cabeça concordando e se o pai respeitava a sua escolha de abandonar o Exército por discordar da orientação que seguia a instituição, só restava a ele respeitar a posição de ele permanecer.

No dia em que os oficiais do Exército pronunciaram o juramento, Richard não mais pertencia à instituição. Não participou da cerimônia na qual eles juraram solenemente fidelidade vinculando-se a Hitler e a tudo que ele decidisse dali em diante, tomando como pessoal o compromisso de honrar aquele juramento feito mesmo quando a própria noção de honra e moral militar a ele se opunham, e que para honrá-lo como oficiais do Exército, desonravam a si mesmos como pessoas humanas, mas haviam dito e precisariam cumprir as palavras:

"Faço perante Deus este sagrado juramento, de que renderei incondicional obediência a Adolf Hitler, o *Führer* do povo e do *Reich* Alemão, supremo comandante das forças armadas, e de que estarei pronto como um corajoso soldado a arriscar minha vida a qualquer momento por este juramento".

CAPÍTULO 18
Outras existências...

*(...) porque todas as existências
são solidárias, umas com as outras.*[36]

Embalado pelo ruído das fontes e fascinado pela luminosidade dos jardins, Gaultier trabalhava com seus quatro alunos. À sua frente encontrava-se um cavalete ao pé do qual ficavam suas tintas, seus carvões, materiais semelhantes ao que usava quando encarnado.

Três homens e uma mulher constituíam a sua classe, como dizia Marcos. Eles sentavam-se no gramado observando como seu mestre projetava na tela a representação do que estavam vendo, um ângulo dos jardins internos por onde muitos pacientes perambulavam. Enquanto pintava, Gaultier conversava com eles mantendo-os atentos ao trabalho e ao momento presente.

O aprendizado estava sendo frutífero para todos. Mabel era um espírito passional ao extremo, vinha de uma encarnação terminada durante a Grande Guerra, recuperava-se de muitos traumas, perdera-se de si mesma, mergulhando nas águas tumultuadas da insanidade para esquecer os homicídios que cometera.

Leonardo estava interno há vários anos; torturado pelo remorso e pela culpa não conseguia equilibrar-se, fugindo do presente e da consciência da desencarnação em situação de indigência e humilhação. Morrera embriagado, caído nos esgotos de uma grande cidade.

Guilherme era o que estava em melhores condições, depois de muito sofrer estava aprendendo que trabalhar por si e pelos outros

---

36 - KARDEC, Allan, *O Céu e o Inferno*, Cap. VII, item 9, primeira parte, IDE.

era um bom caminho para conquistar o equilíbrio e resgatar a lucidez; era o mais sensível e talentoso.

René adorava as artes e participava de outros trabalhos, lutava para libertar-se de uma personalidade depressiva e derrotista que desenvolvera ao enfrentar as duras provas da miséria no período de Napoleão. Consciente, adorava conversar com Gaultier sobre a sua última passagem por Paris, embora essas conversas acabassem geralmente em crises de pranto e estados mórbidos.

Por isso, o pintor dosava o tempo das conversas com ele, deixava-o falar pouco; trocavam ideias rápidas sobre a França de ontem e de hoje, e Gaultier mudava o assunto, explicando sobre uma cor, um efeito de luz e inserindo noções de compreensão de Deus como o Criador de todas aquelas belezas.

Gaultier lhes transmitia as diversas verdades espirituais que estudava, agora mais profundamente do que quando encarnado, despertando-lhes por meio da arte a sensibilidade e a consciência maior da vida.

Próximas dali, discretamente, Rayne e Laura acompanhavam o trabalho dele com o grupo.

— Estou emocionada — declarou Laura sorrindo.

Era a primeira vez que vinha visitar o pintor desde que ele estagiava na Casa de Maria.

— Gratificante — concordou Ryane. — Ele tem aprendido e amadurecido muito nesta Casa. O contato com os seres transtornados é enriquecedor. Somos criaturas semelhantes, enquanto estamos em um mesmo grau evolutivo e muito daquilo que escondemos, muitos dos sentimentos que negamos e mascaramos, nestes estados são visíveis. Enxergamos com clareza atitudes cheias de significado emocional, com uma carga vivencial densa e marcante, identificamos esses comportamentos, essas marcas, por assim dizer, e a partir daí não podemos mais ignorar nossas próprias reações, em escala menor, que contenham a carga vivencial ou emocional semelhante. É como se fôssemos a uma casa de espelhos onde nos deparássemos com nossas imagens distorcidas. Reflexos do interior que sepultamos num exterior limpo e mascarado.

— Podemos considerar que tivemos cinquenta por cento de êxito em nossos planos. Irina, infelizmente, não tem correspondido.

Como temos visto, no uso de seu livre-arbítrio, tem se comprometido bastante.

— A história deles é conturbada, Laura. São experiências e experiências que vêm se sucedendo ao longo do tempo e ela tem se mostrado a mais refratária. Gaultier, possivelmente, pelo muito que sofreu por amor a ela, tornou-se mais sensível e, enfim, creio que está mais maduro a respeito do amor. Começa a manejar com equilíbrio os instintos, a razão e os sentimentos. Está caminhando para conquistar com segurança sua plena individualidade.

— É, de nada adiante dizer-se consciente da própria individualidade se ainda se está cheio de dependências, sem assumir o "eu" — concordou Laura. — Irina até aqui se mostra estacionada em seu caminho evolutivo. Pediu provas de caráter familiar para suportar. Ao ser colocada no lar dos Verschinin fracassou, abrindo as portas da fuga em que anda até hoje. Pretendia ser a filha a amparar a mãe desvalida, queria semear paz em um lar cheio de tumultos, viver com dificuldades econômicas relativas para dosar o pendor às futilidades e desvencilhar-se do domínio que as coisas da matéria exercem sobre ela. Trabalharia, lutaria para conquistar o necessário à existência, enfim pediu uma vida comum. Na condição de trabalhadora, ela encontraria com Gaultier e com familiares maternos em solo francês, que se empenhariam em desenvolver-lhe noções de espiritualidade. Só o encontro com Gaultier se realizou. Eles ficariam poucos anos juntos, era o previsto e, essa dolorosa ausência deveria impulsioná-la a desenvolver a espiritualidade, a amadurecer, a estudar e a evoluir junto a seus familiares. Entretanto, ela seguiu por caminhos muito diversos. Tão logo chegou à adolescência e enfrentou as primeiras adversidades já abandonou tudo, buscando um caminho conhecido no passado. Em resumo, era isso o planejado.

— Eu recordo — falou Ryane tocando afetuosamente o braço da amiga. — Também lamento por ela. Não é a primeira vez...

— Preparo-me para recebê-la de volta, muito mais comprometida. Ela não avança, isso é certo, mas é fácil ver que traça ao seu redor muitos e sérios comprometimentos — desabafou Laura.

— E muitos acreditam que por não fazerem nada de mal, não matar, não roubar, não ferir propositadamente os interesses alheios, enfim, que vivendo, seguindo "seu caminho" como se diz, estão bem e o reino dos céus os aguarda. Que engano! Esse pensamento demonstra o domínio do egoísmo, é um estágio inicial na trajetória evolutiva, quanto mais tempo alguém se detém nele, tanto mais tempo viverá em provas e expiações, necessitando de duras lições. Irina é um caso.

— É — anuiu Laura. — O único ser por quem ela demonstra afeto e interesse real, além dela mesma, é Gaultier. Por ele, e só por ele. Esperava que a perda a abrisse para a vida, pois a falta dos familiares foi de certa forma substituída pelos amigos de Gaultier, que não a abandonaram. Ainda, que ela fuja e negue os compromissos, a Providência colocou ao seu lado opções de crescimento, de ajuda para transformar a dor em aprendizagem. Mas ela afastou-os e persistiu no desequilíbrio. Eu temo pelo futuro, pois Irina se envolve em situações perigosas. E tudo por recalcitrar — sorrindo, brincou para descontrair. — Creio que imitarei Jesus quando advertia Saulo de Tarso, às portas da estrada de Damasco, e direi a ela: Irina, Irina, por que recalcitrar contra os aguilhões?

Ryane sorriu, embora o assunto fosse sério e comentou:

— Eles estão envolvidos nesse afeto apaixonado e cego há várias existências. Nas últimas três, contando esta atual, ainda em curso para Irina, é que conseguiram amadurecer, ainda que parcialmente.

— Já abandonaram muitos compromissos por causa desse sentimento, tanto que acabaram marcados por necessidades de ajuste às experiências vividas. São afins, não resta dúvida. Amam as artes, são carismáticos, passionais, sensíveis e carregam as vivências do passado. Tudo contribui para que se busquem na multidão. Agora poderemos começar a pensar em afastá-los. Gaultier amadureceu, entendeu que amar não significa algemar, nem é preciso dependência, que não é incompatível com liberdade, e que amar com liberdade é bem mais do que não ser possessivo — emendou Laura analisando a trajetória da sua tutelada que passava paralela a do espírito auxiliado pela amiga. — Ele, aliás, reagiu bem à visita feita a Irina recentemente.

— Realmente. Sinto que ele sofre por ela, por compreender que ela não absorveu o ensinamento que a separação deles no auge da realização amorosa deveria ter-lhe trazido e que ainda amarga a perda e tortura-se intimamente. Preocupou-se por notar que o ambiente em que ela está é perigoso e pernicioso. Ele é inteligente, vislumbrou o que se enreda em torno dela. Conversamos, e Marcos também me relatou que ele foi procurá-lo e trataram disso.

— Grande Marcos! Gaultier já o reconheceu? Você me falou que eles tinham relações passadas.

— Sim. Nos primeiros dias aqui Gaultier o identificou como o antigo mecenas florentino que ajudou a ele e à sua amante e modelo, pintada e esculpida em muitas capelas, dando seu rosto a todas as representações das virgens que ele fez — comentou Ryane, sem conseguir evitar um tom de riso na voz ao recordar os feitos do passado de Gaultier, tal qual uma mãe que ri das travessuras de um filho amado. — Ah, se os devotos que se emocionam diante daquelas imagens soubessem a verdade por trás delas. Quanta ilusão viria por terra!

Laura concordou e avançaram juntas aproximando-se do grupo com o qual Gaultier trabalhava. Foram recebidas com alegria, pois estavam familiarizados à companhia afetuosa das benfeitoras.

***

O salão do clube estava perfeito, belíssimo, com a decoração em branco e verde feita com flores e laços de fita. As mesas com toalhas de linho e renda enfeitadas com arranjos delicados. O palco, onde tocava uma pequena orquestra animando a recepção, estava decorado com arranjos de flores e laços de fita branca larga. O prédio de arquitetura clássica fora bem decorado segundo o gosto de Bateseba, que não poderia estar mais angelical em seu vestido de cetim cor de pérola, com véu curto e uma grinalda de flores naturais sobre os cabelos cacheados para a ocasião.

Simplicidade, bom gosto e elegância resumiam a festa de casamento de Richard e Bateseba reunindo a classe alta de Berlim. Era início de setembro de 1935 e naquela noite com muito vinho, champanhe e ao som do jazz, nenhum dos convidados preocupava-se com as distinções entre alemães e judeus. Os noivos eram a prova. Um casamento misto unia a família de abastados judeus financistas e a tradicional família de militares alemães, amigas de longa data.

Brindes pipocavam pelo salão cada vez que o sorridente casal se aproximava de uma das mesas recepcionando os convidados. Alegres, jovens e felizes, olhavam o futuro com esperança, ignorando o cenário político e crentes de que as nuvens negras seriam sopradas do céu alemão por um vento forte que deixaria novamente um horizonte limpo e seguro.

A música levava muitos pares à pista de dança e divertia outros tantos grupos em apenas ouvir e observar.

As famílias anfitriãs trocavam impressões sobre a comemoração, a felicidade do casal e a expectativa de terem logo netos e bisnetos para alegrar os seus dias.

Samuel ao lado do general von Scheringer sorria enquanto servia as taças com champanhe, estendeu uma ao amigo que olhava encantado os noivos, dançando sob os aplausos dos convidados, e propôs:

— À esta união que formalizou a realidade de que nossas famílias sempre foram uma só. Ao futuro e à felicidade de nossos jovens!

Emocionado, o general disfarçou e enxugou uma lágrima. Desde o início da cerimônia ele não dominava a emoção. Ergueu a taça correspondendo ao brinde e engasgado comentou:

— Lembro-me do dia em que Mirian nasceu, tão pequenina, tão bonita. Richard já era um menino crescido e minha mulher tinha medo que ele fosse machucá-la, pois vivia em volta dela. Lembra-se? Cresceram amigos e hoje estão casados.

Samuel sorriu com as lembranças e mais uma vez naquele dia abraçaram-se. O velho rabino Saul, sentado ao lado, meneou a cabeça tolerante.

— Precisam aprender a envelhecer — resmungou chamando-lhes a atenção. — Vão chorar todas as lágrimas hoje? É preciso economizar para o dia de amanhã. Ainda teremos muitas comemorações marcando a união de nossas famílias. Quando se envelhece com sabedoria poupamos as emoções para o dia seguinte também, não se tem mais a ânsia da juventude de querer viver tudo em um único dia, reserva-se as forças.

E tomando uma taça de vinho, ergueu-a saudando os noivos que passavam rodopiando na pista de dança em frente à mesa:

— À minha Bateseba! A noiva mais linda da Alemanha.

Foi o suficiente para fazê-los rir e se unirem ao rabino saudando o casal.

— Feliz? — perguntou Richard acariciando com a ponta dos dedos a face de Bateseba, enquanto dançavam.

— Muito. Todo esforço está compensado pela alegria de nossos pais — respondeu ela sorrindo para o marido. — E você?

— Feliz também, mas confesso que não vejo a hora de estarmos longe de toda essa gente aproveitando nossa viagem de núpcias. Agora é uma festa para eles, confesso que não suportava mais a correria com os preparativos.

— Exagerado! — repreendeu suavemente Bateseba. — Foram algumas semanas de rotina acelerada, mas nada demais. Você não se envolveu tanto assim. Eu e sua mãe organizamos a festa.

— Exatamente por isso, quase pensei que você ia me trocar por ela, tanto tempo passavam juntas. Sempre havia alguma coisa que tinham de discutir, sem falar nas coisas em que eu não podia participar. Graças a Deus, terminou.

Bateseba riu do desabafo de Richard e deixou-se conduzir leve como uma pluma.

Altas horas da noite, o jovem casal partiu em direção à luxuosa residência onde iriam morar, nos subúrbios de Berlim. Seguiriam pela manhã com destino à Varsóvia e Praga, permaneceriam lá por duas semanas em viagem de núpcias.

Uma salva de palmas e muitos assovios os acompanharam pelas escadas do clube até o carro de Richard. Apressados, eles sorriam e acenaram, partindo rapidamente.

***

Oito dias depois...

— Não volte, meu filho — pediu Samuel por telefone a Richard. — Fique em Praga com Bateseba. A situação dos judeus piorou. Hitler promulgou uma lei nos tirando a cidadania alemã. Mesmo os nascidos na Alemanha não são mais considerados cidadãos alemães, tampouco podem casar com não judeus, discrimina os meio judeus, enfim atingiu a todos. É para proteção do sangue alemão, dizem eles. Mais uma loucura racista destes nazistas sem-vergonhas!

— Calma, Samuel — pediu Richard nervoso no outro lado da linha, a distância causava um chiado e descargas elétricas horríveis na linha telefônica dificultando o diálogo, mas as informações eram sem dúvida as piores. — Hitler fez o quê? Repita, por favor, eu não entendi.

— Fique em Praga, Richard — repetia Samuel. — Foi uma lei. A Lei de Proteção do Sangue e dos Casamentos Alemães. Retirou o nosso direito de cidadania, mesmo daqueles nascidos aqui, como eu e Bateseba. Não somos mais cidadãos alemães. Entende o que isso significa? Não temos direitos, nem garantias individuais. A situação se complicou. Fique em Praga. Irei encontrá-los em uma semana. Procurem onde morar e um lugar para começarmos nossa filial. Entendeu?

Atônito, Richard empalideceu. O significado e a extensão da consequência da perda da cidadania o chocaram, pois transformava toda a comunidade judia em reféns do regime.

— Malditos! — disse ele. — Samuel, como você está? E o rabino? Como estão reagindo nossos amigos da comunidade judia?

— Com espanto e medo, meu filho. Com muito medo. Não vou ficar esperando para ver o que acontecerá. Remeterei o máximo de nosso patrimônio para fora da Alemanha e deixaremos o país. Não creio em heróis mortos. Não assuste Bateseba, ela é muito sensível.

— Hã?? Fale mais alto.

— Falaremos mais quando eu chegar aí. Faça o que pedi. Não assuste Bateseba com as notícias.

— Ah! Farei o melhor possível. Telefonarei novamente...

— Aguardaremos. Dê um abraço em Bateseba e diga que a amo muito.

Trocaram algumas poucas palavras e Richard sob efeito das notícias encarou a esposa que o aguardava na sala de espera do hotel onde estavam hospedados.

Participou-lhe com tato as novidades da Alemanha e o pedido do sogro para que ficassem em Praga encaminhando os negócios e interesses da família.

— E o vovô? Como ele está? — indagou Bateseba, agoniada. — Isso tudo é horrível. Onde eles vão parar? O que pretendem?

— Seu avô está bem. A ligação estava péssima, mas logo seu pai estará conosco e poderemos entender essa loucura nazista. Infeliz o dia em que se criou esse movimento na Alemanha. Não sei como terminará, mas concordo com o seu pai: não creio em heróis mortos. Seu avô é quem sempre diz que muitas vezes sobreviver a uma derrota é uma vitória. Parece-me que é o caso.

Ela concordou balançando a cabeça coberta com o capuz debruado de pele do casaco que trajava. O outono estava frio no leste europeu.

***

Na semana seguinte, Samuel transferiu grande parte de seu patrimônio para Praga, onde Richard se encarregaria de zelar pelos investimentos além de auxiliar judeus alemães imigrantes.

— Sinto que essas providências serão muito úteis para nós e para os nossos amigos. Infelizmente, não poderei ficar com vocês. Papai é teimoso e tem compromissos espirituais com a comunidade, é bem provável que seja um dos últimos a abandonar Berlim — explicou Samuel durante um jantar com a filha e o genro em um restaurante.

Bateseba o encarou assustada. Era visível a sua dificuldade em engolir a comida. Richard ouvia o sogro com atenção, partilhavam os mesmos pontos de vista quanto à política nazista. Ambos haviam lido *Mein Kampf* e viam seus temores se realizarem, o que os levava a crer na implementação do restante da questão racial, especialmente antissemita.

— Estou à disposição, Samuel — afirmou Richard. — Como alemão é o mínimo que posso fazer, tentar de alguma sorte minimizar os horrores que se fazem no meu país. Apresse todos para que saiam da Alemanha, sabemos que isso é apenas o início. O ideal nazista é de pureza racial e dominação da ração ariana, não só os judeus são visados, mas qualquer um não ariano-alemão. Os idiotas discriminam-se até entre si. Para eles os arianos russos não são tão inteligentes, mas trabalham; os arianos tchecos, os austríacos e por aí vai, cada qual têm seus vícios. Só os alemães são cem por cento puros e a virtude da raça está neles.

— Sei disso, filho. Agradeço-lhe a colaboração e a solidarie-dade. Mais do que nunca precisaremos reforçar e ampliar a rede de intercâmbio entre nossas comunidades, dentro e fora da Alemanha. Ficarei com seu avô, minha filha. Ele é velho, teimoso, mas eu o entendo e é meu dever de filho assisti-lo.

— Convença-o a partir — pediu Bateseba. — Eu demorei a acreditar em tudo o que vocês comentavam em Berlim. Pensei que estavam impressionados com a leitura daquela porcaria, mas vejo que eu estava errada. E agora estou apavorada. Vovô é velho, há outros rabinos jovens que podem ficar em Berlim.

Richard tocou a mão da esposa com carinho e opinou:

— Acho muito difícil o velho Saul aceitar essa ideia. Posso pensar que ele no mínimo vai enumerar algumas razões para justi-ficar a sua permanência, coisas do tipo: nenhum dos jovens rabinos tem a experiência e a liderança dele, e isso é verdade; a comu-nidade o adora e precisa dele nos momentos de provação; que é o dever... Enfim, não vamos nos iludir: o rabino ficará na sua sinagoga até que todos os membros estejam bem. Ele ficará com a maioria. A vida dele pertence à comunidade e nós sempre sou-bemos disso.

— Seu marido tem razão, Bateseba.

Planejaram meios de resguardarem a si e a outros das agres-sões nazistas. Iniciava-se uma das muitas redes de solidariedade e resistência que o regime alemão fez surgir, o que prova que ao lado do mal nasce o bem.

***

Enquanto muitos se mobilizavam para prevenir e auxiliar nas catástrofes do regime nazista, Irina seguia sua rotina. O aparta-mento dela continuava sendo um dos endereços mais frequen-tados pelos altos comandos nazistas, especialmente da equipe e do próprio ministro Goebbels, dos industriais e artistas e demais pessoas ligadas aos meios de comunicação, ao partido e à propa-ganda nazista.

Sob os lustres de suas salas discutiram-se minuciosamen-te projetos de filmes, de propagandas, de cartazes, de programas de radiodifusão e eventos públicos destinados a causar impacto na população. Comícios e cerimônias públicas do *Führer* eram projetados para impressionar e apresentá-lo à nação como o salvador, o messias do povo alemão.

A tudo isto ela acostumou-se. Não via diferença entre a estratégia cultural nazista e os planos para montagem de uma peça teatral ou preparação para gravações de filmes. Desinteressada por qualquer assunto que não fosse de seu interesse pessoal e imediato, nem cogitava na medonha repercussão daquelas atitudes e da opinião que difundiam nas mentes incautas.

Negociações milionárias se deram em jantares, recepções para pessoas certas que lhe eram sugeridas convidar, se discutiam e traçavam planos de ação. O egoísmo dela era interpretado como lealdade e adesão à ideologia nazista.

— Uma ariana pura não poderia pensar de outra forma. Era visto que seria uma grande aliada — diziam as principais cabeças da propaganda nazista. — O comandante Schroder tinha uma boa intuição, Irina é a prova.

Entretanto não explicavam por que ele era a única pessoa expressamente proibida de entrar na casa dela e que ela ostensivamente desprezava-o nas ocasiões públicas em que não podia fugir da presença de Schroder.

"A peste", como ela o chamava, devia ser mantido à máxima distância. A raiva da atriz era forte e eles entenderam que deviam ignorar o oficial das S.S. e não insistir em reconciliá-los. Briga de amantes, melhor ninguém se envolver, pensaram.

Irritado, frustrado e humilhado, Ludwig sentia-se impotente ante a influência que Irina galgara entre os nazistas. Era protegida pelo *Reich* e pelos mais poderosos indústriais alemães. Sua residência era inexpugnável, pois era comum por lá uma visita de alta relevância, cercada de seguranças. Ele dividia-se em sentimentos extremados e cegos. Orgulho e paixão feridos pelo desprezo da atriz. Tinha ganas de matá-la e saciar seu orgulho ferido no sangue, mas ela morta significava adeus ao sonho de voltar a possuí-la, de retornar ao seu leito.

Neste dilema, ele se consumia e derramava sua ira sobre os prisioneiros dos campos de concentração. Especialmente sobre uma judia que tomara como amante forçada. No corpo dela descarregava a raiva e a frustração de não ter Irina.

Klara era uma jovem meiga, de uma beleza angelical. Sua desgraça foram seus olhos e seu temperamento submisso. Tinha grandes olhos azuis de expressão inocente, como inocente era a sua alma. Educada para obedecer, ingênua, despreparada para lidar com a brutalidade nazista, ela se tornou a maior vítima do desprezo que Irina devotou a Ludwig.

Os olhos, que lembravam os de Irina, atraíram Ludwig, cuja personalidade doentia se agravava. Atos de crueldade se multiplicavam sob o seu comando. Construiu uma casa próxima ao campo de concentração de Dachau, nos arredores de Munique, havia se transferido da capital. Nesta casa, Klara era sua prisioneira em um relacionamento violento e lascivo.

A pobre moça, como ignorava a paixão doentia de Ludwig por Irina, julgava ter despertado o amor do comandante nazista. Imaginava-o torturado por amar uma judia, com isso justificava o comportamento agressivo, e se submetia, grata por viver, e a tal ponto se acostumou que sentia falta do amante compulsório e julgava-se apaixonada.

Vivia o pânico e as emoções violentas, um ambiente fácil para alguém se transtornar. Possivelmente, crer-se apaixonada ajudasse a pobre Klara a sobreviver ao campo de concentração de luxo, onde era a "governanta" da casa do comandante Schroder. Ela só não entendia por que as visitas a Berlim o tornavam mais violento e apaixonado.

Nem ela, nem os prisioneiros de Dachau gostavam de saber quando Ludwig era chamado a Berlim, pois antes dele partir e dias depois do retorno o sofrimento era intensificado, redobrado ou mesmo triplicado. Centenas morreram.

Alheia a todas as consequências de seus atos, Irina prosseguia entre amantes, luxo, álcool, barbitúricos, morfina, ópio tentando fugir de si mesma, de suas dores, das suas verdades. Indiferente, ela soube dos principais lances que sacudiriam a Alemanha e mais tarde o mundo e não fez absolutamente nada, senão sorrir, encantar e seduzir os mentores. Soube da importância e do interesse do *Reich* em produzir, durante os Jogos Olímpicos de 1936, uma impressão de prosperidade, de sociedade evoluída, enfim de apresentar a Alemanha nazista como um exemplo de paz e crescimento ao mundo.

A televisão despontava no cenário das comunicações e foi imediatamente utilizada na propaganda do *Reich*. Nos principais pontos de Berlim e das maiores capitais do país, aparelhos de televisão mostravam a supremacia dos atletas alemães. Estádios lotados ouviam os discursos de Hitler e os retransmitiam ao mundo. Era a vitrine ideal.

Durante os jogos, a campanha antissemita foi soberbamente disfarçada. E, no final de 1936, a Alemanha se mostrava ao mundo como uma campeã.

CAPÍTULO 19
Atitudes e reações...

Outro homem pode também estar enfermo, enfermo de morte, e esta aflição pode fazer em seu íntimo, como o ouro em uma mina e ser inútil para ele, mas este sino que me fala da sua aflição, tira, e dá a mim esse ouro, se por esta consideração do perigo nos outros contemplo o meu próprio, e me asseguro a mim mesmo, recorrendo ao meu Deus, que é nossa única segurança.[37]

Marion foi até a janela da frente que dava vista para um pequeno e bem cuidado canteiro de flores. A tarde caía e o ar se tornava mais fresco e agradável na primavera de 1937. O mês de abril estava chegando à sua última semana e com ela se aproximava o final do período de descanso de suas atividades na Cruz Vermelha.

Deliciou-se com a brisa suave que balançava a copa das árvores na calçada e observou as crianças brincando com suas bicicletas e jogos infantis, falando alto e animadas.

"Como somos cheios de vontade na infância. As crianças se entregam às suas brincadeiras com todo seu ser, empenham todas as forças na realização dos objetivos a que se dispõem e usam de todos os meios para conseguir o que desejam. Pena que muitos, quando crescem, perdem a consciência dessa força que carregam na alma, se tornando criaturas apáticas, derrotistas, fracas mesmo. Não deveríamos jamais esquecer o sentimento de força de vontade da infância, não deveríamos deixar que ele se apagasse de nossa memória. Deveria ser obrigatório na vida que parássemos

---

37 - DONNE, John, *Devoções XVIII*. Tradução livre a partir de texto em espanhol.

algumas horas durante o ano para observar as crianças, a fim de recordarmos as lições da infância que os conceitos e padrões da sociedade adulta soterram", pensou ela, analisando as crianças.

Executando a ideia e aproveitando que a casa estava inusitadamente vazia, ela observou e meditou sobre a conduta das crianças até que o manto da noite as fez se recolherem atendendo ao chamado das mães.

Afastou-se relutante da janela, sentiu um bem-estar tão grande, tanta serenidade e alegria, que gostaria que o tempo não houvesse passado. Era um daqueles momentos em que nos suspendemos além das barreiras do tempo cronometrado e mergulhamos numa dimensão mais profunda da existência, cultivando a vida interior. Vivendo e desenvolvendo uma relação saudável conosco.

Sua boa e velha poltrona a aguardava convidativa, de um lado o pequeno cesto com seus trabalhos manuais, de outro o livro que estava lendo marcado com a fita. Sem disposição para as atividades manuais, sentou-se decidida a retomar a leitura. Acendeu o abajur, pegou o volume entre as mãos, correndo o dedo pela fita que marcava a página. Sorriu. Era a "estranha relação de sincronia" surgindo no seu dia.

Meditara sobre a vontade e a página à sua frente se intitulava: *As Potências da Alma – A Vontade*.

Feliz, ainda envolta nos estados sutis de disposição que a meditação proporciona, começou a ler e a absorver os conceitos como se fossem água matando a sede.

"O estudo do ser, a que consagramos a primeira parte desta obra, deixou-nos entrever a poderosa rede das forças, das energias ocultas em nós. Mostrou-nos que todo o nosso futuro, em seu desenvolvimento ilimitado, lá está contido no gérmen. As causas da felicidade não se acham em lugares determinados no espaço; estão em nós, nas profundezas misteriosas da alma, o que é confirmado por todas as grandes doutrinas.

'O reino dos céus está dentro de vós', disse o Cristo.

O mesmo pensamento está por outra forma expresso nos Vedas: 'Tu trazes em ti uma amigo sublime que não conheces.'

A sabedoria persa não é menos afirmativa: 'Vós viveis no meio de armazéns cheios de riquezas e morreis de fome à porta.' (Suffis Ferdousis).

Todos os grandes ensinamentos concordam neste ponto: É na vida íntima, no desabrochar de nossas potências, de nossas faculdades, de nossas virtudes, que estão o manàncial das felicidades futuras.

Olhemos atentamente para o fundo de nós mesmos, fechemos nosso entendimento às coisas externas e, depois de havermos habituado nossos sentidos psíquicos à obscuridade e ao silêncio, veremos surgir luzes inesperadas, ouviremos vozes fortificantes e consoladoras. Mas, há poucos homens que sabem ler em si, que sabem explorar as jazidas de tesouros inestimáveis. Gastamos a vida com coisas banais, improfícuas: percorremos o caminho da existência sem nada saber de nós mesmos, das riquezas psíquicas, cuja valorização nos proporcionaria gozos inumeráveis.

Há em toda alma humana dois centros ou, melhor, duas esferas de ação e expressão. Uma delas, circunscrita à outra, manifesta a personalidade, o 'eu', com suas paixões, suas fraquezas, sua mobilidade, sua insuficiência. Enquanto ela for a reguladora de nosso proceder, temos a vida inferior semeada de provações e males. A outra, interna, profunda, imutável, é, ao mesmo tempo, a sede da consciência, a fonte da vida espiritual, o templo de Deus em nós. É somente quando esse centro de ação domina o outro, quando suas impulsões nos dirigem, que se revelam nossas potências ocultas e que o Espírito se afirma em seu brilho e beleza. É por ele que estamos em comunhão com 'o Pai que habita em nós', segundo as palavras do Cristo, com o Pai que é foco de todo o amor, o princípio de todas as ações.

Por um, perpetuamos-nos em mundos materiais, onde tudo é inferioridade, incerteza e dor; pelo outro, temos entrada nos mundos celestes, onde tudo é paz, serenidade, grandeza. É só pela manifestação crescente do Espírito divino em nós que chegamos a vencer o 'eu' egoísta, a associar-nos plenamente à obra universal e eterna, a criar uma vida feliz e perfeita.

Por que meio poremos em movimento as potências internas e as orientaremos para um ideal elevado? Pela vontade! O uso persistente, tenaz desta faculdade soberana permitir-nos-á modificar a nossa natureza, vencer todos os obstáculos, dominar a matéria, a doença e a morte.

É pela vontade que dirigimos nossos pensamentos para um alvo determinado. Na maior parte dos homens os pensamentos flutuam sem cessar. Sua mobilidade constante e sua variedade infinita oferecem pequeno acesso às influências superiores. É preciso saber concentrar-se, pôr o pensamento acorde com o pensamento divino, que a envolve e penetra, tornando-a apta a realizar nobres tarefas, preparando-a para a vida do Espaço, cujos esplendores ela, enfraquecidamente, começa a entrever desde este mundo. Os Espíritos elevados veem e ouvem os pensamentos uns dos outros, com os quais são harmonias penetrantes, ao passo que os nossos são, as mais das vezes, somente discordâncias e confusão. Aprendamos, pois, a servir-nos de nossa vontade e, por ela, a unir nossos pensamentos a tudo que é grande, à harmonia universal, cujas vibrações enchem o espaço e embalam os mundos.(...)"[38]

Marion bebia os conceitos do mestre francês e encontrava novos elementos à sua autoanálise e reflexão sobre a existência. Chamara-lhe a atenção o vigoroso alerta de Denis para a falta de conhecimento e domínio do mundo interior, especialmente dos pensamentos confusos, do domínio das coisas materiais que nos fazem desperdiçar existências em banalidades e o quanto este desconhecimento nos desconecta da consciência real e profunda que jaz adormecida sob o peso do "eu". Gastou alguns minutos refletindo sobre essas ideias e voltou ao texto.

A análise da conjuntura política e da direção das nações europeias, expostas em 1919, dimensionava ao leitor de 1937 o golpe de vista moral do autor, pois passados aproximadamente dezoito anos, elas se realizavam.

É a vontade das pessoas que cria o presente e o futuro, e isso legará os fardos do passado.

"Sou uma inteligência e uma vontade livres; a mim mesmo me fiz, inconscientemente, através das idades; edifiquei lentamente minha individualidade e liberdade, e agora conheço a grandeza e a força que há em mim."[39]

Que resumo sublime! Em poucas palavras as maiores verdades da vida, o esclarecimento, a consolação e a esperança. Não

---

38 - DENIS, Léon. *O problema do Ser, do Destino e da Dor*. Terceira parte, FEB, 19ª edição.
39 - Idem a anterior.

404

é preciso buscar fora o que está dentro do homem. Não é a vontade alheia que nos conduz, nem a vontade de Deus, é a nossa vontade que nos leva a realizar todos os nossos atos, bons e maus. É o caminho para descobrir-se indivíduo e livre.

Meditando sobre a leitura que a transportava a outro nível de consciência e entendimento da vida, Marion não notou a passagem das horas, somente quando ouviu o ruído do motor do carro de Duvernoy, em frente à sua casa, e o som familiar das vozes de seus amigos, foi que notou que a noite ia alta.

Eles falavam alto, gesticulavam, algo os incomodava e muito. A indignação, a revolta lhes tingia os rostos de vermelho, cor de sangue. Os olhos brilhavam e as vozes estavam mais estridentes e altas.

— O que houve? — indagou Marion sentada em sua poltrona chamando-lhes a atenção, pois Duvernoy, Jean Paul e Marguerite estavam tão aferrados ao debate que os envolvia que não a viram. Como haviam ido ao cinema julgou que eles discutiam o assunto, daí perguntou provocativamente. — O filme agradou muito ou muito pouco?

— Filme?! — repetiu Jean Paul surpreso.

— Filme?! — repetiu também Duvernoy olhando estranhamente para Marion. E ela, antes que Marguerite se surpreendesse com sua colocação banal, olhou-os com ar de censura e esclareceu levemente irônica:

— É, o filme. O filme a que vocês foram assistir no cinema. Não lembro se era com Greta Garbo ou Marlene Dietrich. Era uma das duas. Não vão me dizer que não o assistiram...

— Ah! Fomos, madame — respondeu Marguerite, desinteressada. — *O Anjo Azul*, com a Dietrich. Muito bom filme. A mulher é polêmica, anda com calças, mas é linda! Que olhar! Vocês se lembram como falaram uns anos atrás quando o prefeito não a deixou andar na cidade porque estava usando um traje masculino? Eu já havia esquecido o filme completamente.

— Você não ouviu as notícias da noite, Marion? — indagou Duvernoy, largando o paletó no cabide e arregaçando as mangas da camisa. — Não sabe do horror que está se passando na Espanha.

Surpresa e preocupada, Marion imediatamente se empertigou na poltrona e deu atenção ao amigo.

405

— A guerra civil piorou? A situação se agravou? Você fala em horror. Que tipo de horror? — questionou-o.

— Você não ligou o rádio — lamentou Duvernoy.

— Estava lendo. O que aconteceu? Contem-me, por favor. Estou curiosa, estavam discutindo tão acalorados. Do que se trata?

— Uma coisa horrível, Marion — disse Jean Paul, sentando-se no braço da poltrona ao lado da mãe adotiva. — Algo que nunca se tinha ouvido falar. Mais uma prova que o ser humano é realmente uma criatura cheia de crueldade e violência. Imagine que lançaram um bombardeio aéreo sobre uma pequena cidade espanhola.

Marion levou a mão à boca apavorada. Em sua mente desfilaram cenas que presenciara durante a Grande Guerra quando nos campos de batalha, à distância, ela via os soldados lançarem bombas. Ecoou em sua mente o som ensurdecedor das batalhas e um arrepio frio lhe correu pela coluna descendo os braços, levando-a instintivamente a cruzá-los em uma atitude defensiva. Reação direta à lembrança que lhe trazia a carga emocional do passado.

— Não consigo imaginar. Deram detalhes de como foi?

— A gente ouviu no café Danglais para onde fomos depois da sessão de cinema — informou Marguerite parada próxima à porta. — Disseram que usaram aviões para fazer chover bombas sobre a tal cidade e que não havia como precisar a quantidade de mortos e feridos, todos civis.

— Que barbárie! Foram os franquistas ou os operários?

— Noticiaram que foram as forças republicanas do general Franco e que está recebendo ajuda dos alemães — informou Jean Paul revoltado. — Fascistas. É claro que eles se apoiam, Hitler, Mussolini, agora esse tal de Franco. Eles são ou querem ser ditadores, governos autoritários. Não esperavam que o povo espanhol se revoltasse contra o golpe fascista. Na Alemanha, pelo que se sabe, o movimento operário e sindical foi dizimado. Aliás, a democracia deles é uma piada e querem fazer o mesmo na Espanha. Mas não hão de conseguir. Torço pelo povo.

Marion ouviu as manifestações do jovem com certo alheamento, sob o impacto da tentativa de imaginar um bombardeio usando aviões.

— Pobres alvos! — disse ela penalizada. — O povo foi o alvo. Qualquer um, envolvido ou não na questão política. Velhos, crianças, jovens, doentes bombardeados por aviões. Como poderiam correr tentar se salvar? Deve ser como se chovesse fogo e morte do céu.

— Vou fazer uma limonada. Está muito quente — disse Marguerite, despreocupando-se da notícia e afastando-se da discussão. — Não posso fazer nada pelos pobres espanhóis. Vou tratar é da nossa vida.

O comentário foi ignorado. Duvernoy sentou-se na poltrona em frente à de Marion, comentando:

— Nunca vi um bombardeio, mas só de pensar na covardia de aviões atacando pessoas fico estarrecido. A capacidade humana de se aprimorar em requintes de crueldade e violência me assusta. Imagine, usar um avião para matar. Algo que há bem pouco tempo era um sonho de liberdade. O sonho de o homem voar, de realizar a proesa de Ícaro, aliás, um sonho antigo, agora se transforma em poucos anos em uma arma mortífera. E, olhe, pelo que, ouvimos foi horrível.

— Comemoramos tanto essa conquista. Os céus de Paris há tanto tempo servem de palco para os aviadores e suas experiências. Parece que foi ontem que se falava no 14 Bis e no que ele representaria para o progresso — disse Marion séria. — Transporte, comunicação, agilidade, rapidez, integração. Ninguém falou em morte, em extermínio, ao menos que eu me lembre.

— Guernica — falou Duvernoy com entonação de quem recorda algo importante. — É esse o nome do lugar, não é, Jean Paul?

O jovem balançou a cabeça afirmativamente e Duvernoy prosseguiu:

— Pelo que disseram é uma cidade pequena e que vinha sendo ameaçada desde o início do confronto. Não entendi a razão. Falaram que era por causa de uma árvore. Fiquei tão chocado, indignado com o uso de aviões que nem prestei atenção às explicações do porquê ter sido em Guernica.[40] Mas parece que mesmo tendo alertado a população para evacuar a cidade muita gente permaneceu e pagou com a vida pela descrença.

---

40 - Nota: Guernica — cidade basca bombardeada em 26 de abril de 1937. A cidade não tinha população numerosa, nem proteção antiárea o que a tornava alvo fácil. Além disso, sua escolha para o bombardeio se deveu por abrigar um velho carvalho (guernika arbola), sob o qual há séculos os monarcas espanhóis juravam respeitar as leis e os costumes dos bascos. Destruir a cidade era um aviso aos que desejavam a Espanha federalista e descentralizada, além do que o alvo escolhido abalava moralmente os adversários de Franco.

— Sei como é. As pessoas ficam tão apavoradas que negam as coisas mais evidentes. Como se a ilusão as protegesse do sofrimento. Como se negar a realidade servisse para resolver a situação. É comum em guerras as pessoas crerem que não serão atingidas — reforçou Marion e, voltando-se para o rádio, ligou o aparelho tentando sintonizar alguma emissora com notícias.

Depois de várias tentativas, conseguiu localizar uma rádio que comentava as notícias dos correspondentes internacionais que cobriam o conflito na Espanha. Marion sentia instintivamente que um novo tipo de guerra estava nascendo. Uma guerra altamente mortífera, de estratégias arrasadoras, onde não havia segurança para ninguém dentro ou fora do *front*. Não conseguia afastar da mente o horror da ciência servindo à morte, do bombardeio "científico" como denominava a imprensa.

***

No apartamento de Irina, em Berlim, três dias depois, o assunto era o mesmo, porém as reações eram diferentes. Comemoravam durante o jantar com brindes a audácia da LuftWaffe, de Goering.

— À legião Condor! – propunha um erguendo uma taça de cristal.

— Ao primeiro de muitos sucessos de nossa força aérea! — dizia outro.

— A inteligência dos estrategistas de Goering! — lembrava alguém à cabeceira da mesa de banquete.

— À..à.. ter...ra arra...sada! — propôs um dos oficiais das S.S. cuja língua se tornava pesada sob o efeito do álcool.

Um pesado silêncio caiu, gerando certo mal-estar entre os civis presentes ante a frase equivocada do alcoolizado oficial.

Michael, que ao lado de Irina distribuía boas doses de bebida aos convidados, prontamente agiu para aliviar o mal-estar, erguendo a própria taça em resposta e dizendo numa tentativa de consertar a fala do oficial:

— Sim, sim. Bebamos a estratégia de terra arrasada de Goering. A ele!

— Na...não — insistiu o oficial com dificuldade parando de pé, mal equilibrando-se sobre as pernas, ele balançava perigosamente. — Que...ro brindar à ...ter...ra arra...sada mesmo. É um gran...de feito mais de mil e seiscentos mor..tos e quase novecentos feridos. Foi a me...tade atingida. Eu brin...do à à ter...ra arra...sada!

Alguns ficaram pálidos com a declaração do oficial, outros se mexeram desconfortáveis nas cadeiras. Os militares e membros das forças especiais nazistas não se abalaram, apenas observaram que ainda não era tempo dos patrocinadores terem conhecimento de todo o potencial bélico da nação.

Um colega de farda puxou discretamente a manga da casaca do oficial alcoolizado e, quando este olhou para baixo, murmurou:

— Cale a boca. Sente-se logo. Você está bêbado.

Ao que ele reagiu prontamente olhando Irina com ar de malícia ao declarar:

— Não estou não. Não é, que..rida Iri...na. Diga, di...ga a eles que na...não fi...fico bê...bado. Vo...cê sabe? — apanhou novamente a taça dizendo — À Condor!

— À Condor! — adiantaram-se os demais militares.

Irina com mais algumas atrizes e amantes dos homens presentes, ostentava a sua beleza e as joias com que Michael a presenteava. Pouco atuava como atriz, cansara-se dos entediantes filmes nazistas, mas acabara por tornar-se uma espécie de embaixadora dos interesses dos seus numerosos admiradores, tanto industriais, quanto membros do governo. Eventualmente, encenava uma peça clássica, numa curta temporada na capital. Dinheiro não lhe faltava para manter seus vícios e futilidades.

As declarações do insensível oficial que causaram constrangimento aos civis, logo foram esquecidas, quando ao fim da refeição, ela passou a circular pela sala com um vestido longo de seda branca, com profundo decote que deixava entrever o vale entre os seios, os ombros, braços e as costas ficavam nuas. Agarrava-se ao corpo como uma segunda pele até abaixo dos quadris, onde era enfeitado por drapeados e caía em pregas até os pés.

O vestido salientava as formas de seu corpo, tinha um efeito erótico que atraia para ela todos os olhares e deixava os convidados transtornados, pois não era possível vestir qualquer coisa além do sensual traje branco, que era a nova moda das estrelas de Hollywood e que Irina usava desde quando conhecera madame Vionett.

O número de mortos e feridos não a sensibilizou. Era um número, uma expressão matemática, um saldo, um resultado, sem rosto e sem identidade. Não pensou por um minuto sequer como teria sido a ação da Luftwaffe em Guernica, três dias atrás, nem o que significava para a humanidade aquele evento.

A pouca importância que ela dera às revelações do oficial, que Michael considerou erroneamente como premeditada, dispersou o mal-estar e fez retornar a animação ao ambiente. Voltaram às conversas e tratativas informais sobre negócios de uns com os outros, que inevitavelmente acabariam em ações do regime nazista com consequências catastróficas, na esmagadora maioria das vezes.

A tragédia de Guernica ficou como uma informação sepultada no fundo de sua mente com milhares de outras.

Cinco meses depois, a tragédia voltaria a ser alvo de comentários, tema de conversas. O pintor Pablo Picasso gritava ao mundo a sua indignação com a destruição de sua cidade natal e usou a arte para retratar os horrores da guerra civil espanhola, do poder de aniquilamento, do caos, da dor e do desastre. Retratou em negro, cinza e branco a ausência de vida. Pintou no horrendo painel os símbolos da tecnologia mortífera.

A impotência da nação em guerra. A morte, a dor da perda, em um clamor mudo aos céus pelo fim daquela situação e a apresentou ao mundo na Exposição Internacional sobre a Vida Moderna, em Paris, onde ele vivia.

Não foi e continua não sendo uma obra bela de ser vista, mas é inegavelmente emblemática mostrando a tecnologia esmagando a vida. É a expressão de um século, não tem a suástica nazista ou as cores franquistas, é atemporal, um lembrete da ferocidade de que a raça humana é capaz na era tecnológica.

Em muitos jornais da Europa circularam fotos da obra chocando os leitores. Irina não comparecia a exposições de arte, não lia nada sobre artes plásticas, se recusava a ouvir qualquer assunto ligado à pintura.

Assim, em sua casa comentar o real bombardeio de Guernica era livre, mas qualquer referência à obra de Picasso era proibida.

Ninguém entendia a razão de um apartamento tão luxuoso como o dela não ter um único quadro nas paredes. Comentavam que era uma excentricidade, nada mais.

E os dias corriam. A vida interior e exterior de Irina continuava inalterada.

***

A sinagoga estava vazia, apenas o rabino Saul circulava pela nave. Caminhava lentamente coçando o queixo, tinha o ar cansado e meditativo. O olhar fixo no piso apresentava uma expressão grave e triste. Andava encurvado, os braços pendiam descuidados ao longo do corpo, era a imagem de alguém abatido, cansado e até poderia precipitadamente julgar que amargava a derrota. Era um engano.

A fibra moral do idoso rabino era inquebrantável. Naqueles anos que se prolongavam e se intensificavam as perseguições aos judeus, ele era o esteio de muitas pessoas. Lembrava ao ensinar aos sábados na sinagoga a importância da paciência, conclamava seus fiéis a lembrança dos grandes mártires de seu povo, da fé em Deus, da união e do trabalho. Exortava-os a ignorar e a não revidar as agressões nazistas.

Na comunidade judia de Berlim todos sabiam que tanto o rabino quanto seu filho ajudavam os interessados em partir da Alemanha. Infelizmente, a maioria deles se acreditava tão alemã quanto os nazistas e faziam uma resistência pacífica ao nazismo. Eram apegados ao solo onde nasceram e construíram suas famílias, suas casas, onde tinham seus negócios. Em Praga, Bateseba e o marido recebiam os imigrantes, acolhendo-os e auxiliando-os na ambientação no país estrangeiro.

Saul não notou a chegada de um jovem que veio até ele determinado, embora temeroso.

— Rabino — chamou o jovem e notando-o meditativo e alheio, insistiu: — Rabino, preciso lhe falar.

Saul ergueu o olhar fitando o jovem magro e alto, reconheceu-o e esboçou um leve sorriso.

Cumprimentaram-se e o rabino convidou:

— Venha, filho. Vamos nos sentar lá na frente.

Obediente, o jovem o seguiu e tão logo se sentou disse:

— Rabino, vim lhe pedir para ir embora.

— Você quer ajuda para deixar o país? — indagou Saul, falando baixo. — Sabe quais são as condições?

— Não, rabino, o senhor não entendeu. Eu gostaria de ir embora e nunca mais ver um alemão na minha frente. Odeio-os! Mas minha família não concorda, e não saberia viver sem eles.

— O ódio não o ajuda a lutar, filho — advertiu Saul, interrompendo a fala do jovem. — O ódio consome forças importantes para a resistência. Não é sábio alimentá-lo. Veja bem, quem você odeia tem a face de milhões de pessoas, não é possível enfrentar a todas, portanto acaba que ele corrói apenas a você e acabará destruindo-o. Deus não criou o homem para odiar, filho. Estamos andando por nossas forças quando caminhamos lado a lado com o ódio e elas são limitadas, assim como o poder do homem. Só Deus é infinito e poderoso e é o amor que O faz assim. Quando abrigamos o amor, estamos bebendo e andando com forças divinas indestrutíveis. Não alimente o ódio pelos alemães. Eles não sabem, mas são filhos de Deus tanto quanto nós. Equivocados, mas filhos de Deus.

— Rabino, eu gosto de ouvi-lo, mas...

— Não se dê ao ódio.

— Rabino! — falou junto o jovem já aflito. — Não é nada disso. Eu odeio os nazistas, mas lhe prometo que amanhã pensarei no que disse. Agora, por favor, me escute.

Observando o desespero na face do rapaz, Saul percebeu que ele precisava falar. Era um mau hábito que tinha desde a juventude, falava demais e ouvia pouco, bem menos do que deveria. Reconhecendo-se em erro, humildemente, calou-se dando a oportunidade ao jovem.

— Rabino, tenho amigos que sabem o que planejam os nazistas contra o nosso povo. Estou andando desesperado, com alguns deles, para avisar que eles preparam para esta noite uma investida contra nossas casas, negócios e sinagogas. Pretendem saquear tudo.

— Meu Deus! — exclamou Saul levando as mãos ao rosto. — Filho, isso é muito sério. Você tem certeza?

— Absoluta. Por favor, fuja. O senhor é uma pessoa importante para a comunidade. Esconda-se.

Nesse instante ouviram passos apressados entrando no prédio. Assustados, o velho e o jovem ergueram o olhar e suspiraram de alívio ao reconhecer Samuel.

— Pai, vim buscá-lo, vamos para casa de von Scheringer. Já combinamos tudo, muitos amigos estão lá.

— Você também sabe? — indagou Saul encarando o filho.

— Fui avisado por um jovem que me procurou no escritório há pouco. É conhecido e merece confiança.

— Eu sei — concordou o rabino e voltando para o jovem a seu lado comentou: — São valorosos os nossos jovens. Estou orgulhoso de você. Obrigado.

— Vá, rabino! — insistiu o jovem erguendo-se. — Preciso continuar. Leve-o, senhor Samuel.

Apressado como entrou, ele saiu se esgueirando pelas sombras da noite berlinense. Andou alguns metros e ouviu o som de um caminhão das S.S. que parava em frente à sinagoga. Tomado de pânico apressou-se até a esquina; correr singnificaria um tiro na certa, pois denunciaria que era um judeu em fuga. Escondeu-se e apavorado ouviu as rajadas de metralhadora disparadas no interior da sinagoga, pouco depois os viu carregando o patrimônio da sinagoga, saqueando cristais, pratarias, nem mesmo a estrela de Davi, um símbolo sagrado, foi perdoado. Roubaram tudo o que havia de valor e partiram. Nenhuma janela se abriu nas casas dos arredores, ninguém olhou para ver do que se tratava ou para prestar socorro.

Quando o caminhão cruzou a esquina onde se escondia, ele retornou à sinagoga e seus maiores temores se confirmaram. Os corpos do rabino e do filho jaziam metralhados no centro da sinagoga, caídos numa enorme possa de sangue. Não chegou perto, porque, pela quantidade de tiros disparados pelas metralhadoras, era impossível alguém sobreviver.

— Eles começaram a ação. O melhor que faço é esconder-me por aqui. Não voltarão.

Onde antes ficava a estrela de Davi e os demais objetos sagrados do culto israelita, restava somente a Torá fuzilada com as páginas dilaceradas pelas metralhadoras nazistas. Lágrimas rolaram pelo rosto do jovem judeu contemplando a destruição. Com medo, escondeu-se nos fundos da sinagoga, em uma pequena peça usada como depósito, lá ficou tremendo e rezando até o amanhecer seguinte.

As luzes do amanhecer surgiam timidamente para iluminar uma Berlim marcada de sangue, lágrimas, vitrines quebradas, lojas saqueadas e sinagogas profanadas. A noite dos Cristais, como passou para a história aquela fatídica noite de novembro de 1938, deixava atrás de si um saldo pesado. O medo e a revolta dividiam o espírito da comunidade judaico-alemã. A irracional e violenta campanha antissemita promovida pelos nazistas apontando os judeus como inimigos número um da Alemanha começava a mostrar sua face dantesca e agressiva.

O silêncio nas ruas era carregado, o vazio repleto de olhares escondidos e comunicações silenciosas. O medo era quase palpável.

Os faróis de um carro iluminaram a porta aberta da sinagoga que balançava com o vento frio que varria as calçadas. Escondido, o jovem ouviu o som do motor.

— É um carro — falou baixinho consigo mesmo. — Quem será? Os S.S. andam em caminhões, aos bandos, será que algum oficial voltaria aqui? Mas para quê? Não resta nada.

No interior da sinagoga retumbaram os passos do general von Scheringer em busca de seus amigos. Pálido, vislumbrou o horror provocado com o saque e a destruição. Baixou o olhar assustado e arregalou os olhos ao deparar com os dois corpos metralhados, hirtos, cobertos de sangue seco, caídos lado a lado sob o piso de mármore branco do templo.

Católico praticante e fervoroso, imediatamente fez o sinal da cruz, tentou orar, mas a mente se recusava a atendê-lo, nem ao menos conseguia reproduzir as frases das preces decoradas que costumeiramente fazia. O choque o abatia. Soube antecipadamente, por Samuel, da ameaça de uma noite sangrenta contra os judeus.

A pedido do amigo, abrigou várias famílias em sua propriedade, mas o fez para acalmá-lo, não acreditou que fosse verdade. Esperou a noite toda por Saul e Samuel van Beck, ao raiar a madrugada resolveu sair à procura deles, acreditando que estivessem detidos em um dos quartéis das S.S. a caminho de um campo de concentração. Pretendia usar dinheiro e influência para libertá-los, mas agora via que seu poder não alcançava a possibilidade de reverter os danos da noite. Estavam mortos.

Com passos lentos aproximou-se dos cadáveres e suas lágrimas caíram sobre o sangue ressecado que cobria a face do amigo morto. Ajoelhou-se e contemplou a dantesca cena sentindo-se absolutamente impotente. Não raciocinava, sentia uma dor funda no peito, como se um dos buracos feitos pelas metralhadoras nos amigos lhe houvesse atingido.

As lágrimas desciam instintivas. Chorava para aliviar a alma e a consciência. Entre a profanação, o saque, a morte e a destruição de um lugar sagrado para uma comunidade, ele deu-se conta de que não conseguia orar a Deus, pois se sentia em pecado, mal ou bem, tinha que admitir uma parcela de culpa naquele evento.

Enquanto chorava, as luzes do amanhecer invadiram a sinagoga, desvendando ao olhar do general toda barbárie que havia se passado. Sentiu que a luz do dia como uma voz a acusá-lo, a dizer-lhe irada:

— Veja! Olhe bem, estou lhe mostrando o que faz o regime ao qual você serve. Lembra-se do seu filho? Lembra-se do que ele dizia? Pois Richard enxergou a verdade, leu um futuro previsível e você quis se esconder, se resguardar nos seus conceitos de tradição, no seu conservadorismo que o impediu e a tantos outros de tomarem uma posição, vocês que podiam impedir tudo que está acontecendo mas não fizeram nada. Covardes! Acomodados! Egoístas! Só pensaram em vocês e em manter as honrarias e comodidades, alimentaram o monstro e agora ele a tudo devora.

A consciência impiedosa o acusava o zelo que tivera com o ego, tão ilusório. As leis maiores da vida surgiam lembrando-o, ajoelhado sobre o piso da sinagoga, que o milenar: "não matarás" podia revestir-se de múltiplas formas, inclusive as da omissão.

Não soube quanto tempo ficou ajoelhado chorando a morte dos amigos e a própria consciência, nem ao menos percebeu que seus soluços haviam se elevado e o som ecoava pelo templo vazio e destroçado.

415

Ouvindo e reconhecendo os lamentos de um homem, o jovem judeu animou-se a sair de seu esconderijo. Os membros formigavam, pois passou a noite encolhido. Com esforço, pôs-se de pé e após alguns segundos sentindo restabelecer a circulação sanguínea, andou lenta e silenciosamente até uma porta que dava ao local onde estavam os mortos.

Levou a mão à boca para conter o grito de espanto ao ver um homem com a farda e alta patente do Exército alemão chorando o assassinato dos judeus. Descrente e em pânico resolveu fugir pela janela cuja veneziana balançava ao sabor do vento. Andou, pé ante pé, até ela e saltou, caiu sobre o gramado, ergueu-se e correu com a máxima velocidade pelas ruas do bairro até a sua casa.

Alguns dias depois, o General van Beck enviou ao filho um telegrama de condolências informando a trágica morte de Saul e Samuel van Beck. Encarregou-se do sepultamento deles, contatou os advogados da família enlutada para que tomassem as medidas determinadas pelos testamentos e que entrariam em contato com Bateseba.

Dizia em curtas linhas que generais de sua turma estavam sendo transferidos para a reserva, ou, como ele, estavam pedindo exoneração da carreira. Encerrava comunicando que ele e a esposa iriam a Praga, pois precisavam falar pessoalmente com os filhos, havia indícios e comentários de possível ação nazista em Praga, esperava apurar detalhes e partir.

***

Os brindes que saudavam a chegada de 1939 encontraram a família do ex-general von Schringer em alto-mar a bordo de um navio com destino à Argentina, na América do Sul. Levavam consigo tudo o que haviam conseguido transferir de Berlim para Praga, graças a previdência de Samuel van Beck, pois embora a Alemanha mantivesse as fronteiras abertas, podendo qualquer cidadão entrar e sair livremente, havia uma pesada restrição a transferência de divisas.

— À uma terra nova! — brindava Richard encarando o olhar da esposa com afeto.

— Ao novo Saul que nascerá em outra pátria! — brindou Bateseba com um sorriso feliz ao bater sua taça na do marido.

Surpreso, Richard a abraçou rindo e indagou:

— Por que não me disse antes? Quanto tempo?

— Dois meses. Não falei antes porque não tinha certeza. Temi que o atraso fosse por causa do que aconteceu com vovô e papai, pelo estado de choque em que fiquei. Decidi aguardar mais um mês e agora tenho certeza.

— Ao nosso filho sul-americano!

A felicidade e a alegria brilharam no rosto do casal, fato incomum naqueles dias, e os pais de Richard se aproximaram e foram informados pelo filho que a família aumentaria.

— À vida! — brindou von Schringer se sentindo um avô e lembrando-se do amigo de toda sua vida, completou: — Que se renova sempre.

Mentalmente prometeu ao espírito do amigo que ele próprio contaria ao neto a filosofia e o exemplo de vida que a família van Beck lhe ensinara ao longo da existência.

Nenhum dos demais o viu secar uma lágrima de vergonha que escorreu pelo canto dos olhos ao recordar-se da Noite dos Cristais.

EPÍLOGO

Aquele que te aconselha: "Obedece à lei" é um corruptor aos olhos do filósofo. Mas o que te aconselha: "Obedece a tua consciência" é um corruptor aos olhos do povo e dos magistrados.[41]

O velho mundo era desde o final da Grande Guerra um barril de pólvora, tanto em termos de política internacional, quanto de economia e sociedade. A população refletia o desequilíbrio, de um lado despontavam os movimentos humanitários, de outro, a ânsia de gozar o máximo da vida material por puro medo do amanhã, pela certeza inexorável da perda e da morte. O individualismo manifestava-se com força.

Irina era uma legítima representante dessa parcela da sociedade que ante a dor se desestrutura, que não entende em profundidade o prazer e o confunde com "gozar a vida", assim se referindo a tudo que seja material e sensual.

No íntimo de cada um a revolta, o ódio que se tornou rancor e corroia, engendrando preconceitos, movimentos nacionalistas e raciais que cresciam graças a promessas de transformações milagrosas, pregação da supremacia de uns sobre outros, enfim, de alimentarem e usarem as forças emocionais latentes em cada ser humano que desaguava na constituição do que podemos denominar a alma do povo.

Criaturas inconscientes são facilmente conduzidas. Elas não percebem nem quem são, não têm claro o que desejam, de onde

---

41 - PLATÃO, Sócrates, Vida e pensamentos, pág. 111, Ed. Martin Claret, São Paulo,1996.

estão, nem para onde vão, na própria vida material, quanto mais uma consciência de ser espiritual. Estão perdidas. Creem-se sozinhas no mundo, soltas no tempo e no espaço, sem qualquer laço além dos sanguíneos (que também acabam entendendo como frouxos) e agem atendendo aos interesses pessoais e imediatos.

Como não se posicionam perante a vida, e a sociedade, costumam seguir o movimento dos "outros". Fazem o que todo mundo faz, repetem o que todos dizem, ouvem e obedecem "aos líderes", sem questionar a própria consciência e suas razões de fazer, crer ou deixar de fazer e desacreditar nas ideias propostas.

O autodesconhecimento dá uma capacidade muito especial que denominaria de "esponjas emocionais", ou seja, absorvem as emoções alheias, contaminam-se com extrema facilidade no chamado fenômeno de massa. E comportam-se como uma besta desorientada, como um animal acuado por um enxame de moscas que corre irritado e sem direção.

Os sentimentos são as forças do espírito, são o que nos impulsiona à ação, brotam de nossos impulsos e aperfeiçoam-se ao longo da evolução. Como toda força, precisam ser conhecidos para ser bem empregados. Cada um movimenta uma energia própria. Tem uma origem e destinação, cumpre um papel em nossa vida, tem sua natureza especial e própria de se manifestar em nosso ser.

A Europa chegava ao fim da década de 1930 mergulhada no caos, refletindo o interior de sua população, inconsciente disso. Muitos despertaram para o que carregavam em si quando viram as consequências materializadas. Então, reconheceram quais sentimentos haviam impulsionado seus atos, fossem atos de voluntária violência, fossem decorrência da necessidade de defesa, fossem eles meramente os atos de omissão, comuns à maioria que se recusava a ver e sair das suas zonas de conforto, de pseudoestabilidade e segurança.

Esse desgoverno emocional, conceitual e comportamental que narramos ao longo destas páginas conduziu à declaração da Segunda Grande Guerra, nos primeiros dias de setembro de 1939.

A Alemanha, capitaneada por Hitler e seu estafe nazista, anexou a Áustria ao seu território, em um golpe político no ano anterior. Meses depois marchou militarmente sobre a Tchecoslováquia e a

Polônia, em uma operação de conquista e ocupação exatamente como escrito em *Main Kampf*.

A Alemanha só poderia avançar e tomar território para reconstruir o império germânico e impor sua supremacia ao mundo invadindo os países que faziam fronteira ao leste, avançando até a União Soviética. O autor escreveu e cumpriu. Não se pode alegar desconhecimento e imprevisibilidade em seus atos.

Esses fatos levaram os alemães a declarar guerra a duas poderosas potências europeias: França e Inglaterra, embuidos de sentimentos de rancor, vingança, ódio pelos resultados do final da Primeira Grande Guerra e, especialmente, pelos termos do Tratado de Paz de Versalhes. Explodiam as emoções gestadas no fim do conflito de 1914-1918, além das criadas e alimentadas pela máquina de propaganda nazista, aproveitando a inconsciência da população para ser manipulada emocionalmente.

Não se faz necessário relatarmos as atrocidades realizadas nesse período até 1945, basta lembrarmos o saldo final de um período de destruição colossal: setenta e dois países envolvidos, cento e dez milhões de soldados, cinquenta e cinco milhões de mortos, trinta e cinco milhões de feridos, três milhões de desaparecidos e incontáveis milhões de crianças órfãs. A maioria das vítimas era civil.

As causas históricas que levaram a esse impressionante resultado "talvez" tenham se modificado, entretanto as causas humanas ainda, a nosso ver, estão presentes no seio da sociedade a começar pela inconsciência, pelo individualismo, pelos preconceitos raciais e de outros tipos, pelo desconhecimento da força das emoções, da raiva, do rancor, do ódio e do que somos capazes de fazer movidos por estes sentimentos, pelo orgulho, pela prepotência, e por todas as manifestações do egoísmo, inclusive as omissões, por isso escrevi este livro e escolhi a história de Irina entre tantas outras com as quais convivo.

Ela não fez nada. Não agiu com uma metralhadora na mão. Não arquitetou, nem manipulou uma pessoa ou um povo. Era alguém simples, que salvo o talento artístico e a arte de seduzir, se perderia na multidão, sendo mais um rosto bonito em meio a tantos outros. Não havia nela, aparentemente, nenhuma emoção profunda, nenhum ideal, nenhum sonho, tampouco uma vivaz inteligência. Ela vivia o dia presente sem outra expectativa além de vê-lo consumir-se no gozo de seus interesses pessoais, de sua ambição de bem viver.

Entretanto, carregava em si a dor da humilhação, a violência latente, o orgulho ferido, a ambição de mostrar-se superior ao seu meio, a vaidade, a insconsciência que marca grande parcela da humanidade terrena e a faz escrever páginas sangrentas, assinadas com frequência pelo silêncio.

Irina assinou com os líderes nazistas todos os atos que se desenrolaram, a partir do momento em que aceitou a conivência e a ela foi fiel, sob uma frágil autojustificativa de que obedecia às leis e aos governantes, mas desobedecendo as leis da própria consciência.

Em 1943, quando os alemães enfrentaram os primeiros reveses na batalha, ela descobriu que estava com hanseníase. Seus inúmeros vícios associados ao uso indevido da morfina lhe diminuíram a sensibilidade e ela só notou a presença da doença quando as manifestações de erupções pútridas começaram a surgir em seu corpo e a não cicatrizar.

O médico que lhe deu o diagnóstico da doença contagiosa causou-lhe tamanha crise de desespero que ela levou muitos anos para se recuperar.

Depois do diagnóstico, a sua casa rapidamente esvasiou-se, seus amantes a esqueceram, os empregados a abandonaram, o dinheiro tornou-se escasso e somente a piedade do profissional que a assistiu e viu seu desequilíbrio, impediu que ela acabasse seus dias como uma mendiga doente nas ruas de Berlim. Ele a conduziu a um hospital no interior do país que recebia pacientes variados, em sua maioria, incuráveis e dementados, em razão de ferimentos e traumas da guerra.

Pelos corredores e enfermarias ouviam-se gritos, pacientes alucinavam narrando em detalhes os horrores vividos nas batalhas, outros mutilados, cegos, surdos ou estropiados, relatavam como seus caminhos os haviam levado àquele local. Alguns eram portadores de hanseníase e os casos mais graves, terminais, eram isolados em celas recebendo um atendimento desumano.

Neste pequeno pedaço de terra que reunia uma mostra do que era a guerra, ela foi se informando sobre o que acontecia aos demais seres humanos à sua volta, as consequências dos atos discutidos e planejados em seu apartamento sob seus olhos, ao alcance de seus ouvidos, se tornou palpável.

As razões antigas de desequilíbrio como a insuperada perda de Gaultier, a vaidade, a futilidade, a solidão, o vazio existencial, somou-se o remorso da consciência que despertava em meio à dor. Enquanto a hanseníase desfigurava-lhe o corpo, até que se tornasse irreconhecível, a culpa e o remorso dilaceravam-lhe as entranhas da alma, levando-a à loucura.

Neste estado lamentável, Irina desencarnou em 1951. Encontrei-a na Casa de Maria onde foi assistida em 1972, na ocasião em que participei de uma tentativa de socorro e assistência a Maria Helena, antiga afeição de nosso amigo Georges.

Como narrei em *Dramas da Paixão,* a Casa de Maria causou-me excelente impressão, aprendi muito com os amigos que lá trabalham, tornei-me um colaborador e voltei a ela sempre que minhas ocupações permitiam.

Foi lá que conheci Paul Gaultier e seu trabalho com a arte para auxiliar os espíritos em perturbação mental ou emocional a expressarem suas dores, mágoas, angústias, enfim seus sentimentos e nesse contato buscar conhecê-los, tornar-se consciente. Conversávamos muito e, certa vez, com minha bisbilhotice costumeira, indaguei:

— Faz muitos anos que você está aqui. Por que não busca novos desafios, outras paragens?

Ele olhou para uma ala distante na qual eu nunca tinha entrado, seu exterior era igual ao resto da instituição, mas confesso que até aquele dia jamais me interessara. Bem, ele a olhou e notei uma tristeza imensa em seu olhar, um pesar, como se houvesse ali uma âncora de ferro grande e pesada que o fixasse.

— Desculpe se toquei em um assunto delicado — apressei-me na tentativa de corrigir a indelicadeza. — Sou um bisbilhoteiro, um abelhudo desavisado. Não me responda.

Gaultier suspirou, pegou o meu braço e conduziu-me até a entrada da ala. Abriu a porta, cumprimentou uma gentil atendente que lia sentada numa sala vazia. Deduzi que deveria ser uma espécie de sala de recepção. Andamos por um corredor extenso, branco e mal iluminado, com portas de ambos os lados, com uma pequena janela a mais ou menos um metro e meio do solo que permitia ver o interior, porém meu anfitrião andava rápido e silencioso.

Não pude olhar por nenhuma janela, mas a intuição me dizia que se tratava de quartos individuais, para casos muito especiais. Depois do que se passou no jardim, eu esperei que ele explicasse as suas atitudes e não fiz novas perguntas.

Paramos em frente a uma, quase no final do corredor.

— É por ela — respondeu-me Gaultier simplesmente.

Como ele não me impedisse de olhar, ao contrário cedeu-me espaço, em um convite mudo, eu olhei. Foi a primeira vez que vi Irina.

Era um andrajo humano. Apenas por que Gaultier dissera "ela", entendi que se tratava de um ser sob a forma feminina. Horrível seria uma palavra suave demais para descrever-lhe o estado. Membros cobertos de faixas sujas, vestia um avental de hospital em farrapos, o rosto irreconhecível tomado de feridas abertas, o olhar denunciando a insanidade, a falta de lucidez. Apenas os cabelos, embora a sujeira, e os olhos azuis lembravam a Divina Irina, a sedutora dos palcos parisienses.

Compadeci-me e adivinhei uma trágica vivência por detrás daqueles andrajos. Pode parecer estranho a alguém que como eu, que me dedico a escrever e me comunicar com os meus semelhantes, mas o fato é que em alguns momentos me faltam palavras para expressar o que penso ou sinto, e aquele foi um deles. Toquei o ombro de Gaultier compungido. Eu não sabia a história dos dois, mas era fácil entender que existiam laços de amor e não a pesada âncora que imaginei.

Ele ficou observando-a sentada no chão, olhar perdido no espaço, declamando como se fosse a Julieta de Shakespeare, depois assumiu outra personagem, cujas falas para mim era relativamente fácil reconhecer, nada do que dizia expressava a verdade da sua vida.

— Ela não me reconhece — lamentou ele, triste. — Fico aqui na esperança de estar por perto assim que ela recobre a razão e cesse essa longa perturbação.

— É o Marcos quem a está atendendo?

— Sim, mas ele confessou-me outro dia que seus... — a emoção embargava o pensamento de Gaultier e ele calou-se.

423

Aliás, aquele era o diálogo mais cheio de silêncios que eu estava tendo ao longo de muitos anos. Deduzi que Marcos pensava em transferir a paciente e isto causava sofrimento ao meu acompanhante.

Tomei a iniciativa de conduzi-lo de volta ao jardim, despedi-me da enfermeira que nos olhava compadecida como se me dissesse:

"— É um caso difícil."

Sentamo-nos e pacientemente o fiz me contar sua longa história e a de Irina. Conversamos muito, lhe falei da instituição à qual me vinculava e do trabalho de Georges, que ele conhecia de vista. Prometi analisar junto ao nosso orientador e com o próprio Georges a possibilidade de transferir Irina para os cuidados do nosso grupo. Ele alegrou-se e a primeira pergunta que me fez foi:

— Poderei trabalhar com vocês enquanto espero por ela?

Não tive como responder, mas sabia que deveria ver a possibilidade de transferência de dois em vez de um. Sorri, penalizado e disse:

— Tentarei.

Alguns dias depois, retornei com Georges e o nosso orientador,[42] ambos sabiam do meu interesse em trabalhar com o casal. Após uma longa conversa com Marcos, acertamos a mudança. Transmitiu-nos todos os dados, tanto sobre Irina quanto de Gaultier, e eles vieram conosco.

Foi um tratamento longo, muito longo. A culpa e o remorso são sentimentos difíceis de serem superados, é necessário rever conceitos e valores, para depois uma análise de consciência, de fato, libertadora. Entendi o que é a paciência próximo de Gaultier, e acompanhei a sua longa espera.

Ele integrou-se ao novo grupo rapidamente. A visita de Ryane e Laura alegrou nosso ambiente, tornaram-se amigas queridas.

Gaultier sabia do propósito de contarmos a história deles, entendeu os meus argumentos e razões de escolha. Concordou. Logo após ter concluído *Dramas da Paixão*, iniciei os estudos para esta obra e a concluí no final da década de 1970, entretanto, sem que Irina se recuperasse, não seria possível torná-la pública. Pretendia

---

42 - Nota: Personagens que surgem também em nossas obras *Dramas da Paixão* e *O Bispo*.

que, tão logo nosso trabalho viesse a público, ela fosse a nossa segunda obra publicada, entretanto, o estado dela não me autorizou a publicação. E esperei.

Marion, Duvernoy, Marguerite e Jean Paul sobreviveram à Segunda Guerra, enfrentando todos os horrores que ela trouxe ao mundo com bravura e coragem que só a fé no futuro e a certeza de que a humanidade progredirá podem dar.

Jean Paul é hoje um velho experiente e sábio, cercado de netos e bisnetos, tem tido uma vida longa e produtiva. Não se tornou um influente diplomata, mas é um grande ser humano. Os demais regressaram ao plano espiritual e continuam suas lutas. Marion permanece trabalhando junto às equipes de enfermagem espiritual, amparando os voluntários da Cruz Vermelha.

Ludwig também sobreviveu à guerra. Fugiu do Julgamento de Nuremberg, refugiando-se na América do Sul, num ignorado sítio, onde envelheceu e morreu. Encontra-se em péssimas condições, na companhia de muitos nazistas, ainda se rebelando em aceitar a verdade.

Faz um ano que Irina está em franca recuperação. Reencontrou-se com Gaultier, fez amizades no nosso grupo, demonstrando que a dor a amadureceu. Sob a orientação de Georges, continua em tratamento, mas já consegue entender que ninguém é uma ilha. Compadecida por aqueles que sofrem nas malhas da alienação, ao lado de Gaultier, desenvolve um trabalho pequeno de sensibilização desses atendidos, por meio da música, tocando sonatas de Chopin e outros compositores para acalmar e enternecer os sentimentos em desalinho.

José Antônio
julho de 2004

Grandes sucessos de
Zibia Gasparetto

Com 17 milhões de títulos vendidos, a autora
tem contribuído para o fortalecimento da literatura
espiritualista no mercado editorial e para a popularização
da espiritualidade. Conheça os sucessos da escritora.

Romances
pelo espírito Lucius

A verdade de cada um	O matuto
A vida sabe o que faz	O morro das ilusões
Ela confiou na vida	Onde está Teresa?
Entre o amor e a guerra	Pelas portas do coração
Esmeralda	Quando a vida escolhe
Espinhos do tempo	Quando chega a hora
Laços eternos	Quando é preciso voltar
Nada é por acaso	Se abrindo pra vida
Ninguém é de ninguém	Sem medo de viver
O advogado de Deus	Só o amor consegue
O amanhã a Deus pertence	Somos todos inocentes
O amor venceu	Tudo tem seu preço
O encontro inesperado	Tudo valeu a pena
O fio do destino	Um amor de verdade
O poder da escolha	Vencendo o passado

Crônicas

A hora é agora!

Bate-papo com o Além

Contos do dia a dia

Pare de sofrer

Pedaços do cotidiano

O mundo em que eu vivo

O repórter do outro mundo

Voltas que a vida dá

Você sempre ganha!

Coleção – Zibia Gasparetto no teatro

Esmeralda

Laços eternos

Ninguém é de ninguém

O advogado de Deus

O amor venceu

O matuto

Outras categorias

Conversando Contigo!

Eles continuam entre nós vol. 1

Eles continuam entre nós vol. 2

Eu comigo!

Pensamentos vol. 1

Pensamentos vol. 2

Momentos de inspiração

Recados de Zibia Gasparetto

Reflexões diárias

Vá em frente!

Grandes frases

Romances
Editora Vida & Consciência

Amadeu Ribeiro

A visita da verdade
Juntos na eternidade
O amor não tem limites
O amor nunca diz adeus

Reencontros
Segredos que a vida oculta vol.1
A beleza e seus mistérios vol.2
Amores escondidos vol.3

Ana Cristina Vargas
pelos espíritos Layla e José Antônio

A morte é uma farsa
Em busca de uma nova vida
Em tempos de liberdade
Encontrando a paz
Intensa como o mar

O bispo
O quarto crescente
Sinfonia da alma
Loucuras da alma

André Ariel
Surpresas da vida
Em um mar de emoções
Eu sou assim

Carlos Henrique de Oliveira
Ninguém foge da vida
Tudo é possível

Carlos Torres
A mão amiga
Querido Joseph

Eduardo França
A escolha
A força do perdão
Enfim, a felicidade
Vestindo a verdade
Vidas entrelaçadas

Evaldo Ribeiro
Eu creio em mim
O amor abre todas as portas
(pelo espírito Maruna Martins)

Márcio Fiorillo
Nas esquinas da vida

Floriano Serra
A outra face
A grande mudança
Nunca é tarde
O mistério do reencontro
Ninguém tira o que é seu

Gilvanize Balbino
pelos espíritos Ferdinando e Bernard

O símbolo da vida
De volta pra vida (pelo espírito Saul)

Leonardo Rásica
Celeste - no caminho da verdade

Lucimara Gallicia
pelo espírito Moacyr

O que faço de mim?
Sem medo do amanhã

Lúcio Morigi
O cientista de hoje

Marcelo Cezar
pelo espírito Marco Aurélio

A última chance
A vida sempre vence
Coragem para viver
Ela só queria casar...
Medo de amar
Nada é como parece
Nunca estamos sós
O amor é para os fortes
O preço da paz

O próximo passo
O que importa é o amor
Para sempre comigo
Só Deus sabe
Treze almas
Tudo tem um porquê
Um sopro de ternura
Você faz o amanhã

Maura de Albanesi
pelo espírito Joseph

O guardião do Sétimo Portal

Meire Campezzi Marques
pelo espírito Thomas

A felicidade é uma escolha
Cada um é o que é

Mônica de Castro
pelo espírito Leonel

A força do destino
A atriz
Apesar de tudo...
Até que a vida os separe
Com o amor não se brinca
De frente com a verdade
De todo o meu ser
Desejo – Até onde ele pode te levar? (pelos espíritos Daniela e Leonel)
Gêmeas
Giselle – A amante do inquisidor
Greta
Impulsos do coração
Jurema das matas
Lembranças que o vento traz
O preço de ser diferente
Segredos da alma
Sentindo na própria pele
Só por amor
Uma história de ontem
Virando o jogo

Rose Elizabeth Mello

Desafiando o destino
Verdadeiros Laços
Os amores de uma vida
Como esquecer

Sérgio Chimatti
pelo espírito Anele

Apesar de parecer... Ele não está só
Lado a lado
Ecos do passado
Os protegidos
Um amor de quatro patas

Conheça mais sobre espiritualidade com outros autores de sucesso.

 vidaeconsciencia.com.br   /vidaeconsciencia   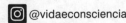 @vidaeconsciencia

Rua Agostinho Gomes, 2.312 — SP
55 11 3577-3200

contato@vidaeconsciencia.com.br
www.vidaeconsciencia.com.br